教員自主研修法制の展開と改革への展望
―― 行政解釈・学説・判例・運動の対立・交錯の歴史からの考察 ――

久保 富三夫 著

風 間 書 房

目　　次

序章　問題の所在と研究目的・構成……………………………………1
　1．問題の所在………………………………………………………… 1
　2．本書の目的………………………………………………………… 4
　3．研究対象の限定…………………………………………………… 6
　4．本書の構成………………………………………………………… 7
　5．本書の表記方法について………………………………………… 9
第1章　教職員組合の研修保障要求運動とその特質………………13
　第1節　全国組織における研修保障要求運動……………………13
　　1．第1期：教特法施行から1960年代半ばまで…………………13
　　2．第2期：1960年代半ばから1970年代まで……………………17
　　　(1)労働条件改善・超過勤務改善運動からの自主研修保障要求　18
　　　(2)自主的教育研究活動推進運動からの自主研修保障要求　28
　　　(3)2つのルートからの自主研修保障要求結合の萌芽と停滞　33
　　　(4)研修保障要求運動停滞の要因　40
　　3．教職員の勤務時間管理に関する立法と文部事務次官通達…41
　第2節　地方組織における研修保障要求運動……………………43
　　1．地方組織における研修保障要求運動の概観…………………43
　　　(1)「勤務時間内校外自主研修」の機会保障　43
　　　(2)研修費の支給　51
　　　(3)長期研修　53
　　2．兵庫県における研修保障要求運動……………………………56
　　　(1)運動の始まり　56
　　　(2)運動の高揚　57

⑶運動の停滞と終焉　64

　　　⑷神戸市立高等学校における「研修日」獲得運動　69

　　　　①概要

　　　　②運動の意義と課題

　　第3節　研修保障要求運動の特質………………………………………73

第2章　研修条項に関する行政解釈の変遷………………………………87

　　第1節　初期の文部省解釈………………………………………………87

　　　1．教特法成立直後の文部省解釈………………………………………87

　　　　⑴国公法原理との差異　87

　　　　⑵研修の権利性と義務性　88

　　　　⑶研修の自主性・主体性　89

　　　　⑷「勤務時間内校外自主研修」　92

　　　　　①職務性

　　　　　②校長の裁量性

　　　　⑸長期研修　93

　　　2．1950年代における文部省解釈…………………………………………93

　　　　⑴国公法・地公法原理との差異　93

　　　　⑵研修の権利性と義務性　94

　　　　⑶研修の自主性・主体性　95

　　　　⑷「勤務時間内校外自主研修」　95

　　　　　①職務性

　　　　　②校長の裁量性

　　　　⑸長期研修　99

　　第2節　文部省解釈の転換…………………………………………………100

　　　1．1960年代初頭における文部省解釈の変化……………………………100

　　　　⑴国公法・地公法原理との差異　100

　　　　⑵研修の権利性と義務性　101

⑶研修の自主性・主体性　　101

　　　⑷「勤務時間内校外自主研修」　　104

　　　　①職務性

　　　　②校長の裁量性

　　　⑸長期研修　　109

　　2．文部省解釈の完全転換……………………………………………109

　　　⑴国公法・地公法原理との差異　　109

　　　⑵研修の権利性と義務性　　109

　　　⑶研修の自主性・主体性　　110

　　　⑷「勤務時間内校外自主研修」　　111

　　　　①職務性

　　　　②校長の裁量性

　　3．文部省解釈転換後の解釈整備……………………………………113

　　　⑴国公法・地公法原理との差異　　113

　　　⑵研修の権利性と義務性　　114

　　　⑶研修の自主性・主体性　　115

　　　⑷「勤務時間内校外自主研修」　　116

　　　　①職務性

　　　　②校長の裁量性

　　　⑸長期研修　　120

　第3節　地方教育行政当局の解釈……………………………………121

　　1．1950年代における地方教育行政解釈……………………………121

　　　⑴国公法・地公法原理との差異　　121

　　　⑵研修の権利性と義務性　　122

　　　⑶研修の自主性・主体性　　122

　　　⑷「勤務時間内校外自主研修」　　123

　　　　①職務性

②校長の裁量性
　2．1960年代初頭における地方教育行政解釈……………………………124
　　(1)国公法・地公法原理との差異　124
　　(2)研修の権利性と義務性　125
　　(3)研修の自主性・主体性　125
　　(4)「勤務時間内校外自主研修」　126
　　　①職務性
　　　②校長の裁量性
　3．文部省解釈の転換と地方教育行政解釈……………………………129
　　(1)国公法・地公法原理との差異　129
　　(2)研修の権利性と義務性　130
　　(3)研修の自主性・主体性　131
　　(4)「勤務時間内校外自主研修」　131
　　　①職務性
　　　②校長の裁量性
　　(5)長期研修　135
　　(6)研修費　135

第3章　教育法学説にみる研修条項解釈……………………………139
第1節　教育法学説の形成と発展……………………………139
　1．教育法学説形成以前……………………………139
　2．教育法学説の概観……………………………140
　3．学説の形成と発展……………………………145
　　(1)国公法・地公法原理との差異　145
　　(2)自主研修と行政研修の関係（権利性と義務性、自主性・主体性）　153
　　(3)「勤務時間内校外自主研修」　164
　　　①職務性
　　　②校長の裁量性

第2節　　教育法学説(通説)の補強学説……………………………………177
　　1．教育法学………………………………………………………………177
　　　⑴教師の研修権の淵源　177
　　　⑵行政解釈との接点　179
　　　　①国公法・地公法原理との差異
　　　　②自主研修と行政研修の関係（権利性と義務性、自主性・主体性）
　　　　③「勤務時間内校外自主研修」
　　　⑶「研修の目的性・集団性・開放性」の提言　189
　　　　①研修権の本質と目的性
　　　　②学校の教育責任と研修権
　　　　③研修権の行使と成果の公表・交流
　　2．労働法学………………………………………………………………196
　　　⑴「職務」の定義　196
　　　⑵研修の職務性　197

第4章　判例にみる研修条項解釈……………………………………………205
　第1節　「研修関係裁判」の概観と先行研究……………………………205
　第2節　研修条項解釈に関係する判例……………………………………209
　第3節　判例の争点別検討…………………………………………………217
　　1．「研修関係裁判」の争点……………………………………………217
　　2．教特法、地公法・国公法、地方教育行政法の優先関係…………218
　　3．初等・中等教育機関の教員と高等教育機関の教員の研修に
　　　　おける差異…………………………………………………………225
　　4．研修の義務と権利の法的性質………………………………………232
　　　⑴教特法第19条の「研修に努める義務」の法的性質　232
　　　⑵研修の権利性　236
　　　⑶「研修」の語義について　239
　　5．研修活動の職務性……………………………………………………241

6．本属長の承認の法的性質と不承認の相当性……………………………244
　　　　(1)承認の法的性質　244
　　　　(2)承認・不承認の相当性　246
　　　　　①授業への支障
　　　　　②研修内容の研修性・緊急性
　　　　(3)不承認の告知義務　258
　　　7．教職員組合主催の教育研究集会参加のとり扱い……………………259
　　第4節　判例形成と学説・行政解釈の関係性………………………………266
第5章　教員研修に関わる教育法学説の検討課題……………………………281
　　第1節　1990年代以降の「研修関係裁判」……………………………………282
　　　1．裁判の特徴……………………………………………………………………282
　　　2．1980年代からの変化………………………………………………………282
　　　　(1)川上教諭事件（教研参加事件）札幌高裁判決の継承　283
　　　　　①「研修権」の否認
　　　　　②「勤務時間内校外自主研修」は「職務専念義務免除」扱い
　　　　(2)川上教諭事件（教研参加事件）札幌高裁判決からの変化　283
　　　　　①1990年代初頭
　　　　　②1993年11月以降
　　第2節　教員研修政策の特徴と文部科学省の研修条項解釈………………287
　　第3節　教育法学説検討の視点………………………………………………289
　　　1．「授業に支障のない限り」の解釈………………………………………290
　　　2．校長の裁量権…………………………………………………………………291
　　　3．計画書・報告書の提出……………………………………………………292
第6章　自主研修法制の実態と課題……………………………………………297
　　第1節　「勤務時間内校外自主研修」の逼塞状況……………………………297
　　　1．教育職員養成審議会の「自主的・主体的研修の奨励・支援」方針
　　　　………………………………………………………………………………………297

⑴研修統制・行政研修強化の半世紀　297
　　⑵個性豊かな教員像と自主的・主体的研修の奨励・支援　297
　　⑶中央教育審議会答申での後退と継承　299
　２．「勤務時間内校外自主研修」の逼塞状況……………………………300
　　⑴2002年7月の文部科学省通知　300
　　⑵長期休業中の「職専免研修」取得状況の変化　302
　３．「自主的・主体的研修の奨励・支援」の実態―2006・2007年度調査
　　　から―…………………………………………………………………303
第2節　長期派遣研修の実態と課題……………………………………………305
　１．教育行政当局の研修法制認識………………………………………306
　２．研修の自由……………………………………………………………307
　　⑴研修機関　307
　　⑵研修内容　308
　　⑶研修の自主性・主体性　310
　３．研修の機会均等性……………………………………………………311
　　⑴研修の機会　311
　　　①長期研修機会の稀少性と機会不均等
　　　②海外留学は退職
　　⑵派遣希望者の募集　312
　　⑶入学金・授業料・日当等の支給　313
　４．研修の職務性…………………………………………………………314
　５．研修条件の整備義務…………………………………………………314
　　⑴研修条件整備と機会均等性の対立　314
　　⑵「14条特例」についての教育行政当局の認識　315
第3節　大学院修学休業制度の創設とその教育法的検討……………………316
　１．大学院修学休業制度の創設と課題…………………………………316
　　⑴大学院修学休業制度の適用状況　316

(2)積極的側面　317

　　　　①自主性・主体性の重視

　　　　②教特法の研修原理の再確認

　　(3)問題点　321

　　　　①研修の自由（研修機会）の制約

　　　　②「研修3分類説」の矛盾

　　　　③研修条件整備義務遂行の遅滞

　2．大学院修学休業制度の教育法的検討……………………………………325

　　(1)大学院修学休業制度の性格　325

　　(2)研修の自主性と職務性の対立的把握　326

　　　　①職務性の同一性

　　　　②職務研修における自発性の否定

　　　　③職務性の否定＝無給

　　　　④待遇上の差異の過大

　3．教育行政の役割……………………………………………………………336

第4節　大学院での長期研修が教員の力量形成に与える影響…………338

　1．調査対象・方法・質問内容………………………………………………339

　2．調査結果からの考察………………………………………………………340

　3．考察のまとめ………………………………………………………………351

終章　自主研修法制の改革構想………………………………………………359

第1節　「一定勤務年数での長期研修機会附与制度」の創設…………361

　1．教特法成立過程における長期研修制度構想の特徴…………………361

　　(1)長期研修制度の萌芽的構想　361

　　(2)「教員身分法案要綱案」の長期研修規定　362

　　(3)「学校教員法要綱案」の長期研修規定　363

　　(4)「国立、公立学校教員法要綱案」の長期研修規定　366

　　(5)「教育公務員法要綱案」の長期研修規定　367

(6)「教育公務員の任免等に関する法律案」及び
　　　「教育公務員特例法案」の長期研修規定　368
　　(7)長期研修制度構想の原理　369
　2．現行長期研修制度の課題……………………………………370
　3．教特法施行後の長期研修制度構想……………………………372
　　(1)長期研修制度構想の停滞　372
　　(2)中・長期的改革構想　373
　4．「一定勤務年数での長期研修機会附与制度」の創設……………374
　　(1)「一定勤務年数での長期研修機会附与制度」構想骨子　375
　　(2)制度創設に関する教育関係者の意見　377
第2節　教育公務員特例法改正の提言……………………………………380
　1．教特法に内在する矛盾…………………………………………380
　　(1)制定時から内在する矛盾と課題　380
　　　①「研修」概念の混乱
　　　②研修費支給規定の欠如
　　　③私学教員・事務職員問題
　　(2)改正により生起した矛盾　382
　　　①「教員擁護の規定」から「教員統制の規定」へ
　　　②長期派遣研修と大学院修学休業の矛盾
　2．「教育公務員特例法研修関係規定改正私案」………………383
第3節　自主研修法制を支える基礎的教育条件の改善…………………387
　1．教員の勤務・研修条件の抜本的改善…………………………387
　2．非正規教員問題の飛躍的改善…………………………………389
　3．おわりに…………………………………………………………389

参考文献一覧………………………………………………………………397
あとがき……………………………………………………………………411

事項索引……………………………………………………………419
人名索引……………………………………………………………443

序章　問題の所在と研究目的・構成

1．問題の所在

　2012年8月28日の中央教育審議会答申「教職生活の全体を通じた教員の資質能力の総合的な向上方策について」(以下、2012年答申)はその冒頭、「Ⅰ．現状と課題」の「2．これからの教員に求められる資質能力」において、「教員が探究力を持ち、学び続ける存在であることが不可欠である(『学び続ける教員像』の確立.)」と述べている[1]。この点は、2015年12月21日の中教審答申「これからの学校教育を担う教員の資質能力の向上について～学び合い、高め合う教員育成コミュニティの構築に向けて～」においても、「1．検討の背景」の中で次のように述べられており、今日においても継承されている。

> 「＜学び続ける教員＞
> ◆学ぶ意欲の高さなど、我が国の教員の強みを最大限に生かしつつ、子供に慕われ、保護者に敬われ、地域に信頼される存在として更なる飛躍が図られる仕組みの構築が必要である。
> 　平成24年8月の中央教育審議会答申では、学校が抱える多様な課題に対応し新たな学びを展開できる実践的な指導力を身に付けるためには、教員自身が探究力を持ち学び続ける存在であるべきであるという『学び続ける教員像』の確立を提言しており、真の意味で『学び続ける教員像』を具現化していくための教員政策を進めていく必要がある。」(4頁)

　また、2012年答申では、「教員が教職生活全体にわたって学びを継続する意欲を持ち続けるための仕組み」の構築を追求し「教育委員会と大学との連携・協働により」教員を支援していくと明記している。「審議のまとめ」に対する

教育関係諸団体・学会のパブリックコメント（2012年5月16日〜6月1日）においても「学び続ける教員像」についての異議はなく、教育関係者が幅広く合意できる提言であると考えられる。

　しかし、一方では、なぜあえてこのような提起が必要となっているのか考えざるを得ない。教員が「学び続ける」ことは当然のことであり、教育公務員特例法（以下、教特法）でも「その職責を遂行するために、絶えず研究と修養に努めなければならない」（第21条第1項）と1949年の公布・施行時から規定している（当時は第19条第1項）。2012年答申は、教員が「学び続ける」ことができていないという現状認識に立っており、そうであるならば、答申では、教員が「学び続ける」ことを妨げている要因が何かを究明し、その改善方策を提言することが必須の課題であったはずである。ところが、答申では、その点の究明がきわめて不十分なように思われる。

　2012年答申は「②校内研修や自主研修の活性化」の部分で次のように述べている（下線は筆者による）。

　　「教員は、日々の教育実践や授業研究等の校内研修、近隣の学校との合同研修会、民間教育研究団体の研究会への参加、自発的な研修によって、学び合い、高め合いながら実践力を身に付けていく。しかしながら近年では学校の小規模化や年齢構成の変化などによってこうした機能が弱まりつつあるとの指摘もある。教育委員会においては、こうした校内研修等を活性化するための取組を推進するとともに、組織的かつ効果的な指導主事による学校訪問の在り方の研究など、学校現場の指導の継続的な改善を支える指導行政の在り方を検討していくことが求められる。」

　筆者はこの箇所を読んで、「学び続ける教員像」を掲げる答申の理念との隔絶を感じざるを得なかった。これでは、自主的研修の衰退要因が「学校の小規模化や年齢構成の変化」とのみ把握されていると読み取らざるを得ず、それは、戦後教員研修制度に関する筆者の研究蓄積や全国の学校現場で教員が

苦闘してきた事実に照らして、強い違和感を抱かせるものであった。

「審議のまとめ」に対して、筆者もその会員である日本教師教育学会が山﨑準二会長（当時）名で提出した意見書では次のように述べている。

> 「教員管理の点で上記のような自発的自主的な研究会・研修会への参加が公的に認められなくなってきていることが大きいといえる。多様で創造的な教育実践を生み出していくことのできる資質能力の育成を図るためには、その自己研鑽の機会も教育行政によって公認されたものだけに限定することなく多様に認められ保障されなくてはならないと考える。特に教員を高度専門職業人として位置付けようとする貴審議会の考えは今日求められる教員のあり方として大変重要であると考えるが、そのためには資質能力の向上方策だけでなく専門職にふさわしい責任に基づく自律性が認められるべきである。この点でのさらに踏み込んだ提起が求められる。」

筆者もこの見解に強く共感する。教員の自主的・主体的研修、すなわち、「学び続ける教員像」の形成を阻害してきたものは何であったのか、このことについての、研修政策の問題点および研修主体である教員側の問題点に関する厳しい考察と、そこで把握された問題点の改善に向けた取り組みなくして、「学び続ける教員像」は形成されないだろう。あるいは、その場合の学びは、「学問・研究の自由」を土台とする「学び」ではなく、教育政策の枠内での狭い「学び」でしかないだろう。

深刻な問題は、2012年答申に限らず、これまでの研修政策に関わる答申・提言のほとんどは、戦後教員研修制度に関わる法的・歴史的考察を欠如させたままであることである。このことにより、もともと教員の研修行為を奨励・支援するための教特法研修条項[2]について、1960年代半ば以降は、逆に教員の自主的研修行為を制約するかのごとき行政解釈や判例が出現・実在し、また、運用が行われている。それは、21世紀初頭の今日、研修条項の存在意

義が危機にさらされていると言っても過言ではない。

　第2に、教育職員養成審議会（以下、教養審）や中央教育審議会（以下、中教審）から教員の自主性や個性を尊重する趣旨の答申が提言されたとしても[3]、1960年代以降の研修政策における自主性・個性侵害の事実・理由が把握されていないために、実際には裏腹の政策が展開されることがある。たとえば、21世紀に入ってからの政策展開は、自主性・主体性を重視する1990年代末からの教養審・中教審諸答申とはまったく異なり、自主的・主体的研修がいよいよ逼塞する事態が進行したのである。とくに、長期休業中の「勤務時間内校外自主研修」（教特法第22条第2項が規定している「勤務場所を離れて（の）」研修）の実施が一段と困難になった[4]。

　すなわち、「教師の主体性を重視した自己研修」や「教員の自主性・主体性を重視した自己研修が一層重要である」と答申で述べても、そのことを妨げている要因を歴史的・具体的に指摘し、その改善を強く求めなければ事態の改善には寄与しないことはこの10数年の経緯からも明らかである。したがって、2012年答申が「学び続ける教員像」を実現しようとするのであれば、この半世紀の研修政策、とりわけ21世紀における自主研修逼塞の要因を把握しその改善策を提示することが必要であった。そのことに言及しない答申は、「学び続ける教員像」を阻害する要因と切り結ぶことができず、前述の諸答申と同じ道を辿るのではないかと危惧されるのである。

2．本書の目的

　本書の目的は、拙著『戦後日本教員研修制度成立過程の研究』（風間書房、2005年）においてその成立過程と立法者意思を考察した教特法研修条項（第19・20条、現21・22条）を中核とする教員研修法制について、その後の展開過程、すなわち、教特法成立後21世紀初頭の現在に至るまでの行政解釈の変遷、学説の形成と発展、「研修関係裁判」における判例、研修主体である教員および教員団体の自主研修機会拡大のための運動を把握し、それらが織り成す自主研

修法制の運用実態と教員の自主的研修機会保障のための改革課題を明らかにすることである。

そのために、本書において明らかにしたいことは、基本的に次の4点である。

第1に、研修の主体である教員とその要求実現組織である教職員組合とが、教特法研修条項や研修制度について、どのような認識を持ち、自己の研修条件改善のためにどのような取組みを進めてきたのか、そこにおける課題・弱点は何だったのか、を把握することである。1960年頃より顕著になった行政研修の強化と一方における自主研修の衰退に関わって、第3章で考察する教育法学の先行研究においては、「文部省による自主研修の抑圧」という構図での分析が中心であった。筆者は、その分析視座を否定するものではないが、一方では、研修主体である教員および教職員組合に内在する問題についても考察し、そこから克服すべき課題を把握することが重要であると考えている。

第2に、研修条項に関わる行政解釈、教育法学説、判例の変遷過程の事実を把握することにより、1960年代後半から顕著である行政解釈および判例の立法者意思からの乖離の過程を明らかにしたい。とくに、前述のように、長期休業中においても「勤務時間内校外自主研修」が行い難い状況が全国的に広がっている現在、教育行政担当者および学校管理職、そして、研修主体である教員が、研修条項の立法趣旨に則って運用されていた1960年代前半までの行政解釈を正確に認識することは、教特法研修条項の存在意義を明らかにする上できわめて重要なことであると考えている。ただし、このことは、前記「第1に」の末尾で述べた研修主体である教員側の弱点・課題を放置することではない。

第3に、教育法学説の検討課題を把握し、その精緻化のための理論構築を考究したい。それは、教員の自主的・主体的研修を奨励支援するための研修条項であるという共通認識に立脚しながら、1960年代後半以来続いている行政解釈と教育法学説との「平行的対立状態」を少しでも克服するための理論

構築である。その中核となる視座は、学習権保障性（自主研修が学習権保障に帰結すること）の明示方法と学校組織運営重視の観点に裏打ちされた自主研修理論の構築であると考えている。

第4に、「教員擁護の規定」「教員を保護する規定」（第4回国会衆議院・参議院文部委員会における下條康麿文部大臣の答弁）として公布・施行された教特法であるが、当初から同法に内在する矛盾や法施行後の時代状況から原理的検討がないまま行われた法改正により、研修条項を含む教特法研修関連規定は原理的整合性を欠如させている。その克服の展望を考察したい。

3．研究対象の限定

本研究は、教特法成立後、その研修条項を法的根拠とする戦後日本の教員研修法制の展開過程を研究対象とするものである。なお、研究対象については2つの限定を設けている。

第1に、本書の考察対象は教員の自主研修であり、いわゆる行政研修については研究対象とはしない。すなわち、本研究は、教員の自主的・主体的な研修を保障する法制度を考察対象とする。前著『戦後日本教員研修制度成立過程の研究』においては、行政研修は射程外にしながらも、「研修（研究と修養）」という言葉が本来自主性・主体性を含意しているので、あえて「自主研修制度」と表記しなかった。しかし、そのことにより、「行政研修が考察対象とされていないので、『研修制度』の題目は不適切」という趣旨の指摘があった。そこで、本書では、『教員自主研修法制の展開と改革への展望』として、「自主研修」を対象とすることをより明確にした。

第2に、公教育に携わる教員としては当然に私立学校教員も含まれ、私立学校教員の自主研修保障法制は重要であるが、本書では考察対象とはしていない（国・公立大学法人化以降の附属学校教員についても同様である）。

4．本書の構成

　本書は、筆者の博士論文「戦後日本教員研修制度の成立と展開」（神戸大学、2002年3月学位取得）の未公刊部分である「第Ⅱ部　教員研修制度の展開」を基軸としながら、その後の『教育学研究』、『日本教育法学会年報』、『日本教師教育学会年報』掲載の拙稿や日本学術振興会の科学研究費補助金を受けて実施した二つの基盤研究（C）、「教員の自主的主体的研修を奨励・支援するための具体的施策に関する調査研究」（2007～2009年度）と「教員養成・研修制度改革に関する総合的研究」（2010～2012年度）の成果を付加して構成している。
　「2．本書の目的」において述べた、前記「第1に」については、第1章で考察する。
　第1章「教職員組合の研修保障要求運動とその特質」では、教特法制定には主体的に関われなかったが、労働協約の締結を通じて自主的研修機会を獲得していった教員および教職員組合が、その後どのような研修保障要求運動を展開していったのか、その際の問題点は何であったかを考察する。また、教特法成立過程の特徴として、研修を職務として位置付けながら、研修費支給規定が欠如したことがあり、この点については、当時の下條康麿文部大臣や辻田力調査局長が今後の改善を約束していた。それが、その後の教職員組合の要求運動や行政解釈、法改正にどのように反映されたのかを考察する。主たる資料は、『日教組教育新聞』、教職員組合史、教職員組合所蔵資料、である。
　次に、「2．本書の目的」の「第2に」については、第2章～第4章で考察する。
　第2章「研修条項に関する行政解釈の変遷」では、教特法立法時からの文部省解釈の変遷をたどり、その論理の変遷・転換を明確にし、その妥当性を検討する。さらに、文部省解釈の変化と地方教育行政解釈との関係についても、そのズレや地方教育行政の文部省からの相対的自立性の存否に注目して考察

する。主たる資料は、『教育公務員特例法―解説と資料―』や『詳解教育公務員特例法』等の文部省関係者・地方教育行政関係者の著作、『文部時報』、『教育委員会月報』、『学校経営』、『学校運営研究』である。

　第3章「教育法学説にみる研修条項解釈」においては、研修学説がどのように形成されていったのか、論争点は何か、研修学説の今日的課題は何かを把握することを目的としている。教育法学の通説を学説の軸として位置付けてその発展の過程と課題を把握する。主たる資料は、有倉遼吉・天城勲『教育関係法〔Ⅱ〕』、兼子仁『教育法』および『教育法〔新版〕』、有倉編『新版教育法』、永井憲一編『教育関係法』、その他に、『季刊教育法』掲載論文等、教育法学研究者の著作である。

　第4章「判例にみる研修条項解釈」では、「研修関係裁判」における判例という形式での研修条項解釈がどのような内容であり、教育法学説や行政解釈といかなる関係にあるのか、判例の変遷と問題点を考察する。主たる資料は、『教育関係判例集』、『判例時報』、『判例タイムズ』などである。

「2．本書の目的」の「第3に」については、第5章で考察する。

　第5章「教員研修に関わる教育法学説の検討課題」では、第2章から第4章にかけての考察に基づき、教特法が「教員擁護の規定」であり、その研修条項が教員の自主的研修を奨励支援するための規定であることを堅持しながら、行政解釈（そして判例）との「平行的対立状態」を克服するための教育法学説の精緻化をめざして考究する。本章は、拙稿「教員研修に関わる教育法学説の検討課題―90年代以降の判例・行政解釈等からの考察―」（『日本教育法学会年報』第36号、2007年3月、189～198頁）を加筆修正したものである。

「2．本書の目的」の「第4に」については、第6章および終章で考察する。

　第6章「自主研修法制の実態と課題」では、21世紀初頭において、教員の自主的・主体的研修が具体的にどのように実施されているのか把握し、その問題点を教育法的観点から考察しようとした。とりわけ、2001年度に創設された大学院修学休業制度の教育法的考察を通して、現行研修制度の原理的課

題を解明し、自主的研修要求を保障する制度の確立を展望しようとした。教特法第22条（旧第20条）第２項に基づく「勤務時間内校外自主研修」の運用については、2002年度に大きな変化が起こっており、その後の実態も含めて考察している。また、大学院における長期研修がいかなる有用性を持っているかについて明らかにすることを試みた。主たる資料は、筆者による「教員の長期研修制度についての調査」（都道府県・政令市教育委員会対象、2000年７月～11月実施）および「教員の自主的・主体的研修の奨励・支援についての調査」（科学研究費補助金・基盤研究（Ｃ）[5]）、同じく筆者による「大学院での長期研修が教員の力量形成・教育観等に与える影響に関する調査」（科学研究費補助金・基盤研究（Ｃ）[6]）、さらに、「第147回国会衆議院文教委員会議録」・同「参議院文教・科学委員会会議録」、である。

終章「自主研修法制の改革構想」では、教員研修の「３つの原理」（自由性の原理、職務性公認の原理、機会均等性の原理）を統一的に実現する制度としての「一定勤務年数での長期研修機会附与制度」を軸とする自主研修保障制度の創設と、教特法に内在する原理的矛盾を克服するための法改正案の提示を行う。本章は、拙稿「教育公務員特例法成立過程における長期研修制度構想の原理から見る制度改革の展望」（『教育学研究』第71巻第４号、2004年12月、68～79頁）および「逼塞する教員研修と制度改革の展望」（『和歌山大学生涯学習教育研究センター年報』第８号、2010年３月、19～27頁）、さらに、「教免法と教特法の変遷と教員養成・研修制度」（『日本教育法学会年報』第40号、2011年３月、67～75頁）をもとに、科学研究費補助金・基盤研究（Ｃ）「教員の自主的主体的研修を奨励・支援するための具体的施策に関する調査研究」の成果を反映させて、大幅に加筆修正したものである。

5．本書の表記方法について

なお、本書における表記について、次の４つのことに留意されたい。
第１に、教特法はじめ本書で取り上げる法令の条文表記については、基本

的に論述している事柄に相当する時期の条名を表記し、それが現在の条名と異なる場合には必要に応じて「(現○条)」と記載する。本書の中で最も頻出するのは、教特法のいわゆる研修条項である。同研修条項は、1949年1月12日の公布・施行時以来、長期にわたりその条名は「第3章第19条・20条」であったが、2004年4月1日からは「第4章第21条・22条」となっている（2003年7月16日公布）。すなわち、「第3章研修」が「第4章研修」に、「第19条」が「第21条」、「第20条」が「第22条」に変更されている。

　第2に、年代表記については、西暦表記を基本とするが、章の性格によっては、西暦・和暦を併用する場合もある。

　第3に、本書における註記は、基本的に後註とするが、第2章および第3章については、多数のしかも類似した書籍等の名称を繰り返し記述するので、読者の混乱を防ぐために、適宜、割註を用いる。章により、註記の方法に差異があるのはそのためである。

　第4に、本書における数字は基本的にアラビア数字を用いることにする。ただし、漢数字で表記したほうが適切な場合もあるので、すべてアラビア数字を用いるわけではない。文献名等で、原典では漢数字を用いていても、本書ではアラビア数字により表記することがあるので、留意していただきたい。

〔註〕
(1)　この提言に共感しながらも、答申に対する危惧を拙稿「『学び続ける教員像』への期待と危惧―自主的・主体的研修活性化のための必須課題」として『日本教師教育学会年報』第22号の「特集 教師教育の自律性:中教育審答申（2012/8/28）を視野に入れながら」に寄稿した（2013年9月、40～49頁）。本書の序章における「1．問題の所在」は、前記の拙稿の一部をもとに加筆修正したものである。
(2)　教育公務員特例法の成立過程については、拙著『戦後日本教員研修制度成立過程の研究』（風間書房、2005年）を参照されたい。とくに、立法者意思については、同書の282～284頁、および287～288頁を参照されたい。
(3)　これらの教養審答申および中教審答申については、第6章第1節で詳述する。

⑷　具体的には、第 6 章第 1 節で詳述する。
⑸　平成19～21年度（2007～2009年度）科学研究費補助金・基盤研究（C）「教員の自主的主体的研修を奨励・支援するための具体的施策に関する調査研究」（課題番号：19530732）の一環として調査を実施。
⑹　平成22～24年度（2010～2012年度）科学研究費補助金・基盤研究（C）「教員養成・研修制度改革に関する総合的研究」（課題番号：22530861）の一環として調査を実施。

第1章　教職員組合の研修保障要求運動とその特質

第1節　全国組織における研修保障要求運動

　教特法制定直後、教職員組合の研修条項に対する評価あるいはその活用状況があまり積極的なものでなかったことは、すでに、拙著『戦後日本教員研修制度成立過程の研究』（風間書房、2005年）の第5章第2節で述べたところである。本章ではその後、1970年代までの日本教職員組合（以下、日教組）の研修要求運動を考察する。

　その際、時期を2期に区分して考察することにする。第1期は、1949年1月の教特法施行から文部省の研修条項解釈が完全転換する1960年代半ばまで、第2期は、行政研修の拡大・体系化が進行し、自主的研修制度のあり様がほぼ固定化したと思われる1960年代後半から1970年代までである。なお、教職員組合運動を直接の対象としたものではないが、1980年代以降の自主研修をとりまく状況については、第6章「自主研修法制の実態と課題」において考察することにする。

1.　第1期：教特法施行から1960年代半ばまで

　第1期における研修保障要求運動の特徴は、分会－支部－県－全国という4つのレベルにおける教育研究集会の創始と確立を中心としながら、研修条件整備要求としては、研修費支給の取組みが全国的に行われたことであろう。

　遡って、1949年1月12日に教特法が公布・施行された直後、2月18日に、日教組は荒木正三郎委員長らが就任早々の高瀬壮一郎文部大臣を訪ね、要求書を提出した。この要求書の内容は、1．生活権確保、2．労働基本権の確立、3．新学制の完全実施、の3つの柱から成り、それぞれについてより具

体的な要求が掲げられていた。この中で「研究費」は「生活権確保」のための具体的要求の一つとして取りあげられた[1]。これに先立ち、『教育新報』第143号（1949年2月6日）において、金本東治郎（日教組法制部長）が「教育公務員特例法について」と題して解説を行っている。その中で、研修について、「法律にこうした項が現れてきたのは喜ばしいが、予算措置の規定がない」と明確に指摘している。このことは、1948年12月の第4回国会でも議論が集中した点であり、この時点では日教組も研修費支給の課題を認識していた。

また、全国的には、1947年の労働協約で規定されたが、その後棚上げされていた自由研究日の獲得を目標に掲げて運動していた教職員組合も存在した。例えば、『教育新聞』には次のような記事が掲載されている。

>　「兵庫県教組神戸支部では廿四年度国家予算を分析し、教育の実態を調査して6・3制の全面的崩壊の危機をつき教育防衛闘争をまきおこせとうつたえているが、その中で棚上げになつた自由研究日や生理休暇のカクトクをも闘争目標の中に大きくとりあげ、『子供は本当に愛されているのか』『これで日本はどうなるのか』とさけんでいる。」[2]

また、静岡県教組のように旅費研究費の支給を要求して成果をあげている教組もあった。

>　「県教組では新年をひかえて強力な給与闘争を展開していたが、年末手当半月分、認定講習、旅費千円、研究費千円、十二月末からの一斉昇給などをそれぞれ獲得、別に県からの借入金千円を認めさせた。」[3]

1952年10月17日、日教組は「日本文教政策の基本大綱」（第1次草案）を発表した。これは、自由党が「旧教育復活の準備を着々とすゝめ」、「日経連が産業動員の立場から職業教育振興を文部省に要請するなど、財界からの教育に対する介入、中傷が目にみえて甚だしくなつて」おり、「このような反動的な流れに対決するため、日教組では8月以来2ヶ月にわたって教組の立場から

今後の文教政策を検討してきた」[4]ことを政策大綱としてまとめたものである。この文書の「教職員養成制度」の第4項として、「教職員の研修は学校を基礎とした校内研究態勢に基礎をおき、大学、学術研究機関との密接な連けいをはかり、研修の基礎的態勢を確立する。特に現行内地留学生制度の拡充をはかるとともに、これらの研究に必要な研究費は、国または地方公共団体の負担とするよう別途に協議しなければならない」[5]と述べている。「内地留学生制度の拡充」という長期研修制度要求が掲げられている点は、日教組の研修要求の歴史の中では注目されてよいだろう。

　第1回教育研究大会[6]は、この前年、1951年11月に日光市で約3,000人の参加者を得て開催されたが、1950年代においては、参加者は出張扱いが通常であったと言われている。当時の日教組の組織構成も反映して、校長層の参加が多く、正会員（報告者）の全員が校長であるという県も存在した[7]。そのため、教研集会参加をめぐる紛争はまだ発生していない。この時期の教特法の解説書、文部省関係者の著作を見ても、研修条項、とくに第20条第2項はほぼ立法趣旨通りに「授業に支障がない限り」「勤務として」適用されていたものと考えられる。この点については、第2章第1節で詳述する。

　1955年5月の第12回定期大会運動方針案には「斗いの目標」として「一、勤労所得税の減免を中心とする減税をかちとり、実質賃金の向上をはかる」の第11項に、「教職員の特殊性に基づく研修手当の制度化をはかる」を掲げている[8]。翌1956年5月の第14回定期大会運動方針案では、「生活をまもる斗い」の「㈡斗いの目標とその進め方」のところに「各職場において、日宿直、地域給等の身近な問題から新賃金についての職場討議をおこすと共に、設置者負担でかちとれる通勤費、住宅手当、研修費等を直接目標として行動をおこす」[9]としている。いずれも研修費が生活給の一部として捉えられていることがわかる。

　ところが、1957年6月の第15回定期大会に提案された運動方針案では、研修手当もしくは研修費についての要求はなぜか姿を消してしまった。「斗い

の目標」のところには、「内地留学生制度の拡充と補助教員の枠外措置をかちとり、単級複式学級補助教員の確保を図る」、「教師の研修活動を強化するとともに中央に教育研究所を設置する」[10]ことがあげられているに過ぎない。

それが、1958年6月の第17回定期大会で討議・決定された運動方針では、「斗いの目標」に、「内地留学生制度の拡充と補助教員の枠外設置をはかる」とともに「大学教官研究費の大幅増額と小中高の研究費を獲得する」が再び掲げられた[11]。

このように、1955年度は「研修手当」、1956年度は「研修費」、1957年度は消失、そして、1958年度は「研究費」と、呼称も含めて不安定な要求ではあったが、ほぼ毎年、研修費支給が掲げられ、その後、しばらくは、1958年度運動方針の文言が定型となった。

この時期には、「研修時間の確保」という要求が出ていなかったことに留意しておきたい。それは、教員の研修要求の強さの度合いとともに、校外自主研修が広く認められていたことと関係しているものと考えられる。

さて、1962年度運動方針案の特徴は、労働時間の短縮を運動目標として掲げたことであった[12]。しかし、要求項目から「内地留学生制度の拡充」が消失し「補助教員の枠外設置をはかる」のみが残った。長期研修制度の要求は、この後相当の期間にわたって消失したままとなったのである。

1963年度の運動方針案では、「研修の時間や旅費、研修費が不充分なため、自前の研修があたりまえとなり、……きわめて過重で劣悪な労働条件のもとではたらいています」と訴え、これを打開するために「教育労働者としての諸権利を明らかにし、学校における勤務時間や勤務内容を明確化して諸権利を行使すべく権利点検の運動を全職場で進めてきてい」ることを述べている[13]。そして、「たたかいの具体的なすすめ方」において、「研修手当月額一人4,000円の新設をかちとります。教職員の研修費（図書費、研修資料費等）は年をおって上昇し、教員の生活費に不当な圧迫を加えています。さらに、私たちの労働環境は他にくらべて研修が要求されます。したがって研修手当の

新設を要求し、中央、地方のたたかいをすすめ、要求実現をはかります」[14]と述べている。研修手当の要求額をはじめて「月額一人4,000円」と具体的に設定した。また、「たたかいの目標」では、「研修手当4,000円をたたかいとる」、「大学教官の研究費、図書費の大幅増額と、小中高の研究費を獲得するとともに減税をはかる」を掲げた[15]。

1964年度の運動方針案は、5月に開催された第27回定期大会で議論された。「私たちをとりまく情勢」の中で、伝達講習会や文部教研など「権力のねらう『人づくり』のための『教師つくり』」が「組織化され、体制化されつつあります」と述べ、その現れとして「文部省、県教委主催の官製職能研究活動」、「政府補助金の紐のついた半官製団体の統合と組織化」、「官製教育団体の全国組織である中央教育団体連絡会（中研連）」の発足、自主教研に対する「激しい妨害工作」[16]などをあげている[17]。1950年代末から、教職員組合と教育行政当局は学習指導要領改訂、道徳教育、勤務評定などをめぐって激しい対立関係にあった。このなかで、文部省の研修政策が強化され、そのことが自主研修を圧迫するようになっていった。とくに、1962年の文部省主催の第1回教育課程全国発表大会（いわゆる文部教研）開始により、教研集会との対立関係は決定的となった。「たたかいの具体的なすすめ方」における研修費に関する方針は、依然として「㈠賃金引上げ、生活をまもるたたかい」の中に、「研修手当月額一人4000円の支給をかちとります。このため対政府人事院交渉を強化します」と記されている。

2. 第2期：1960年代半ばから1970年代まで

第2期は、文部省による行政研修の強化が始まり、それとともに研修統制政策が展開された時期である。この時期には、2つのルートからの自主研修保障要求がだされ、その実現のための運動が進められた時期である。1つは、「労働条件改善・超過勤務改善運動からの自主研修保障要求」であり、もう1つは、「自主的教育研究活動推進運動からの自主研修保障要求」である。両者

は、相互に密接な関連を持ちながらも自主研修保障要求の性格・質に差異を有していた。また、2つのルートからの自主研修保障要求は、1970年代において統合される萌芽が見られたが、理論面においても運動面においても十分に結実させることはできなかった。

なお、第2期においては、文部省や教育委員会主催の行政研修に対する反対・抵抗にかかわる事柄が日教組の運動方針に数多く掲げられるようになる。しかし、本書の考察対象は、「教員自主研修法制」であるので、行政研修に対する反対・抵抗運動に関する記述は、考察のために最小限必要な範囲にとどめる。

(1)労働条件改善・超過勤務改善運動からの自主研修保障要求

労働時間短縮の課題を追求していくことは、従来からの賃金・手当問題に関わる研修費要求に加えて、しだいに、研修時間(日)保障の要求を具体化することに繋がっていった。

【1965年度】

1965年度の運動方針案は、5月に開催された日教組第28回定期大会で討議された。大会スローガンに、「研修手当の獲得」がはじめて掲げられ、「具体的たたかいの進め方」の「㈣労働基本権奪還、権利の拡大、労働条件改善のたたかい」において、労働時間厳守の内容として、「研修等校外勤務の原則確認を含む」ことを要求している点が注目される。

> 「(1)……各級機関は職場を基礎に10月の期間に勤務量実態調査を可能な限り実施し（日教組調査時報76号参考）実労働時間の確認と、排除すべき雑務を具体的に討議選定し、組織に要求するとともに勤務時間を明確にし超過労働を排除するために校長、教委交渉を強力に展開します。……
>
> (2)過酷な週60時間労働を打破し、法令上の週40〜44時間労働制を実現

するため徹底的にたたかいを強化します。なお、各級機関は労基法、条例に定める教職員の労働時間厳守（研修等校外勤務の原則確認を含む）を要求し、教委との確認書をとるとともに、文書通達を出させ、その徹底を追及します。……」[18]

「たたかいの目標」は、表現は若干変化しているが、趣旨は前年度と同様であり、「一、賃金引上げ、生活を守るたたかい」の中に「9、研修手当を新設し、月額4000円を支払うこと」、「二、首切り阻止、定員増、生乳給食無償運動、高校全入、教育予算増額、自治体闘争のたたかい」の中に「3、結休、休職や内地留学などの長期研修にともなう補助教員の配置をたたかいとる」ことがあげられている。長期研修を要求するものではないが、ここでは「長期研修」という言葉が使われていることが注目される。「たたかいの目標」にあげられている新しい項目としては、「四、労働基本権奪還、権利の拡大と労働条件改善のたたかい」の中に「14、自主的研修の機会と時間の確保をはかる」が設けられていることである。

「研修手当」のみの要求から、「自主的研修の機会と時間の確保」も合わせて要求するようになったのは、前述のように、1960年ごろからの文部省の行政研修の強化や研修条項解釈の転換による自主的研修機会の圧迫が背景にあるものと思われる。

【1966年度】

1966年6月の第30回定期大会における「1965年度たたかいの総括」においては、1965年10月19日に中村文部大臣から研修手当について、「個々の教師に一率支給をおこなうことに問題があるので、研修機関の整備、教研、図書等の充実、研修に必要な旅費の増額などによって善処したい」[19]との回答があったことが記されている。

1966年度の運動方針については、「㈣労働基本権奪還、権利の拡大と労働条件改善のたたかい」の中の「2　権利の拡大、労働条件改善のたたかい」に

おいて、「権利点検闘争の全国統一目標については本年度、勤務時間の明確化（研修時間・日を確保するとともに、休憩時間については東京都勤務条例により労働時間を実質的に短縮する）と雑務排除（各職場ごとに１〜３具体的項目をきめる）の２項目とし地方到達目標は各県で設定します」[20]とされた。また、「４　交渉権の確立と組合活動自由確保のたたかい」では、「(2)組合の会議への出席、交渉参加は、有利な条例、労働慣行を守るとともに、組合活動を義務免（研修）、教研参加を研修（出張扱い、出勤扱い）とするよう積極的にたたかいを強化します」、「(4)夏季、冬季等の長期学校休業中の研修に対する登校強制、年休強要等のしめつけに対してはあくまで自主的研修期間として積極的交渉によって排除します」と記している。「組合活動を義務免」とするという表現であれば、組合活動に従事する場合に職務専念義務を免除するということでその意味は理解できるが、「組合活動を義務免（研修）」としているのは不可解である[21]。この点については、1967年度の運動方針案では、「組合の諸会議や諸活動に出席参加する場合は、有給義務免の権利慣行を守り拡大するようたたかいます」という表現に修正され[22]、さらに、1968年度運動方針案では、「組合の会議や諸活動に参加する場合は、有利な条例労働慣行を守るとともに、組合活動を有給義務免、教研参加を研修（出張扱い）とさせるようたたかいを強化します」[23]としている。

　さらに、「たたかいの目標」において、1965年度運動方針案の「14、自主的研修の機会と時間の確保をはかる」が「15、自主的研修の機会と時間を確保するため研修日、研修時間をかちとる」と変化している。この頃、福岡高教組が週１回の「自宅研修日」を獲得し、1966年４月１日から実施されることとなった。1966年６月１日付『日教組教育新聞』（第807号）はこのことを報じている。これにより、高校組織においては、「研修日の獲得」が一挙に現実的課題となった。すなわち、1966年度頃から、各地方の教職員組合中の高校組織が「研修日の獲得」を現実的課題として取り組むようになってくる。本章第２節で述べる地方組織の研修日獲得運動はこのような全国的流れの中でお

こってきたものである。

【1967年度】

1967年度の運動方針は、5月に開催された日教組第32回定期大会で決定されたが、その内容は労働条件と教育研究条件とを結合させるものであり、日教組の研修保障要求運動の上で重要な意義を有するものであった。「具体的たたかいのすすめ方」の「㈠賃金大幅引上げを中心とする生活を守るたたかい」において、同年度の日教組の独自要求の一つとして「研修手当獲得」があげられ、「4　研修手当獲得のたたかい」として次のように述べている。

> 「教職員に対する資質の向上がつよく期待され、専門性、要求されながら、現状では教職員の待遇は行政職なみ以下におかれています。法律の上で教員には研修の義務が課されているにもかかわらず、財政的な裏付けが行われていません。実態は、研修のために毎月平均4,000円を教職員が負担しています。したがって、中央では研修手当に関する法制化を通常国会に提出するとともに、対文部省交渉を強化し実現をはかります。地方では、独自要求闘争としてたたかいをすすめます。」[24]

前記引用部では、「教特法」の名称を明示してはいないが、「法律の上で教員には研修の義務が課されているにもかかわらず……」と教員研修の根拠法の存在を明確に意識していることがわかる。単に手当の一つとして研修手当を要求する段階から、教特法制定時からの課題として捉え、また、「研修手当に関する法制化」のための法案を国会に提出するという積極的方針を掲げている。さらに、「㈣労働基本権奪還、権利の拡大と労働条件改善のたたかい」では、「教育研究と実践の自由を獲得していく権利闘争」が4つの性格の権利闘争の1つとして位置付けられている。そして、「権利拡大闘争月間の全国統一目標を宿日直廃止（日曜、祝日、年末年始、土曜、月1回週1回をこえる宿日直および平日日直）、休暇権の確立、変形8時間制の阻止と自主研修時間の確保の3項目とし、地方到達目標は各県で設定します」とされた。「自主研修時間」

の文言は1967年度運動方針案で登場した。

さらに、「教特法20条にもとづく自主研修の権利確認」[25]と述べており、教特法第20条に法的根拠があることが運動方針案の中で明示されている。これは、教特法が1949年1月に公布・施行されて以来、日教組が運動方針案の中ではじめて条文名を明示して教特法研修条項をとりあげた「画期的」文言と言える。「夏季、冬季等の長期学校休業中はあくまで自主研修の期間として、その確保をはかり登校強制、年休強要等の、しめつけに対しては、積極的に交渉によって排除」する方針であった。

また、「たたかいの目標」において、1966年度運動方針を継承して、「18、自主的研修、校外家庭研修の機会と時間を確保するため研修日・研修時間をかちとる」を掲げ、また、新たに、「31、長期休業期間中の登校強制・年休強要に反対し、自主的研究期間として確保する」を掲げて、その後の基本型となる方針が記されている。前者の「校外家庭研修」という言葉は、その後、通常は「自宅研修」と表現されることが多いが、単なる校外研修ではなく「家庭での研修」を明確に打ち出したのはこれが最初であると思われる。あきらかに前述した福岡高教組の「研修日の獲得」という成果の反映であると思われる。しかし、「校外家庭研修」という表現は、教特法第20条第2項の趣旨を正確に表したものではない。同法第20条第2項は、「勤務場所を離れての研修」のための規定であり、大学・研究所・図書館・博物館・美術館・史跡その他、自宅も含めて、すべての「学校」以外の場所での研修を認める規定なのである。このような表現は教員の関心を高める上では効果があったであろうが、一方では、教員たちに教特法の趣旨についての誤解を与えたのではないかと推測される。

【1968年度】

1968年度運動方針案の特徴は、「具体的なたたかいのすすめ方」の「㈣労働基本権奪還、権利の拡大と労働条件改善のたたかい」において、「現行条例で定められた勤務時間をこえる労働を排除するとともに、このなかで自主的な

研修時間、研修日を確保し、この闘いを県全体としてはILO第46回（1962年）総会の決定にもとづく一週40時間制確立のための時間短縮闘争に発展させます」⒳という見通しを述べていることである。しかし、勤務の見直しや雑務排除の取組みの中で「自主的な研修時間、研修日を確保」することは重要であるが、それが「時間短縮闘争」の一環として行われた場合、日教組・地方教組指導部の理解はともかくとして、一般の教員・組合員が「自主的な研修時間、研修日」に対して自律的受けとめ方をすることを妨げる要因となったのではないだろうか。

【1969年度】

1969年6月の日教組第36回定期大会で決定した1969年度運動方針では、「具体的なたたかいのすすめ方」の「㈣労働基本権奪還、権利拡大と労働条件改善のたたかい」の「二、労働時間短縮を中心とする労働条件改善のたたかい」で次のように述べている。

　「２．……時短闘争の具体的要求目標は、……本年度はとくに週40時間、週休２日制をかちとることを当面目標として時短闘争の主要な課題である超勤制度の確立、自主研修時間（日）の確保、雑務（本部外業務）排除の３項目を重点として積極的に取り組みます。」⒴

この方針は、労働時間短縮闘争をその本質としているが、民主教育確立の課題との密接な関係性を、「労働時間短縮のたたかいは、現在全国的に労働密度強化の攻撃が一層強まってきているなかで、健康を守り、首切りを阻止し、余暇をふやし文化的生活を充実させるという一般的意義をもっていますが、とくに教育労働者の時短闘争は民主教育を確立し、前進させるたたかいと結びついた重要な意義をもっています」⒵と述べていることが注目される。

また、次のように、従来と比べて研修制度についての要求内容が具体化している。さらに、日教組の研修要求の中ではじめて「教員研修制度の特質、研修の自主性についての学習を深め」ることを方針化している点も特徴的で

ある。教師の仕事の本質についての深い理解と、自らの権利行使についての高度の自律性なくしては、研修要求は成功しないことに日教組指導部も気づいたものと考えられる。また、1968年11月の全道教研への参加をめぐっていわゆる川上事件が発生していることなども影響を与えているものと思われる。

「4．教育研究、教育活動の自由を確保するため、教員研修制度の特質、研修の自主性についての学習を深め、研修権の確立に努めます。
⑴文部省、県教委の指導による研修に対する差別取扱い、組合の教研活動に対する年休強要、長期休業中の自宅研修権の侵害等の攻撃に対しては交渉等を通じて撤回させます。
⑵授業終了後等の校外研修の権利を定着させるため、各級段階の交渉を通じて校長承認の手続きを省略させ、自由利用の慣行を確立させるとともに、東京（高）、福岡（高）のような全1日の研修日を全県的な制度として確立するようたたかいます。
⑶夏季、冬季の長期休業中はあくまで自主研修期間としてその確保をはかり、登校強制、年休強要等に対しては積極的に交渉によって排除します。」[29]

【1970年度】
　1970年6月の日教組第38回定期大会において、「教職員の労働時間と賃金のあり方」が決定された。この文書は、「まえがき」、「Ⅰ時間短縮」、「Ⅱ賃金」の3項目から構成されている。「まえがき」の部分では、「教育の本質と教育労働の特性」についての洞察が記されており、そのことが時間短縮および賃金要求の理論的基礎となっている。今日に至るまで、日教組の理論研究活動の一つの到達点を示す文書ではないかと思われる[30]。研修時間の確保については、「Ⅰ　時間短縮-㈠時間短縮と教育労働の問題点」において、「……また、教育労働者の時短要求は、充実した豊かな民主教育を実現するという観

点と教育労働の本質からして自主性・自律性の保障された研修時間の確保の観点をとくに重視していかなければならない」[31]とし、教員の労働時間が「①授業時間、②授業の企画、準備、整理の時間、③研究時間、④児童、生徒の生活指導時間の4本を柱として構成される」と捉えている。そして、「①の授業時間が中心であり、授業時間に対応して必須のものとして、②、③、④の時間が確保されねばならない」と述べている。

研修に密接に関わるものとしては、「(7)自主研修時間の確立。本来的な要求としては、年間の研修休暇の確立という形をとるが、それと同時に週間の自主研修時間の確立を闘いとるといったことが問題となろう」[32]と述べている。

「年間の研修休暇」というのは、教特法立案過程でも構想されていた一定勤務年数等による長期研修あるいはアメリカのサバティカル・リーブに似たような制度のことなのか、あるいは、年間10日あるいは20日というような「研究日」のことなのか、明確ではない。いずれにしても、「研修休暇」というからには、「勤務」ではなくて「有給休暇」を想定しているのだろうが、研修の職務性についての検討が十分には行われていない。「週間の自主研修時間」という言葉も同運動方針において初出であると思われる。1週間の勤務時間のうち、放課後を中心に研修時間を確保するという意味であろう。1969年度運動方針では、「東京（高）、福岡（高）のような全1日の研修日を全県的な制度として確立する」ことを掲げたが、「研修日」獲得の要求は、高校教員以外には現実的でないので、「自主研修時間」という要求を掲げたものと考えられる。

やや遡って、1971年3月の日教組第83回中央委員会における総括には、同年2月8日、人事院が勧告（意見書）を国会と政府に提出し、その中で提案理由を次のように説明していることを記している。

「(1)自発性・創造性を主とする教員の勤務の特性と、夏季休業等長期の

休業期間のある職場に勤務するという特殊性から、教員については１日８時間、週44時間のすべての勤務時間を管理することは適当でない。

(2)授業時間外の勤務時間は、原則として教員個々の自律性を基礎に、業務の種類・性質によっては学校外において処理し得るよう適用し、また、学校休業期間については教特法第19条、20条（勤務場所を離れた研修）の趣旨に添った活用を図ることが適当である。」[33]

そして、この勧告に対して、日教組は「(1)教育労働の特性が、教員個々の自発性、創造性にあることを強調し、それ（授業時間：筆者註）以外の時間は原則的に教員個々の自立性に委ね、同時に教員の自主研修権を認めて夏季休業期間などは研修日とすることを示唆していることなどは一定の前進面であり、文部省が今日まで教職員の自主性を否認し、勤務時間のすべてを管理の対象としてしめつけを行ってきた政策を一応否定したものといえます」[34]と評価している。

【1971年度】

1971年７月の日教組第39回定期大会で決定した運動方針の「たたかいの目標」では、「㈣労働基本権奪還、権利の拡大と労働条件改善のたたかい」において「20、自主的研修、校外、家庭研修の機会と時間を確保するための研修日、研修時間の設定を」、「35、長期休業期間中の登校強制、年休強要に反対、自主的研修期間として確保を」を掲げた[35]。それまで、「校外家庭研修」と表記していたものを「校外」と「家庭」に区分した点が前進と言える。

【1972・73年度】

前述の目標は、1972年度の運動方針案でも同旨であるが、1972年６月の第41回定期大会では「大会スローガン」の一つに、「指導要領の法的拘束性を排除し、自主研修時間（日）の確保、自主編成運動を発展させよう」[36]と「自主研修時間（日）の確保」が掲げられたことが特徴である。1973年６月の第43回定期大会においても、ほぼ同じ文言でスローガンに掲げられている。「た

たたかいの目標」の文言もほぼ同じである。しかし、1972年度運動方針の「具体的なたたかいのすすめ方」の「五　労働基本権奪還・弾圧反対・権利拡大・労働条件改善のたたかい」では、「……勤務時間内の研究の自由と機会を保障させるたたかいを強化します」とは述べているが、「自主研修時間の確保」と「長期休業期間中の自主研修の確保」の文言は存在しない。なお、前者については、「研修日（時間）のかくとく」として、「六　民主教育を確立するたたかい」の中に記述されている。これは、「自主研修時間の確保」を時短闘争ではなく、「民主教育を確立するたたかい」に位置づけようとする意図が働いていると考えられなくもない。

1973年度運動方針においてもほぼ同様であるが、「勤務時間」が「勤務時間内外」に変化している。

【1974年度】

1974年の第45回定期大会のスローガンでは変化が見られる。すなわち、「教育課程の抜本的改善、学習指導要領の『法的拘束性』の排除、自主研修権の確立、自主編成運動を推進し、学校5日制を実現しよう」[37]となっている。「自主研修時間（日）の確保」が「自主研修権の確立」に変化している。これは、学校5日制要求との関係を考慮して「自主研修時間（日）の確保」を「自主研修権の確立」に変えた可能性が強い。「たたかいの目標」においても、少し変化が見られる。従来は、「自主的研修、校外、家庭研修の機会と時間を確保するための研修日、研修時間の設定を」であったが、後半部の「研修日」という文言が削除され、「……確保するための研修時間の設定を」となっている。これも学校5日制要求との関係での変化と考えられる。

【1975～1979年度】

1975年度の第47回定期大会のスローガンからは、「自主研修権の確立」は消失した。「具体的なたたかいのすすめ方」の「四、労働基本権奪還、弾圧反対、処分阻止・撤回、権利確立のたたかい」には、3つの全国統一目標の「②勤務時間の割振りと自主研修時間の確保を中心とする職場協定の締結」という

形で「自主研修時間の確保」が復活したが、1976年度以降は再び消失した。自主研修保障に関する方針は、「長期休業期間中は、『研修』とし、原則として登校しないこととします。やむを得ない登校日については、職員会議で決めます」(1977年度運動方針)、「長期休業期間中は『研修』とし、自主研修が充分保障されるよう要求してたたかい、長期休業中の年休強制を排除するとともに、日直(番)などを廃止するよう要求し、登校日については自主研修日を確保することを基本に職員会議で決定します」(1978年度。1979年度もほぼ同じ)というように長期休業期間中に限定された[38]。

(2)自主的教育研究活動推進運動からの自主研修保障要求

以上見てきたような労働条件改善・超過勤務問題から焦点化されてきた自主研修保障要求とは別に、もう1つの筋として、「民主教育を確立するたたかい」や自主的教育研究活動の推進、教育課程の自主編成の取組の中から焦点化された「児童・生徒の学習権保障」・「教師の学問・研究の自由」に由来する自主研修保障要求が存在した。

第1期の後半には、文部省の研修政策と日教組の教育研究活動との対立が激化していたことは前述したが、たとえば、1962年7月の日教組第24回定期大会において決定された教育課程の自主編成方針に関わる方針では、自主編成の取組を圧迫するものとして、「文部省主催の教研集会、講習会」をあげている。すなわち、これらは「私たちのとりくみを圧迫し、教職員を職制支配体制にくみこみ、授業(教育活動)を画一化し、教育の国家統制をはかる当面の重要な攻撃であることを、全国民にあきらかにするためにとりくみます」と述べている。また、「今日、日教組に加えられている攻撃の特徴的な方向が、職能団体的第2組合の結成と育成にあることを重視し、文部省主催の教研に関連して予想される官製職能研究団体の組織化に対して組織的に対決してその結成を阻止するようにたたかいます」[39]と述べ、文部省主催の教研集会、講習会と並んで官製教育研究団体の組織化を警戒している。また、全国一斉学

力調査反対や教科書の国家統制反対も掲げられている。しかし、この時期の特徴は、文部省の研修政策に反対・抵抗する方針は掲げられていても、教員の日常的な研修条件を改善するための具体的方針を示していないことである。

【1965〜1967年度】

その意味で画期的だと思われるのは、1965年度の日教組運動方針案中の「民主教育を確立する闘い」である。「具体的たたかいの進め方」の「㈤民主教育を確立する闘い－１．教育の国家統制を排除して教育権を確立するため、自主的な教育研究と実践活動を発展させます－⑵職場や支部段階の研究組織を確立します」において次のように述べている。

> 「職場の教師集団が主体的・自主的な教育研究体制を確立し、日常的な研究と実践活動を発展させることこそ、自主的教育研究活動推進の基盤です。
> 民主的な職場づくり、研究諸組織を正しく位置づけ、支部段階の自主的研究体制と十分連絡をとりつつ研究体制を確立します。
> 支部段階の教研推進委員会、教育課程、教科書研究委員会の組織を確立し、研究、実践の発掘、積み上げ財産化の仕事を発展させます。そのための研修日獲得など組織的なとりくみを強化します。」[40]

「研修日獲得」が日教組の運動方針案の中に登場するのは、日教組発足前（1947年３月の労働協約締結時）の自由研究日要求を除けば、これが初めてであると思われる。しかも、労働条件の改善ではなく、「民主教育の確立」と「研修日」が結合されて把握されている点が重要であると考えられる[41]。

「⑵職場や支部段階の研究組織を確立します」では、さらに、「また自主的な教育研究活動と深く結びつくサークル活動、民間教育団体との連絡、協力関係をいっそう強化するとともに、それらの活動に組合員が積極的に参加します。さらに、地域における父母との結びつきを強め『父母と教育を語る会』

をあらゆる校区で組織します」[42]というような積極的方針を打ち出している。ただし、裏返して読むと、民間教育研究団体での活動と父母との結びつきの２点において重大な弱点が存在していたということであるとも考えられる。「研修日獲得」要求は、1966年度および1967年度の運動方針においても、「積み上げ財産化」が「財産化」に変化しているが、ほぼ同じ内容で継承されている[43]。

【1968～1971年度】

1968年3月4日の日教組第76回中央委員会において、「60万教職員の総学習、総抵抗運動」の方針が決定されていた。この中で、「⑸官製教育研究団体の育成強化に反対し、自主的な教育研究運動（民間）を積極的に組織するとともに権力側の官製研究団体を通じての組織分裂工作を排除」[44]することが掲げられている。1960年度から始まった民間教育研究団体に対する補助金支給政策が各地域において自主的研究活動の上でも、組合活動の上でも深刻な問題となっていたことを示している。

1968年度の運動方針案「具体的たたかいのすすめ方」の「㈥民主教育を確立するたたかい」において、「国民の、国民の手による国民のための、教育を確立する」ために「教育を守る市民会議」の結成を提唱した。研修にかかわることでは、次のように述べている。

> 「同時に自主的研究体制を確立して職場の自主研究運動をつよめ、一切のおしつけ研究を排除し、授業を本物にするための自主的立案をすすめます。このとりくみは研修時間の獲得、超勤簿必置、学校予算の公開、旅費の民主的配分などをかちとるたたかいをともにすすめなければならないことはいうまでもありませんが、その他、学校の主体性をおかす作文、ポスターなど作品募集、テスト集、ワークブックその他学用品の売り込みなど、真に子どもと授業を大切にする観点にたってきびしく整理する必要があります。」[45]

ここでは、「研修時間の獲得」を明記していることが注目される。また、「真に子どもと授業を大切にする観点にたって」と述べている点が、当然のこととは言え、「研修時間の獲得」の目的ともつながる重要な視点であると考えられる。

　さらに、「支部段階では研修日の獲得、おしつけ研究の排除、行事計画の調整などについて、地教委、校長会交渉などをつよめるとともに、職場闘争課題について統一指導体制を強める必要があります」[46]と「研修日の獲得」を支部の取組の目標として掲げている。ここで、「職場」の課題が「研修時間の獲得」で、「支部」の課題が「研修日の獲得」で異なっているのは、学校単位で組織される分会と多様な校種・学校により組織される支部での課題の差異によるものと考えられる。

　1969年6月の日教組第36回定期大会で決定された運動方針では、「職場の自主的研究運動」が「職場の自主的研究活動」に、「研修時間の獲得」が「研究時間の獲得」に変化したのみで、基本的に1968年度運動方針と同じである。1970年度および1971年度運動方針も同様である[47]。

【1972～1974年度】

　1972年度の運動方針では、「六　民主教育を確立するたたかい」の中に「職場の自主的研究体制を恒常的に保障する条件を確立するために研修日（時間）のかくとく……」[48]が記されている。「研修日（時間）のかくとく」の直接の目的を明示したものと言える。以後、1973年度、1974年度の運動方針においては、「自主的研修日（時間）のかくとく、定員増等の教育条件改善のたたかいを推進し研究体制の具体的確立をすすめます」(1974年度)と研究条件改善と定員増等の教育条件改善のたたかいを曖昧ながら結合させて掲げている[49]。

　また、1973年度運動方針では、その後、文部省・教育委員会・校長に対して要求・確認すべき「4原則」ともいうべき事項が確立している。

「文部省・教委・校長に対して研修のあり方として、①研修は本来、自律的自発的なものであることを認め、②官製研修等に『職務命令』による参加強制をしない、③自主研修と官製研修の取り扱いについて差別しない、④『研修歴』を給与・人事・身分に一切関係させない、ことを要求し確認させるよう団体交渉を中心にたたかいを強化します。」(50)

　前述のように、1972年度以降は、「研修日（時間）獲得」「自主的研修日（時間）獲得」が運動方針の「五　労働基本権奪還・弾圧反対・権利拡大・労働条件改善のたたかい」ではなく、「民主教育確立のたたかい」に掲げられたことは、労働条件改善（時短）ではなく、教育研究条件改善のための「研修日（時間）獲得」という位置づけを明確にすることにつながるものであった。

　ただし、「研修日（時間）」にあえて「自主的」を冠したことは、文部省や教育委員会による行政研修強化や研究団体の統制など研修環境の厳しさを反映しているものと思われる。

【1975～1979年度】

　1975年度運動方針案では、「自主的研修日（時間）」と「定員増」の間に、「放課後は原則として自主的研究時間とすることの慣行化」が追加されている。しかし、1976年度運動方針案では、「職員会議・校務分掌の民主化、自主研究日（時間）のかくとく等は、組織的研究体制の確立とあいまって、自主編成活動、教研還流活動をすすめるうえでの重要課題として組織的取り組みを強化します。そのため教育闘争全国実態調査資料の組織的検討をすすめ、到達闘争の指標を明確にしてたたかいを推進します」と、組織的研究体制と組織的取り組みの強化が強調されている。1977年度運動方針案でもほぼ同じである(51)。

　1978年度運動方針案は、「職員会議・校務分掌の民主化、自主研究日（時間）の獲得は、到達闘争の指導[ママ]を明確にしてたたかいを推進します」と簡潔化しながら、一方では、従前から記述されていた「官製研修に対する反対闘争を

強化すること」に加えて、「教職員の積極的な要求にそった自主的教育研究の機会を保障させる組織的たたかいを強化します」を掲げている[52]。

1979年度運動方針案では、「五、民主教育を確立するたたかい」において、「職員会議・校務分掌の民主化、自主研究日（時間）の獲得は、到達闘争の指導を明確にしてたたかいを推進します」は掲げられておらず、すなわち、「自主研究日（時間）の獲得」は消失した。

「四、労働基本権奪還、権利確立のたたかい」にも「自主研究日（時間）の獲得」は掲げられていない。すなわち、1979年度には、長期休業期間中の自主研修日確保の要求を除いては、日教組の運動方針から「自主研究日・研修日（時間）の獲得」は消失したのである[53]。

⑶　2つのルートからの自主研修保障要求結合の萌芽と停滞

　2つのルートからの研修保障要求を結合させ、民主教育の確立、すなわち、児童・生徒（子ども）の学習権保障のための自主研修保障要求として、運動を大きく発展させる潜在的条件は、1970年頃には芽生えつつあった。

　1970年6月の日教組第38回定期大会では、「教職員の労働時間と賃金のあり方」という画期的文書が採択されたことは前述した。しかし、一方では、同じ大会に提案された「自主編成運動の総括と方針」の「総括」部分は苦渋に満ちた内容であった。

　　「自主研修権を確立するたたかいの一環として教研活動にとりくみ一定の成果をあげてきましたが、ここ10年推進してきた教育課程の自主編成の運動も、教研集会などでは成果をあげた幾つかの例が紹介されながらも、全国的には日常の職場実践として十分な成果をおさめているとはいえません。もとよりそれには、文部省の改訂指導要領にもとづく伝達講習会や、指導主事、職制を通じての強力な指導・強制が、教職員の自主性、自律性をおさえ、創造を妨げていることはいうまでもないことで

す。しかし私たち自体の学習不足と、教師の教育権に対する自覚と相まって各級指導部の自主編成に対する手立ての不十分さをも率直に反省する必要があります。」[54]

「私たち自体の学習不足と、教師の教育権に対する自覚」という表現から、自主編成運動を進めるにあたって教員の主体的問題の存在が垣間見られ、そして、それは相当深刻な状況のように見受けられる。

1971年1月発行の日教組編『私たちの自主編成』によると、「自主編成運動を進める基本的視点」として6項目をあげている。その第4項目は、「組織的・集団的なものであること」とされ、その中で教師の研修を次のように位置づけている。

「教師に教育の自由が認められるのは、教師が真理にもとづく教育をすすめることができる専門家であるからです。そして専門家の自由はその専門性を高めること、真理の教育にたえず近づくよう努力することが要請されています。それは自らの研修、専門家間の相互の批判・検討を通じてはじめて可能であり、教育公務員特例法が、教師に研修を義務づけ、使用者にそれを保障するよう義務づけているのもこうした趣旨によるものです。したがって免許状をもった専門家としての教師の集団的な学習をほう棄するならば、それは同時に教育の自由をほう棄することになるのです。」[55]

また、1972年6月の日教組第41回定期大会における「中教審路線粉砕のたたかいの総括と方針」の中でも、「わたしたちの自主編成の運動は必ずしも集団的・組織的な運動としての広がりをみるまでにいたっていません」[56]と記されている。このことと関連して、すでに1970年2月7日の第19次教研（岐阜市）において、日教組宮之原委員長は次のような挨拶を述べていた。

「……わたしは以下討論を深める素材としてとくに次の諸点を強調し

たいと思います。その第1点は、教育の原点にたちかえって確固たる教育理念を確立し、70年代の教育の創造に積極的にとりくもうということであります。……今日はもはや体制側から打ち出されてきたものを単に批判すればことたりるというときではありません。みなさんの要求を具体化し、体系化した革新的・創造的な内容を明示して、国民各層の教育要求にこたえようではありませんか。言葉の強さで運動の弱さを補うという時期はすでにすぎ去ったのであります。

　第2点は教育労働者としての研究の自由をかちとり、主体性を確立して勇気と確信をもって教壇に立つ方途を樹立しようということです。……18次までの教研をふりかえったときに、わたしたちの教研が世界の教育運動にもその例をみない教育労働者の組織的・自主的教育研究活動であることに大きな誇りを覚えながらも、学校・地域を核とする教研体制の不十分さと教研活動と組合活動の結合・統一の弱さが『影におびえる教師』と『ことなかれ教育』を生み、自主編成より赤本に安易に頼る弊風を生じていることにわたしたちは深く反省する必要があります。わたしは本集会における討論のなかから、ぜひともこの教師の姿勢の問題について『あるべき労働者像』をひきだしていただきたいと心から願っているものです。反省を言葉によって万事を素通りしていくという悪習をいっそうして、謙虚に世論にも耳を傾けながら自己変革への道を求めなければなりません。そして、その変革への道は70年代の進歩と発展の原動力となる主体性・創造性が基本でなければならないと考えるものです。

　わたしたちは『教師は主体性を失えば退廃する。教師は自らが自己の改革のためにたたかい、学習と研究を深めない限り停滞と退廃・反動がおきる』という言葉をじっくりかみしめてみる必要があります。」[57]

この日教組委員長挨拶は、きわめて自省的であり教育研究活動における教

員の弱点を率直に認めて、その克服をよびかけるものであり、その点について何ら異議はない。しかし、これまで考察してきたように、宮之原の挨拶の時期には、日教組の運動方針から、長期研修要求は外れている。筆者は、1962年度以来、日教組の要求として長期研修保障が掲げられなかったのは、教員の研究力量形成の上で痛恨事だと考えている。その点が、筆者が宮之原の問題提起に基本的に賛同しながらも、それでは日教組はどのような研修要求方針を打ち出したのかと問い返したくなる点である。

　もちろん、日教組が努力をしなかったというのではない。1974年8月の日教組第45回定期大会では、「『わかる授業』『楽しい学校』づくりの要求と『教師の力量を高めるための自主編成講座』実施の方針」が決定された。ここには、教育課程の自主編成活動推進の方針として6項目が上げられているが、その第3項目として次のことを掲げている。

　　「職場闘争を基盤に自主的・民主的な教育研究体制の確立をはかります。そのために、とくに職員会議等の民主化に努力し、教育目標、校務分掌、研究会、学校行事などを民主的に決定する職場づくり、自主的研修日（時間）のかくとく、定員増等の教育条件改善のたたかいを推進し研究体制の具体的確立をすすめます。」[58]

　一方、第4項目として、「『命令』研修、研究指定校のおしつけ、週案・日案の提出強要、指導案の書きかえ強要、指導主事の一方的学校訪問、時間表、副読本などの承認・許可制など学習指導要領の不当な『法的拘束性』の具体化」[59]につながる事柄を排除すべきものとしてあげている。

　そして、第5項目として、「教師の力量を高めるための自主編成研究講座」の実施をうたっている[60]。

　　「自主教研を中心とする自主編成活動の成果にたって『わかる授業』『楽しい学校』にしたいという現場教師の要求にこたえるとともに、各県の

組織的な自主編成活動をいっそう発展させることを目的とする日教組主催の第1回『教師の力量を高めるための自主編成講座』(74年8月24日より5日間、小・中・高対象約1,000名規模)への参加体制を組織的にすすめます。」[61]

　また、1974年度の運動方針案では、「六、民主教育を確立するたたかい」において、「教育統制と教職員の思想統制・組織破壊を企図している現職教育の特徴を正しく把握し官製研修反対闘争を強化するとともに官製研究団体の民主化を積極的に展開します」として5項目にわたって具体的行動を記している。その第1項目は、伝達講習会・新任教員研修会・各種官製研修会に対する中止要求を行うこと、第2項目は、「文部省・教委・校長に対して、研修のあり方として(イ)研修は本来、自律的自発的なものであることを認め、(ロ)官製研修等に『職務命令』による参加強制をしない、(ハ)自主教研と官製研修の取扱いについて差別しない、(ニ)『研修歴』を給与・人事・身分に一切関係させない、ことを要求し、確認させる」[62]ことである。第3項目は、海外派遣研修計画の民主的選考基準の設定、とくに「研修歴」の排除、第4項目として、官製研究会の抜本的削減、第5項目として、官製研究団体の新規結成阻止と既成団体の民主化、というものであった。

　この運動方針案には、具体的かつ重要な事項が掲げられており、教員研修の面では、この方針に1970年代前半の、教員研修をめぐる文部省と日教組の対立点が明確に示されていると言えるだろう。この引用からも容易に理解できることは、「自主的研修日（時間）の獲得」や「自主編成講座」などの推進すべき積極的事項に対して排除すべき事項の多さである。文部省の研修政策の展開に圧倒され、それらに対する抵抗・反対に重点を置かざるを得ない運動の困難さが推測される。また、長期研修要求については、前述のように1961年度の運動方針までは「内地留学制度の拡充」として掲げられていたが、1962年度には消失し、その後、1970年代になっても運動方針の中に位置づけ

られなかった。

　この方針策定の2年前、日教組教育制度検討委員会（梅根悟会長）は、その第2次報告において次のような提言を行っていたが、日教組の運動方針にはまったく反映されなかった。このことは、1960年代以降、長期研修の性格を、すべての教員の自主的・主体的研修要求に応えるものではなく、行政の必要に応じる命令研修に傾斜させていくことにつながったものと考えられる。

　　「(5)研究の機会と条件はすべての教師に平等に与えられ、たとえば6年の勤務に対して1年の研究の機会を有給で保障するなどの措置がすべての教師にとられなければならない。その場合の研究は、大学・研究所のような研究機関での研究を原則とする。研究は教師の権利であり、義務であるから、すべての教師にその機会が平等に保障されなければならない。」[63]

　さらに、1978年5月17日、日教組は中教審に対して意見書を提出した。「一、教職員の力量を高め民主教育を推進するために」の「㈢自主的・自発的な研究・研修活動の保障」では次のように述べている。これは、1972年の日教組教育制度検討委員会第2次報告書を土台としたものであり、前述の2つのルートからの研修保障要求を結合させる内容であると考えられる。内容的な特徴としては、日教組の研修要求の3原則である「自主・民主・公開」が定式化されたこと、研究指定校方式の廃止が追加されていること、その一方で、長期研修要求が欠落していることである。すなわち、下記引用部の(4)は、第2次報告書の(5)（前記引用部）の後半部のみを記載しているので、前半部の「6年の勤務に対して1年の研究の機会を有給で保障」が削除されている。また、下記引用部の(7)は事務職員の研究活動の重要性を認識し、その保障を要求したものであり、注目される。

　　「自主的な研究活動は教育活動の自由と自主性の確立にとって不可欠

であるから、研究活動の機会が十分にすべての教師に保障されなければならない。今日、多くの教職員は、一方的ないわゆる『官製研修』をおしつけられ、その量はしだいに増大し、正常な教育活動さえも圧迫されており他方で、本来の自主的研究の機会は大幅に制限されている。したがって、教師の力量を高めるためには教師の自主的な研究運動への参加が積極的に奨励されると同時に研究の機会・時間・経費の面での十分な条件を保障するための抜本的な改革が必要である。具体的には、

(1)すべての教職員に対して日常的に勤務時間内に十分な研究の機会と時間、必要経費が保障されなければならない。

(2)文部省、教委等がおこなう『研修』は海外研修を含めて、抜本的に再検討され廃止又は民主化されなければならない。実施される場合も自主・民主・公開の三原則が守られる必要がある。また、現行の『研究団体』に対する文部省、教委等の補助金政策は改められなければならない。天下り的な研究指定校方式は廃止すべきである。

(3)最低都市単位で教師が日常的に利用できる、教科書・教材・教具などを収集した研究施設を、政府の責任において設置すべきである。

(4)研究は、大学・研究所のような研究機関での研究を原則とする。教師の研究のために、大学・研究所のような研究機関が開放されなければならない。大学や研究所は、とくに現職の研究のために、教職員および研究施設が充実されなければならない。なお、現在各県におかれている教育センターや研修センターは、運営を民主化し、研究を自由なものに改革し、内容を充実すべきである。

(5)研究は、教師の本務であるから、不当な差別がおこなわれてはならない。いわんや、『研修』歴が給与・人事・身分等に利用されてはならない。

(6)教師の研究体制を確立するために、大学や研究所、教育行政当局、教職員団体の３者による協力体制が確立されなければならない。

(7)教員以外の職員に対しても、学校職員として必要で有益な業務研究等の積極的な研究活動が奨励保障されなければならない。」[64]

(4)研修保障要求運動停滞の要因

　以上、教特法施行から1980年頃までを2つの時期に区分し、そして、第2の時期については、自主研修保障要求発生の2つのルート別に日教組の要求運動を考察し、その結合の萌芽が1970年代前半に確認されることを述べてきた。1970年代前半は、1966年のILO・ユネスコの「教員の地位に関する勧告」採択という国際的動向を背景として、労働条件改善の観点からも、そして自主的教育研究活動の観点からも教員の研修条件を前進させる機会ではあったが、内在的・外在的諸要因から、大きな前進を実現することはできなかったと言わざるを得ない。

　内在的要因というのは、具体的な運動レベルでは前述の2つのルートのうち前者が後者を凌駕したことである。それは、前述の宮之原委員長の挨拶にあるような教員の主体的問題、すなわち研修保障制度の拡大が子ども・青年の学習権保障と結びついた強力な要求になりにくいという深刻な問題[65]と深く関係している。この点については、教育課程行政のあり方と日本の教員にとっての研修の意義・性格の関係性についての考察が重要であると思われる。また、組織問題として、同和教育方針や運動団体との関係、教師論、闘争戦術論をめぐっての内部対立が激化したことがある。

　一方、外在的要因というのは、1960年代以降一貫していることであるが、研修の自主性をかろうじて「維持」するためには、常に文部省の教員研修・教員統制政策への対抗・抵抗を続けざるを得なかったことである。すなわち、外圧排除のための運動に莫大なエネルギーを費すことにより、積極的な研修要求を構築しその実現に力を注ぐ運動を展開することができなかったことである。また、1971年の中教審答申「今後における学校教育の総合的な拡充整備のための基本的施策について」や1972年の教育職員養成審議会建議におい

て提示された新構想教育大学設置とその大学院への現職教員派遣構想は、教職員組合がその教員統制政策的側面を警戒し反対することになり、教職員組合による長期研修要求をきわめて消極的にしたものと思われる。さらに、1970年代前半の研修保障要求の「高揚期」に主任制度創設方針が文部省より打ち出され、教職員組合の主たる闘争課題がこの問題に集中させられたことも外在的な要因として指摘できる。本節での考察はここでとどめ、第2節「地方組織における研修保障要求運動」においてより具体的に考察することにしよう。

3. 教職員の勤務時間管理に関する立法と文部事務次官通達

1972年1月1日から、「国立及び公立の義務教育諸学校等の教育職員の給与等に関する特別措置法」(1971年5月28日公布)と「教育職員に対し時間外勤務を命ずる場合に関する規程」(1971年7月5日付文部省訓令第28号)が施行されることになり、1971年7月9日には文部事務次官通達がだされた。この通達には、教特法研修条項についての文部省解釈として、立法趣旨に則した極めて重要な見解が明示されている。21世紀の今日においても重視されるべき通達である。後者について述べた「第二　訓令の内容の概要および留意すべき事項等について」において、次のように記されている。

>　「教育職員の勤務時間の管理については、教育が特に教育職員の自発性、創造性に基づく勤務に期待する面が大きいことおよび夏休みのように長期の学校休業期間があること等を考慮し、正規の勤務時間内であっても、業務の種類・性質によっては、承認の下に、学校外における勤務により処理しうるよう運用上配慮を加えるよう、また、いわゆる夏休み等の学校休業期間については教育公務員特例法（昭和24年法律第1号）第19条（研修）および第20条（研修の機会）の規定の趣旨に沿った活用を図るように留意すること。」[66]

この通達の解釈については、1971年7月1日、日教組槇枝元文書記長と文部省西岡武夫政務次官との間に次の合意が得られ、両者が署名した正式文書としての議事録がとり交わされていた。

　「一、超過勤務を命じ得る場合についての文部省案は、別紙一のとおりとして差し支えない。
　　二、法の実施にあたっては別紙二に掲げるところによる。
　〈別紙一〉
　教職員に対し超過勤務を命じ得る場合
　（以下、省略）
　〈別紙二〉
　一、教職員の勤務時間の管理については、教育が特に教職員の自発性、創造性に基づく勤務に期待する面が大きいことおよび夏休みのように長期の学校休業期間があること等を考慮し、正規の勤務時間内であっても、業務の種類、性質によっては、承認の下に、学校外における勤務により処理しうるよう運用上配慮を加えるよう、また、いわゆる夏休み等の学校休業期間については教育公務員特例法第19条および第20条の規定の趣旨に沿った活用を図るよう指導する。（以下、省略）」[67]

20年以上も前から教特法に規定していることであり、当然のことに過ぎないのだが、当時の自主研修抑圧の実態から考えると、同法の趣旨にのっとった研修行政に転換させるという点では、この合意文書および事務次官通達は大きな意味があった。とくに、「学校外における勤務により処理しうるよう」と述べていることは、文言どおりに受けとめると、1964年以来の「研修3分類説」を見直すことにも繋がる重大な内容が含まれているものと考えられる。このような点で、1970年代前半は、校外自主研修保障を拡大していく可能性をもった時期であったように思われる。そして、実際に、北海道・東京・千

葉・高知等々の有力な地方組織では、教育行政当局との間に、自主的研修の機会を保障する趣旨の確認を文書確認を含んで実現したところも存在する。この点は、第2節で述べる。

　もちろん、その確認内容が実態に比して画期的であればあるほど、それを妨害する動きも激しく、単純に確認事項が実施に移されたと見ることは安易に過ぎる。しかし、教員が教特法の趣旨を具現化する方針を教育行政当局から引き出したことは重要な意味を有すると評価できる。全国的に見ても、1970年代は、自主的研修の機会保障という観点からみると、1960年代以降、行政研修や補助金支給等の研修統制策により後退し続けるなかで、研修保障要求運動がやや攻勢に転じる可能性を有していた時期である。

第2節　地方組織における研修保障要求運動

1.　地方組織における研修保障要求運動の概観

　教職員組合の自主研修保障要求は、主として次の3つの項目に分けることができるだろう。すなわち、第1に、校外自主研修の機会保障、第2に、研修費支給、第3に、長期研修の機会保障（海外研修も含む）である。これらの要求は、全国組織レベルにとどまることなく、地方組織においてもその実現をめざして運動が展開されたので、項目別に、地方組織の顕著なとりくみを概観しておこう。

(1)「勤務時間内校外自主研修」の機会保障

　具体的には、研修日の設置や民間教育研究団体の研究会への職務としてあるいは職務専念義務免除による参加の保障などである。研修日は、戦後すぐに東京都立の中等学校教員（1948年度から高等学校教員）が獲得しており、また、当時の学校5日制のなかで広範な地域で研修日が存在した。しかし、組織的な要求運動により獲得したという点では、福岡県立高校における週1日の研

修日獲得（1966年度実施）が最初であると言えよう。しかし、周知のように福岡県政の変化を主たる要因として、1971年度には早くも廃止され、わずか5年間の制度に終わった。筆者は、この制度が短命に終わったことを残念に思うが、次に引用するように、研修日獲得の取組みがそもそも労働条件改善のためのものであったことは把握しておく必要がある。

「福岡高教組が研修日構想を初めて提起したのは、第14次教研の翌年、第22回定期大会においてであった。

大会では、『労働基本権の確立と権利拡大、労働条件改善をたたかう』との基本方針が確認された。そしてこの権利拡大と点検活動の重点目標の一つとして、年休権完全行使態勢の確立と並んで『労働時間週40時間、5日制をかちとる、それまでは早急に研修日の設置をかちとる』ことを決定したのである。

このように『研修日設置』は、当初は労働時間短縮の過渡的目標として位置づけられ、研修権の確立という視点は必ずしも明確ではなかった。したがって研修日設置も単なる努力目標に受け取られていて、大会ではほとんど議論されていない。研修日が労働権拡大の側面のみでなく、教育権確立といういま一つの重要な側面をもったたたかいであることが組合員に認識されるのは、以後のたたかいの過程、ことに職場闘争のなかにおいてであった。」[68]

福岡県立高校の研修日制度は5年間で廃止されたが、全国的に与えた影響は小さくなかった。

おりしも、本章第1節でみたように、1960年代後半から日教組が勤務実態を詳細に調査・分析し、超過勤務の排除と労働時間短縮を闘争の大きな柱として位置づけ、1965年度日教組運動方針の「民主教育を確立する闘い」において「研修日獲得」が初めて掲げられたから[69]、全国の高校組織は福岡県立高校や東京都立高校の研修日に強い関心を抱くようになった[70]。日教組の1966

年度運動方針は、「授業終了後の校外研修の権利を定着させるため、各級段階の交渉を通じて校長承認の手続きを省略させ、自由利用の慣行を確立させるとともに、東京（高）、福岡（高）のような全1日の研修日を全県的な制度として確立するようたたかいます[71]」と「東京（高）、福岡（高）」を目標として記している。たとえば、横浜市立高等学校教職員組合は、福岡県高教組に先立ち1964年から研修日獲得のたたかいを始め、1969年には、一部を除いて、全日制週半日、定時制1日の研修日を獲得している。

> 「研修日の要求運動は64年（S39年）にははじまる。65年には教研集会で、研修日設置をテーマに金決分会が研究発表を行った。この間に、各分会内部に、研修日設置を要求するこえは急速に高まっていった。
>
> 　組合員の強い要望をうけて、執行部は毎年再三にわたり市教委と交渉を行ったが、当局者は『根拠薄弱で問題にならぬ』・『他との均衡の問題もある』として、否定的乃至消極的見解に終始した。
>
> 　事態の進展をはかるため、67年（S42）に研修日対策委員会を設置して運動をすすめた。しかし当局は『他都市の情報をあつめ、指定都市課長会議で検討し、研修日の必要はない。支持しないときめた』と回答、一方校長会交渉の結果も芳しいものではなかった。
>
> 　68年もひきつづき執行部・研修日対策委が中心となって運動をすすめた。東京・福岡などが研修日を獲得したことも有利に働いて、遂に市教委は「研修日設置の可否は、市教委が云々すべきものではない。それは校長の権限なので、校長と十分話し合ってほしい」と回答、そこで執行部は校長会と交渉を持つとともに、各分会に対して校長交渉を行うよう指令を発した。各分会は一斉に交渉を開始した。」[72]

東京も福岡と同時期に研修日を獲得したかのように読め、それは事実と異なるが、福岡県の情勢が横浜市立高校教員に有利に作用したことは確かであろう。

また、福岡県や横浜市の研修日獲得闘争よりやや遅れて、沖縄の夜間定時制高校における研修日獲得闘争が行われた。これは復帰前の沖縄のことであるが、1968年の佐藤・ニクソン会談で復帰の目途がついていた時期なので、福岡県などの影響を確実に受けているものと推測される。ただし、沖縄の場合には全日制・定時制間の人事交流促進という特別の事情があったようである。

　「1970年4月1日より、定通制夜間部の職員に限り週1日の研修日がとれるようになった。従って、職員交互に週1日の研修日を設け、週5日の時間割りを組むようになった。
　教特法によると『教員は授業に支障のない限り、本属長の承認を受けて勤務場所を離れて研修を行うことができる』となっていた。『授業に支障がない』ように、授業計画の割り振りを行った。その割振りは職員会議で定める客観的なものでなければならなかった。
　当時、教員の週持ち時間は10～14時間で週5日制になっても負担加重にはならず、時間割り編成で各人が授業のない日を設けても生徒の学習に支障のない状態を維持できる状態にあった。定通制夜間部においては無免許教科を含めて3～4科目の授業を担当していたし、その負担は大きく、教材研究等が所定の勤務場所で処理できないこともあった。その実態については文教局と高教組定通部で調査し、実施可能な状況を検討し、合意していった。
　このような状況の中での週1日自宅研修を要求していったことは正当なことであったし、これが実現したことは大きな進歩であった。」[73]
この研修日が実施されてからのことは、次のように記されている。

　「1971学年以降、全日制から定通制、夜間部への異動希望者は急増した。そして復帰をくぐり1982年に1日研修が行政側から一方的に剥ぎ取られるまで良き制度として定着し継続されていった。その間、権利や研修権

の行使に当っては、片時も学校運営や生徒の就労権、学習権に弊害をもたらすことがないように努力が払われた。たとえば、週１日は全職員が研修日を取らない日を設定することによって全員参加の職員会議を可能にし、逆に、研修日を単に教師自らの研修にとどめるのではなく生徒の職場や家庭を訪問し、十分な時間をとって生徒の教育相談に対応するなどした。」[74]

　さらに、後述する神戸市立高校における研修日獲得闘争は1967年度から始まり、1968年度には相当な成果を獲得している。運動のスタートは横浜市立高校より２年ほど遅いがもっとも激烈な闘争を展開したのは、1967～68年度でありほぼ同時期である。組合側資料には、両者の連絡は明記されていないが、横浜市教育委員会が、「他都市の情報をあつめ、指定都市課長会議で検討し、研修日の必要はない。支持しないと決めた」と回答しているように、同じ政令指定都市ということで教育委員会としてもお互いの動向を意識していたものと思われる。

　なお、1966年度の日教組運動方針では、「研修日獲得」ではなく、「研修日、研修時間」とされ、組織の多数を占める小・中学校教員にも実現可能な目標設定を行っている。その影響もあるのだろう、1967年には、東京都教職員組合が「自己の研修のための研修時間を週半日設けること」を東京都教育委員会に対して要求している[75]。また、1972年度の千葉県教職員組合の運動方針には、「家庭研修の獲得に向けて」が掲げられている[76]。

　しかし、この時期は、文部省の「研修３分類説」が行政解釈として猛威をふるい、民間教育研究団体の研究会や組合主催の教研集会への参加が出張や職務専念義務免除の形態では困難となり、そのことをめぐって紛争が多発していた時期でもあった。山形県教職員組合は、1971年７月17日、「長期休業中における研修の取扱い」について県教育委員会と次のような確認を行っている。

「夏休み等の長期休業期間は、教員の自発性・創造性を発揮させることを前提として、

教育公務員特例法第19条第20条の規定の趣旨に沿って十分活用するようにする。

1．事務職員についても教職員に準じて取扱う。

2．研修については、主催団体のいかんによって差別をしない。」[77]

そのような中で、第1節で述べたように、1971年7月1日の日教組槙枝書記長と文部政務次官西岡武夫との間で合意議事録が取り交わされ、同年7月9日の文部事務次官通達が出された。議事録と通達の内容は再掲しないが、これを活用し得る組織力量を有した地方教職員組合にとっては、自主研修の機会を拡大するための絶好の機会となった。教育委員会と教職員組合との協定書をいくつか紹介しておこう（要点の抜粋である）。

「北海道教育委員会と北海道教職員組合との協定書（1971年12月15日）

1．通常の勤務日における勤務の取扱いは次のとおりとする。

(1)通常の勤務日において、教職員が授業の準備・整理・研修および生活指導に関する業務を行う場合は、勤務時間内であっても校長の承認を得て学校外において処理することができる。この場合承認にあたっては、校長のしいにわたらぬよう十分指導し、その徹底をはかる。

(2)寮母の勤務については、教職員に準じて研修時間が与えられるよう措置する。

2．長期休業日の勤務の扱いは次のとおりとする。

(1)長期休業日は、原則として校外研修日とする。

(2)校外研修にあたっては、事前に研修項目と居場所を届出るものとする。

(3)帰省の場合は、自宅研修扱いとし、年休届は必要ないものとする。

(4)海外研修、スクーリング等の場合についても、前記(2)および(3)と同様の扱いとする。

　(5)各種研修会、研究会の参加にあたっては、主催団体による差別扱いはしない。

　　〈以下、略〉」[78]

「高知県教職員組合と高知県教育委員会の確認文書（1971年12月）

　第10項　教育が特に教育職員の自発性、創造性に基づく勤務に期待する面が大きいこと。および夏休みのように長期の学校休業期間があること等を考慮し、正規の勤務時間内であっても授業に支障のない限り、承認のもとに学校外における勤務をし、また、いわゆる夏休み等の学校休業期間については、教育公務員特例法第19条、および第20条の趣旨に沿った活用を図ることは当然である。」[79]

　北海道については、校長会が、「協定書に対して猛烈に反発し、組合なみにオルグ、チラシ戦術をはじめ、若手校長を動かして、道議会自民党や道教委の間をとび歩くなどした」[80]が、この協定書により北海道における自主研修保障は、1960年代の後退から転じて前進することになった。それは、若月雅弘（北教組書記長）が1983年11月17日に札幌地裁においておこなった次の証言[81]でも明らかである。なお証人に対する質問は、「自主的な教育研究活動のうち、全道教研に象徴される教育研究集会に参加する場合、具体的にはそれに参加する権利というかたちで現れてきます研修の権利は、どのように保障されているのか、そのことについてお聞きしたいと思います」というものであった。

　「私はおよそ四つくらいの時期に区切って考えているわけでありまして、差し支えなければその区分を申し上げたいと思いますが、まず第１期は教研集会というものが開始をされました昭和26年から昭和38年までの時期、それから第２期と申し上げたいと思いますがこれは昭和39年、

40年という時期、それから第3期でありますがこれは昭和41年からおよそ昭和48年頃までの時期と、それから第4期ということでございますが、これは昭和48年頃から現在までの時期というふうに別けて考えることができると思います。なおこれは北海道の状況についてという具合に、まず断った上での分類であります。……第1期は教研集会への参加については、出張というものが認められており、かつ道段階においてはこれに対する助成のための予算措置がなされておった時期ということであります。第2期と申し上げたのは道段階の予算が打ち切られましたが、研修義務免措置というものは保障されておった時期と、第3期は研修義務免がもう否定をされて、参加するならば年休だと、そしてその根底にあったものは、教研集会を敵視する政策というものが厳しく打ち出されてきた時期、それから第4期は大体現状に近いわけでありますけれども、出張で参加する、あるいは年休で参加する、あるいは研修義務免で参加するというような対応があることを、行政当局も肯定的にこれを認めている状況と、このような意味で区分をすることができるのではないかと考えております。」[82]

また、高知県においては、この確認文書を基盤に、1972年6月1日には、諸研修、講習会について、「①すべてについて特に『職務命令』は出さない、②それぞれの会への参加は本人の自主性、自発性を尊重しながら学校の教師集団の中で話しあってきめらるべきで、本人の意思をふみにじって一方的に強制参加させることはあり得ない、③会の運営・内容については、一方的な伝達やおしつけにならないよう民主的な討論の場を保障する」[83]ことを確認している。さらに、1973年5月18日の県教委交渉において、「教職員の研修は、当然勤務内容にふくまれる。教育は、教職員の自発的、創造的な研修、研究活動を基本とする。従って、研修内容は教職員の個々が自発的に選択するものであり、勤務時間内であっても、その自由は保障され、年休の強要などは

あり得ない」[84]ことを確認している。1970年代の前半という時期に、このような確認を行っていることは、特筆されるべきことである。この後も、高知県教組は、1973年5月に「自主的・民主的な研修活動、教育活動をすすめるための要求書」を提出、さらに、1977年4月には、それまでの要求を集大成し、県教委に対して「研修問題について」とする総合的な問題提起を行った。

　北海道教職員組合や高知県教職員組合は、1971年の文部省と日教組の議事録、それに基づく文部事務次官通達を十分に活用して研修保障に結びつけていった組織であると言えるだろう。それは、組織率とともに、その組織に「研修権」に関する理論が蓄積されていたからであると思われる。これらの組織以外にも、この時期に多くの県市において、校外自主研修保障の確認が行われた。たとえば東京都の場合は、1972年10月20日の東京都教育委員会と東京都教職員組合との団交の場で、校外自主研修の保障を含む5項目の確認が行われている[85]。また、千葉県教職員組合と千葉県高等学校教職員組合は、1972年6～7月にかけての県教委に対する運動の成果として、「⑤夏季休業日の扱いについては教特法の精神を尊重し研修としたい。『何日出勤せよ』とかいう指導はしない。……⑥夏季休業中の研修出張は教委主催の研修にたいして職務命令は出さない。校長とよく話し合って出張を決めるようにしたい」ということを確認している[86]。

(2)研修費の支給

　これは、研修日要求よりも早くから、日教組の運動方針にほぼ毎年掲げられてきたが、要求運動が高揚するのは、1960年代後半からであると思われる。日教組の運動方針に則して、全国各地で研修費支給要求がだされた。月額6,000円くらいの要求額が多かったが、ここでは、全国的に影響を与えた大阪府下における運動とその成果の概要を紹介しておこう。

　大阪府では、戦後、研修費支給運動が活発に行われ、1951年度には府の教育予算で、府立学校教員（高校、障害児学校）に月額500円の研修費が計上され

た。これに刺激を受けた大阪教職員組合の各支部が積極的な運動を展開し、1951年度には、17市のうち富田林市を除く16市において、年額1,000円～9,500円の研修費を獲得した。そして、翌年、1952年度にはすべての市で年額約6,000円の研修費を獲得するに至った。大阪府下の研修費支給額は1950年代後半には減少するが、1960年代に入って、自治体職員の賃金引上げ闘争の成果にも影響されて、大阪教職員組合各支部の要求闘争も成果をあげた[87]。

『日教組教育新聞』第625号（1962年4月13日）によると、大阪教組郡部衛生都市教組協議会（郡都協）の対市町村闘争が研修費獲得闘争を中心に発展していることが、東谷敏雄大阪教組書記長により報告されている[88]。それによると、1961年度の最高額は枚方市で7,500円（年額）、堺と門真（町）が年額7,200円、池田、高槻、茨木、寝屋川、吹田、守口、布施など多くの都市は6,000円である。1961年度の公務員の最低賃金要求額が12,000円であるから、6,000～7,000円というのは当時の要求月俸の半分であり、この研修費の額は今日的にはかなりの水準であると思われる。

研修費の問題を考察する場合に留意しなければならないこととして、実態として研修費の支給が行われている場合でも、それが公費なのかあるいはPTA会費等からの支出、すなわち保護者負担によるものなのかという点である。1970年頃までは、保護者負担による研修費や図書費名目での教員への現金支給が広範に行われていた。

また、拙著『戦後日本教員研修制度成立過程の研究』第1章第3節および第4章第2節で述べたように、教特法成立過程においては、研究（研修）費支給が構想されていたが消失し、第4回国会の審議でもその支給規定の欠如が批判の対象となった。それに対して、文部省は法制定後の改善努力を約束してかろうじて法案成立にこぎつけた経緯がある。したがって、研修費支給要求は、研修保障の観点からも重要な意味を持っているのである。

(3)長期研修

　本章第1節で述べたように、1950年代の日教組の運動方針には、「内地留学制度の拡充」という要求が存在したが、1962年度運動方針において消失した。そして、本章の考察対象である1970年代を通して、長期研修保障が日教組の運動方針に掲げられることはなかった。前述のように、日教組の教育制度検討委員会（梅根悟会長）が1972年6月に出した第2次報告書には一定勤務年数での長期研修構想が記述されているが、運動方針に掲げられることはなかった。本章第1節の末尾で述べた新構想教育大学設置とその大学院への教員派遣構想がその要因の一つではないかと思われる。海外派遣の民主化については、毎年、要求が出されてきたが、自主的な海外留学の機会を保障するための方針は出されなかった。

　そのような中で、沖縄県高等学校教職員組合（以下、沖縄県高教組）が取り組んだ「本土留学教員の身分保障の運動」は特筆されるべきだと思われる。この運動は、1968年段階では、沖縄の教員が本土の大学院で研究する場合は、休職が認められず、退職せざるを得なかったが、これを沖縄県高教組がとりあげて改善要求の運動を展開し、1970年4月から米国留学と同じ有給休職の扱いを勝ち取ったものである。『沖縄県高教組二十五周年運動史』は次のように述べている。

> 　「知念高校のA教諭が本土大学院で教育学を研究するため、3年間の休職を申請したのに対し、文教局は、『前例がない』と拒否したことから、教職員の権利としての研修権の保障がないことが明らかになり、六八春闘で問題として取り上げられた。教職員が、毎日子どもの要求にこたえられるような、生き生きとした教育活動を行うには、不断の研修が必要である。
> 　1968年3月27日、30日、4月3日、教職員の研修について中教委、文教局と独自の団交をもった。

一方、米留教員は、人事委員会規則によって2年間の休職が認められ、その間、給与の70％が支給されていた。

　高教組は『職務に関する研究』のために本土の大学院に留学する場合にも米留学並みに措置するのは当然であると主張し検討を申し入れた。

　これに対し、文教局は、『A教諭は英語担当であるが、大学院では教育史を研究することになっている。英語教育の指導上とくに留学が必要とは認められない。したがって、有給休暇扱いは人事委規則に反するので、要請に応ずることはできない』と回答し、問題は中教委に持ちこまれた。

　中教委は、はじめ文教局の助言どおり、今回の申請は認められないとしていた。

　高教組は、『人事委規則は米留職員だけの身分を保障しているのではない。法の下の平等、また学術研究奨励、教育向上の観点から本土大学院留学教員も米留と同様の扱いをすべきである。有給が無理なら今回は無給で休暇のとれる措置をしてほしい』と強く要求した。

　結局、中教委は『無給休職で認められる。その補充もできるという前提で文教局に指示する。なお今年中に米留教員と不平等にならないよう基準を作成する』と前向きの回答を出した。本土留学教員について、いままで退職して本土留学していたのを無給休職で留学させることになった。一歩前進であった。

（中略）

　六九秋期闘争中、11月1日午前10時から午後7時まで、第6回の人任委員会と文教局の独自団交を行った。その中で、本土留学教員の身分保障について、中教委と1970年4月より有給休職とするとの約束をとりつけた。

　本土留学者は、従来、退職をして研修をしていたが、高教組は、独自の交渉の中で、これを無給休職とすることをかちとり、さらに、有給休職にさせ、基本給の70％の保障を約束させたのである。

（中略）

　1970年4月2日、中教委で、本土大学院に自主留学する日留教員については、米留と同様に留学期間中は、基本給の70％を適用することを決定した。これは、70年4月より実施されるが、すでに大学院で研修している留学生についても以後同等に適用されることになった。

　次年度からは、選考基準を作成することになっていたが、これについても、高教組に提示され確認されることになった。このことによって、教職員の研究の自由が保障され、私たちの研修権は一段と拡大されることになった。」[89]

　アメリカ占領下、そして、日本への復帰決定という特殊な事情があったにせよ、沖縄県高教組が「研究の自由保障」要求のなかに本土留学問題をとりあげて運動を展開している時期に、管見の限りでは、本土の教職員組合は長期研修保障の要求を掲げていない。その間に、海外留学や大学院進学のために退職に追い込まれたり、あるいはそれらの研究機会を断念せざるを得なかった教員が何人も存在することであろう。日教組は、前述のように1962年度以来、内地留学拡大の要求をおろしているし、地方の教職員組合においても、長期研修要求を掲げて積極的に運動を展開した記録を筆者は把握できないのである。

　その要因としては、前述したように1971年の中教審答申や1972年の教養審建議などで示された新構想教育大学設置とその大学院への現職教員派遣構想が教職員組合に警戒感を抱かせたことが推測される。教職員組合にとっては、不幸な背景が存在したとはいえ、教職員組合の長期研修、あるいは海外留学への無関心あるいは熱意の弱さ（と言ってもよいだろう）は、基本的には今日まで克服できていないと考えている。

2. 兵庫県における研修保障要求運動

(1)運動の始まり

兵庫県高等学校教職員組合（以下、兵庫高教組）は、1963年5月の第28回定期大会の運動方針案に「五、権利斗争」として「とくに勤務時間を短縮させ、週1日の研修日制度をかちとる」（議案書8頁）ことを掲げた。さらに、「六、教育闘争」において「本年度から教育センターを設置する」（名称：兵庫県教育センター、組合員の拠出による）ことを決定した[90]。

1964年の第29回定期大会提案の運動方針（案）では、冒頭、「兵高教組の現状」を述べている。その中で、「侵される教師の教育権研修権」として次のように述べている。

「教育課程の自主編成がきびしい統制を受けているだけでなく、教科内容も教科書の改編と受験体制、さらには能研テストによって規制をますますつよめられています。それに輪をかけるべく、学校視察、文部教研が行われ自主的で自由な教育研究が圧迫されつつあります。いつの間にか部長課長などというポストがふえ、授業以外に多くの分掌が割当てられて雑務に追いまくられる状態、低賃金をカバーするためのアルバイト、せまい住居と研修費の不足等々は、私達の研修の自由を物理的にも奪いとっています。」[91]

そして、「研修手当月2,000円を新たに支給させる」[92]、さらに、「職場の民主化と研修の自由確保を目標に職場の闘いを強めます」[93]と方針を掲げている。

1966年6月の第32回定期大会議案によると、経過報告の「三、権利斗争」の「研修権をめぐる闘い」について、日教組主催の研究集会への参加やヨーロッパ視察旅行（春休み中）を、兵庫県教育委員会が「研修として認めない」として、組合員に年休届の提出を強要した[94]。そして、運動方針では、研修日

設置と研修手当4,000円の支給を要求、文部教研に反対、学校行事計画・職員の研修計画に対する介入を排除することを掲げている。そして、研修権確保、日宿直返上のたたかいを通じて権利意識の確立に努めるとした[95]。

(2)運動の高揚

1967年5月の第34回定期大会議案書では、「代休斗争の成果」として、「研修を始めとして教員の勤務の多様性について当局の認識を改めさせ、ILO体制による賃金カットの実施を不能にしている」、「勤務時間の割りふりについて権限を校長に委譲させ、研修日かくとくに有利な条件をつくり出した」と述べ、その結果、部活動の指導と研修を勤務として認めさせたと述べている[96]。そして、「研修権について」として次のように記している。

> 「研修日の設置は、大きな目標として、福岡、東京への視察団派遣に始まり、対策委員会の常設、討議資料の作成、学習会の開催とかなりの努力が傾注された。しかし他の諸闘争との関連でこの4月から実施に移すという当初の目標は達成し得なかった。だがこれらの努力を通じて研修日設置についての関心はかなり高まり、職場によっては討議も進んでおり、部分的には時間割を5日制に組んだり、半日の研修を設けたところも出ている。」[97]

この第34回定期大会議案の「斗いの目標とすすめ方」では、「服務規定を廃止し、授業に支障のない限り研修の自由を認め、週1日の自宅研修日を設けること」としている。そして、「たたかいのすすめ方」では、「研修日設置を職場闘争の中心にすえ」ている。また、「9月を目途に時間割の試作を全分会で行」い、「来年4月から全校で研修日を設置できるよう斗う」と記されている。こうして、1967年度の1学期末から「全県で研修権かくとくの職場闘争」[98]が始まった。

1967年9月26日に兵庫高教組は第35回臨時大会を開催した。この『臨時大

会議案書』では、第1号議案「賃金斗争を中心とする秋の斗い」の「一　経過と情勢」の中で「代休、研修、宿日直交渉における問題点」として、「兵庫県教委は……研修については法律の条文を無理に曲解し、県教委や校長が命ずるものだけが研修であると強弁し、組合主催の研究会に参加したり、自宅で自由に研究することを研修として認めようとしない」と述べている。そして、「二、具体的方針」として「各分会は研修権対策委員会を必ず設け11月に入ると同時に本格的なとりくみが行い得るよう準備する」としている。後述するが、神戸市立高校における研修日設置闘争も兵庫県全体の高教組の動きの中で始まったのである。11月30日には、兵庫高教組本部において、「研修日設定のための時間割編成会議」が行われており、この会議を契機に「研修日かくとくのための職場闘争」が進展した[99]。1968年5月の『第36回定期大会議案書』は次のように述べている。これは直接的に研修日設置闘争の叙述ではなく持時間数（授業担当時数）の問題に関わるものであることに留意したい。

　「研修日についてのとりくみが進むにつれて持時間数の減少と定員増の要求が次第に強まっている。われわれは昨年末には一定時数以上の持時間を禁止する措置を始めて要求した。これに対する回答はいまだに得ていないが、これはまだわれわれの側にこの要求についての十分な意思統一が不足し、要求に迫力を欠いているところにも原因がある。定時制で12時間、全日制では18時間を超える持時間を絶対に認めない方針を立てそれを守っている分会もある。それらの分会の経験にも学びながら、持時数を減らす運動を本格的に発展させる必要がある。」[100]

そして、「研修日設置について」では運動の到達段階と課題が次のように記されている。

　「研修日設置の運動は2年目に入り、教研活動での研修権分科会の設置、3回にわたる時間割対策会議等の努力が続けられる中で、次第に全

組織の問題となって、……約8割の分会で研修日設置の目標が確認され約6割の分会で対策委員会が設置されている。実際にこの4月から校外研修日を実施している分会は昨年すでに実施しているところを加えて約20分会であるが、時間割の上では準備されているところも約10分会ある。実施数の上ではまだ十分な前進をかちとったとは云えないし、実施したところでも校外には発表しないことを前提に出勤扱いとして処理されており、今年こそは大勢を制して公然と自宅研修を認めさせるところまでかちとらねばならない。とくに教員の聖職化を企図する新たな攻撃に直面して、研修の自由、勤務の自主管理ひいては教育の自由を守り発展させる上でこのたたかいはさらに大きな意義をもつに至っている。時間割は組めても実施できない最大の原因は、校長の反対を打ち破る力が職場にいまだ出来ていないところにある。研修日の運動はそれだけ切り離していかに研究討議しても成功しない。秋の実力行使を中心に、反弾圧闘争、宿直拒否その他の職場斗争と併せて権力と対決する力を育てるなかで始めてかちとれるものである。」

そして、「三、本年度の重点課題」において、6項目中の第2項目に「研修日設置を全校で実現する」（議案書9頁）を掲げた。ちなみに第1項目は「全員突入をめざして秋の実力行使を成功させる」、第3項目は「教育3法を粉砕するとともに小学区制確立、私学高校生への補助金獲得の運動を中心に教育を守る総学習総抵抗運動を展開する」であった。「総学習総抵抗運動」の言葉から、日教組の全国的方針に基づいて運動を展開していることが明確に把握できる。さらに、「教育条件と勤務条件を守るたたかい」の中で、運動の進め方を具体化している。それによると要求は7つである。とくに、教員研修に関わるものは2つであり、「研修の自由を認め週1日の自宅研修日を認めること」と「全日制18時間、定時制12時間を超える週持時間を禁止すること」である。他の要求項目は、「教職員定数の確保」（9項目からなる）、「クラブ指

導費1万円を支給すること」、「部落出身生徒の奨学金」の拡充等、「不当人事の排除」（4項目からなる）、「教員採用試験問題を公開すること」である。

次に、「研修日設置を全校で実現させる」ために7項目の手順を決めている。

「イ　全職場に研修権対策委員会を必置する。
ロ　研修権対策委員会は具体的なプランを作成し、それを分会会議で討議し研修日設置の方針を決定する。
ハ　分会は校長に研修の自由、自宅研修を認めさせるまで交渉をつづける。
ニ　支部は分会の研修権対策委員会の代表を集めて支部対策委員会をつくり、各分会の状況を交流し合うとともに隘路打開について指導する。
ホ　本部は時間割対策会議を必要に応じてひらき支部分会の状況交流を組織する。
ヘ　自宅研修を認めない校長に対しては本部支部の校長交渉を行う。
ト　研修日かくとくと併せて全日制18時間、定時制12時間をこえる週持時数をなくすことを要求してたたかう。その中から各分会ごとに具体的な定員要求を組織する。」[102]

この時点では、兵庫県における研修日設置は、現実的に実現可能な目標というところまで接近していたと言えるだろう。この大会議案書とともに綴じられていた手書きの文書[103]によると、次のような記載がある。

「②研修日設置を全校で実現する

これまでは、生活を守る闘いが中心であった。それについで、教育条件（生徒側）、勤務条件（教師側）を守る闘いを行うべきである。研修日の実現は、全体の1/3で、しかも不完全なところが多く、完全に実現されているところは、10数校、それも公然とはなっていない。しかし、各職場で、このことが問題になって、とりくみが始められている。今年こ

そは実現したい。5月29日、研修日対策会議を開いて、いかにして実現していくかを討議する。」

　また、この手書き文書には、兵庫高教組本部の執行委員が阪神支部における実施状況を報告した内容が記載されている。それによると実施されているのは13校である。

　さて、翌年にはどのような進展が見られたのであろうか。1969年5月20日付『兵庫高教組新聞』は大会議案書を掲載している。そこでは、「研修日のかくとくを完成する」として、「研修日かくとくのたたかいはすでに2年を過ぎ過半数の職場が何らかの形で研修日を実施している。今年こそは全分会で研修日を実現して完成の年とする中で、われわれの権利意識をいっそう強固なものにするとともに、果てしなくふえる雑務の排除を通じて、形骸化された教育体制の改革へ力を蓄える」と述べている。ここでいう「何らかの形」が前述の1968年度議案書添付の手書きメモの「研修日が実現している」と同様の意味ならば、1968年度から1969年度にかけて1/3から過半数へと大きく前進したことになる。さらに、この『兵庫高教組新聞』に掲載された大会議案書は重要なことを記している。それは、「図書費の形で研修費支給を始めて措置させ『研修手当』獲得の手がかりをつかんだ」という記述である。1964年度は「研修手当月2,000円」、1966年度からは「研修手当月4,000円」を要求してきたが、ついに研修図書費という形ではあるが、実質的に研修のための費用のごく一部が「保障」されることになった。なお、金額は明記されていない。

　この「研修図書費」の支給は、2つの意味で重要である。1つは、兵庫県立高校において初めて研修のための費用保障がごく一部とは言え行われたことであり、もう1つは、これを契機にPTA会費からの研修費、図書費の支給が廃止の方向に大きく向かっていったことである。1969年頃の状況をみると、名目は「研修費」、「図書費」、「研修旅費」、「出張補助費」、「教科研究費」

と各学校で様々であり、金額も2,000～6,000円くらいの幅でまた多様である。正確に述べるなら、この時期、兵庫県下でPTA会費の流用が問題となり1969年度から廃止したところが幾つかある[104]。なお、神戸市立高校の教員については研究委託料という名目で神戸市から年額8,400円が支給されていた。

1969年6月の第38回定期大会議案書は「研修日かくとく」について、2つの方針を示している。

> 「イ、研修日かくとくについて意思統一ができ、時間割もできている職場では賃金斗争と結合して校長交渉を精力的に展開し、実施をかちとる。校長が承認しない場合には実力で実施する。
> ロ、研修日かくとくの意思統一ができていない職場では実力行使のとりくみを通じて研修日要求の組織をはかる。」[105]

そして、1969年5月現在の県下各高校の「校外研修日獲得状況」を集約した資料が存在する。これは高教組の支部ごとに実施状況を比較対照したものであるが、これを見ると各支部内の一つひとつの学校の状況も把握できる。この資料から次のことが言える。

① この運動が最も進展していたのは阪神支部と但馬支部である。前者では、「何らかの形で校外での研修日を設けている」は回答数の70％、低く見ても総数の44％[106]で設置されている。後者では、回答数の83％、総数の58％である。ただ、阪神支部も但馬支部も、校外研修日を校長が公認するのではなく、「黙認」している学校が圧倒的に多い[107]。その他も概観しておくと、県高支部[108]が回答数の20％（分会総数の17％）、市高支部[109]が17％（分会総数の9％）、中播支部40％（28％）、市立姫路支部67％（67％）、西播支部30％（23％）、丹有支部25％（20％）、淡路支部20％（14％）となっている。ただ、市高支部がこのように低いことは一見実態と合っていないように思われるが、これは、時間割上は「授業あき日」が確保されているが、校外研修はこの時期にはまだ正式には神戸市教育委員会あるい

は校長から認められていないことを反映しているのではないかと思われる。県下全体では回答率は71％であり、「何らかの形で設けている」高校は42％（定時制92％）であり、定時制での実施率が大変高い。

② 校外研修の回数は、週1日が20％（定時制82％）、半日が41％、その他月に何回とか、2週間に1回とかという回数である。つまり、総数の少なくとも18％の公立高校では、週半日以上のレベルでの校外研修日が存在していたと言える。

③ 校外の研修日が設けられていない場合に時間割をあけているかどうかについては、市高支部と丹有支部が100％である。これらの学校については、校外での研修を所属長が認めればいつでも実施できるようになっているものと思われる。

④ 県立高校の場合、校外研修日を設置していると回答したところが神戸市立高校（市高支部）よりも多いように見えるが、それら県立高校の大部分では校長の黙認という曖昧な状態での設置であって、制度としての安定性を欠いたものである。神戸市立高校の場合は、校長のほとんどが反対しているが、その背景には「その他」の欄に「兵商」（神戸市立兵庫商業高校）からの回答として記載されているが、市教育委員会の通達が存在していたのである。神戸市立高校では、時間割編成上は研修日の準備ができているから、市教委が校外研修を認めれば事態は一挙に進展する可能性を含んでいた。

⑤ 校外研修日が設けられていない理由が列挙されているが、興味深い。決して、校長だけが反対していたのではなく、教員内部にも次のような反対論、慎重論が存在した。

・時間割操作上無理（県立西宮）。・生徒指導の問題、授業時間数の問題（県立星陵）。・市教委の通達（神戸市立兵庫商業）。・分会の取組不足、差別的再編（連携教育）の導入（神戸市立大和田工業）。・設定しても翌日は、それぞれの持ち時間の消化をしなければならないので、日によって5時限もの授業になるため

（県立加古川西）。・農場管理上の理由（県立農業）。・時間割作成の困難、希望者が少ない（県立姫路商業）。・1日研修日の設置困難点―総合制でカリキュラムが複雑なため（県立八鹿）。・現在校長と話し合い中、黙認の方向へもっていくつもり（県立柏原）。・職員の取組不足と時間割操作の困難及び負担の偏重、研修日以外の日の持ち時間が多くなって反対の意見もある（県立篠山産業）。・職員の持ち時間の偏在、とりくみ不十分（県立鳳鳴）。・職員の中で、持ち時間の減少しない限り余計きついという感覚で反対する者が多い（県立三原）。・カリキュラムの関係ではっきりした研修日は設けられないが、週半日、1/3日程度取り、自由にしている（県立洲本実業）。

⑥ 次に研修日そのものではないが、「職員研修図書費」に関連して「PTAなどから研修費的なものが援助されていませんか」と尋ねたところ、金額はまちまちであるが、P費から研修費的なものが支出されていたことがわかる。

(3)運動の停滞と終焉

このように1968〜1969年度にかけての大きな前進の後、研修日の全県的確立をめざした結果はどうであったのか。1970年5月の第40回定期大会の議案書は、研修日設置について、これまでと一転して抽象的な記述のみで終わっている。すなわち、「重点課題」の1つとして「研修日のほか、少なくとも法律にもとづく休日、休暇を完全に行使しうるに足るだけの定員の充実をかちとる」と記しているのみで具体的な行動提起はなされていない。重要なことではあるが、「研修図書費を増設させ、職員に5,000円月額支給させる」、「研修図書費を大幅増額させ、当面全職員に支給範囲を拡大させる」があげられているのみである。これは研修日設置闘争の停滞もしくは挫折を示すものではないのだろうか。

また、この議案書には、気にかかる一節がある。すなわち、「教育文化活動」の項目の中に、「従来、文部教研や諸々の官製研修、研究とのたたかいを『教育活動』として位置づけてきたことの誤りは、70年代を迎えるに当たって十

分確認し、組織強化、反合理化の観点から自主研修、研究＝自主労働管理、自主編成をすすめる必要がある。……反合理化闘争の位置付けによって自主研究体制を日常的に確立していくたたかいと結びつけることによって権力側の教育攻勢に対抗し、教育の機会均等の実現をめざす他団体、県民との共闘とあわせて、民主的高校教育制度、教育内容を確立していかねばならない」という箇所である。筆者は、前期引用部の前半については理解できるが、「組織強化、反合理化の観点から自主研修、研究、自主労働管理、自主編成を進める」という方針が、「生徒の学習権保障のための教員研修」とどのように整合するのか、疑問を抱かざるを得ないのである。

1971年1月21日には第41回臨時大会が開催された。この大会に向けて発行された『兵庫高教組新聞』付録3（討議資料特集号）には、「校内民主化の調査資料―その1―」が掲載されている。これは阪神支部の25分会中20分会の回答を集計したものである。これによると、研修日については、校外研修が認められている高校は15/20と回答分会数の75％、総数の60％の高率に達している。研修日体制のない（時間割をあけていないという意味か）高校が4校存在する。校外研修の頻度については、最も多いのは、「週1日」半数以上の職員が校外で研修を行うというものだった。前述のように、1969年5月段階では、阪神支部は回答数の70％、高校数の少なくとも44％で校外研修日が設置されていると答えていたのであるから、1年半の間の前進が示されている。しかし、それは、後述する神戸市立高校のように制度化されたものではなく、「校長の黙認」という曖昧な状態での「研修日」であったものと思われる。前述した1970年5月の第40回定期大会議案書の抽象的記述はこのことと関係しているように思われる。

1971年6月の第42回定期大会では、「2. 定員増のたたかい」の中に、「13 労働者としての勤務に関する権利を完全に行使し、本務外労働は拒否する。イ、年休権を完全に行使する。ロ、研修日を全校で確立する」と記されている。また、「8. 勤評体制を打破し権利を確立するたたかい」の「②労働基本

権確立の闘い」では、「各分会、支部では直ちに校長交渉を行い次の確認を校長からとりつける」として、その4つの事項の1つとして、「授業時間以外の勤務時間は原則として教職員の自主研修（校外を含む）にゆだねること」をあげている。労働条件改善の運動の中に自主研修機会の確保がのみ込まれてしまったようである。

　なお、これは1971年度の予算・定員闘争の資料であると思われるが、それによると、高教組の図書費とは別に「研修手当を新設し、全職員に月額5,000円を支給させる」および「研修図書費を大幅増額し、当面全職員に支給範囲を拡大する」という要求に対して、兵庫県教育委員会の見解として、「昨年通り研修図書費として、教特法にいう教育職に年額8,200円、従組、事務職員については、特別超勤名目で2,000円支給する。9月補正でもう2,000円積めるようにしたい」と記載されている。組合側は研修手当を要求するが、これについては当局は譲らず、研修図書費という形で実質的な研修手当が支給されていることを示すものである。

　1972年6月の第44回定期大会議案書は、まず、「三、1972年度の重点課題とたたかいの構想」の中で「1．重点課題」として4つの課題を示したが、その第3項目として「労働基本権を奪還し、職場の権利を確立する闘いを、教育制度の民主的改革、教育課程の自主編成運動と結合してすすめる」ことをあげた。これに関してさらに、「1週15時間（HRを含む。定時制は10時間）以上の授業を拒否する。卒業必要単位については、これを減少せしめる方向で検討を加える」「学校週5日制を含む週休2日制を指向する」など具体的課題を4つ掲げている。しかし、教員研修に直接関係する文言は見当たらない。また、「2、たたかいの構想」の中に掲げられた、「22　労働者として勤務に関する権利を完全に行使し、雑務や本務外労働は勇敢に拒否していく。イ、年休権の完全行使が週休2日制への展望をひらく。……ハ、教職員の労働条件改善のため職務内容を明らかにする討議を積み上げていく。その際、教師の地位、その他についての国際的な常識であるI・L・O、ユネスコの『教師

の地位に関する勧告』を参考にし、学習していく」などの事項は、直接的に研修日や研修費を要求するものではない。

　このように、1972年の第44回定期大会の議案には、従来取り組んできた「研修日設置」の問題が消失しているのである。そして、日教組の方針を受けて、週休2日制がクローズアップされている。「研修日」設置をあきらめて、週休2日制に方針転換したと考えられなくもない。なお、この定期大会を報じた1972年7月15日付『兵庫高教組新聞』には、日教組教育制度検討委員会（梅根悟会長）が発表した第2次報告が紹介されている。第2次報告要旨として、「自主的な研究活動は教育活動の自由と自主性の確立にとって不可欠である。研究の機会と条件はすべての教師に平等に与えられ、たとえば6年の勤務に対して1年の研究の機会を有給で保障するなどの措置が全教師にとられなければならない」と記している。このような積極的な報告に対しても、『兵庫高教組新聞』ではとくに論評がない。大会議案書が『教師の地位に関する勧告』に着目し、その学習活動に取り組むことを示したのは、教員研修論を発展させる上で有効であったと考えられる。しかし、週1日の研修日設定要求と週休2日制への志向とは本来的には関連しないはずのものであるが、兵庫高教組の運動方針における研修日要求の消失と週休2日制の登場とは密接な関係を持っているものと考える。

　しかし、1973年2月9日付の『兵庫高教組新聞』に掲載されている中央委員会議案によると、「たたかいの目標とすすめ方」の「2. 処分阻止・スト権奪還・権利確立のたたかい」において、「週1日の研修日制度を全組合員に実現するよう、年度がわりを機にとりくみます」と復活登場している。「年度がわりを機に」ということは、1972年度はあまり取り組まなかったということであろう。

　この当時、兵庫県下の自治体、学校、そして、兵庫高教組は、部落解放運動と同和教育をめぐって大変深刻な状況に直面していた。教員の研修要求等に丁寧に取り組む状況ではなかったのではないかと思う。1974年11月22日に

は八鹿高校事件が引き起こされた。この後も、兵庫高教組はこの問題についての取組みに膨大なエネルギーを費やし、そして、全国レベルの対立も絡み合って、兵庫高教組の内部対立が激化したのである。

　1975年5月22日付の『兵庫高教組新聞』に掲載された大会議案書では、研修制度に関する記述は、「研修手当を年額15,000円支給させる」、「研修図書費の増額（年額15,000円）」、「官製研究会（新任研、文部教研、海外研修、幹部講習）が基本的に教職員の分裂支配を企図し、論功行賞的な危険な本質を持っていることを明らかにしきびしくチェックするとともに、多様な抵抗闘争を組織してたたかいます」くらいであり、前年度の大会で復活した「研修日設置」はまたもや消失した。このあたりに、研修制度についての理念・要求の一貫性が疑われるのである。

　一方、兵庫県教育委員会は、1970年代後半から学校「正常化」運動にのりだし、人事異動・昇進など様々な手段で高教組を弱体化させていった。そして、1980年には、「研修日剥奪、勤務時間内の組合活動全面禁止を内容とする『服務厳正通達』を出し、違反者には賃金カットと行政処分でのぞむと高教組に通告してきた」(10)のである。『兵高教組三十年史』は次のように述べている。

　　「人事と同様、県会保守派と共謀し、『行革』がらみの公務員攻撃キャンペーンに乗って持ち出してきたことは、もはや明らかだった。高教組は直ちにこれに反論。研修は教特法や地公法で義務づけられており、授業に支障のない限り勤務場所をはなれて研修できる、勤務時間は労基法によっても振りかえが認められるし、教育労働はその特殊性からして拘束になじまないことを主張した。県教委は教育長自ら各地の校長会に出向いて督戦するなど実施強化をはかったが、現場の教育実態に立った抵抗も激しく、ために『教育長通達』による一律機械的な禁止をあきらめ、8月末に教職員課長名で『勤務の正常化についてのお願い』通知を出し、各校長に具体的運用をまかせることにした。

そこで組合側は高校長会と協議を続け、9月末、勤務条件、研修のとり扱いについての『合意文書』を交換。『勤務の振りかえ』『回復措置』の扱いを確認し、対外的にもはっきりさせて今後の攻撃をくいとめるとともに、実害を最小限にくいとめ、同時に『組合活動は自前で』の原則に一歩踏み出した。また、自主的な研修の重要性を認めさせ、研修権確立のなかみと実態で勝負するあらたな段階に入った。」[011]

このように、兵庫高教組は県教委の「勤務の正常化」攻勢を、校長会との協議・合意によりある程度食いとめるが、1977年度における人事異動方針の大転換[012]も大きく影響し、その他の様々な教員統制策により1980年代には高教組の組織率が大きく低下していった。そのような力関係の変化とともに、かつて、単位学校内で管理職に対する組合・分会勢力の優位を背景に、教特法を根拠法としながらも「非公然」につくりあげてきた研修日は、一挙に崩れ去っていったのである。

(4)神戸市立高等学校における「研修日」獲得運動
①概要

これまで見てきたように日教組、および兵庫高教組をはじめ各地方組織は1960年代後半から、雑務の排除等の労働条件改善要求とともに、自主研修権の確立をうたい、とくに「研修日」の設置を獲得目標に掲げるに至った。週1回の「研修日」・「研究日」は、戦後教育改革期から東京都立高校において行われ、1966年度から1970年度までは福岡県立高校でも広く実施された。しかし、福岡県では、県政の変動により1971年度からはこの制度は廃止されたし、約50年にわたって維持してきた東京都立高校においても、1990年代に入ってから、相当な改変が行われた。

神戸市立高校における「研修日」獲得の歴史と課題については、別稿において論じることとして[013]、ここでは、その概要を紹介するにとどめたい。神

戸市立高等学校教職員組合（以下、神戸市立高教組）の関係文書に「研究日」という言葉がはじめて登場したのは、あるいは、組合指導部が「研究日」の獲得を課題として意識し出したのは、1961年頃のことであったと思われる。その後、神戸市立高校においては、1967年度から1968年度にかけてを最も山場として、神戸市立高教組が全国的・全県的方針のもとに「研修日」獲得闘争を展開した結果、1974年には市教委が次のように文書により自宅を含む勤務場所を離れた研修を認めた。その後、2002年度に学校完全5日制が実施されるまでは、各高校による差異はありながらも、4半世紀以上にわたってこの制度が維持されてきた。

> 「1．社会の急激な進展に対応し、ひとりひとりの児童生徒の可能性を最大限まで伸ばすためには、教育内容を精選、充実するとともに教育方法を抜本的に改善することが期待されている。
> 2．このような期待に答える[ママ]ためには、教員がたえず研修につとめ豊かな創造性を培うよう努力することが不可欠の要件である。教員は研修会等における相互研究や個人研究によって、教科やその他の領域における研修を深めることが必要である。
> 3．この目的のため、教科指導、生徒指導、その他の学校の円滑な運営に支障がない限り、教員は所属長の承認を得て学校を離れた場所においても研修の機会が認められるものである。
> 4．前項の『学校を離れた場所』の内には、特に必要な場合自宅を含むものである。
> 5．生徒の学習権を保証[ママ]するという立場から、授業時間数が欠けることのないよう、じゅうぶん配慮することが必要である。
> 6．授業時間中に学校を離れた場所で研修を行う場合には研修前に研修承認申請を研修後に研修報告を学校長に提出する。
> 　この場合、特に研修の場所、連絡方法を明確にしておき、なお必

要な場合は登校すること。
　　具体的な事務処理については、「市立校園職員出勤簿取扱要領」（神教委学第920号、昭和37年12月21日）により処理すること。」[114]

②運動の意義と課題
　神戸市立高教組の「研修日」獲得運動の課題について、次の7点を挙げておこう。「研修日」獲得運動からは半世紀が経過しているが、今日および将来の課題としても検討すべき事柄であると思われる。
　第1に、いわゆる研修権の意義、研修の権利と義務についての学習と正確な認識の必要性である[115]。「勤務時間内校外自主研修」機会保障の「生命」は高度の自律性であり、その自律性を確保するための前提となる課題である。これは、個々の教員や教職員組合にとっての必要性だけではなく、教育行政担当者にとっての必要性でもある。そして、困難ではあっても、両者の認識をできるだけ接近させていく努力が重要である。
　第2に、教特法第20条（現第22条）第2項の「授業に支障のない限り」と学校現場における教師の仕事の実態との不整合の問題である。それは、教特法立案・制定時に描かれた教員の勤務実態、学校現場と1960年代後半から1970年代前半のそれとの不整合であるとも言えるだろう。この点については、1974年の神戸市教委通達も「授業に支障のない限り」ではなく、「教科指導、生徒指導、その他の学校の円滑な運営に支障がない限り」と記している。これに対しては組合も反論はしておらず、通達の内容は学校現場の実態に適合したものと思われる。
　第3に、「第1に」で述べたこととも関連して、当時の神戸市立高教組の主張には「研修」を教師の権利であると捉える傾向が強く出ており、生徒の学習権保障のための研修という義務的側面が弱いという印象を受ける。勤務場所を離れて研修する場合の自律性、とくに自宅における研修の場合の自律性をいかに確保するのかという議論にはなっていないように思われる。前述し

た1968年9月2日の市教委回答に対する組合側の発言として、「研修計画書や研究報告書を細かいことまでごてごてかかせるようでは、自主研修を阻害することになると思うが、内容はどのようなものか」が記されている。計画書や報告書の提出が自主研修の意義を損なうようなこと（過度の分量による時間の消耗、研修内容への介入など）なら問題であるが、逆に、自主研修を充実させるために、計画的に時間を使うためのものとして、結局は研修行為を生徒の学習権保障に還元し得るものとしていくために計画書や報告書の作成を積極的に位置づけていくという発想がみられない。

第4に、生徒・保護者に理解され、支持される「研修日」としていく努力が極めて弱かったと思われる。もちろん、研修成果を授業や生活指導などの教育活動に直接的に反映させていく意識的取り組みは必要である。それだけにとどまらず、学校新聞・学校だよりやPTAだよりなどを通じて教員個々の年間の研修課題の公表をしたり、学校紀要・校内誌などに研究成果を掲載する、校内研修会を生徒あるいは保護者に公開する、さらに、官製・民間を問わず各種の研究団体や学会での口頭発表や論文投稿など、さまざまな方法で研修成果を発表する機会を設けることが必要である[16]。保護者や生徒に教員研修を開いていくためにも、計画書や報告書は作成することが必要である。

第5に、「研修日」に勤務場所を離れて研修するという場合に、「自宅」を含めることについての問題である。その場合に、自宅での研修の必要性としては、自己の研究室を持たない初等・中等学校の教員にとって、果たして学校で研修できるのかという問題が大きい。学校や教科によっても研究条件は異なるが、研究資料の問題、集中できない喧騒な職員室、などの劣悪な研究条件について、もっと強調されてよい。とくに教材研究以外の研究の場合、学校ではまったくできないことが多い。また、学校におれば、予定した研修はできず、生徒指導にほとんどの時間を費やすことが多いのである。この点は、筆者自身が神戸市立高校教員として勤務して痛感したことである。

第6に、「研修日」獲得運動が高校教員に限定されたものであったことには

留意する必要がある。教特法第22条第2項は、言うまでもなく大学教員と高校教員のみを対象とするものではない。しかし、実態としては、小学校や中学校教員が、研修時間はともかく、週1日または半日の「研修日」獲得を求めたという事例を筆者は知らない[117]。また、幼稚園教員の研修保障要求については極めて冷遇されてきた。1970年7月14日付『神戸市高ニュース』（No.26）では、「わたしたちにも研修の権利を！」と幼稚園教員が訴えている。それに先立って、1969年6月17日付『神戸市高ニュース』（No.16）には、「幼稚園をめぐる」と題して研修問題がとりあげられていた。十分な研修の必要性は校種により変わりのあるはずはなく、第22条2項の規定もすべての公立学校教員（当時は国立学校教員も）を対象にしたものであることはいささかも曖昧にしてはならない。毎週の「研修日」ではなくても、どの校種においても、勤務時間内に研修機会を確保できるような教職員定数の抜本的改善が求められている。なお、教特法の対象ではないが、自主的研修機会保障の重要性は、私立学校教員においても同様である。

第7に、神戸市立高校における「研修日」が教職員組合の高い組織率と行動力を重要な要因として実現されたことについての評価である。教職員組合運動の成果として評価する一方では、これを「勤務時間内校外自主研修」機会保障の要件と考えることには躊躇する。なぜなら、教職員組合の力量如何にかかわらず、「勤務時間内校外自主研修」機会は、すべての教員にとって保障されるべきであると考えるからである。

第3節　研修保障要求運動の特質

第1の特質は、日教組とその地方組織において教特法研修条項と教職員組合運動との歴史的関係の把握や、研修の権利性と義務性との関係、そして、研修条項に対する評価が正確に行われないままに、その時々の必要に応じて運動が展開されてきたことである。すなわち、系統的・継続的な研修保障要求運動が展開されて来なかったことである。拙著『戦後日本教員研修制度成

』の第3章第2節および第4章第3節で述べたように、教員研修の法制的根拠である教特法研修条項の形成には、主体的・直接的に関与できなかった教職員組合であるが、文部省が全日本教員組合協議会・教員組合全国連盟と個別に結んだ労働協約を基軸としながら各都道府県ごとに展開した労働協約締結交渉を通じて、自由研究日、内地留学、研究費支給、さらには、教育研究所の設立などの研修制度創出には一定の役割を果たした。そのことが、教特法成立過程において国家公務員法制定による教員の研究条項の消失にもかかわらず、より具体的な研修保障条項としての教育公務員法要綱案（「1947.12.27」案）の形成に反映されたと考えられる。すなわち、間接的には、教職員組合の研修条件保障要求の運動が教特法研修条項の形成に役割を果たしたと言えるのであるが、このことはその後今日に至るまで教職員組合、そしてそれを構成する教員にほとんど自覚されてこなかった。また、研修条項の積極的側面と限界性や矛盾、あるいは研修の権利性と義務性の関係についても丁寧な検討が行われた形跡は認められない。

　第2に、前述のこととも関わって、「研修費支給」の要求は、多くの場合、生活給増大要求の中の一要素として位置づけられ、また、「研修時間の保障」の要求は、労働時間短縮の要求の中の一要素として位置づけられてきたことである。すなわち、教員にとっての研修の権利と義務の関係性や、あるいは自主研修保障の教育学的・教育法学的根拠を考究することなく、勤務条件改善要求の1つとして受けとめられてきたことである。そして、長期研修要求は、一時期の内地留学拡大要求以外には、一部の地方組織を除いては、ほとんど要求運動を行ったことがない。もちろん、教員の労働条件と教育研究条件が一体不可分的なものということは筆者もよく承知している。しかし、真にこれを一体的なものとするためには、すなわち、労働条件の向上が教育研究条件の向上、その結果としての児童・生徒の学習権保障に結実するためには、自覚的な主体、すなわち、自主的・自律的に研修を行う教員の存在が必須である。そうした自覚的な主体、教員の存在を欠くならば、研修機会の増

大や研修費の支給は、教育条件の前進や学習権保障どころか、教員のモラルの後退を結果することもあり得る。

　第3に、研修保障要求運動を展開していく上で、教職員組合運動にとってはまったくの負の要因であったのが、地方教育行政法施行後、とくに1960年代からの教育内容統制・教員管理方策としての研修政策の猛烈な展開であった。そのため、自主的な研修保障要求運動を展開する以前に、常に行政研修への参加強制に反対し、行政研修を通じての教員統制や補助金政策を通じての研究団体統制に抵抗する運動に取り組み続けねばならなかった。積極的な研修保障要求をうちだす以前に、押し寄せる行政研修・官製研修に反対・抵抗する運動に膨大なエネルギーを費やさねばならなかったのであり、極論すれば、行政研修・官製研修の強制に反対・抵抗することが「研修権を守る」運動であり、教員の自主研修を確保する運動であるという深刻な実態も確かに存在したのである。

　第4に、前述の反対・抵抗運動にエネルギーを費やさざるを得ないことにより、積極的研修保障要求、とりわけ、長期研修要求を組織化し運動化できなかったことは痛恨事である。そのことは、今日、教師の力量形成の面、たとえば、学習指導要領からの相対的自立性、父母との共同や開かれた学校づくりなどの新たな教育課題に対する取組み、文部科学省や教育委員会の「教育改革」方針に対する分析力や自立性、などの面で教員の弱点となって結果している。少なくとも、新教育大学大学院構想が打ち出された段階で、日教組教育制度検討委員会の「改革への提言」中の「2．自主的自発的な研究・研修活動の保障」[018]を中心に、一定勤務年数で希望する教員が大学院等での長期研修の機会を得られるような要求づくり、そして、それを実現するために必要な諸条件の明確化とその確保のための運動が必要であったと考えられる。

　第5には、日教組などの教育研究全国集会、いわゆる教研集会への傾斜[019]ないしは依存に注意を払いたい。そこには、「集団主義」偏重とよべるような

思考方法が働いていたのではないだろうか。もちろん、教研集会が戦後の教育研究運動の中で果たした役割は正当に評価すべきである。しかし、日常的な個人研究あるいは共同研究の基盤、条件、研究活動の蓄積のないところで分会教研、支部教研を重ねてみたところでどれほどの意味があるのかと筆者は考えている。教研集会の開催がそれを通して個々の教員の研究力量を向上させ、研修条件を整備拡大させていくことにつながるのでなければ、教研集会が年中行事化し、知的緊張感を欠くものとなってしまう。教職員組合のなかには、その教育研究活動といえば、ほとんど教研集会の開催と同義語になっているところも少なからず存在するのではないだろうか。

　初等・中等教育の教育機関に勤務する教員にとっては、研究的思考方法を意識的に獲得し、子どもの最善の利益に接近するための教育実践を創造していくことが重要な課題である。それは、研究的実践者としての教師像を追求することである。おそらく、そのことは、学習指導要領や教科書の相対化につながり、教育活動のすべてを貫く教員の自主性・自律性、しかも、恣意ではなく、学問・研究に裏打ちされたそれの強化につながっていくと考えるのである。

　もちろん、教研集会の質的充実のために、教職員組合が多大な努力を払ってきていることは随所に確認できる。1960年代半ばの例を少しだけあげておこう。

　日教組は1964年5月の第27回定期大会（仙台）で第13次教研の成果と反省について、4点に集約して総括を行った。そのうちの第2項目として次のことを述べている。

> 「②自主研究は職場、地域での研究、話し合い、集積が重要であるにもかかわらず、支部教研の日程がきわめて短いことが憂慮されます。このため、十分な意見交換ができず、単なる特定教師の研究発表を聞く会に終わっている傾向のあることを見逃すわけにはいきません。

もちろん、多くの地域では全員参加という形態をとっているために、土曜、日曜以外の日の使用が困難であるという事実はあるにしても、1職場、1テーマでなく、組合員を縦割りにして、分科会ごとに交互に日程を編成して……」[19]

「とくに1年いらい、教研をみんなのものとするため職場教研の日常化、個人研究から共同研究へということに力点をおいてすすめてきましたが、この結果は、全国教研正会員のアンケートによるレポート作成にあたって何らかの共同研究をすすめたもの41.3％、職場ぐるみ研究13.3％、職場の有志による研究9.6％、サークル研究18.4％となっており、従来よりも職場、地域での共同研究が深まったことを示しています。また、支部集会も全員参加で取り組んだ支部数は420支部61％に達し、現状のような管理体制、学テ体制のなかで、自主教研に参加すること自体がたたかいであるといえるとき、この取組をかちえたことは大きな前進といえます。

（中略）

しかし、反面、支部集会では土曜日半日という集会が未だ20県180支部もあり、また内容的な面では、文部教研の浸透、官製研究団体の県内統合、系列化のなかで、枠内研究、技術主義研究の影響は無視できないものがあり、戦後改訂された教育課程の系統的な追求や教科書の通読、批判活動は未だ不十分といわねばなりません。」[20]

教研集会の問題点を直視し、その改善を図ろうとしている日教組の姿勢は伝わってくる。しかし、教育研究活動振興のために、「1年いらい、教研をみんなのものとするため職場教研の日常化、個人研究から共同研究へということに力点をおいてすすめてきました」という方針には、やや違和感を覚える。なぜならば、一人ひとりの教員が自らの研究課題を持ち、研究能力を高めていくことが、当該学校の研究力量の基盤になるのであって、共同研究はその

基盤の上に成立するのである。そうした基盤なしの共同研究は、それをいくら推奨してみても実体のない形式的研究に流れることが多いと考えるからである。

　教職員組合の従来の教研活動は、教研集会への参加について出張とすることや職務専念義務免除とすることへの労力は傾けてきたが、日常的な教員の研修保障や長期研修保障についての要求運動が決定的に弱かったと言わざるを得ない。すなわち、個々の教員の研究能力の養成・向上というところに焦点があたっていないのではないかと思うのである。そして、そのことが、前述の長期研修要求の組織化の遅れ、あるいは長期研修に対する「無関心」と深いつながりがあるように思われる。確かに、教職員組合の取り組むべき課題はあまりにも多い。一方では、教職員組合の組織率は減退を続けている。その教職員組合に対する筆者の批判と期待は「ないものねだり」ではと考えることもないではない。しかし、いかに困難であっても、教員が自らの研修保障制度を拡充させていくためには、その要求実現組織としての教職員組合の役割は、やはり重要である。

　第6に、前記引用部の「枠内研究、技術主義研究の影響は無視できないものがあり」という指摘に関連してのことである。ここには、1958年の学習指導要領官報告示による法的拘束力の強調に象徴される教育課程行政の画一化が、着実に日本の教師から研究の「必要性」、研究意欲を奪い去り、研究能力を劣化させていったことが示唆されている。すなわち、教員の研究を、学習指導要領の示すところをいかに効率的に児童・生徒に注入するか、文部省が提示・推奨するその時々の教育方法をいかに実践するかという技術主義的訓練に閉じ込めていることが如実に反映されている。本書では、学習指導要領の法的拘束力の強化、教育課程行政の画一化と教員研修との関係を深く考察することはしていない。しかしながら、この両者には明確な関係、それも教員の研究・研修活動にとっては負の関係が存在することは明らかであろう。したがって、教職員組合が教育課程の自主編成の課題と教員の研修条件の拡

大・保障をともに掲げて要求することは理に適っていると言える。

〔註〕
⑴ 『教育新報』第148号、教育新報社、1949年3月1日。
⑵ 『教育新聞』第9号、日教組、1949年6月16日。
⑶ 同前、第100号、1951年1月1日。
⑷ 『日教組教育新聞』第190号、1952年10月24日。
⑸ 同前。
⑹ 教育研究全国集会という名称になるのは、1955年1月から2月にかけて長野市で行われた第4次の集会からである。
⑺ 日本教職員組合編『日教組20年史』労働旬報社、1967年、269頁。
⑻ 前掲『日教組教育新聞』第308号、1955年4月15日。
⑼ 同前、第357号、1956年4月20日。
⑽ 同前、第408号、1957年5月17日。
⑾ 同前、第454号、1958年5月14日。
⑿ 同前、第634号、1962年6月22日。
⒀ 同前、第672号、1963年4月26日。
⒁ 同前。
⒂ この場合「研修手当」と「研究費」は同じ意味で使っているものと思われるが、断定はできない。
⒃ 教育研究全国集会岡山集会の出席者調査結果では、職務免（職務専念義務免除）11.4％、年休21％であった。すなわち出張扱いが68％に減少している。
⒄ 『日教組十年史』（日本教職員組合編・発行、1957年）、前掲『日教組20年史』、『日教組三十年史』（日本教職員組合編、労働教育センター発行、1977年）における教研集会についての記述のなかで、教研参加者の服務上の取扱いについては、1968年の第17次教研（新潟市）から言及されている。

「前年は年休参加者が全体の3分の1であったのに対し、今年は3分の2になるという教師の研修権を否定する厳しい攻撃のなかで」…1968年度定期大会での教研総括『日教組三十年史』540頁。

「全国教研参加の正会員中、年休参加者が3分の2を超えていたのに対し、今年は約半数が研修または義務免での参加をかち得た事実は」…1969年度定期大会での教研総括『日教組三十年史』541頁。

「教研集会への研修・義務免による参加と、集会の平日開催を実現するための組織的たたかいが強化され、前進しました。杉本判決、教育制度検討委員会第1、第2報告書などの学習活動をつうじて、子どもの学習権を保障するためには自主的研修権の確立が不可欠な用件(ママ)であるという理解がいっそう深まり、その要求実現のための全組織的取組みが重要な課題となっています。22次教研推進過程では、支部・県集会への『研修』参加闘争と、平日開催要求が、研修権確立のたたかいとして全国的に組織的に展開されました。この結果、県集会の平日開催を17％が実現し、平日休日のものは78％を超え、多くの支部も平日開催をかちとりました。また集会参加の手続きについても支部、県、全国集会の義務免以上の獲得に成果をあげています。」…『日教組三十年史』549～550頁。

⒅　前掲『日教組教育新聞』第752号、1965年4月13日。
⒆　同前、第804号、1966年5月10日。
⒇　同前。
㉑　おそらく、各職場で「研修」というように取り扱われた場合には、実態としては「職務専念義務免除（略称…職専免、職免、義務免）」の扱いであることが多いので、このような表現になったのではないかと推測するが、運動方針の文言としてはいかにも不正確である。まさか、「職務に専念する義務の特例に関する条例・規則」の中の「研修を受ける場合」（「受ける」という表現自体にも問題があるが）を組合活動にも準用せよという要求ではないと思うが、そのように読まれても致し方がないであろう。組合活動を義務免とするので、研修は一つ「格上げ」して出張・出勤扱いにという意味であろうか。筆者の推測のように、組合活動に従事する場合に職務専念義務を免除するという意味であるとしたら、条例・規則の中に「職員団体又は労働組合の業務に従事する場合」（「職員の職務に専念する義務の特例に関する条例」1951年3月30日神戸市条例第13号）というような規定を制定する運動を行うべきであろう。このような服務上の取扱いに関する要求の粗さが気になるところである。
㉒　前掲『日教組教育新聞』第852号、1967年5月2日。
㉓　同前、第899号、1968年4月9日。
㉔　同前、第852号。
㉕　同前。
㉖　同前、第899号。
㉗　同前、第955号、1969年5月27日。
㉘　同前。
㉙　同前。

㉚　1997年に刊行された『日教組五十年資料集』(日本教職員組合編・発行) 507〜532頁に収録されていることからも、現在においても日教組として重視している文書であることがわかる。
㉛　前掲『日教組教育新聞』第1002号、1970年5月12日。
㉜　同前。
㉝　同前、第1043号、1971年3月16日。
㉞　同前。
㉟　同前、号外、1971年6月14日。
㊱　同前、号外、1972年5月25日。
㊲　同前、第1200号、1974年7月2日。
㊳　同前、第1242号、1995年6月3日。第1285号、1976年5月4日。第1336号、1977年6月7日。第1381号、1978年5月16日。第1429号、1979年5月31日。
㊴　同前、第634号、1962年6月22日。
㊵　同前、第752号、1965年4月13日。
㊶　「そのための研修日」というが、文脈上「そのため」は「支部段階の教研推進委員会、教育課程、教科書研究委員会の組織を確立し、研究、実践の発掘、積み上げ財産化の仕事を発展させ」るためという意味に解される。しかし、この方針の真意は、その前の「職場の教師集団が主体的・自主的な教育研究体制を確立し、日常的な研究と実践活動を反映させることこそ、自主的教育研究活動推進の基盤です。民主的な職場づくり、研究諸組織を正しく位置づけ、支部段階の自主的研究体制と十分連絡をとりつつ研究体制を確立します」という文言をも受けていると理解したほうがよさそうである。1966年度の運動方針では、「支部段階の教研推進委員会、教育課程、教科書研究委員会の組織を確立し、研究、実践の発掘、財産化の仕事を発展させ、研修日獲得など組織的なとりくみを強化します」と修正されている(『日教組教育新聞』第804号、1966年5月10日)。
㊷　前掲『日教組教育新聞』第752号。
㊸　同前、第804号、1966年5月10日。第852号、1967年5月2日。
㊹　星野安三郎・望月宗明・海老原治善編『資料戦後教育労働運動史〈1945-69年〉』労働教育センター、1979年、565頁。
㊺　前掲『日教組教育新聞』第899号、1968年4月9日。
㊻　同前。
㊼　同前、第955号、1969年5月27日。第1002号、1970年5月12日。号外、1971年6月14日。

⑷⑻　同前、号外、1972年5月25日。
⑷⑼　同前、号外、1973年6月11日。第1197号、1974年6月11日。
⑸⓪　前掲、第1197号。
⑸⑴　同前、第1242号、1975年6月3日。第1285号、1976年5月4日。第1336号、1977年6月7日。
⑸⑵　同前、第1381号、1978年5月16日。
⑸⑶　同前、第1429号、1979年5月31日。
⑸⑷　同前、第1002号。
⑸⑸　星野安三郎・望月宗明・海老原治善編『資料戦後教育労働運動史〈1970-78年〉』労働教育センター、1979年、321頁。
⑸⑹　前掲『日教組教育新聞』号外、1972年5月25日。
⑸⑺　星野安三郎・望月宗明・海老原治善編、前掲書、241～242頁。
⑸⑻　前掲『日教組教育新聞』第1197号、1974年6月11日。
⑸⑼　同前。
⑹⓪　1976年6月の第49回定期大会に提案された「1975年度主要なたたかいの総括」では、「中央講座とともに県・支部段階の講座開設は38％、検討中42％、計8割の各県が講座開設、もしくは開設準備という積極的とりくみをみせています」(『日教組教育新聞』第1285号、1976年5月4日)とされている。
⑹⑴　前掲『日教組教育新聞』第1197号。
⑹⑵　同前。
⑹⑶　教育制度検討委員会・梅根悟編『日本の教育をどう改めるべきか』勁草書房、1972年、128～129頁。
⑹⑷　前掲『日教組教育新聞』第1384号、1978年6月6日。
⑹⑸　西穣司の次の指摘は通底するところがあるように思われる。
「教員個人ないし学校単位で、いわば『下から』の教員研修への取り組みを着実に積み上げ、そこから教育上の成果を産み出すほどには、我が国の教員の多くはその意識においての真の進歩性も、それを裏づける教育実践の確かな実績も、残念ながら持ち合わせなかったといわざるをえない。むしろ、占領期の教員の多くがそうであったように(もちろん厳しい制約された条件下に置かれていたこととも関連して)、公式的な権威をもつ者に、そして時代の流れに即応し順応することにこそ、自己の主要な存在理由を見いだすといった意識構造や行動傾向をもっていたとみたほうが適切かもしれない。このような我が国の教員の意識構造の内部に宿る卑屈さが、学校全体としても、概して管理主義になじみやすい体質をつくっていると解す

ることができる。」(「戦後における研修行政の特質」牧昌見編『教員研修の総合的研究』ぎょうせい、1982年、217〜218頁)
⑹⑹ 文部事務次官通達「国立及び公立の義務教育諸学校等の教育職員の給与等に関する特別措置法の施行について」(文初財第377号) 1971年7月9日。
⑹⑺ 前掲『日教組教育新聞』第1058号、1971年7月6日。
⑹⑻ 福岡県高等学校教職員組合編『福岡県高教組三〇年のあゆみ』労働旬報社、1978年、222頁。なお、福岡県の研修日の問題については、同書221〜242頁、341〜346頁、本多淳亮「自主研修をめぐる慣行とその破棄」『季刊教育法』第2号、1971年12月、41〜52頁、など参照されたい。
⑹⑼ 前掲『日教組教育新聞』第752号。
⑺⓪ もっとも、定時制高校では慣行により、研修日が広範に存在していたようである。
⑺⑴ 前掲『日教組教育新聞』第955号、1969年5月27日。
⑺⑵ 浜高教30年史編集委員会編『浜高教三十年史』横浜市立高等学校教職員組合、1976年、57頁。
⑺⑶ 二十五周年運動史編集委員会編『沖縄県高教組二十五周年運動史』沖縄県高等学校障害児学校教職員組合、1966年、251頁。
⑺⑷ 同前書、254頁。
⑺⑸ 都教組20年史編纂委員会編『都教組20年史』東京都教職員組合、1968年、448頁。
⑺⑹ 千教組組合史編纂委員会編『千教組四十年史』千葉教育企画、1992年、381頁。
⑺⑺ 組合史編集委員会編『山形県教職員組合四十年史』山形県教職員組合、1987年、747頁。
⑺⑻ 『北教組十勝支部史』第2巻、北教組十勝支部、1980年、321頁。
⑺⑼ 高知県教組四十年史編集委員会『高知県教組四十年史』高知県教職員組合、1987年、605頁。
⑻⓪ 前掲『北教組十勝支部史』第2巻、327頁。
⑻⑴ 第4章第2節に記述する「判例番号6」のいわゆる厚岸事件に関する審理。
⑻⑵ 北海道教職員弁護団・北海道教職員組合法制部『教育権裁判証言集』現場証言編、北海道教職員組合、234〜235頁。
⑻⑶ 高知県教組四十年史編集委員会編『高知県教組四十年史』高知県教職員組合、1987年、785頁。
⑻⑷ 同前書、786頁。
⑻⑸ 『都教組50年のあゆみ』1998年、244頁。
⑻⑹ 前掲『千教組四十年史』364頁。

⑻　大教組の研修費獲得闘争については、大阪教職員組合編『大教組運動史』第１巻、同、1990年、248〜251頁、271〜274頁、686〜687頁、参照。
⑻　前掲『日教組教育新聞』第625号、1962年４月13日。
⑻　二十五周年運動史編集委員会編、前掲書、216〜218頁。
⑼　兵庫高教組関係で把握できた大会議案書等の資料は1961年のものが一番古いのであるが、この年６月に開かれた第24回定期大会の議案書によると、「天下り伝達講習会の開催に反対」や「学会、研究会の民主化を推進し、伝達講習会の共催を拒否する」は方針として存在するが、積極的に研修要求をしたわけではなかった。
⑼　兵庫高教組『組合ニュース』第301号、1964年６月13日。
⑼　同前。
⑼　同前。
⑼　兵庫高教組『第32回定期大会議案書』７頁。
⑼　同前書、15〜16頁。
⑼　兵庫高教組『第34回定期大会議案書』６頁。
⑼　同前書、６頁。
⑼　兵庫高教組25年史編集委員会編『私たちの歩んだ25年』兵庫県高等学校教職員組合、1977年、65頁。
⑼　同前。
⑽　『第36回定期大会議案書』４頁。
⑽　同前書、４〜５頁。
⑽　同前書、11〜12頁。
⑽　大会議事録の一部のように思われる。
⑽　「校外研修日獲得状況」（兵庫高教組所蔵）。
⑽　『第38回定期大会議案書』。頁数不記載。
⑽　回答のない分会がすべて「校外研修日なし」としての比率。
⑽　「校外研修日獲得状況」によると、阪神支部では校外研修日設置13校のうち、公認されている市立芦屋と市立西宮西を除いた11校が「黙認」。但馬支部では、公認している学校はなく、実施８校のうち７校が「黙認」、１校は不明である。当時の、兵庫高教組各分会と校長との力関係によりかなり強引に押し通した印象が強い。それは、強そうに見えて、実は脆弱性にもつながる。
⑽　神戸市内の県立高校教職員により組織される兵庫高教組の支部のこと。
⑽　神戸市立高等学校教職員組合のこと。神戸市立高教組は兵庫高教組の支部でもある。

第 1 章　教職員組合の研修保障要求運動とその特質　85

⑩　兵高教組三十年史編集委員会編『兵高教組三十年史』兵庫県高等学校教職員組合、1982年、96頁。
⑪　同前書、96～97頁。
⑫　「希望と承諾」の原則に基づく異動手続きを廃止し、「勤続年数による計画交流」という名の強制配転方針への転換。1978年春の人事異動から実施。
⑬　拙稿「「勤務時間内校外自主研修」の制度的保障の歴史と課題（そのⅠ）―神戸市立高等学校における「研修日」獲得運動からの考察―」（『研究論叢』第22号、神戸大学教育学会、2016年6月、45～56頁）および「「勤務時間内校外自主研修」の制度的保障の歴史と課題（そのⅡ）―神戸市立高等学校における「研修日」の意義と課題―」（『研究論叢』第23号、神戸大学教育学会、2017年6月、17～29頁）を参照されたい。
⑭　神戸市立高等学校教職員組合編『あすをめざして』同、1989年、97頁。
⑮　研修の義務性と権利性について、筆者は、研修は児童・生徒と保護者に対しては義務であり、教育行政・管理職に対しては権利であると考えている。
⑯　牧柾名「研修の目的性・集団性・開放性」（『季刊教育法』第46号、総合労働研究所、1983年1月、44～53頁）を参照されたい。
⑰　日教組の運動方針には「研修日獲得」あるいは「研修時間獲得」を掲げたことはあった。小・中学校では、夏休みに勤務場所を離れた研修をおこなえるようにすることが大きな課題であった。日教組編『教育評論』第246号（1970年6月号）において、納庄一郎（兵庫県教職員組合明石支部書記長）は、今後の課題の一つとして、「平日の研修行使をすすめること」をあげている。文脈からは、この平日というのは「学期中の平日」という意味のようである。また、「研修行使」というのは、いわゆる「校外自主研修の行使」という意味のようである。そうすると、小学校については、おそらく放課後を想定しているのであろう。しかし、具体的に運動化された形跡は把握できない。
⑱　梅根悟編『日本の教育をどう改めるべきか』勁草書房、1972年、128～129頁。
⑲　その対極としての、日常的な教員個々の研修条件保障改善への着目の弱さ。
⑳　日本教職員組合編『日教組20年史』労働旬報社、1967年、944～945頁。
㉑　同前書、947頁。

第2章　研修条項に関する行政解釈の変遷

第1節　初期の文部省解釈

1．教特法成立直後の文部省解釈

　ここで、「教特法成立直後」というのは、1948年12月から1949年12月のことを指している。この時期の文部省の研修条項解釈については、すでに拙著『戦後日本教員研修制度成立過程の研究』第5章第1節において詳述している。本章では行政解釈の変遷を考察する際に、次の7つの観点から分析を行うので、本節では、この時期の著作についても、これらの観点別の考察を記すことにする。その7つの観点とは、(1)国家公務員法（以下、国公法）・地方公務員法（以下、地公法）原理との差異、(2)研修の権利性と義務性、(3)研修の自主性・主体性、(4)研修内容の制約、(5)「勤務場所を離れて（の）研修」（以下、「勤務時間内校外自主研修」）の職務性、(6)「勤務時間内校外自主研修」承認についての校長の裁量性、(7)長期研修について（機会均等性を中心として）、である。

(1)国公法原理との差異

　地公法が公布されたのは1950年12月13日であるから、1949年段階の文部省関係者の著作には地公法との対比は登場せず、もっぱら国公法との対比が記されている。井手成三『詳解教育公務員特例法』（労働文化社、1949年）では、「すべての教育公務員に対する教育訓練即ち研修についてである」（78頁）という表現が1ヶ所あり、国公法第73条の「教育訓練」と教特法の「研修」を同義と考えているように受けとめられる。ただし、その後の、第19条第1項（現第21条第1項）および第20条第2項（現第22条第2項）の説明は、基本的に、

文部省内教育法令研究会編『教育公務員特例法―解説と資料―』（時事通信社、1949年）の記述と一致している。すなわち、そこで述べられていることは、「教育訓練」ではなく、教員が主体的に行う「研究と修養」に該当するものである。おそらく、「教育訓練即ち研修」としたのは、内閣法制局を中心とした井出の官僚としての経歴や『詳解教育公務員特例法』が国公法の構成と対比させて執筆されていることと関係があるものと考えられる。

(2)研修の権利性と義務性

前述の文部省内教育法令研究会編『教育公務員特例法―解説と資料―』では、研究と修養に努めることは「道徳的義務」であると述べている（128頁）。「研修の権利性」は明記されていない。辻田力調査局長の国会答弁に示された「研修の権利性」は、法成立後、1949年1月12日の公布・施行時にはすでに、否定はしないまでも積極的には明示しないという文部省内の意思統一が成立しているのではないかとも思われる。しかし、同書では、「教育公務員をして研修の実を挙げしむるためには、一方的に教育公務員に対してのみ強要さるべきではない。すなわち、他方において教育公務員の研修を可能ならしむるための諸条件が整備確立されなければならない」（128頁）と教育行政の条件整備義務が強調されている。とくに、この点を強調したのは文教研究同人会編『教育公務員特例法解説』（文治書院、1949年）であり、「この研修に関する二カ条を十二分に生かすために、政府及び文部大臣は、研修の機会をできるだけ多く作り、研修に必要な機関、そのために必要な費用を十分に作るように、全力を集中するのが当然である」（48頁）と述べている。

ただし、同書は、前述の『教育公務員特例法―解説と資料―』や『詳解教育公務員特例法』、さらに、下條進一郎『教育公務員特例法の解説』（法文社、1949年）のように文部官僚自身が執筆したもの（本書では、これらを総称して「3解説書」と記す）ではなく、文部省記者クラブの有志が「文部省関係官多数」の援助を受けて執筆したものである[1]という点に留意する必要がある。ま

た、同書が文部官僚による前記「3解説書」よりも先、1月20日に発行されていることも、同書が立法者意思をもっとも忠実に表現していると思われる1要因である。すなわち、前述の「研修の権利性」を「積極的には明示しないという文部省内の意思統一が成立」する以前に執筆されたのではないかと考える。その「意思統一」の時期は、やはり、教特法の公布・施行の前後であると思われる。

(3)**研修の自主性・主体性**

研修が自主的・主体的に行われるべきものであることは、前述の井手成三『詳解教育公務員特例法』を除いては、自明のこととして取り扱われている。この点についても、もっとも自主性・主体性を重視するのは、文教研究同人会編『教育公務員特例法解説』である。

研修内容について、後に言われるような直接的な職務との関わりは当時強調されていない。教員に必要な資質を幅広く捉えており、まさに「研究と修養」を求めていたと言える。同書は次のように述べている。

> 「教員が被教育者を教育するということは、被教育者に対して文化を伝達し文化創造主体を育成することである。このためには教員自身が文化財を体得していなければならない。……たとえ難くとも教員自身そのために常に文化財の体得に努め、日進月歩の文化に触れて行かなければならず、又文化に対する愛を絶えず包蔵していなければならない。このことがとりもなおさず教員がその職務遂行のためには先ず研さん修養を必要とする所以である。次に教育は人格と人格の接触交流であるといわれる。教員の職務の遂行は、実に教育者の人格と使命の自覚の中にある。教員の人格の如何は恰も鏡に写る影の如く被教育者の上に写るのである。……教員に絶えざる修養を要求されるのはこのために外ならない。」
> （125～126頁）

このように教特法公布・施行直後の文部省系の解説書は、教員の自主性・主体性のもとに幅広く研究と修養に取り組むことを保障しようという趣旨が明らかであった。しかし、拙著『戦後日本教員研修制度成立過程の研究』第4章第2節で指摘したように（273～275頁）、極めて制約された国会審議による論議の不十分さが、その後の解釈のバラツキを生み出す間隙を作り出したことは否定できない。あるいは、国会の論議の中での確認の不十分さのために、国会での「法意」として確立されず、それゆえ、これらの解説書にも反映されていないこともあるだろう。

たとえば、羽田貴史は、第4回国会衆議院文部委員会の議論では、「法案の形式は公務員法の特例でありながら、教師の教育・研究の自由を認める点で、委員会はより進んだ理解に達していたことが了解される」、「大学の研究者にとどまらず、広く教育者の自由を理解する趣が見られるのである」[2]が、「成立後まもない公権的解釈書では、こうした観点は失われていく」[3]と述べている。そして、その例として、『教育公務員特例法―解説と資料―』中の「教育公務員がその職責を遂行するためには不断の研究と修養を必要とする。いかなる公務員もその職務遂行のためには研修をしなければならないであろうが、教育公務員には特にそれが強く要求される」（127頁）という一文を示している。

なるほど、同書の中で、教師の研究・教育の自由を認めることが明確にされているとは言い難い。しかし、そこでは研究・教育の自由に制約を加えることも、述べられてはいない。すなわち、羽田の言うように、「成立後まもない公権的解釈書では、こうした観点は失われていく」のではなく、第4回国会において、「研究の自由」についての質疑・答弁が行われたけれども[4]、それは、「瞬間的」とでも言うべき不十分なものであり、そのため、国会での論議の中で「法意」として明確には確立し得なかったのである。筆者は、『戦後日本教員研修制度成立過程の研究』第2章第2節で論述したように（161～162頁）、教特法研修条項には、「研究の自由保障」の理念が継承され含意されて

いると考えている。その観点からは、国会審議は、研修条項に含意されている「研究の自由保障」の理念を明確にはできなかったと捉える方が正確であると思われる。

　また、その第四「服務」の「第12」で「教師の教育・研究の自由を認め」ていた教員身分法案要綱案（「1946.12.26」案）においても、「第11」は次のように規定しており、教師にとって、「研究と修養」に努めることが責務であることを明示している。したがって、研修の義務性を述べることは、ただちに、研究・教育の自由に制約を加えることであるとは言えない。

　　「11、教員服務規律
　　　教員の服務について左の趣旨の規定を設けること。
　㈠教員はその崇高な使命を自覚し、全体の奉仕者として、国民に対しその責任を果たさなければならないこと。
　㈡教員は、国民の師表たるにふさはしく常に修養に努め、清廉に身を持すべきこと。
　㈢教員は常に相互の切磋琢磨により研究に努め、工夫と努力をつくすべきこと。
　㈣教員は、その職務と両立しないような活動に従事することができない。」[5]

教特法成立から１年後、相良惟一『教育行政法』（誠文堂新光社、1949年）は、研究・教育の自由を尊重することが教特法制定の精神であることを述べている[6]。

　　「新憲法第23条及び教育基本法第２条は学問の自由の保障、尊重を宣言している。学問の自由とは、換言すれば教育の自主性尊重ないしは教権確立のことに外ならない。……教育は、就中政治に対して強く独立性を主張するものであり、政治家や官僚の教育に対する恣意的な監督や統

制は絶対に避けられなければならない。教育者の身分を保障し、その創意を遺憾なく発揮させるような立法措置を講ずる趣旨もひとえに教権の確立のあらわれに外ならないのであり、具体的には、さきに教育公務員の職務と責任の特殊性にかんがみ、教育公務員特例法を制定したのも右の精神の具現ならば……。」(13〜14頁)

これによると、教特法は「教育公務員の職務と責任の特殊性にかんがみ」て「教育者の身分を保障し、その創意を遺憾なく発揮させる」ために制定された法律と言える。この相良の記述は、第4回国会での議論を継承するものであり、教育の自主性を尊重するものであった。したがって、研修内容、研修の時機についても、教員の自主性を最大限に重んじる趣旨であったものと考えられる。ただし、同書を出したときに、相良の文部省内における位置はどのようなものであったのだろうか。また、教特法成立直後に、当時、文部省調査局審議課長の職にあった相良惟一が1948年12月18日付で執筆した論文「教育公務員特例法の意義」(『時事通信・内外教育版』第137号、時事通信社、1948年12月、1〜2頁及び5頁)と比較して、教育の自主性尊重を強調しているのはなぜだろうか。さらに、相良の見解を1949年末時点での文部省の解釈と考えてよいものだろうか。これらの点については、さらに検討を必要とする。

(4)「勤務時間内校外自主研修」
①職務性
どの解説書も、これを教員の「職責遂行」のために必要なことと位置づけている。後の文部省解釈に登場する、「『職責』は『職務』ではない」などという詭弁の要素はこの時期には見られない。すなわち、「授業時間その他授業に支障のない場合には、むしろ勤務場所を離れて例えば校外で見学を行い、或は図書館、研究所等に出向いて研修を行うことがかえってその職責遂行上有益な場合が少なくない」[7]と述べている。

②校長の裁量性

そして、「本属長」である「学校の校長（学長又は園長）」の承認により研修を行うことができるという趣旨を記している[8]。とりわけ、文教研究同人会編『教育公務員特例法解説』では、校長の「承認を受ける手続きは？」という問いに対して「普通は口答で十分だらう」(52頁)という見解を記している。これは、授業に支障さえなければ、基本的に研修の願い出を承認することを前提としているものと考えられる。文部省関係者の執筆によるいわゆる3解説書においては、「口答で十分だらう」とは述べていないが、それでも広く校外研修を認めていた。

(5)長期研修

文部省内教育法令研究会編『教育公務員特例法—解説と資料—』では、「優秀な教育公務員に対する褒賞的規定である」(130頁)と記している。しかし、「例えば勤務成績の良好な者、或は何年以上勤務した者とか、或は特に研修を希望する者というように、研修を受けることができる者の要件の外、研修の期間、場所、研修に要する費用等について定められるであろう」(130頁)と述べ、「優秀な教育公務員に対する褒賞的規定」とは言うものの、勤務年数による機会均等性のある長期研修制度創設の可能性が否定されているわけではなかった。また、「『教育公務員は……研修を受けることができる』のであるから、長期研修を本人の意に反して強要することは定められないであろう」(130頁)と明記している。

2. 1950年代における文部省解釈

(1)国公法・地公法原理との差異

この時期は、全体として、研修についての国公法・地公法原理と教特法原理の違いを重視している。この違いを説明する際に、定型的に用いられる「勤務能率の発揮及び増進のために」と「その職責を遂行するために」について

は、関口隆克監修・文部省内教育法令研究会編『改正教育公務員特例法逐条解説』(学陽書房、1951年) が最初であると思われる (115頁)。「勤務能率の発揮及び増進のために」は地公法第39条の文言であり、その公布は1950年12月13日であるから、筆者の推定は当を得ているだろう。なお、同書が1951年6月25日に発行された直後の7月1日に、同じ関口の監修で、文部省内教育法令研究会編『改正教育公務員特例法詳解』(港出版合作社、1951年) が発行されている。

なお、関口隆克監修・文部省内教育法令研究会編『改正教育公務員特例法逐条解説』では、第20条第1項については、「地方公務員法第39条に、『職員には、……研修を受ける機会が与えられなければならない』と規定されているのとまったく同様である」(118頁) と述べており、「研修を受ける」と教特法第19条第1項の「研究と修養に努めなければならない」及び第20条第2項の「研修を行うことができる」との差異についてはまったく考察されていない。この解釈がその後も行政解釈を中心として継承されているが、「研修を受ける」と「研修を行う」をどう解釈するのかはきわめて重要である。

(2)研修の権利性と義務性

関口隆克監修・文部省内教育法令研究会編『改正教育公務員特例法逐条解説』は、「本19条第1項が教育公務員に対して、研修を行うことを義務付けている」(116頁) と述べている。そして、「一般の公務員に対しては、直接研修を義務付けるのではないのに対し、教育公務員に対しては、直接これを義務付けている」ことに、「教育公務員特例法が、研修を重視して規定したことが窺える」(116頁) という。これに対して、第19条第2項は、教育公務員が研修の義務を達成するのを援助し、容易ならしめるために、「所轄庁に対して必要な事項の実施を義務付けたもの」(117頁) と述べている。「研修の権利性」に直結する文言は存在しないが、「教育公務員自ら研修に努むべき責務を負っているのであるから、教育公務員自身が積極的に研修を行おうとする場合に

も、できるだけの便宜が計られなければならないことはいうまでもないであろう」(119頁)と述べていることは、「自主研修の保障」という趣旨と理解される。このように考えると、同書は、「研修の権利性」を示唆していると言える。

波多江明らによる『学校運営辞典』(日本出版、1955年)においては、教育公務員の片務的義務ではなく、教育行政の条件整備義務も明記しているが、研修の権利性については何も言及されていない。

(3)研修の自主性・主体性

教師養成研究会[9]編『学校管理』(学芸図書、1950年)では、「教師自身が先ず、良い参考書や資料によって工夫し、実施し、思索し、練習することである。この主体的態度は、一切の研修を貫いている根幹でなければならない。……要するに、研修は、教師各自の必要と希望によって、自発的に進められ、主体的に行われるべき性質のものである」(237～238頁)と述べており、研修の自発的・主体的本質について触れられている。執筆者は、五十嵐清止、小山田勝治、玖村俊雄、平沢薫の4名であり、前記引用部のある「第六章教育職員」は、教職員課長の玖村俊雄の執筆によるものと見て間違いないだろう。

同前『学校管理』は、研修対象・内容について次のような指摘を行っている。「教育職員の研修はその担当している教育と無関係に行われてはならない」が、「あまりに近く日々の教務にとらわれて、全体としての人間の成長とか、教育全野を見とおしての教養とかいうことを忘れてはならない」(142頁)と研修の内容を狭く限定することを戒めている。

(4)「勤務時間内校外自主研修」
①職務性
前掲『改正教育公務員特例法逐条解説』においては、「研修の職務性」は明確に記されている。すなわち、「教育公務員にあっては、研修を行わずしては、

その職責を遂行しえないとの考え方が前提とされていると解せられるのである」(115頁)と述べ、また、「研究と人格の修養を別にしては、その職務の遂行はまったく不可能であるといっても過言ではない」(116頁)とまで言っているのである。同書では、第20条第2項の規定により「職場を離れること」を「職務に専念する義務に対して特例が認められたもの」としているが、これは職務性を否定したものではなく、「職場において職務に専念すること」に対する免除という意味だとも考えられる[10]。また、波多江明らによる『学校運営辞典』は、次のように、のちにいう「命令研修」も「職務専念義務」を免除されて行うという解釈であり、「職務」を日常の授業・校務と狭く解釈している。

　「そこで、教員は、『授業に支障のない限り、本属長の承認を受けて、勤務場所を離れて研修を行うことができる。』(教特法20条2項)」旨を規定し、服務に専念する義務に対する特例を認めている。」(473頁)。
　「この研修に参加を命ぜられた教員は、いわゆる職務に専念する義務(地公法35条)の免除が行われたものと認められる。すなわち、一般に職員は、その勤務時間及び職務上の注意力のすべてをその職責遂行のために用い、政府又は当該地方公共団体がなすべき責を有する職務にのみ従事しなければならないのであるが(地公法35条)、教員については、所轄庁の行う研修に参加するのは、これらの規定の特例として職務専念の義務を免除している。」(475頁)。

「職務専念義務」については、そのとらえ方(範囲)について論争があり、年次有給休暇や産前・産後の休暇も職務専念義務免除の1つとしてとらえる考え方が広く存在する[11]。しかし、これについては、次のような対抗学説が存在し、筆者はこの考え方に同意する。文部省の解釈を検討する上で重要なので、やや長くなるが引用する。

「職務専念義務が免除される場合のうち、たとえば、労働基準法による産後の就業制限は、本質的には就業の禁止であり、また、年次休暇は休暇であって、職務専念義務免除の『免除』とは異なる概念であると解すべきである（中村・前掲552頁）。というのは、職務専念義務の『免除』という場合、職員に勤務時間中職務に従事する義務が発生することを前提とし、そのうえで、この義務を免除することであると解されるが、右の産後の就業制限や休暇の場合は、当初から職員に勤務すべき義務が発生する余地がないからである。このような場合をも職務専念義務の『免除』という観念で説明するとなれば、公務員は、本来、1日24時間、1年365日、つまり、文字どおり常時、職務に従事する義務を負う建前になっているという考え方がとられていることになってしまうが、この考え方は、とうてい近代的な公務員制度になじむものではない。したがって、本条は、広く『法律又は条例に特別の定がある場合』、職員は職務専念義務を負わないとの趣旨を定めているにすぎないと解しなければならない。職務専念義務を負わない場合として、第1に、初めから職員は職務に従事する義務を負わない場合、つまり、職務専念義務の未発生の場合があり（例、休日、休暇、休憩時間等）、第2に建前としては職務に従事しなければならないが、この義務がとくに免除される場合がある（例、休職、停職、前述の職務専念義務の免除に関する条例・人事委員会規則等に定められている場合等）ということになるであろう。以上のように、本条は、職務専念義務の未発生と免除の両者を包含した条文であると解するのが妥当である（あるいは、前者は、職務専念義務が発生する前提要件レベルの問題であるから、もはや本条で取り扱うべき問題でないと解することも可能であろう）。」[12]

前述の波多江ら『学校運営辞典』と同時期に出された『教育委員会月報』第60号（文部省地方課、第一法規出版、1955年8月）には、「昭和30年度教育委員

会事務局職員研修会質疑応答集」が掲載されている[13]。この応答集の担当は波多江地方課事務官である。この中では、第20条第2項の「研修」は勤務として扱われていない。すなわち、「教員は職務に専念すべき義務を負っている勤務時間中に研修を行ったのであるから、研修を行った時間中勤務しなかったことになる。しかし、許可を得て研修を行うことは地公法35条にいう『特別の定』に該当するから、勤務時間中研修を受けて、その時間勤務しなかったとしても職務専念義務に違反したことにはならない」と回答している。すでに、1955年の夏には、文部省地方課の解釈に変化が生じている。

②校長の裁量性

宮地茂『新教育法令読本』(日本教育振興会、1950年)[14]における見解には、「この場合校長は正当な理由がない限りそれを承認すべきであって、みだりに研修の機会供与を拒むべきではない」(127頁)と、教特法第20条第2項の立法者意思が明示されている。

宮地は、第20条第1項の解説として、「校長、教員はあらゆる機会をつかんで研修に努むべきであるが、一面所轄庁においても、校長教員に対して能う限り研修の機会を与えるようにしなければならない」と記している。「能う限り研修の機会を与える」という姿勢からは、第2項は、必然的に宮地が述べている読み方となるだろう。

文部省内教育法令研究会編『改正教育公務員特例法逐条解説』においても、「教員については、自ら行う各個の研修の場合でも、授業に支障がない限り、本属長の承認を得て、各種の研究会、講習会に出席し、遠隔の図書館、研究所等に出かけて研究する機会が持てるように規定されたものである」(119頁)と述べており、「授業に支障がない限り」勤務場所を離れての研修を積極的に認めていく方向が示されている。関口隆克監修・教育法令研究会編『改正教育公務員特例法詳解』(1950年4月)も、「これは校長の承認さえあれば、勤務時間内においてもこうした研修ができる」と述べ、広く校外研修を認めるこ

⑸ 長期研修

　宮地茂『新教育法令読本』において、「例えば数年間にわたって勤務成績が良好な者のうち希望者に対しては、数ヶ月間一定の研究機関に派遣して研修させると言うようなことは望ましい」が「すべての校長、教員についてではなく、そのうちの特定の者に限定されるべきもの」と述べており（127頁）、教員全体を対象とするものではないという見解が示されている。これも、「勤務成績が良好」ということの内容（水準・基準）によっては、実質的にはほとんどの教員を対象とすることも有り得るが、素直に読むと、教特法立法作業の経緯において存在した一定勤務年数による長期研修構想（本書終章第１節参照）は消えているように思われる。このことは、宮地茂（文部省企画課長）の『新教育制度入門』（大蔵財務協会、1953年）でもほぼ同旨である。

　前掲『改正教育公務員特例法逐条解説』では、「特定の者に限定されるべきもの」とまでは述べていないが、「所轄庁は、長期研修を受けうる者の資格要件を勤務成績、勤務年数等について定めうるほか、研修期間、場所、経費の補助等について適宜定め得るのである」（120頁）としているから、実質的には、「特定の者に限定」しているのであろう。ただし、「勤務成績」の基準設定によっては、一定勤務年数によりほぼすべての教員が資格要件を満たすことも不可能ではない。

　なお、関口隆克監修・教育法令研究会編『改正教育公務員特例法詳解』では、第20条第３項の「現職のままで」について次のように記している。これによると、「現職のままで」が直ちに「現職現給保障」を意味するとは限らないのである。

> 「この長期研修とは、たとえば外国又は内地留学を予定するものであるが、この場合現職のままでということについては現下の状勢では相当

の困難があるのではなかろうか。従前は教員養成を目的とする学校に入学する場合には、卒業後3ケ月の間までは休職発令をすることとされ、その間無給として大いに研修の途を開いたのであるが、現在そうした法令の明文の規定はないので、それと同様の取扱いをするためにはこの『現職のままで』ということとして休職発令することも或は可能であろう。」(131頁)

第2節　文部省解釈の転換

1．1960年代初頭における文部省解釈の変化

(1)国公法・地公法原理との差異

　安達健二『改訂版校長の職務と責任』(第一公報社、1961年)は、教特法第19条第1項の意義を、「本条は教育公務員の研修が直接その職責遂行のための不可欠の要請である旨を明らかにしている」が、「国家公務員法においては研修について能率増進計画の一環として教育訓練という形」であり「地方公務員法は……勤務能率の発揮および増進の一方途と考えられているにすぎない」と定型的説明が行われている (319〜320頁)。

　また、安達健二は安達健二編『学校管理』(学陽書房、1961年)中の「教育法規」において、「ある事がらについて同等の効力をもつ二つの法令に矛盾した規定があるならば、その場合は特別法の方が優先するということです。これが特別法優先の原理ということであります」(69頁)と、特別法優先の原理を強調している。元文部官僚である相良惟一は、一貫して教特法が国公法・地公法に優先することを重視したが、文部省関係者がこの原理を強調するのは、管見の限り安達のこの論文が最後である。なお、同書は、校長・指導主事等研修講座での講義を収録したものである。

(2)研修の権利性と義務性

　安達『改訂版校長の職務と責任』は、「教育公務員に研修の義務があり、教育委員会に研修施設整備等の義務を認めている以上」(321頁) というように、教育公務員および教育行政それぞれの義務を認めている。1950年代と比べての若干の変化は、後者について、「義務」よりも「責務」という言葉を用いることが増えている。一方では、前者の義務は、単なる道徳的義務ではなく、「校長が教員に対して研修命令を出す根拠」とされ、従わなかった場合は、懲戒処分の対象になるという重たい義務とされていった (320頁)。

(3)研修の自主性・主体性

　1960年代に入ると、文部省関係者の論文において、教員の自主的・主体的研修を尊重するという趣旨の表現は見られなくなる。研修の自主性・主体性は、かろうじて、「もとより研修は研修者自身の自覚と努力をまって初めてその効果をあげ得るのであるから、教員の意に反して研修を命ずることは無意味のことが多いであろうが、ある場合には強制的に研修を命ずる必要があることもあろう」[15]というような文脈で使われるのみである。

　安達『改訂版校長の職務と責任』では、「研修の義務→職務命令による強制研修→拒否した場合は職務命令違反による懲戒処分」という論理が述べられている。この論理は、すでに、高石邦男「教職員の勤務時間」(『学校経営』第5巻第5号、第一法規出版、1960年5月) においても登場している。

> 「教員の研修の義務がここに認められている以上、校長が教員に研修を命じた場合、それは有効な職務命令として成立し、教員は校長の命令にしたがって研修をしなければならない。その命令に従わないで、研修を行わないときは、職務上の義務に違反した場合に該当して懲戒処分を受けるのもやむを得ないであろう。もとより研修は研修者自身の自覚と努力をまって初めてその効果をあげ得るのであるから、教員の意に反し

て研修を命ずることは無意味のことが多いであろうが、ある場合には強制的に研修を命ずる必要があることもあろう。その場合にはこの規定を引用することも認められよう。たとえば、若い助教諭に、たとえ本人は希望しなくとも、強制的に研修させることが望ましいことも十分予想されるのである。」[16]

　研修内容については、その多様性を認めながらも、後述する職務性との関係で、実質的には統制を加えることになっている。研修命令によるもの、すなわち、職務としての研修の場合は、「その研修内容というものは職務に関係あるものでなければならない」のに対して、職務専念義務免除による研修は、「直接役立たなくても、……一般的な教養とか、多少直接の授業から離れたものも必要である」[17]と述べている。ここでは、授業に直接関係あることが、職務としての研修の必要条件と考えられている。

　これより先、木田宏「教職員の人事管理」安達健二編『学校管理』（学陽書房、1961年）では、「研修自体が望ましくない場合は、それを制止することも当然」（107頁）と述べ、教員の研修内容を積極的に統制する姿勢を打ち出した。

　木田論文と同時期の「都道府県教育委員会事務局職員人事担当者研修講座演習問題から」（『教育委員会月報』第134号、1961年10月）では、「研修が職務として捉えられるために理論的には、承認を受けることのできる研修の範囲が、職員の職責遂行とみなされる枠内において限定的に解されざるを得ない」（49頁）と述べていることから、教特法が要請している教員の研修の範囲を内容的には学習指導要領の学習や授業方法の研究、教材準備等、形式的には文部省・教育委員会主催の研修会等と、かなり狭く捉えているように思われる。そうだとすると、立法時以降の解釈から大きく変化しているものと考えられる。

　ここで展開される論理は、研修内容を「直接職務に関係するもの」と「直接には関係しないもの」に分類するところに特徴がある。研修内容はいきお

い教材研究、生徒指導関係など、どちらかというと技術的なものに限定されがちである。学習指導要領の内容をいかに効率的に児童・生徒に教えるかという点に力点が置かれがちになる。逆に、教育の原理や教育の歴史、教育制度、子どもの権利等についての基礎的な研究は、「直接職務と関係がないもの」とされる傾向がある。その場合、「多少の幅」は教員の研修には必要だから、それは職務専念義務免除でやりなさいということである。

　さらに、この判断の際に、特定の教育観による研修内容の選別が行われる恐れもなしとはしない。それは、今村武俊編『教育行政の基礎知識と法律問題』（第一法規出版、1964年）中の「同じ名称の研究会ではあってもその内容はどうか、日教組のいう教育課程の自主編成とは何か、それが教育現場に及ぼす影響はどうか。……出張命令を発するか否かは、教育長や校長のまったく自主的な判断にゆだねられたことである」(361頁)などに現れている。極端に言うと、「学習指導要領」を批判的に検討することを「禁じていない」研究会、すなわち研究の自由を保障している研究会であれば、職務専念義務の免除すらされないこともあり得る。

　このような筆者の記述は決して根拠のないことではない。たとえば、1960年度より文部省が開始した教育研究団体等への補助金支給がどのような方針のもとに実施されたかを想起したい。『文部時報』1004号（1961年4月号）の初等中等教育局「教職員研修の強化」は教育研究団体等教育研究費補助金のねらいとして「民間における中正穏健な教育研究こそが、教職員の資質を向上し、日々の教育実践に生かされるものである」(53頁)ことをあげている。また、今村武俊（初等中等教育局地方課長）が『文部時報』第1027号（1963年3月号）で示している審査規準の第2項目は「構成員、過去の研究実績、団体の行動方針等について重大な欠陥を有する教育研究団体は、他の条件いかんにかかわらず、補助の対象としない」(59頁)というものである。これは、政府・文部省の教育政策から自立的な教育研究団体を排除するための基準と考えるほかない。さらに、『文部時報』第1019号（1962年7月号）の伊藤武「教育研究団

体の動向」は数学教育協議会をとりあげ、「この団体は、その当初から、すでに文部省と対決する運命をになって成長してきた関係からか、研究団体というよりも、教育運動を主体とし、その運動を進めるために、内容を研究するという形をとっていることは見逃すことができない」(59頁)と述べている。「非論理的、独善的、飛躍的な考え方」(61頁)という表現や「研究よりもむしろ闘争を主体とした団体であると言わねばならない」(61頁)という表現もあり、教育研究団体に対する乱暴極まりない攻撃と言わざるを得ない。

これについては、本山政雄が「教師の研修と教育行政」と題して『学校運営研究』第19号(1963年10月号)において、「行政の立場からは、教師の研修というのは文部省で定めた学習指導要領をいかに効果的に実施するかの技術の研修が大事である。したがって、新指導要領を、憲法や教育基本法の立場に立って研究したり、批判したりすることはもっての他のことで、荒木文部大臣のいうように法律違反の研究ということになる」(77頁)と述べていることが本質を的確についている。

なお、この他に、『学校経営』第14巻第3号(1969年3月)に掲載された小林信郎(文部省教科調査官)「教育研究団体とその動向③〈社会科教育〉」にも文部省の民間教育研究団体に対する姿勢が現れている。

さらに、この時期の文部省解釈では、研修の自主性、自発性、主体性の大切さがほとんど強調されなくなった。そのことと対照的に、教育長・校長に無制限とも思えるような裁量を与えるようになっている。

(4)「勤務時間内校外自主研修」
①職務性
高石・前掲「教職員の勤務時間」は、「休業日と勤務時間との関係」の中で、研修を2種類に分類している。1つは、「職務としての研修」、もう1つは、「自己研修」である。前者は、上司(校長)の「職務命令によって参加するもの」(59頁)である。高石は、「職員はこの場合は、その命令にしたがって研修

に参加しなければならない義務がある」のであって、「その命令に反した場合は職務上の義務違反として責任が追求される」としている（59頁）。一方、後者は、「教職員が、自発的に行うもので、勤務外のものとして従事するもの」であり、「自己研修は、職員の職務外の研修であるから、職員の勤務時間内に自己研修をする場合は、職務専念義務の免除（休暇等）をうけなければならない」(59頁）と述べている。しかし、この段階では、本節の「2. 文部省解釈の完全転換」において詳述する「研修3分類説」で登場するような、勤務時間外に行うものが自己研修であるという概念はまだない。第20条第2項の解釈も、同様に、職務としての研修と自己研修の両方の場合が考えられるという。職務としての研修の場合は、本属長の承認は、「当該職員の勤務が本来の勤務場所を離れて行われることについての承認」であり、自己研修の場合は、「当該職員の勤務を離れることについての承認」であるという（60頁）。興味深いのは、前者に属するものとして、「研究会、講習会に出席したり、図書館、研究所で研究することや、自宅研修が考えられる」(60頁）と明記していることである。いわゆる「自主研修」もその内容によっては勤務として扱われる可能性を十分に残している。長期休業期間中における自宅研修は、「自宅で研修という職務に従事するものとして勤務の取扱がなされている」と明記している。

　また、休業期間中に私事旅行に出かける場合に、「職務専念義務免除すなわち年次有給休暇の承認を得なければならない」とされ、高石においては、「職務専念義務免除」の概念が通常よりも広くなっている[18]。前述の地方公務員法関係研究会編『解釈通覧地方公務員関係法』（総合労働研究所、1984年）等の「職務専念義務免除」解釈に基づくものと考えられる。

　しかし、高石論文より1年後に刊行された前掲『改訂版校長の職務と責任』において安達健二は、「この場合の研修は勤務の一態様とみなされるものであるから、研修に要する時間は勤務時間に含まれる」(321～322頁）としており、職務専念義務免除による研修は想定していない。したがって、この段階

では、文部省内における解釈はまだ固定化されていないことがわかる。

ところが、『改訂版校長の職務と責任』から5ヵ月後の木田宏「教職員の人事管理」（安達健二編『学校管理』学陽書房、1961年）は、次のように述べて重大な解釈変更を打ち出している。

> 「研修はやはり教職員にとっても、日常の勤務そのものではありません。教育を行なう本来の職務と研修とを同列に置いて、研修は常に職務の遂行であると考えることは、行き過ぎであります。平常の勤務状態とは異なった勤務場所を離れて行なう研修が、職員の職務として行われるものであると考えるか否かは、職員の方で決めうることではなく、上司の方で決めるべきことであります。すなわち、上司がその職員の研修を組織の職務遂行上必要と認めて命ずるか否かによるものであります。上司によって命ぜられた研修が職務であり、そうでないものは、たとえ当局の主催するものであっても、個人の立場において行なわれるものであります。」（107頁）

1961年5月から10月にかけてのわずか半年足らずの間に、文部省内でどのような動きがあったのだろうか。この間に文部省の研修条項に対する解釈は大きな転換を遂げていた。そこには、文部省内部の内藤誉三郎を中心とする官僚と、戦後教育改革期に調査局審議課において田中二郎の指導のもとに立法作業を担った安達健二、宮地茂らとの間の対抗関係、そして、前者による後者の凌駕という事実は存在しなかったのであろうか。

前述の安達健二編『学校管理』と同時期の「都道府県教育委員会事務局職員人事担当者研修講座演習問題から」[19]において、教特法第20条第2項の解釈についての重要な変化がおこっている。そこでは、「教員が勤務時間内での研修を願い出たとき、どのような措置が必要か」について、次のように解説している。

「職務命令による研修に参加することは、まさに職責を遂行しているといってさしつかえないが、自発的申し出および承認による自己研修が職責を遂行しているといえるかどうかである。研修を申し出て、それが職務として命令された場合はもちろん問題ないが、一般には、教特法第20条第2項の『承認』の中に職務命令が含まれるとか、承認されたことにより職務となるとか解するのが無理である以上、教職員は職務に専念すべき義務を負っている勤務時間中に勤務場所を離れて研修を行なったのであるから、研修を行なった時間中職責を遂行しなかったことになる。しかし、承認を受けて研修を行なうことができる旨を定めた教特法第20条第2項の規定は、地公法第35条にいう『法律の特別の定』に該当すると解されるから、勤務時間中勤務場所を離れて研修を行なって、その時間職責を遂行しなかったとしても、職務専念義務に違反したことにはならない。」(50頁)

この解説の特徴は、まず、第1に、「職務としての研修」を「職務命令によるもののみ」と狭く解釈するところにある。そのため、「教職員自身が積極的に研修を行おうとする場合にできるだけの便宜をはかろうとしている」(48頁)という法解釈と対立を生じ、結局、「第20条2項の規定は、職務としての研修以外に教職員の自発的な研修を奨励し、勤務時間中にもできるだけの便宜をはかることを目的としていると解する」(49頁)ことにより、すなわち職務専念義務免除の取扱いをするという解釈によって、この対立を解消しようとしている。一見、現実的な法解釈のように見え、また教員の自主研修を奨励する方向の解釈のようにも見えるが、実際は、「職務としての研修」の幅を狭く固定化させていく役割を果たすものである。従来は、本人から申出があれば「授業(これが『校務』に拡大されているところもある)に支障のない限り」勤務場所を離れて研修することが認められ、しかも、それらは職務として位置づけられていたのである。

第2に、出勤簿の処理については、それまでの論理展開から一転して鷹揚であることである。「従来から勤務扱いをしているのが通例であり、給与支給面・昇給面での差がない以上、外勤などの用語を用いて出勤簿整理上出勤として取り扱うことも認められよう」と述べ、さらに給与支給についても、「教特法の趣旨にかんがみ、勤務と同様の取扱いをすることが望ましいし、実態としても例外なくそうであろう」と記している。そうであれば、従来通り、研修を勤務として認めればよいのではないかと考える。

　第3に、「職責遂行」の必要条件として、職務命令が必要であるかのような記述がなされていることである。教員の職務は、多くの場合、職務命令に基づくのではなく、教員の専門的見地からの判断に基づき、子どもと保護者に直接責任を負って行われるものである。「研修」自体が、教特法に規定されているように、職責遂行のために必須の事柄である。その必須の行為を行う際にも、「校長の承認ではだめだ、職務命令がでないと職務として認められない」という論理である。

②校長の裁量性

　『改訂版校長の職務と責任』の中で、安達は、勤務場所を離れての研修の申出があった場合の取扱いについて、「授業に支障のない限り、できるだけ教員の希望にそうようにすることが望ましいというのが、本条の法意であろうが、必ずその希望に応ずる義務があるとはいえないと思う」（322頁）と述べている。これは、「本条の法意」を把握した上で、学校現場の事情から「必ずその希望に応ずる義務があるとはいえないと思う」という比較的丁寧な検討を経た見解である[20]。

　前掲「都道府県教育委員会事務局職員人事担当者研修講座演習問題から」は、校長の裁量権を重視するが、「申し出の内容が研究または修養を行うと認められるものであれば校務に別段の支障がないかぎり、教特法の趣旨にかんがみ、承認すべきであろう」（49頁）としている。広く教員の研修を保障しよ

うという姿勢がまだうかがえる。

(5) 長期研修

　安達健二『改訂版校長の職務と責任』(323頁)および教育経営研究会編『学校経営の実践』(世界書院、1962年、271～272頁)は、長期研修についての見解を示している。この2つの文献からは、1960年頃には長期研修を正規の勤務として位置づけるとともに、勤務ではないが「休職を命じる」という形での機会の保障もしていたものと考えられる。当時は、休職給が支給されていたようである。その支給率は各地方自治体の条例および規則によるものと考えられる。

2．文部省解釈の完全転換

　1960年代初頭の文部省の解釈変化は、1963年～1964年にかけて、いわゆる「研修3分類説」として完成される。沢田道也（文部省地方課）「公立学校教員と研修」(『学校経営』第8巻第10号、1963年10月)は、「研修3分類説」に至る重要論文であると考えられる。沢田論文を中心に、この時期の文部省解釈を検討する。

(1) 国公法・地公法原理との差異

　沢田・同前論文は、国公法には「研修」の字句はなく「教育訓練」であり、教特法においてはじめて「研修」を独立した1つの章としたことを記している(40頁)。しかし、国公法・地公法との原理的差異についての言及はない。

(2) 研修の権利性と義務性

　同前論文は、「権利だの義務だのという法的根拠論自体がナンセンスである」と述べ、「法律に書いてあるから権利だ義務だという裏には、自発的研修自体をなんとか通常の職務と同視してもらって、それについても相当の報酬

を得ようというみみっちい虫のよさがある」と斬り捨てている (41頁)。

(3)研修の自主性・主体性

　沢田は、「本来教師の研修は自発的なものである」(41頁)ことを強調する。しかし、沢田は、研修の自発性を強調することによって、実質的には、「国または地方公共団体の当局もできるだけ便宜をはからねばならない」ことを曖昧にしている。沢田論文には、「研修は本来自主的なものが望ましいが、場合によっては強制せざるを得ない場合もある」というような趣旨の表現は見当たらない。いわく、「教育内容についての特定の研修命令は教員の職務上の独立を冒すものだという論は、今日の公教育の在り方を知らないものである」、いわく、「単に教員個々の自発的研修に期待してその便宜を図るだけにとどまらず、直接に研修を強制することができるのが当然」であり、「そうでなくては、研修というものをわざわざ法律で制度的に保障した意味が生かされない」と言う (42頁)。

　研修内容の制約はさらに厳しくなっている。沢田は、研修を3分類しており、その後の「研修3分類説」への過渡的見解であると言える。それは、「全く自発的な研修」「職務専念義務免除による研修」「職務命令により強制される研修」である。「職務専念義務免除による研修」については、「大別して次の2つがある。第1は任命権者いわゆる官側が行う研修で自由参加を建前とするものである。……第2は、自発的な研修（第3者の提供する機会の利用を含めて）が勤務時間の流用を必要として、その調節が問題となる場合である」(43頁)と述べている。職務専念義務免除するかどうかは、「第1に職務との関連が密接であるかどうか、第2にその研修が職務の遂行に建設的に貢献するものであるかどうか」(43頁)だという。「授業に支障がなくても、研修そのものについて公教育経営の側の価値判断をやって便宜を与えるかどうか決めて良い」と述べ、しかも「この判断に不服があっても職員としては文句はいえない」し、「上司の判断に誤りがあるとしても服さなければならない」とま

で述べている（43〜44頁）。まさに、生殺与奪の権限を校長が握り締めているのである。

(4)「勤務時間内校外自主研修」
①職務性
沢田の見解では、職務性が認められるのは、「経営の側すなわち当局」が重要だと判断して「職務として命令」したものだけである。

『教育委員会月報』第162号（1964年2月）掲載の「行政実例」回答[21]では、「夏季休業日等の休業日においても、勤務を要する日には、……勤務場所を離れて勤務（たとえば、研修会等への参加、自宅での研修等）すべきである」（73頁）としている。そして、「これらの場合には、もとより勤務扱いとなるが……」（73頁）と明記している。これは、よく知られた行政実例であるが、本章で、1961年以来、文部省内で地方課を中心として行政解釈の転換が進められてきたことを把握すると、1964年の年初の段階でこの行政実例が示されていることが意外に感じられる。

②校長の裁量性
前述の「(3)研修の自主性・主体性」において、校長の承認についての沢田の見解は紹介した。そして、「本属長として承認するかどうかは、授業に支障のない（授業に支障がないかどうか自体校長の判断であるが）前提の上でなおかつ自由な裁量に属する」という。教特法第20条第2項の「授業に支障のない限り」は、ここでは「授業に支障のない前提の上で」に変換されていることは注意を要する。沢田は、職務専念義務免除を「納税者の負担において公務員の余分の恩恵」（43頁）ととらえており、そのために厳しい査定が当然であるという考え方である。沢田は、「特別の余分の恩恵を利用するについて研修の自由（研究、学問の自由と類比して説く者があるが）などというものはない」と断言する。これは、かつて宮地茂が『新教育法令読本』において、「この場合

校長は正当な理由がない限りそれを承認すべきであって、みだりに研修の機会供与を拒むべきではない」(127頁)と戒めたことはもとより、安達健二が『改訂版校長の職務と責任』において、「授業に支障のない限り、できるだけ教員の希望にそうようにすることが望ましいというのが、本条の法意であろうが、必ずその希望に応ずる義務があるとはいえないと思う」(322頁)と記したこととも、さらに前掲「都道府県教育委員会事務局職員人事担当者研修講座演習問題から」において、「同条第2項で、教職員自身が積極的に研修を行おうとする場合にできるだけの便宜をはかろうとしている」(48頁)、「授業に支障のない場合でも、承認するかしないかは校長の裁量権に属するけれども、申し出の内容が研究または修養を行うと認められるものであれば、校務に別段の支障がないかぎり、教特法の趣旨にかんがみ、承認すべきであろう」(49頁)という解釈とも、大きく異なっている。

　ところが、沢田は、長期休業中の自宅研修については、一転してかなり寛容である。

　「勤務場所を自宅にかえるだけで職務として研修を命じるやり方もあった」ことを認め、職務専念義務免除と比べて、「いずれの面からも一長一短で大差はない」が「技術的工夫としては後者がまさると考えられる」という程度である (44頁)。自宅研修の計画書、報告書についても「あまりの厳密さ」には否定的である。本質的に、「勤務場所を離れて(の)研修」という点で共通の事柄について、なぜこのような落差が生じているのだろう。沢田は、さらに、第20条第2項の校長への適用について次のように述べている。

　「校長だけは、夏休みも必らず学校で8時間過ぎなければいけないのだろうかという懸念でもあるようだ。研修ということだけに限っていえば、たしかに校長に対しては教員に関するこの規定は適用がない。しかし、休業中の勤務場所一般については研修の問題とは全然別であり、市町村教委と連絡をとって自宅で勤務することに法的な不都合はないので

ある。」(44頁)

沢田は、第20条第2項は校長には適用されないが、研修とは別の筋で校長には「自宅で勤務すること」が認められるという見解のようである。

3. 文部省解釈転換後の解釈整備

1960年代後半には、「研修3分類説」を整備・補強した行政解釈が確立した。その代表的なものが、文部省地方課法令研究会編『新学校管理読本』（第一法規出版、1969年）である。また、『学校経営』第15巻第5号（1970年5月）の小原孜郎「職務研修と自主研修」（講座・学校管理法規演習第14回）も「研修3分類説」を補強するものである。前者において、研修関係の執筆者は小野寺邦男である。後者は、文部官僚の執筆によるものとしては、緻密であり、検討に値するものである。

また、これらは、1966年に、ILO・ユネスコ共同の「教員の地位に関する勧告」が採択され、教師専門職論が各方面で議論されたことをも反映している。

(1) 国公法・地公法原理との差異

前述の文部省地方課法令研究会編『新学校管理読本』は、地公法と教特法の比較検討を行い、定型の説明が行われており、従来と解釈を変えるものではない。

小原「職務研修と自主研修」の特徴は、教員の研修を、教員独自の問題として考えることから始めるのではなく、「官庁であれ、民間企業であれ、ある特定の目的をもってしている組織体」から論を始めていることである。次に、公務員の問題に移り、そして、「これらのことは、教育を職務とする教育公務員についても同様である」という論法である。すなわち、教特法が国公法と地公法（当時、未制定）の特別法として制定された3大趣旨の1つであった教

員研修の特殊性を可能な限り小さくみることに力が注がれている。ただ、小原論文においても「教員の研修については、その職務の特殊性にかんがみ他の一般公務に従事している者に比べて特段の配慮が要請されることから、法制度上も一般公務員に比べて恵まれた制度となっている」とは記している。ＩＬＯ・ユネスコの「教員の地位に関する勧告」も引用している。また、教特法の研修規定と地公法の研修規定の差異についても、従来の定型的把握を踏襲しているところもある。とくに、「教育公務員については、受動的な研修のみではなく、教育公務員の自発的、能動的な研修を期待し、その自覚を促していること」(57頁) と述べている。

さらに、小原は、「地方公務員法にいう研修は、任命権者が職員に対して他律的に行なうものであり、教育公務員特例法にいう研修は一般的に自律的研修規定であると言える」(60頁) と言明している。小原は、教特法第19・20条の中の、「研修を受ける」と「研修を行う」の違いに注目し、前者を他律的、後者を自律的と考えている[22]。

しかし、このように把握するなら、なぜ職務としてではなく職務専念義務を免除しなければならないのか、「教育公務員の自発的、能動的な研修」をできる限り職務として位置づけることがなぜできないのかという点についての論考は欠如している。

(2)研修の権利性と義務性

文部省地方課法令研究会編『新学校管理読本』は、第19条第１項を「教育公務員に対する一種の道徳的規定である」とし、第２項を任命権者に対して「研修についての助成義務を課」したものであると述べている (148頁)。同書は、「研修は教員の権利であるのか、義務であるのか」について、次のように述べている。教特法第19条および第20条を正面から検討しようとした形跡が見られ、それゆえ、何としても研修請求権を認めたくない意識が見て取れる。

第2章　研修条項に関する行政解釈の変遷　115

　「同法第19条第1項はさきにのべたとおり教育公務員の職業倫理を確認し、研修の義務を課してはいるが、このことと研修手当の支給とは一応別箇の問題と考えられる。むろん国あるいは地方公共団体が研修のための便宜を出来るだけ提供しなければならないことはいうまでもない。後者については、教員の研修請求権といったものを認める法意ではなく、教員の研修の重要性にかんがみこれを制度的に保障したものである。したがって、権利か義務かの議論は実益がなく、これらの諸規定をまつまでもなく、自ら研修にとりくむ姿勢が期待される。」（151～152頁）

⑶**研修の自主性・主体性**

同書では、研修の自主性・主体性は次のように大変強調されている。もちろん「教員の地位に関する勧告」を援用しているのである。

　「教職が専門職であるとするならば、その地位は、専門職にふさわしい地位・待遇等の外的・物的条件の整備等の諸施策もさることながら、なによりも、教職にある者自身の側からの努力によってこそ確立されなければならない。そのためには、個々の教員が教育実践に即した研究に主体的に取り組み、研修活動を強化することによって、教員の集団が社会的に認められる以外にその途はないと考えられる。」（146頁）

すなわち、教職を専門職として位置づけるためには、専門職にふさわしい条件整備を促進することよりも、まず、教員自身に対して、専門職にふさわしい研修努力を求める方向に議論が展開されている。

前記⑴で述べたように、小原「職務研修と自主研修」は、「教育公務員については、受動的な研修のみではなく、教育公務員の自発的、能動的な研修を期待し、その自覚を促していること」（57頁）と述べている。

次に、研修内容の制約について考察する。文部省地方課法令研究会編『新学校管理読本』では、その研究の内容は「教育実践に即した研究」という専

門職らしからぬ限定がなされている。文部省の専門職論には教員を狭い枠に閉じ込めようとする傾向が強く存在する。もっとも、「児童生徒との人格的なふれ合いといった教職の特殊性、この重要な使命にかんがみ、これにたずさわる教員は一般公務員あるいは他の職業以上にその資質向上が要請されるのである。そのためには教科内容、教材、指導方法等に精通しているだけでなく、広く文化的社会的教養をも身につけていなければならないものである」(147頁) とは述べている。

しかし、何と言っても、「教科内容、教材、指導方法等に精通している」ことが重要であり、それが学習指導要領に対する無批判的追随を前提とするものであれば、研究とは異質のものとなるだろう。

この点については、『学校経営』第13巻第3号 (1968年3月) の井内慶次郎「昭和43年度の文教予算の概要」が、研修活動の重点として、「小学校の学習指導要領趣旨徹底」をトップにあげていることに示されている。これがこの時期の教員研修にこめる文部省の最大のねらいと言えるだろう。この場合の研修は、「研究と修養」ではなく、ほとんど「教育訓練」の意味である。学習指導要領の趣旨を教員に徹底的にたたきこむことと受けとめられる。

(4)「勤務時間内校外自主研修」
①職務性

「研修3分類説」がすでに完成しているので、命令研修以外は「職務性」は認められない。焦点は、職務専念義務免除による研修が認められるかどうかである。『新学校管理読本』は、「この職務専念義務の免除については十分配慮する必要がある。すなわち、本来の勤務時間をさき、かつ、有給であることからしても研修内容は、職務と密接な関連を持つものであるか、研修の成果が今後の職務遂行に役立つものであるかどうかを、あらかじめ提出させる研修計画をもとに吟味しなければならない。研修後には、報告書の提出を求めることも自宅研修制度の趣旨から当然要請されるところである」(151頁)

と述べている。この解説において「自宅研修制度」と表現し、教特法第20条第2項の「勤務場所を離れて（の）研修」において、自宅を前提としていることが注目される。

②校長の裁量性

第20条第2項については、同書では、次のような解説が記されている。

> 「教員の職務の中心をなすのは授業であることにかんがみ、これに支障がない場合に限って本属長の承認を受けて研修できるのである。……この規定により職務専念義務が免除され各種の研修会への出席、長期休業期間中の自宅研修ができる。」(149頁)

前記引用中、授業に「支障がない場合に限って本属長の承認を受けて研修できる」(149頁、下線は筆者) という表現があるが、これは、「授業に支障のない限り本属長の承認を得て研修できる」という表現と意味が異なってくる。前者は、後者の表現より「勤務場所を離れて（の）研修」を行う機会を得ることが困難になるものと思われる。後者が教特法第20条第2項の正確な表現であるが、同書では3箇所中2箇所において「授業に支障のない場合に限って」とされており、これは、偶然の表記ではなく明らかに意識的な表記である。文部省関係者の著作物でこのような表現が登場したのは、前掲・沢田論文において「授業に支障がない前提の上で」としたのに続いて同書が初めてのことと思われ、教特法第20条第2項の趣旨を巧妙に変更するものである。

同書は、さらに、次のように述べて、第20条第2項の「厳格」な運用を強調している。

> 「ある研修を職務そのものとして命ずるか、職務専念義務免除により行わせるか、あるいはまったく自発的な研修として時間外に行わせるのかの判断は研修制度を左右するほどの重要性をおびている。これまでも

職務専念義務免除による研修では公務災害の認定が得られないとして、研修内容にかかわりなく職務命令により研修を命じている例がままあった。また、組合活動の一環として行われる教育研究集会に参加するものについて公務出張扱いとしているのも散見された。職務専念義務を免除するについては他の研修の場合よりもその取扱いについては適正に運用するよう留意しなければならない。」（152～153頁）

さて、同書は、教特法第20条第2項の校長への適用についても解釈を記している。

「校長の研修についてもその意義はなんら異なるところはないことはいうまでもない。校長は管理職として常に校務全般について掌握していなければならないのであるが、だからといって長期休業期間中でも必ず在校していなければ、この職責を果たしえないものではない。職責上一般教員よりも勤務場所を離れることが多少制限されようが、学校管理運営の緩急の度合いに応じて自宅等で勤務することは法的になんらさしつかえないところである。」（152頁）

この解釈は、「校長にも教員と同様に第20条第2項に基づく自宅研修が適用される」ことを認めたものである。しかし、それは「職務専念義務免除」ではなく、「自宅等で勤務することは法的になんらさしつかえない」というのである。これは、前述の、沢田「公立学校教員と研修」における見解とは異なる。すなわち、沢田の見解は、「校長には第20条第2項は適用されないが、休業中の勤務場所については研修とは別問題である」というものであった。また、『学校経営』第15巻第10号（1970年10月）の「質疑応答」でも、「教特法20条2項の規定は、……校長の研修も奨励されなければなりません」とした上で、「①自宅で勤務すること、②職務として自宅で研修を行うこと、③職務専念義務免除条例の規定により服務監督権者の承認を得て自宅で研修を行

う」の3つの形態をあげ、①と②は勤務、③の場合は職務専念義務免除による研修として扱うと回答している。同前『学校経営』の「質疑応答」は、文部省の見解と無関係ではないだろうから、1970年段階でも、なお、研修の職務性について文部省解釈の中にも理論的「混乱」が存在する。また、言うまでもなく、教特法第2条第2項に明記されているように、公立学校の校長は、同法においては「教育公務員」ではあるが「教員」ではない。

　『学校経営』第14巻第4号（1969年4月）の「質疑応答」において、いわゆる「研修日」（週1回授業空き日をつくる）は違法かどうかという問い合わせに対する回答が掲載されている。この問題について論じられているケースはほとんどなく、また、本書の第1章で言及したいわゆる研究日、研修日とも関連するので、ここに引用する。回答は、「違法ではない」と答え、東京都の自由研修日（研究日）や全日本教員組合協議会と文部大臣との間に1947年3月締結された労働協約第6条の「1年20日の自由研究日」をも指摘しており、概ね適切な回答と言える。しかし、回答の末尾で次のように述べている。

　　「なお、教育公務員特例法第20条第2項の規定がご質問の研修日を設ける根拠規定となりましょうが、当該規定は、具体的な研修内容の有益適切性の判断に基づき活用されるべき性格のものであることからすれば、研修日における研修内容・研修成果については、校長においてこれをじゅうぶんチェックできる体制をととのえてかかる要があり、これにまったく関知することなく自由利用を認めることとすることについては、非常に疑問が残ると感じられます。」（107頁）

　「研修内容の有益適切性の判断」を校長がするということは、教特法立法時の趣旨とは異なっている。1948年12月の第4回国会ではそのような議論はされていないし[23]、公布・施行後、相次いで出された解説書でも言及されていない。「勤務場所を離れて（の）研修」の届け出については、文教研究同人会編『教育公務員特例法解説』のように「口答でよい」とする解説書も存在する。

第4回国会で言明されている通り、教特法は多くの不十分さを内包しながらも、「教員擁護の規定」という性格が強かった。したがって、研修内容は広く想定されており、まさに「研究と修養」(study and self-improvement) であった。今日広範に見られるように、研修内容は直接関係深い教科や生徒指導の研修に限るというようなことは全然考えられていなかったことは、前述の教特法成立直後の相良論文や公布・施行直後に刊行された「4解説書」(「3解説書」＋文教研究同人会編『教育公務員特例法解説』) を見てもよくわかる。

ただ、筆者が知る範囲内での教師の研修実態からすると、この回答の「まったく関知することなく自由利用を認めることとすることについては、非常に疑問が残ると感じられます」という意見は筆者も共有するものである。しかし、研修性の存否確認を超えて、教員の研修内容が適切か否か、校長が判断することについては、同意できない。

(5)長期研修

海外留学の取扱いに関して、第20条第3項を積極的に解釈しようとしている。文部省地方課法令研究会編『新学校管理読本』は、次のように記している。

> 「長期間海外に留学する場合等の取扱い……については法律上明確な措置がなされていない。教特法第20条第3項に長期にわたる研修について規定されているがその細目については任命権者の定めに委ねている。そこで各地方公共団体では教育委員会規則等を設けていることは前述のとおりである。しかし、独自に制定している地方公共団体は極めて少なく、同一事由による海外留学（研修）の取扱いが各地方公共団体でアンバランスを生じている実情にある。」(153頁)

そして、「国家公務員については、『学校、研究所その他これらに準ずる公共的施設において、その職員の職務に関連があると認められる学術に関する

事項の調査、研究又は指導に従事する場合』が休職事由の一つとされて」お り[24]、「地方公務員についても、地公法第27条第2項を根拠とする条例でこれ と同様の扱いが認められている県もあるが、その数は少なく、今後このよう な形での措置も一つの方向である」と述べている。すなわち、海外留学を人 事院規則あるいは条例を適用して研究休職の扱いとすることである。しか し、同書では、退職手当支給の基礎となる勤続年数上の不利が生じるので、 「教員にとって有益適切と認められる海外留学については、教特法第20条第 3項の規定に基づく長期研修の取扱いによるとするほうが、より適切である」 (153頁) として、第20条第3項の活用を提起している。

第3節　地方教育行政当局の解釈

　地方教育行政関係者の研修条項に関する解釈は、従来、文部省の解釈と区 別して考察されることはなかった。それはいずれも「行政解釈」として、一 括りで考察されてきた。より正確に言えば、文部省の解釈は考察対象とされ ていたが、地方教育行政解釈は、それと一体、あるいは追随するものとして のみ扱われ、考察の対象になっていなかった。

　しかし、教特法研修条項についての解釈を丁寧に辿っていくと、この両者 の関係は必ずしも一体ではなく、地方教育行政解釈には相対的独自性が認め られる。もっとも、後者の前者への追随傾向は顕著なものとして存在するが、 研修条項の展開過程をリアルに把握するためには、後者に焦点をあてた考察 が必要であり、その実態と前者からの相対的独自性の要因について解明した い。

1. 1950年代における地方教育行政解釈

(1)国公法・地公法原理との差異

　この時期は、地方教育行政関係者の著作においても、研修についての国公 法[25]・地公法原理と教特法原理の違いを重視している。武田一郎[26]監修・教育

実務研究会編『教育実務提要―校長編―』[27]における国公法・地公法原理との差異把握は、文部省解釈のところで述べてきた定型的説明である（133頁）。

(2)研修の権利性と義務性

　教育実務研究会編・前掲書は、「教育公務員にとって、研修はしなくてはならない義務である。……教育委員会はその研修に要する施設……その他研修に関する計画を樹立し、その実施に努むべき責務を負っているのである」（133頁）と述べている。

　田中喜一郎[28]『現職教育論』〈新制学校管理叢書第2巻〉（新制教育研究会、1949年）は、1950年代ではなく、教特法公布・施行の年、すなわち、1949年6月に出版されたものである。同書は、第19条第1項が「現職教育が教師の義務である」としていると共に、第2項が「教育行政当局に教師のために現職教育を行う義務を課している」（33頁）と記している。

(3)研修の自主性・主体性

　田中喜一郎『現職教育論』は、「『現職教育』という言葉は英語のTeacher Education in Serviceの訳語であって、Teacher Training in Service或いはIn Service Trainingともいわれている」（31頁）が、後者の表現はあまり用いられなくなってきているという。それは、「Training（訓練）ということは、元来技術的な練習という意味に用いられることが多く、上から計画された細かい一定の形に従って熟達を目的として行われることが多く、自発性が少なく創造性に乏しいものであった。ここでいう現職教育ということが、広い意味の専門的教養の充実発展にあるのであるから、TrainingよりはEducationが適当とされるのである」（31頁）と説明している。さらに、「職責を全うするために必要な教師自身の現職教育の目標も方法も教師の考え方によって自然ときまってゆくわけであって、他から命令や指図で強制される性質のものではない」と明言している（32頁）。このように同書では、教師の自主性を尊重す

る記述がなされている。

　しかし、一方で、地方教育行政解釈においては、文部省解釈に先んじて、早くも1950年代前半に「研修命令の正当性」が主張されている。1953年11月に刊行された教育実務研究会編『教育実務提要―校長編―』において、「研修の義務→研修命令→命令違反は処分」という論理を展開している。

>　「しかし校長がある場合に強制的に研修を命ずることもあり得る。例えば教育委員会主催の協議会、研究会に出席を命ずる等である。このような場合、研修の義務が認められている以上、研修命令指示は有効な職務命令として成立し、教職員は校長の命に従って研修をすべきであろう。その命令に従わないで、研修を行わない時は、職務上の義務に違反した場合に該当して、（地公法32条　法令等および上司の職務上の命令に従う義務）処分を受けるのも止むを得ないであろう。」(133頁)

　佐野政雄編『現場の学校管理』（東洋館出版社、1955年）でも、同様の趣旨が述べられている(154頁)。前掲『教育実務提要―校長編―』および『現場の学校管理』ともに、本人の意に反して研修を命じることが無意味な場合が多いことは、指摘している。しかし、地方教育行政解釈が文部省解釈に先行して、「校長がある場合に強制的に研修を命ずることもあり得る」と述べている要因としては、当時、教育委員会等の研修会への参加を拒否する教職員組合を中心とした激しい運動の存在が考えられる。ただし、これら二つの著作は、地方教育行政法による任命制教育委員会の発足以前に刊行されているので、道徳教育講習会や学習指導要領講習会よりも先行しており、正確な要因把握については、今後の研究課題として残されている。

(4)「勤務時間内校外自主研修」
①職務性
　研修は「勤務の一態様」と考えられている。たとえば、前掲『教育実務提

要―校長編―』は、「研修は勤務であるとの見地から、その時間は勤務時間に含まれるのである」(140頁)と明言している。また、前掲『現場の学校管理』においても、「この場合の研修は勤務の一態様とみなされるものであるから、研修に要する時間は勤務時間に含まれるのである」(155頁)としている。

しかし、前述のように波多江明らの『学校運営辞典』(日本出版、1955年)では、「職務専念義務免除」と考えられている。波多江ら文部省関係者よりも、地方教育行政関係者のほうが、「勤務時間内校外自主研修」についての職務性把握は明確であったように思われる。

②校長の裁量性

教特法第20条第2項について、文部官僚が、「校長は正当な理由がない限りそれ(勤務場所以外での研修…筆者注)を承認すべきであって、みだりに研修の機会供与を拒むべきではない」[29]と解釈していたときに、「授業に支障のない限り、できるだけその希望にそうようにすることが望ましいというのが、教育公務員特例法20条第2項の法の意味であるが、必ずその希望に応ずる義務があるとはいえないと思う」[30]という見解が地方教育行政関係者からすでに出されていた。前者と後者とは類似した解釈のようではあるが、力点の置き方が異なっている。後者の解釈の方が、研修を承認しない場合が増えるものと思われる。承認しない場合としては、学校事務(校務)の多忙、研修行使の教員による不均衡の2つの理由があげられている。

2. 1960年代初頭における地方教育行政解釈

(1)国公法・地公法原理との差異

実方亀寿(東京都教育庁指導第四課長)「教師の研修㈠」(『学校運営研究』第8号、明治図書出版、1962年11月)に見られるように、定型的解釈を踏襲している(114頁)。ただ、「(3)研修の自主性・主体性」で後述するように、この差異を命令研修の根拠とする解釈が登場してくることには注意を払いたい。

(2)研修の権利性と義務性

　大森晃（都立教育研究所研修部長）らの『学校管理の基礎知識』（明治図書出版、1960年）では、「研修は義務というよりも権利」という認識が示されている（92頁）。伊藤和衛らの『学校管理〈校長・教頭の職務〉』（高陵社書店、1961年）においても「研修は義務であり、権利」という把握がされている（163頁）。研修の権利性については、1948年12月の教特法案国会審議の際に辻田力調査局長によって語られて以来、行政解釈では久しく途絶えていたものである。これは、1956年の地方教育行政法施行による教育行政の転換が教員の研修活動に対する統制・抑圧として現象し、それとの対抗関係の中で、研修の権利性が自覚されていったことによるものであろう。それには、もちろん、研究者や教職員組合の教員に対する啓蒙活動が大きな役割を果たした。前掲の『学校管理の基礎知識』や『学校管理〈校長・教頭の職務〉』は東京都立教育研究所に勤務する研究者でもあり、地方教育行政関係者でもある大森や伊藤たちの学問的良心の表明とも考えられる。

　また、教育経営研究会編『学校経営の実践』（世界書院、1962年）においても、「第19条の第1項は、教師に対してその『職責を遂行するために』研究と修養に努むべき義務を課しているのであるから、その裏づけとして前述の第2項、第3項において、研修をうける教師の権利とその研修の態様を規定し、その主体性をいっそう明確にしているのである」（269頁）と述べている。執筆者は、大森晃である。

　前述の実方「教師の研修㈠」は、「教師の研究と修養が法律に義務づけられているとともに、特例法第20条（研修の機会）では、『教育公務員には、研修を受ける機会が与えられなければならない。』として、研修の権利をも与えていることは注目すべきことである」（114頁）と明記している。

(3)研修の自主性・主体性

　教育経営研究会編『学校経営の実践』においては、研修義務から研修命令

の正当性を導いている。「研修」の項目は、大森晃が執筆しているのだが、かなり従来と見解を変えてきていると思われる。すなわち、前述したように、大森らによる『学校管理の基礎知識』では、「研修は義務というよりも権利」という認識が示されていたのである。しかし、『学校経営の実践』においては、地公法の研修規定と教特法の研修規定を比較して、教育公務員にとっての研修が職責遂行上不可欠のものとされていることをとりあげて、それ故に、教員の研修を保障する方向ではなく、逆に、校園長や教育長が教員に対して研修命令を出す根拠として用いている（266～267頁）。

実方亀寿「教師の研修㈡」（『学校運営研究』第9号、1962年12月）も、「研修は『当然勤務』であるから、『参加すべき旨の職務命令を発すること』が可能であり、『理由なくして、参加しなかった者については、職務命令違反として適切な処置を講ずること』（1958.8.8、文地初第432）ができる」という論理が展開されている。一方で、実方は、「研究といったものは、このような自由な雰囲気においてこそ育つものなのである」（116頁）とも述べている。

次に研修内容の制約について考察しよう。

実方「教師の研修㈠」は、「教師は、自己の担当正面のある部分を担当するというだけでは、その本来の職責を到底果たすことはできない。教育の全体的な理解、全体構造の把握がなされ、それとの十分な関連を保ちながら、自己の担当すべき部面を担当するということでなければならなくなってくる」（114頁）と指摘している。また、実方は、前掲「教師の研修㈡」において、「教育指導に当たるためには、専門とするところの教養のみをもってしては、じゅうぶんでない。いわゆる教職教養としての広い教養がその基本となっていることが必要である」（113頁）と述べている。いずれも、教師の研修内容を狭く限定するのではなく、むしろ幅広く認めていることが注目される。

(4)「勤務時間内校外自主研修」
①職務性

伊藤らの前掲『学校管理〈校長・教頭の職務〉』では、研修は「勤務の一態様」とされている（165頁）。大森（都立教育研究所研修部長）らの前掲『学校管理の基礎知識』においても、次のように述べられている。

> 「それ故その本来の職務たる授業に支障のない限り校長の承認をうけて勤務場所をはなれて研修を行なうことができるものとしたのである。これが特例法第20条第2項の規定である。したがってこの場合の研修は勤務の一態様とみなされるものであるから、研修に要する時間は勤務時間に含まれるのである」（93頁）。

さらに、教育経営研究会編『学校経営の実践』においても（執筆者は大森）、明確に勤務として位置づけている。

> 「教師の研修は勤務の一態様とみなしており、出勤簿等の取扱をみても、研修をうけることを命ぜられたとき、または許可を受けて勤務場所を離れて研修を行うときは、『研修』と表示することになっているのであるから、普通自己の職場に勤務しているときと同じ様に、研修に職務専念しなければならない。」（272頁）

大森晃「教師の勤務時間㈢」（『学校運営研究』第7号、1962年10月）は、1949年2月5日の文部次官通達（発学46号）を掲載して、「勤務は必要に応じ必ずしも学校内ばかりでなく、学校外で行ない得ること。なお教育公務員特例法第20条の規定による研修の場合は当然勤務と見るべきであること」を確認している（117頁）。実方亀寿「教師の研修㈠」においても、「この研修は勤務の一態様として認められている」として、その根拠として前述の文部次官通達（発学46号）があげられている。

このように、この時期の地方教育行政解釈は、研修を勤務として位置づけているが、その根拠となる論理は展開されておらず、1949年2月5日付の「発学46号」をあげるのみにとどまっている。これは、「発学46号」が否定される

と、研修を勤務として位置づける根拠を一挙に失うことを意味していた。

②校長の裁量性

　教育経営研究会編『学校経営の実践』は、「研修が教師にとってかくべからざる必要事であることを考えるならば、できる限り、教師の希望した研修に教師が参加でき得るように配慮してやるべきであろうから、そしてそれがまた立法の趣旨でもある」と述べている（270頁）。ここには、できる限り教員の研修要求を保障するという姿勢が明確に表わされている。承認するかどうかの基準は「授業に支障があるかどうか」のみであり、研修内容により校長が判断するという考え方は見られない。しかも、教員の研修希望を実現するために、「平生から全校職員の年間の研修の計画を計画的にうちたてて、その場になって『授業に支障がある』というような事態がおこらないように、学校運営に一段と工夫をこらすべきであろう」（270頁）と指摘している。まことに、地方教育行政関係者らしい具体的な指摘である。

　さらに、勤務場所を離れて研修する場合、その場所が自宅でもよいかどうかについて、次のように述べている。

>　「自宅において勉強したり、調査したりすることが果して研修と認め得るかどうか。この問題については、……場合によっては、自宅研修として承認することも可能であると解すべきであろう。昭和24年5月、京都府立医科大学あて発した文部省調査局長の回答によると、自宅研修のあり得ることを認め、しかもそれが勤務の一態様であるとしている。また国立学校長に対する文部次官通牒（昭和24.2.5、発学46、教員の勤務時間について）によると、『教特法第20条の規定による研修の場合は、当然勤務と見るべきである』と述べており、同時に勤務時間の割振についても、教員個人についてこれを定め得ることと定めている。この趣旨は公立学校にも通用しうると考えられることであろうから、自宅における研修も

あり得るという立場も成り立つわけである。しかしながら、それは……自由に行使し得る当然の権利という解釈ではなかろう。」(270〜271頁)

3. 文部省解釈の転換と地方教育行政解釈

1963年になると、文部省の解釈と地方教育行政当局の解釈に大きな差異が生じている。文部省の解釈転換に地方教育行政当局が対応できかねている様子がうかがえる。

この時期を代表する地方教育行政関係者の研修論は、伊藤和衛・佐々木渡『教育法規精解』(明治図書出版、1963年)において展開されている。同書には、教特法の立法趣旨を現実化しようという視点がみられる。「研修」についての執筆者は伊藤である。教特法研修条項の解説として、高いレベルに位置づけられるものと考える。文部省主催の新教育課程研修会への出席強制についての考察、小・中学校教員の自宅研修の問題、研修の機会は官製研修のみではないこと、研修への参加は教員の自主性が尊重されねばならず、研修への参加を阻止できる理由は「授業への支障」のみであることの確認、さらに、他の同類書ではほとんど触れられていない研修費の問題を取り上げていることなど注目すべき著作である。

(1) 国公法・地公法原理との差異

伊藤らの前掲『教育法規精解』では、新教育課程についての文部省主催の研修会が、当時さまざまな問題を引き起こしていたことに言及している。とくに、「文部省は県費負担教職員の研修参加を強制できるか」についての考察が行われている。あれこれ法的に考察した後で伊藤は次のように述べている。

「強制的参加を建前としたものは、むしろ『教育訓練』であって、それこそ任命権者が一方的に行なうものであるからである。国公法73条、地

公法39条などは、このようにも理解されるし、現に東京都職員研修所が行なっている研修事業は都知事の研修命令によって受講者が参加している。けれども、教育公務員の場合はこのように一律にはいかないように思われる。何となれば、それは教育というものの本質上、教師の自発性が相当に尊重されなければならないからである。」(144頁)

　伊藤は、「研修」と「教育訓練」との差異に注目し、これを重視している。この点については、近藤修博（渋谷区立大向小学校長）「勤務と研修との関係」（『学校運営研究』第19号、1963年10月）は、当時、国公法には「研修」規定はなく、「教育訓練」規定であることに言及した数少ない論文である[31]。近藤は、国公法・地公法と教特法を比較し、国公法や地公法では「本人の積極的な意思が尊重されているとはいえない」が、「教育職員の場合は、……本人の積極的意思を尊重し、また責任を課しているともいえるのである」(29頁)と述べている。さらに、「教育訓練」と「研修」の語義のちがいについても触れている。

(2)研修の権利性と義務性

　伊藤らの『教育法規精解』では、研修は「教職員の権利であって同時に義務」であると述べている。しかし、研修条項が本質的に教師の自主性・自律性を重視するものであることは認めている。そして、教職員組合の、研修は「教職員の権利であって義務ではない」という論を「少し行きすぎた理解の仕方ではなかろうか」(145頁)と批判している。　大森晃「有給休暇」（『学校運営研究』第21号、1963年12月）は、地方公務員の研修と教育公務員の研修の違いを整理している。大森はここでも「研修は教師にとってはむしろ義務というよりも一つの権利であるという立場で規定されている」(112頁)と述べている。また、大森は、研修要員というような人的対策もとられないまま、授業にくいこんで研修が行われている実態に疑問を投げかけている。

　現職教育研究会編『教育法規の基礎知識』[32]において、研修関係の執筆者は

橋本勝三（青山学院大学）である。だから、同書を地方教育行政関係者の研修論とすることは適切ではないと思われるが、さりとて位置づけが困難なので、ここで取り上げることにする。同書は、研修は教員の「本質的職務」であること、そして、義務であり権利であると考えている。文部省の「研修3分類説」の完成から2年近く経過しているが、林部一二（文部省官房企画室）のような文部省関係者も執筆に加わった同書において、このように述べられている点が興味深い。

(3)研修の自主性・主体性

前記(1)で述べたように伊藤らの『教育法規精解』では、「文部省は県費負担教職員の研修参加を強制できるか」についての考察が行われている。この中で、一般行政職の研修（教育訓練）とは違って、「教育公務員の場合はこのように一律にはいかないように思われる。何となれば、それは教育というものの本質上、教師の自発性が相当に尊重されなければならないからである」（145頁）と述べている。

現職教育研究会編『教育法規の基礎知識』は、職務命令による研修会への参加や、それに従わなかった場合に処分することを否定するものではないが、「元来研修は自発性の上に立つものである。研修の高圧的強制は問題であろう」（106頁）と述べており、強制や処分については抑制的な論調である。

(4)「勤務時間内校外自主研修」
①職務性

伊藤らの『教育法規精解』によると、この時点、すなわち1963年5月の時点では、東京都は、1949年2月5日付の文部次官通達に基づき、「研修は勤務の一態様」と考えていることがわかる。とくに、都条例による職務専念義務免除との関係について考え方を示している。

「5．研修は正規の勤務か

結論的にいって、研修は勤務の一態様である。この点、昭和24年2月5日発学第4号『教員の勤務時間について』直轄学校長あて文部次官通達に応じ、……といっている。ところが、東京都条例（昭和26・2・23都条例16号3条1）のように、『研修を受ける場合』これを地公法35条の『職務に専念する義務』からはずしているところがある。こうなると、研修は正規の勤務とみるべきか否かが問題となってくる。しかし、これとて『その職務に専念する義務を免除されることができる』という任意規定であるから、研修が広義の勤務であることに間違いはないように考えられる。」(146～147頁)。

職免条例の「研修を受ける場合」は、一般公務員を対象とした規定であり、教員の研修には教特法が適用され、その場合は「職務」として研修を行うという考え方をしているものと思われる。

佐野政雄（渋谷区教育委員会教育長）編『学校管理の基本問題』（東洋館出版社、1963年）では、「研修は、勤務の一態様とみなされるものであるから、研修に要する時間は、勤務時間に含まれるものである」(187頁)という立場をとっている。同書は、東京都・区教育委員会の教育行政官や中学校長が執筆しているだけに、文部省との見解の差異を示すものとして興味深い。

文部省内では、少なくとも、1961年段階から、「研修は勤務の一態様」という1949年の通達の見直しが始まっていたが、地方教育行政段階（とくに東京都）では、1963年になっても従来の解釈を踏襲していたことがわかる。

しかし、佐々木渡（都立教育研究所主査）「教職員の管理〈一〉教職員の服務と研修」（『学校運営研究』第20号、1963年11月）は、1949年の文部次官通達を踏まえながらも、すべての研修を勤務とすることには疑問を呈している。すなわち、「校長が出席を命じたり許可したりした研修については、勤務の一態様とみてよいということであろうか」(124頁)と述べ、「研修はすべて勤務という

第2章　研修条項に関する行政解釈の変遷　133

ようにこれを広げていくことにも問題がある」(124頁)としている。なお、佐々木が勤務する東京都の場合は、職免条例により、「『研修を受ける場合』は職務専念義務を免除することと規定している」(124頁)と述べている。これは、それまで大森晃や伊藤和衛らが展開してきた見解とは明らかに異なっている。文部省関係者の解釈変更が東京都の教育行政関係者に影響したものと推測される。

前述の『教育法規の基礎知識』においては、教特法第20条第2項についても、「研修は勤務時間の一部と見るのである。これは研修は任命権者が設けた講習会等に参加することばかりでなく、民間の研究会などに参加、あるいは自宅研修なども当然含むものと見るべきである」(106～107頁)と立法時の趣旨にのっとった解釈が行われていると言える。同書がこのように述べているのは、執筆者である橋本勝三の個人的見解なのか、あるいは現職教育研究会の一定の議論を踏まえたものなのか、この点についてはさらに調査が必要である。

伊藤和衛（東京教育大学教授）編『教育法規と学校』(明治図書出版、1967年)[33]において「研修」関係の執筆者は中村安喜雄（都立教育研究所指導主事）である。本書では、1967年の時点においても「この場合は、当然の勤務とみられるのが一般である」(120頁)という考え方を堅持している。

前述の近藤修博（渋谷区立大向小学校長）は「勤務と研修との関係」の中で、「これらの研修は、通常の勤務と何らかわらないものであって、むしろ勤務の一態様と考えられるのである。今日一般に行われている校外の研修には、各種の研究会、研究集会への参加、他校参観等いろいろあるが、これらは校長が命じたばあいはもちろん、本人が申出て校長が許可したばあいも、当然勤務の一態様とされるのである」(29頁)と明言している。これが当時の学校現場の常識であったもの思われる。

②校長の裁量性

前述の『教育法規精解』（明治図書出版、1963年）では、小学校や中学校教員の自宅研修について興味深い解説を行っている。

「この問題については、すでに昭和24年5月15日校調4号で『教員の研修時間の取扱について』京都府立医科大学長あて文部省調査局長の回答があり、大学では教特法20条2項により、勤務時間中における自宅研修は慣行とすらなっている。これに次いで、高等学校でも週1日程度の自宅研修日をとっているところが相当数ある。問題は小・中学校であるが、これは主として授業時間等の関係から、ほとんど自宅研修日はとっていない。

しかし、教育の性質からいって大学や高等学校では自宅研修日はとれるが、小・中学校はとれないというのはおかしい。教育の重要さからいうなら学校の区別はできないはずである。小・中学校教師は授業時間が多いから自宅研修日はとれないなら、なおさら教育効率上自宅研修日があっていい理屈である。

『勤務時間の割振を勘案してその範囲内において』ならば、小・中学校といえども教特法20条2項で、自宅研修の時間をとることは当然できることである。……現に文部省や教育委員会主催の研修会には、勤務時間中、学校を離れて何日も参加しているわけである。このような校外研修と自宅研修は違うのだといっても本質的な区別はできないように思われる。このように見てくると、小・中学校においても自宅研修の時間を正規の勤務時間中にとることは、法規的には可能であるといわざるをえない。問題は事実上できるのかできないのかという点だけである。」
（145〜146頁）

(5) 長期研修

佐野政雄編『学校管理の基本問題』は、「内地（外地）留学の取扱いとその問題点」にもやや立ち入って述べている。問題点としては次のようなことが認識されていた。

> 「派遣教員の補充が困難という定員の問題とも関係があるのであるが、派遣されたものの仕事が他の教員の上にかかってくることから、そこに感情的な対立や疎隔が起こったりして、うまくいかない場合がままある。次に外地留学もほぼ同様であるが、期間が長いこと、外地と言うことから手続きなどが複雑になるが、内地留学の場合とちがい長期にわたるときは定員増が認められるようである。」(193～194頁)

(6) 研修費

『教育法規精解』では「研修費の負担はだれがするか」についての考察が行われている。東京都立教育研究所が調査した研修費負担の実情も示されており、興味深いものである。同書では、「教育公務員の研修に関する費用は、研修権者たる教育委員会が負担すべきものである」と明言し、その根拠としては、「教特法19条2項に『研修を奨励するための方途』の中に当然含意されている」と考えている(147頁)。しかし、実情はきわめて貧困であることが指摘されている(147頁)。これも地方教育行政関係者、とくに研修担当者ならではの指摘である。

〔註〕
(1) 文教研究同人会編『教育公務員特例法解説』の文部次官井手成三の「序」および文教研究同人会による「はしがき」参照。
(2) この羽田の見解について、筆者は、拙著『戦後日本教員研修制度成立過程の研究』第4章第2節（282頁）において、若干の疑義を提示した。
(3) 羽田貴史「戦後教育改革と教育・研究の自由」『教育学研究』第54巻第4号、1987

年12月、30頁。
⑷ 『第4回国会衆議院文部委員会議録』第2号、7頁。
⑸ 教員身分法案要綱案（「1946.12.26」案）、『辻田力文書』（国立教育政策研究所蔵）所収。
⑹ 相良は第4回国会時の審議課長、この時点では文部省調査普及局地方連絡課長。
⑺ 文部省内教育法令研究会編『教育公務員特例法―解説と資料―』時事通信社、1949年、129頁。
⑻ 同前書、129〜130頁。
⑼ 同研究会は、文部省の安達健二、上野芳太郎、玖村俊雄、東京学芸大学の五十嵐清止、扇谷尚、大島三男、小山田勝治、阪本一郎、二関隆美、東京大学の沢田慶輔、東京教育大学の平沢薫らで構成されている。
⑽ 兼子仁は、有倉遼吉編『教育法』〈別冊法学セミナー12・基本法コンメンタール〉（日本評論社、1972年12月）371頁において、同旨の見解を示している。
⑾ たとえば、地方公務員関係研究会編『解釈通覧　地方公務員関係法』総合労働研究所、1984年、218〜221頁、230〜231頁、参照。なお、同研究会は自治省公務員第二課の官僚による研究会である。
⑿ 『地方公務員法』〈別冊法学セミナーno.37・基本法コンメンタール〉日本評論社、1978年、145〜146頁。引用部の執筆者は田村和之。引用中の「中村、前掲552頁」は、中村博『国家公務員法』（第一法規出版、1976年）552頁を指す。
⒀ 「昭和30年度第一回の教育委員会事務局職員研修会は、東京において7月26日から29日までの4日間実施されたが、同席上において受講者から提出された質疑について係官より説明を行ったもののうち、比較的一般的な問題をここに解説し、参考に供することとする」(24頁)という。
⒁ 宮地は、教育公務員特例法立案・制定時の調査局審議課事務官、立法作業の実務担当者。その後文化財保存課長。なお、晩年の宮地茂にインタビューした貴重な調査研究として、高橋寛人「〈インタビュー〉宮地茂氏に聞く―教育公務員特例法制定時のこと」(『戦後教育史研究紀要』第12号、明星大学戦後教育史研究センター、1998年2月、186〜192頁）が存在する。
⒂ 安達健二『改訂版校長の職務と責任』第一公報社、1961年、320頁。
⒃ 同前書、320頁、この引用部分は、佐野政雄編『現場の学校管理』東洋館出版社、1955年、154頁、に酷似している。
⒄ 安達健二「教職員の人事管理」西村勝巳編『校長の任務』学陽書房、1963年、132頁。

⒅　高石邦男「教職員の勤務時間」(『学校経営』第 5 巻第 5 号、第一法規出版、1960年 5 月、56～61頁)では、年休も職免の一種と考えている。
⒆　「都道府県教育委員会事務局職員人事担当者研修講座演習問題から」『教育委員会月報』第134号、1961年10月号。「研修について」は、48～51頁。
⒇　ただし、この叙述も佐野政雄編、前掲書、155～156頁に酷似している。
㉑　昭和33・ 9・13 委初第 215号、岩手県教育委員会教育長あて文部省初等教育局長回答「教員の夏季休業日における服務について」。
㉒　この点について、筆者は、『戦後日本教員研修制度成立過程の研究』第 2 章第 3 節において教特法成立過程における英訳版を比較対照することと、有倉遼吉「教育公務員特例法」(有倉・天城編『教育関係法〔Ⅱ〕・コンメンタール編』、日本評論新社、1958年、375～627頁)を参考にして、自己の見解を示している。たとえば、拙稿「教免法と教特法の変遷と教員養成・研修制度」(『日本教育法学会年報』第40号、有斐閣、2011年 3 月、69頁)や「『学び続ける教員像』への期待と危惧」(『日本教師教育学会年報』第22号、2013年 9 月、43～44頁)を参照されたい。結論としては、有倉説とほぼ同様であり、本来は「研修を行う」「研修の機会を得る」と表現すべきところが、立法技術上のミスのため矛盾する表現となったものと考えている。しかし、そのような矛盾する表現が最終的な法案に残された要因は、国家公務員法原理の包摂による教育公務員法原理の動揺にあると考えている。
㉓　速記中止部分が多いので、議事録に記載されている限りにおいてである。
㉔　人事院規則11- 4 第 3 条第 1 項。
㉕　1965年までは、「研修」ではなく「教育訓練」であった。
㉖　お茶の水女子大学教授。
㉗　同書の執筆者は佐口安治(教育実務研究会委員長、元校長)、他小学校長、中学校長、千代田区教育長、荻原博達(文部省大臣官房総務課)などである。
㉘　田中喜一郎『現職教育論』については、1990年代前半の修士論文執筆時より注目していたが、1999年以来の高校周年誌調査の際、『日比谷高校百年史』に、第13代校長として「田中喜一郎」の記載を見つけた。『日比谷高校百年史』中巻、1979年 3 月、に記された経歴はつぎのようなものである。

　　1897年東京生れ。1929年松本高等学校文科甲類卒業。1934年東京帝国大学文学部国文科卒業。同年北海道庁立小樽高等女学校に奉職、1938年東京府立第十中学校教諭、1946年東京都視学官、1950年指導部主査、1952年学務部職員課長。1955年都立豊島高等学校校長。1958年駒場高等学校校長、1961年東京都教育委員会指導部長。1964年日比谷高校校長。

『現職教育論』の著者である田中喜一郎とこの人物とは同一人物であると思われる。だとすると、田中は同書の執筆時は地方教育行政関係者とみなすことができる。
⑵⑼　前掲『新教育法令読本』127頁。
⑶⑽　前掲『現場の学校管理』156頁。
⑶⑴　1965年の国公法改正で「教育訓練」は「研修」に変わった。
⑶⑵　明治図書出版、1966年。相良惟一（京都大学）、高野桂一（奈良教育大学）、林部一二（文部省官房企画室）、真野宮雄（大阪学芸大学）、橋本勝三（青山学院大学）、原実（都立教育研究所）、佐々木渡（都立赤坂高校）などの執筆によるものである。
⑶⑶　下村哲夫（香川大学助教授）、高野桂一（奈良教育大学助教授）、中村安喜雄（都立教育研究所指導主事）らによって執筆されたものである。

第3章　教育法学説にみる研修条項解釈

第1節　教育法学説の形成と発展

1．教育法学説形成以前

　1949年1月12日の教特法公布・施行以来、1950年代末までは、研修条項（第19・20条、現第21・22条）に関する行政解釈と学説とは鋭い対抗関係には至らなかった。本書第2章第1節で述べたように、この時期には行政解釈は研修条項の立法趣旨にほぼ則っていたし、また、教育法学説が未形成であったということもその要因である。

　教特法の公布・施行直後に刊行された文部省内教育法令研究会編『教育公務員特例法―解説と資料―』（時事通信社、1949年2月）、井手成三『詳解教育公務員特例法』（労働文化社、1949年2月）、下條進一郎『教育公務員特例法の解説』（法文社、1949年2月）などの文部省官僚による「3解説書」、および文教研究同人会編『教育公務員特例法解説』（文治書院、1949年1月）に示された解釈が教育行政担当者の中では普及していた[1]。また、これら「4解説書」の後で刊行された相良惟一『教育行政法』（誠文堂新光社、1949年12月）、宮地茂『新教育法令読本』（日本教育振興会、1950年5月）、教師養成研究会編『学校管理』（学芸図書、1950年11月）、文部省内教育法令研究会編『改正教育公務員特例法逐条解説』（学陽書房、1951年6月）なども概ね「4解説書」の解釈を継承していた。

　後述する学説史検討の4つの基準に照らして簡潔に述べるならば、第1に、国公法・地公法原理に対する教特法原理の独自性が強調され[2]、特別法優先の原則が確認されていた。すなわち、教育公務員の研修については、教特法

第19・20条（現第21・22条）が地公法第39条および国公法第73条に優先すると考えられていた。第2に、研修行為における教員の自主性・主体性が尊重されていた[3]。第3に、研修は幅広く職務として公認されており[4]、職務であるか否かを分かつ基準についてはまだ論点にすらなっていなかった。第4に、校外研修の申出があった場合には、「校長は正当な理由がない限りそれを承認すべきであって、みだりに研修の機会供与を拒むべきではない」[5]と考えられていた。

2. 教育法学説の概観

有倉遼吉は、当時、まだ教育法学が学問領域として未分化であった中で、有倉・天城勲『教育関係法〔Ⅱ〕』（日本評論新社、1958年）の「教育公務員特例法」（375～627頁）において「逐語解説」に近い緻密な研修条項解釈を行った。この「第3章研修」における有倉の解説が教育法学説としての研修条項解釈の出発点であったと言える。

1950年代末から1960年代にかけて、特設「道徳」の強行実施、改訂学習指導要領の官報告示による法的拘束力の強調など、教育課程をめぐって文部省と日教組の対立を軸とした教育界の争いが激化した。それに伴って、文部省や都道府県教育委員会の研修行政は、教員統制策としての性格を著しく強めた。有倉が天城勲とともに『教育関係法〔Ⅱ〕』を執筆したときとは、わずか5年の違いであるが、教員研修をめぐる状況は大きく変動していた。そのような状況下に刊行されたのが、兼子仁『教育法』〈法律学全集16〉（有斐閣、1963年）である。当時、まだ日本教育法学会は創設されておらず、後に「兼子教育法学」と称される学説体系の構築に向けての第一歩が踏み出されたときである。同書には、まだ熟成していない用語が存在し[6]、また、論理に粗削りな部分が存在するとは言え、今日の教育法学説の通説とほぼ同じ骨格が早くも1963年の時点で形成されていることがわかる。

文部省の研修条項解釈は、1960年代初頭よりしだいに変化を見せていたが、

第3章　教育法学説にみる研修条項解釈　141

1964年12月18日の行政実例[7]により完全に転換を遂げることになった。すなわち、いわゆる「研修3分類説」の登場である。この後、1960年代末から1970年代にかけて、各地で「研修3分類説」に固執する都道府県・市町村教育委員会・管理職と教員との間で教員研修をめぐる紛争が発生し、そのうちの幾つかは教育裁判、いわゆる研修権裁判（本書では「研修関係裁判」とよぶ）となっている。主な事例をあげると、北海道白老町立小学校の川上宏教諭の全道合同教育研究集会（1966年11月）への参加をめぐる紛争、道立工業高校の鈴木雅子養護教諭の教育研究全国集会（1970年2月）への参加をめぐる紛争[8]、岡山県教職員組合真庭支部の教育研究集会平日開催（1970年10月）に関わる紛争、北九州市高石邦男教育長による官製教育研究組織の設置・開催（1970年6月）に関わる紛争、福岡県立高校における週1日の自主研修日の廃止に関わる紛争などがある[9]。

　一方、1970年8月には日本教育法学会が創立され、初代会長に有倉遼吉、事務局長に兼子仁が就任した。教科書裁判における東京地方裁判所杉本判決（1970年7月）の影響もあって、教育法学の発展期を迎えた。そのことの象徴として、今日に至るまで唯一の教育法学雑誌である『季刊教育法』が総合労働研究所から1971年9月に発刊された。創刊号（第1号）には、兼子仁「教師の自主研修権をめぐる法解釈論争」（53〜61頁）が掲載され、さらに、1971年12月発行の第2号は「教師の研修権」を特集し、兼子仁「教師に対する行政研修の教育法的評価」、三輪定宣「教員の研修をめぐる財政問題」、伊ケ崎暁生「行政研修の実態と問題点」、堀尾輝久「教師にとって研修とは何か」等々、今日的にも重要な論文が掲載された。そして、1972年11月には、有倉遼吉編『教育法』（別冊法学セミナー12・基本法コンメンタール、日本評論社、1972年）が刊行され、「教育公務員特例法第3章研修」は兼子が執筆した。

　1970年代は、1971年の中央教育審議会（以下、中教審）答申「今後における学校教育の総合的な拡充整備のための基本的施策について」を起点として、教員の「資質能力向上」と銘打って教員研修の生涯にわたる体系化が始まっ

た時代である。とくに70年代後半になると様々な行政研修が網の目のように張り巡らされ、行政研修ラッシュとも言われる状況を呈した。それを加速させたのが、1978年の中教審答申「教員の資質能力向上について」であった[10]。これらの行政研修の強化・体系化が、いよいよ教員の自主研修を圧迫していったことは言うまでもない。文部省と日本教職員組合・日本高等学校教職員組合などは教頭職の法制化や主任の法制化をめぐって激しく対立した。また、教職員組合内部においても、同和教育の問題や教職論をめぐって内部対立が激化した。このような中、1974年に発表された、門田見昌明「教師の研修をめぐる法制的課題」（有倉遼吉教授還暦記念論文集刊行委員会編『教育法学の課題』総合労働研究所、1974年、365～388頁）は、従来の教育法学説とは異なる視点からの研究であった。

　有倉編『教育法』は、1977年に版を改め『新版教育法』（別冊法学セミナーno.33・基本法コンメンタール、日本評論社）として刊行された。「教育公務員特例法第3章研修」の執筆者は旧版と同様に兼子仁である。しかし、「第3章研修」については、ごく一部の字句修正にとどまり、論旨は旧版と全く同じであると考えて差支えない。したがって、有倉編『教育法』以降の新たな学説の提示としては、兼子『教育法〔新版〕』（有斐閣、1978年）をあげることが適切であろう。旧版は1963年に刊行されており、そこに示された兼子の学説については前述したところであるが、『教育法〔新版〕』は、旧版以降の15年間の兼子学説の発展と日本の教育法学の発展を示す体系的学説となっている。簡単に表現するならば、同書は、有倉編『教育法』（旧版・新版）における兼子「第3章研修」の論旨を継承しながら、兼子「教師の自主研修権をめぐる法解釈論争」（『季刊教育法』第1号、総合労働研究所、1971年9月）による補強を行ったものと考えることができるだろう。研修権だけでなく、兼子の教育法学説の到達点を示すものと言えるだろう。

　教員研修を長期間にわたって研究対象としてきた研究者の一人が、神田修である。神田は、1972年に、「研修組織をめぐる国と地方の役割分担―教師研

修の制度的条件と行政研修—」(『現代教育科学』第180号、明治図書出版、1972年10月、46〜51頁)を執筆している。先にとりあげた有倉編『教育法』とほぼ同時期に発表された論文であり、兼子の有倉編『教育法』における見解と一致する部分が多い。神田、兼子ともに日本教育法学会の創立の中心人物であり、両論文の形成にあたっては相互の議論や交渉があったものと推測される。また、神田は同論文以前に、「教師の地位と教育政策—現代日本教員法制論ノート(1)」(『立正大学文学部論叢』1972年3月)を発表している。そして、「研修組織をめぐる国と地方の役割分担—教師研修の制度的条件と行政研修—」執筆後、神田は、「教育基本法と教育公務員特例法—『教員』基本法制の意義と課題」(『季刊教育法』第23号、総合労働研究所、1977年3月、57〜64頁)、「教師研修の今日的再編と課題」(『季刊教育法』第46号、総合労働研究所、1983年1月、6〜14頁)[11]などの論文を発表し、1988年には長年にわたる「研修権」研究の成果として、『教師の研修権』(三省堂、1988年)を刊行した。本章では、神田の学説の集大成として、『教師の研修権』を考察の対象とする。同書が刊行された1980年代は1983年の文部省初等中等教育局長通知「教員の採用および研修について」や1986年の臨時教育審議会第2次答申によって、初任者研修制度の法制化をはじめとした教師の生涯にわたる行政研修の体系化が高度に進められた時期である[12]。

　1990年代に入り、有倉編『新版教育法』(日本評論社、1977年)は、1992年に永井憲一を編者として15年ぶりに改訂発行された。これが永井憲一編『教育関係法』(別冊法学セミナーno. 115・基本法コンメンタール、日本評論社、1992年)である。有倉編『教育法』(旧版)からは20年後ということになる。「序」において、編者の永井が記しているように、改訂といっても「全く新しいものとして編集をやりなお」したものである。「教育公務員特例法第3章研修」についても、『新版教育法』以後、1988年の法改正により第20条の二(現第23条)「初任者研修」が追加されるという大きな変化が生じていた。「第3章研修」(278〜282頁)は青木宏治が執筆している。

なお、1993年には日本教育法学会の編集による『教育法学辞典』が学陽書房から刊行された。同書において、「教師の研修権」（250～252頁）は神田修、「教職員の研修」（263～265頁）は門田見昌明が執筆している。

　以上、概観した学説は、教育法学の通説を形成するものと言うことができる。それに対して、通説に対する見直しを提起し、あるいは弱点を補強する学説を紹介しておこう。

　第1に、牧柾名「研修の目的性・集団性・開放性」（『季刊教育法』第46号、1983年1月、44～53頁）である。同論文は、教育法学の分野において、自主研修権の発展を願う立場から、最も厳しく教育法学の通説と教育運動を批判し、改善すべき理論的・実践的課題を提示したものである。牧がこの論文に見られるような、教員および教員集団に内在する問題性を痛感するに至った契機としては、牧の1980年代における子どもの人権をめぐる具体的事件についての京都府下奥丹後の教師たちとの交流が考えられる[13]。牧がこの論文の冒頭で、「すでに教特法上の研修規定に関しては、精緻な教育法解釈論が構築されてきた」（44頁）と述べ、その代表的なものとして、兼子仁『教育権の理論』（勁草書房、1976年）、永井憲一『教育法学の目的と任務』（勁草書房、1974年）、門田見昌明「教師の研修をめぐる法制的課題」（『教育法学の課題』総合労働研究所、1974年）をあげていることからもわかるように、牧の研修条項に関する学説は、基本的には教育法学の通説と立場を同じくするものである。しかし、牧の同論文による問題提起は、教育法学説と教員の研修行為の課題を鋭く指摘している。

　第2に、結城忠「第9章教員研修をめぐる法律問題」（牧昌見編『教員研修の総合的研究』ぎょうせい、1982年、289～323頁）である。結城は、同論文において、教特法研修条項の成立過程を考察し、そこにみられる基本文書や論議から、重要な基本的メルクマールを10項目抽出し、記している。これら10項目は、基本的に研修を権利として認識し、教員の研究の自由を保障するものであり、教育法学の通説の土台ともなり得るものである。結城は成立過程研究の土台

の上に、西ドイツ（当時）教員法制との比較教育法的検討を行いながら、研修条項についての体系的かつ精緻な解釈を行っている。結城の学説は、教員の研究の自由保障を重視し権利としての研修を認めており、教育法学の通説と共通する所がきわめて多い。しかし、結城は、行政解釈と教育法学の通説の双方を明確に意識して解釈論を展開しており、教育法学界においてもっと広範かつ精深に検討される価値ある学説と思われる。

3. 学説の形成と発展

学説の形成と発展を考察する場合に、次の4点を軸にみていきたい。それは、①国公法・地公法原理と教特法原理の差異、②自主研修と行政研修の関係、③校外自主研修の職務性、④研修承認についての校長の裁量性、である。

⑴国公法・地公法原理との差異

「国公法・地公法原理と教特法原理の差異」という場合に、その意味するところは当然、第1に研修原理の差異ということであるが、本章ではもう1つ、国公法・地公法と教特法の優先関係も含めて学説の形成と展開を把握しようと思う。そこで各論者の学説を主な著作の発行経年にそって、その中心的な論点を整理してみる。

【有倉遼吉】

有倉は『教育関係法〔Ⅱ〕』の「教育公務員特例法」（有倉・天城、日本評論新社、1958年、375～627頁）において、国公法・地公法と教特法との差異について4点指摘している。

第1に、「本法が研修と題する独立の一章を設けていること」である。これに対して、国公法は、「わずかに能率増進計画に関する第73条第1号に『職員の教育訓練に関する事項』をかかげるにとどまって」おり、また、地公法は、「第3章第7節に『研修及び勤務成績の評定』の主題をかかげ、そのうちの第39条に研修に関する規定を設けているが、これとてもきわめて簡単なものに

すぎない」と述べている（537頁）。

　第2に、「規定内容についてみても、教育公務員について、本法が特に研修を重視していることが理解される」（537頁）と言う。「国家公務員法第73条第1項は人事院および関係庁の長に対して『職員の勤務能率の発揮及び増進のために』職員の教育訓練に関する事項について計画を樹立し、これが実施に努めなければならないと定め、地方公務員法第39条第1項は、職員には、『その勤務能率の発揮及び増進のために』研修を受ける機会が与えられなければならないと定めて」おり、「そこでは、勤務能率の発揮および増進の手段として研修が考えられている」のに対して、「本章第19条第1項は、『その職責を遂行するために』絶えず研究と修養に努めなければならないと定めて、職責遂行の不可欠の要素として研修が考えられて」いると述べている（537～538頁）。

　第3に、「国家公務員法および地方公務員法においては、職員自身に研修義務を課すことなく、人事院、関係庁の長または任命権者等に研修計画の樹立と実施の義務を課しているにすぎないが、本法は、直接に公務員にたいして、研修義務を課している」（538頁）ことを指摘している。

　ただし、これら3点については、有倉が初めて指摘したことではない。第1点目については、教特法公布・施行直後の解説書ですでに強調されたことであるし、第2点目および3点目については、文部省内教育法令研究会編『改正教育公務員特例法逐条解説』（学陽書房、1951年）の中で指摘されていることである。

　第4に、これが最も根本的な問題であるが、一般法としての国公法・地公法と特別法としての教特法の優先関係について明快な整理を行っている。

> 「……ところで、一般法と特別法の効力関係は、原則として、特別法は一般法に優先するものである。それは、特別法が時間的に後に制定された場合は勿論、前に制定された場合も然るのであって、この意味で後法

は前法を破るとの原則の例外をなすものである。ところが、本法は特別法であるにもかかわらず、時間的前後を問わず常に、国家公務員法または地方公務員法の方が優越しているのである。すなわち、本法と国家公務員法、本法と地方公務員法との間に、矛盾または抵触が生ずる場合は常に後者が優越することとなる。……この場合、矛盾・抵触の意味を吟味しておかなければならない。この意味を広く解すれば、一般法と特別法の間には常に矛盾抵触関係があることとなる。むしろ、矛盾抵触するからこそ特別法となりうるともいえる。たとえば、職員の勤務成績の評定は、国家公務員法第72条によれば所轄庁の長が行うこととなっているのに対して、本法第12条によれば、学長、教員および部局長のそれは大学管理機関が行うこととなっており、両者の間には広い意味で矛盾抵触があるともいいうる。しかし、上記諸規定における矛盾抵触の意味は、このように広く解すべきではない。けだし、もしかく解すれば、一般法優越の上記原則のもとでは特例法の成立の余地なく、特例法の規定はすべて無効となってしまうからである。したがってこの場合の矛盾抵触とは、もっと狭く、国家公務員法附則第13条但書『その特例はこの法律第1条の精神に反するものであってはならない』、地方公務員法第57条但書『その特例は第1条の精神に反するものであってはならない』と同様に解し、両公務員法第1条の精神に反する場合を指すものと解する。」[14]

【兼子仁】

次に、兼子仁『教育法』〈法律学全集16〉（有斐閣、1963年）では、国公法・地公法と教特法の差異については、「教育公務員は研修なしにはその職責を遂行しえないがゆえに、その教育的研修を重視する特例が規定されている」とのみ記され、「有倉・教育関係法Ⅱ537頁以下参照」と註記されている（235頁）。この点については、兼子の見解も、『教育関係法〔Ⅱ〕』の解説と同旨であることを示している。

有倉編『教育法』の兼子「第3章研修」においても、兼子の解説は、兼子『教育法』に引き続いて、詳細には論じていない。すなわち、「一般の行政公務員の研修は主に任命権者が計画する『勤務能率の発揮及び増進』の手だてであるが（地公39、国公71Ⅲ・73）、教育公務員の研修は、言葉は同じでも意味合いが異なり、本条1項にいう研究と修養がつづまった語であるとされる（辻田力監修・教育公務員特例法128頁）。子どもの教育を受ける権利をより良く実現していくためには、教師の十分な教育研究と人間的修養が不可欠であり、そしてこの研修は本質的に教師の自主性を要請する」(15)というものである。当時、兼子が言うように、「文部省をはじめ教育行政機関がとっている法解釈（行政解釈）においては、まず、教育公務員の研修も一般公務員の『勤務能率の発揮および増進』のための研修（地公法39Ⅰ）と同質なものと捉えられ、したがって教員研修の必要性も校長・教頭管理職研修の必要と同時的に論じられる」(16)状況であればなおのこと、この問題を直接的かつ詳細に論じることによって有倉の解説(17)を発展させることが期待されたのではないのだろうか。ただし、前記引用部後半の「子どもの教育を受ける権利を」以下については、1960年代の子どもの学習権を中核とした教育権理論の発展が反映されているものと思われ、注目される。
　さらに、もう一つ注目すべきは、兼子が、「本条1項は、教育公務員の研修が自主的に研究と修養に努めるべきものであること、2項は、教育行政当局はそのような研修の条件整備をなすべきこと、を定めており、これは、教育基本法10条1項が教育の自主性と教育責任を、同2項が教育行政の教育条件整備義務を規定していること、の研修版であると見られる」（390頁）という見解を述べていることである。これは、教育基本法第10条研究の成果を踏まえて、教特法第19条を教育基本法第10条の教員研修への適用と見る学説であり、教員研修が本質的に自主性・主体性を要請するものであること、教育行政の任務が研修条件整備であることの法的根拠を明示しようとしたもので、その意義は筆者にも理解できる。しかしながら、教育基本法第10条と教特法第19

条の関係について、後者が前者の「研修版」とまで言えるのかは、なお、精緻な成立過程研究を必要とすることがらであると思われる。なお、兼子は『教育法〔新版〕』（有斐閣、1978年）においても、有倉編『教育法』における兼子の解説とほとんど同じ内容のことを次のように述べている。

> 「教師は、子どもの学習権・人間的成長発達権を十分に保障する良い教育を行って教育責任を果せるようにするため、そして教職の専門職性を確保発展させていくため、教育にかんする研究（授業内容や子どもの成長発達状況および教育関係問題の研究）と人間的な修養（教養をつみ人間性を高めること）とに努める必要がある。国公立学校教師についてはそのことを教育公務員特例法19条1項が、『教育公務員は、その職責を遂行するために、絶えず研究と修養に努めなければならない。』と確認している。一般の行政公務員の研修は主に任命権者が計画実施する『勤務能率の発揮及び増進』の手だてであるが（地方公務員法39条等）、教育公務員の『研修』は言葉は同じでも意味合いが異なり、右の『研究と修養』がつづまった語であるとされている。教育公務員がこのような研修に『努めなければならない』というのは、教育条理としての一種の服務の確認であって、教育行政当局が命ずる研修を受ける義務を負うという意味ではない。むしろ教師の研修には、教育条理上、つぎのような権利性が強く伴うものと解される。」(319頁)

【門田見昌明】

門田見昌明は、「教師の研修をめぐる法制的課題」（『教育法学の課題』総合労働研究所、1978年、365～368頁）において、教員研修に関して、国公法・地公法を教特法より優先させようとする研修行政を、教特法の立法趣旨を把握することによって、次のように批判している。この点が、門田見の学説の最大の意義であると考えられるので、やや長くなるが引用しておこう。ただし、門田見の立法趣旨の記述は、特段新しいものではなく、1949（昭和24）年2月に

刊行されたいわゆる「3解説書」の範囲内のものであるが、国公法・地公法と教特法の関係を確認する上で有効な役割を果たしたものと考えられる。このことは、教特法成立過程研究の重要さを示すとともに、従来の教育法学説におけるこの分野の研究の遅滞・停滞を補充する仕事として意味があったものと思われる。この点では、国公法・地公法と教特法の関係について詳細に論じた有倉・天城編『教育関係法〔Ⅱ〕』における有倉の解説においても、教特法成立過程については直接的には言及されていない。

　「第3に、教師の研修に関して、教特法の規定があるにもかかわらず、あえて地公法、国公法の研修規定を優先させてきつつある研修行政の把え方は、教特法の立法趣旨からして批判されねばならない。

　日本国憲法およびその精神に則る教育基本法が制定され、その直後の昭和22年4月、教育刷新委員会は『教員の身分待遇及び職能団体に関すること』という決議をし建議した。……この教員身分法は結局制定されなかったが、やがて昭和22年10月に国家公務員法が制定され、その際、国立学校の教師については同法を適用し、その職務と責任の特殊性に基づく特例は、別個の法律に規定し、この特例法は将来制定が予想される地方公務員法に対する特例をも定めるものとされた。昭和23年12月9日、両院の文部委員会のなかで行なわれた文部大臣の法案提案理由の説明の中で、特例の第2として研修の点にふれて次のように述べている。『教育公務員は、その職責の遂行上当然研究と修養に努めなければならないものでありますから、この点について国家公務員法の教育訓練に関する事項を積極的に拡充明示して規定いたしました。』……国公法73条と地公法39条は、職員の研修に関する規定であるが、いずれも『勤務能率の発揮及び増進のために』と研修の目的が明示されている。国家公務員については人事院、地方公務員については任命権者が、その計画と実施にあたることが定められている。同じく『研修』の用語が使用されて

いても、その目的・内容・性格の相違は重視されねばならない。……公務員としての医師や裁判官と共通する、専門性・特殊性を持つが故に、あえて特例法が設けられたことが立法の趣旨であった。

　以上のような教師の研修の本来的性格と立法趣旨にかんがみ、教育行政・研修行政は、教育及び研修の自由と自律を保障するための条件整備を義務づけられていると同時に、その教育・研修行政は同時に『一般行政からの自律性・独自性』が保留されるべきだという条理がなりたつ。……右のような、教育条理を基底とした法原理と教特法の立法趣旨からみて、研修行政は、教特法の研修規定をこそ優先させるべきであり、一般公務員の研修規定の安易な適用は排除されるべきである。これを総括して、『自主研修の行政研修に対する優先』と『地公法・国公法に対する教特法の優先』とを結びつけた、教育行政としての研修行政の本来のあり方こそが、あるべき解釈の正しい姿というべきであろう。教師の研修の本質をふまえず、ひたすらに『公務員』という身分を優先させる発想が、教特法に対して公務員法を優先させる解釈を生み出すのであり、その解釈原理として『国家教育権思想』あるいは『特別権力関係論』が現実に生きて存在していることも否定できない。……」（377～379頁）

【神田修】
　神田修は「研修組織をめぐる国と地方の役割分担―教師研修の制度的条件と行政研修」（『現代教育科学』第180号、明治図書出版、1972年10月、46～51頁）において、国公法・地公法と教特法の差異について述べているが、本章では、『教師の研修権』における言説を引用しておこう。

　　「一般公務員の研修が『勤務能率』をあげることにある（地方公務員法39条、国家公務員法73条。地方公務員法39条１項は『職員には、その勤務能率の発揮及び増進のために、研修を受ける機会が与えられなければならない』としている）のに対し、教育公務員には"権利としての研修"を保障し、一方、行

政側はその条件整備に任ずるという基本的な確認がなされていたことをあげておきたい。たとえば本法提案理由の補足説明において、政府側は、教師ないし教育公務員はその『職務と責任の特殊性』や職責遂行上、常に研究修養が必要であるが（とくに19条）、それは『単に義務的になされるということではなくして』、『権利的にもそういうことができるような仕組をしておかなければならない』、あるいは『権利としても研修をなしうるような機会を』必要とする（とくに20条）のでこれをおいたと明言していた（前掲衆議院文部委員会議録第２号、参議院文部委員会会議録第１号、昭和23年12月９日）。」（118～119頁）

　これは、従来の学説を発展させたものとは言えない。神田は、国公法・地公法と教特法の優先関係については、「教育公務員特例法は形のうえでは必ずしも教育基本法（６条）と整合的とはいいがたく、公務員法が優先する特例にとどまった（教育公務員特例法23条）」とのみ述べている。「公務員法が優先する特例」の意味内容については考察が行われていない。すなわち、有倉が『教育関係法〔Ⅱ〕』で述べた解釈について神田がいかなる見解を有しているのかは不明である。

【青木宏治】

　永井憲一編『教育関係法』の青木宏治「第３章研修」（日本評論社、1992年、278～282頁）は、国公法・地公法と教特法の差異について、有倉編『新版教育法』（日本評論社、1977年）における兼子の記述よりも、詳しい解説を行っている。国公法・地公法を優先する風潮に対して、その誤りを正す意図が働いているのであろう。また、兼子は、有倉編『教育法』および『新版教育法』のいずれにおいても、教特法第19条を教育基本法第10条の「研修版である」という表現をしているが、この部分について、青木は、「教育基本法10条の教育行政の限界を踏まえた立法者の知見であったと思われる」とやや慎重かつ適切な表現を行っている。

(2)自主研修と行政研修の関係（権利性と義務性、自主性・主体性）
【有倉遼吉】

　この論点に関し、有倉は有倉・天城『教育関係法〔Ⅱ〕』の「教育公務員特例法」（375〜627頁）において次の6点の指摘を行っている。

　第1に、教特法第19条について、「本条は、第1項において、教育公務員に研修義務を課するとともに、第2項において、任命権者に研修計画の樹立・実施義務を課するものである」（538頁）と把握している。

　第2に、研修に「要する施設」、「研修を奨励するための方途」の具体的内容を明示している。前者については、「研究室、研究所、図書館、博物館、美術館、公民館、研修所等を指す」（541頁）とし、後者については、「図書・実験材料等の充実、研究会・講習会・講演会等の開催、見学・視察・内外地留学等の機会の提供、研修費の支給等を指す」と述べている。

　第3に、有倉の場合には、「研修権」あるいは「自主研修権」という概念はまだ確立されていない。教特法第20条については、「教育公務員の研修の機会について特に規定したもの」という把握にとどめている。第20条第2項および第3項は、「第1項に定める『研修を受ける機会』の供与を具体化した規定である」と考えている。有倉は、「第2項および第3項においては、教員または教育公務員の主体性はいっそう明確であ」り、「教員を主体とする点で前条第2項と異なり、能動的形式を用いる点で本条第1項と異なり、権利性に重点を置いている点で義務形式を用いる前条第1項と異なっている」ことに注目し、「本条第2項および第3項における研修が、教員または教育公務員の権利であるとの解釈や、教員等の側から自発的・積極的に申し出た場合に属するとの解釈が生じうる」と述べている。しかし、「このような場合における権利と義務は、純然たる私法関係におけるそれの如くには明確に分離しえないし、また任命権者の積極的発意の場合を除外しなければならない理由もとぼしい。重点の置き方が異なるにとどまり、他の場合を排除するほど厳密な意味をもつものではないと解すべきである」と結論している。したがって、

第19条第2項の教育行政の任務を「研修条件整備義務」とする考え方は明確には形成されていないし、また、行政研修は自主研修を補充するものであるという関係性も明示していない。両者は互いに排除せずに並存するという把握である。

第4に、従来の解説書では放置されていた条文中の「研修を受ける」と「研修を行う」という相異なる表現を取り上げ、「研修」という言葉が「研究と修養」と「教育訓練」の2つの意味で使われているのではないか、と次のように考察している。

「『研究と修養』が『研修』にあたるのか、『教育訓練』が『研修』にあたるのかについては、疑いがある。人事院規則10-3（教員の教育訓練）第1条には、『各省各庁の長は、職員の勤務能率の発揮及び増進のために、職員に対する教育訓練（以下『研修』という。）の必要の程度を調査し、その結果に基づいて研修の計画をたて、その実施に努めなければならない』とあり、『教育訓練』をもって研修と見ている。また地方公務員法第39条第1項の『研修を受ける機会』、本法第20条第1項及び第3項の『研修を受ける機会』、『研修を受けることができる』等の文言は、いずれも、『教育訓練』の意味に理解される。けだし、研究と修養は、自律的なものであって、『研究と修養を受ける』との表現は不自然だからである。これに対して、『研修を奨励するための方途』（本条2項）、『教員は、……研修を行うことができる』（20条2項）等の用法は、自律的な意味を持つ『研究と修養』を意味するものといえる。つまり、研修の主体が関係庁の長や任命権者である場合は、教育訓練の意味となり、教育公務員その他の職員である場合は、研究と修養の意味となると解せられるのである。」（540頁）

「……『研修』とは職員の行う研究修養を意味し、また他律的には、職員の受ける教育訓練を意味する。研修の字義からいえば、研修の主体は

職員であるべきであり、本法第19条第１項『教育公務員はその職責を遂行するために、絶えず研究と修養に努めなければならない』、第20条第２項『教員は、授業に支障のない限り、本属長の承認を受けて、勤務場所を離れて研修を行うことができる』とあるのはその意味に用いられている。しかし、研修の主体が任命権者その他の機関である場合、すなわち、職員に対して行う教育訓練を意味する場合もある。地方公務員法第39条『職員には、……研修を受ける機会が与えられなければならない。前項の研修は、任命権者が行うものとする』、本法第20条第１項『教育公務員には、研修をうける機会が与えられなければならない』等の規定は、教育訓練を意味するものといえる。国家公務員法には、研修に関する規定を欠くが、能率増進計画の樹立・実施を定める同法第73条第１項第１号『職員の教育訓練に関する事項』がこれに当たるものといえる。」(411頁)

第５に、「研究修養」と「教育訓練」との関係を「決して矛盾関係に立つものではな」く、「研究修養自体は、自律的態度であるが、自己の研究修養を完成するためには、他律的な教育訓練を受けることもまた必要である」とし、「その意味では、教育訓練を受けることは、研究修養の一の手段である」と考えている（541頁）。「教育訓練」自体は他律的であるが、その動機における自主性・主体性の可能性に注目し、「研究修養」の一手段と位置づけたものであろう。

第６に、前記第４・５のように考察を進めながら、「研修を受ける」という文言における「研修」と「受ける」との矛盾に有倉は苦しんだのであろう。結局、「研修を受ける機会」という表現は適切ではなく、「『研修の機会』または、『研修を行う機会』と規定すべきであろう」(544頁)と結論するに至っている[18]。

【兼子仁】

前述の論点に関して、兼子仁『教育法』(有斐閣、1963年)は、自己研修の義

務と機会保障があるとともに、教育行政当局が研修を実施しうることを指摘している。しかし、「これは、元来、教育の条件整備と指導助言行政の意味をもつものとして予定されていたのであるが（教特19条2項・20条1項3号、文部省設置5条1項21号22号）、昭和33年以降道徳教育をはじめ改訂された教育課程国家基準（学習指導要領）の伝達講習会が文部省・府県教委の共催等によって行なわれるようになり、教育課程行政の方途たる実質をもつにいたっている」（235頁）と指摘している。あくまで、自己研修が中心であること、「教員の自己研修計画や教育計画に相反するような研修命令は違法と解されることになろう」（235頁）と述べている。有倉・天城『教育関係法〔Ⅱ〕』における有倉「教育公務員特例法」では、自主研修と行政研修の優先関係は明確ではなかったが、兼子仁『教育法』では、「元来、教育の条件整備と指導助言行政の意味をもつものとして予定されていた」とか「教員の自己研修計画や教育計画に相反するような研修命令は違法と解される」とされている。

　有倉編『教育法』（日本評論社、1972年）の兼子「第3章研修」は、まず、教員研修の義務性と権利性の条理について次のように解説する。

　　「本条1項が研修に『努めなければならない』というのは、行政当局が計画した研修を受けるべく義務づけられることではなく、自主的に研究と修養に努める努力義務である。それは一種の服務ではあるが、本条1項は、教育には専門的研究と人間的修養とが不可欠であるという教育条理の確認規定である点に主たる意味があると見られる（同旨、有倉遼吉＝天城勲・教育関係法Ⅱ540頁）。そして、このような教育研究と人間的修養は、教育活動自体とともに、教師の人間的自主性を必須とするので、本条1項はかえって、条理上、教員の研修上の自主性という一種の権利保障をふくんでいると解しなければならない。この教員研修上の自主性は、法文にも『研究と修養に努め』るとか、『研修を行う』（教公特20Ⅱ）とかの、行政公務員に見られない表現がある点に示されているが、その

教育条理的根拠が教育学によって明らかにされている。『教師の自己の人格に統合—インテグレート—された特性・知識・技能をその人格に統合しようとする、すぐれて自主的・積極的な関心・態度が必要なのである。たとえば庶務に従事する公務員が、帳簿の能率的処理の方法を教育訓練される場合には、彼は全人格的な自主的態度をもってことに当たらなければならないとはいい難い』（宗像誠也「教師の研修の自主性の主張」教育1959年6月号78頁）。」（369頁）

　核心は、第19条第1項は教育公務員に対して「自主的に研究と修養に努める努力義務」を課したが、「教育研究と人間の修養は、教育活動自体とともに、教師の人間的自主性を必須とするので」、かえって「教員の研修上の自主性という一種の権利保障をふくんでいる」という部分であり、これが兼子説における「研修の義務性と権利性」の意味である。

　また、この点のみに限らず、有倉編『教育法』における兼子説の特徴は、「教育条理」からの解釈が多いことである。これは、研修条項の本質解明への貢献と同時に、教育法学説と行政解釈との「平行的対立状態」が続く一つの要因とも考えられる。

　第19条が「自主的に研究と修養に努める努力義務」を課すとともに「教員の研修上の自主性」を保障していることを述べた後、兼子は「自主研修と行政研修」の関係について次のように論じている。

　　「教員の研修は、教育研究と人間的修養であるから、教員が自主的に計画する『自主研修』が本来的であろう。そして教育委員会など行政当局は、本条2項前半に書かれているとおり、研修施設の設置や研修奨励方法を講ずる（学校における研究資料・設備の充実・研修費支給・時間内校外研修・内外地留学の保障）などして、自主研修の条件整備に努める義務を負うのであるが、加えて同項後半がみとめているとおり、みずから『研修に関する計画を樹立しその実施に努め』てもよいこととされて

いる（地教行45参照）。文部省にも教育関係の研究会主催・研修援助の権限がある（文部省設置五21・22）。これらは、教育行政機関が計画する教職員に対する『行政研修』とよばれる。……自主研修との関係における行政研修のあり方については、法文の手がかりは少ないが、やはり教育条理にそくして解釈されるべきであろう。既述のとおり、教育行政当局が第一次的になすべきなのは、教員の自主研修を奨励する条件整備であって、みずから計画する行政研修も当然、自主研修を補充するような条件整備的・指導助言的性格のものである必要がある。行政研修が排他性を示し、自主研修に優越してそれを抑制する実質をもつようであってはならない。行政研修は、法的に強制されることなく、参加教師に討論・批判の自由を十分に保障し、むしろすぐれた内容の魅力で教師をひきつけていくという指導助言性をもつものでなければならない。したがって行政研修への参加を命ずる研修命令は原則として適法たりえないであろう（それと旅費つきの出張命令とは別）。」（370頁）

すなわち、教育行政の第一義的任務は教員の自主的研修条件を整備すること[19]、また、行政研修は自主研修を補充するものであり、かつ、指導助言的性格のものである必要があることを論じている。兼子『教育法』と比べて格段の発展が感じられる叙述である。そして、兼子は、このような位置づけであるべき「行政研修が排他性を示し、自主研修に優越してそれを抑制する」ことを厳しく戒めている。兼子は先に発表した「教師の自主研修をめぐる法解釈論争」（『季刊教育法』第1号、総合労働研究所、1971年9月、53～61頁）および「教師に対する行政研修の教育法的評価」（『季刊教育法』第2号、総合労働研究所、1971年12月、34～40頁）において、これを「自主研修の行政研修に対する優先性」「行政研修の自主研修に対する補充性」という教育条理法的原則として位置づけている（各58、36頁）。

さらに、前記引用文後段の「行政研修は、法的に強制されることなく、参

加教師に討論・批判の自由を十分に保障し、むしろすぐれた内容の魅力で教師をひきつけていくという指導助言性をもつものでなければならない」という指摘は、行政研修の在り方を明確に示し、また、行政研修の実態を鋭くついたものと考えられる。とくに、1970年6月に、北九州市の高石邦男教育長が計画通知した当時としては「新型の行政研修」は、研修会への校長による参加命令、批判的言動をとった教員に対する懲戒処分など、行政研修の原則を完全に逸脱したものであり「違法というほかはない」[20]とされている。

また、第20条第1項の「研修を受ける機会」については、兼子『教育法』（1963年）ではとくに言及されなかったが、有倉編『教育法』（1972年）においては、「本条全体が主に自主研修にかかわっていることにかんがみ、『研修の機会』が与えられるべきであるという意味に条理解釈してよいであろう（同旨、有倉遼吉＝天城勲・教育関係法Ⅱ544頁〔有倉〕）」（370頁）と述べている。

兼子仁は、その後の『教育法〔新版〕』において、「教師研修の自主的権利性」という概念を提示している。その内容は、「教師研修が教育研究と人間的修養を内容とすることから、第1に教師個々人の自主性・人間的主体性の保障が不可欠であり、第2にそのような自主的研修が教職にとって持つ重要さにもとづき、教育行政・学校管理当局にたいし研修時間の保障など自主的研修の条件整備を要求する権利性が生ずる」（319頁）ことであると説明している。そして、兼子は、「この教師研修の自主的権利性は、……教育公務員特例法（略称、教特法）によってかなりよく保障されており、全体として『教師の自主研修権』（研修自主権）の原理とよぶことができよう」（319～320頁）と述べている。そして、この「教師の自主研修権」は、主として「教師みずからが決める『自主研修』の権利を指す」とともに、「『行政研修』にかんする教師の自主性の保障をも含む」とされている。

したがって、自主研修と行政研修との関係についても、有倉編『教育法』における兼子の学説と同旨である。教育行政機関は、研修奨励のための方途を講じるとともに、行政研修を計画実施できるが[21]、教師研修への条件整備

としてつぎの2点が付される。

　「第1に、行政研修においても教師の自主性を保障すべく、それは法的に強制されることなく優れた内容の魅力で教師をひきつけていくという『指導助言』作用でなければならず、参加教師に討論・批判の自由を十分に保障するものでなければならない。したがって行政研修への参加を命ずる研修命令は原則的に適法たりえないと解される。教師の教育研究としての研修はその性質上、他律的な職務として上から命ぜられるべきものではないからである（教育への不当な支配を禁ずる教基法10条1項に実質的に反しよう）。また教育行政当局から研究補助金つきで特定の教育研究を行うべき学校として指定される『研究指定校』の制度は、子どもをもふくめた公開・研究授業を伴うだけに、いっそう学校教師集団の意思と自主性が尊重されていなければならない。

　第2に、教師の研修としては自主研修こそが基本であって、行政研修は自主研修にたいして補充的にとどまるべきものである。けっして行政研修が排他性を示し、自主研修に優越してそれを抑制する実質を持つようであってはならない。たとえば、改訂学習指導要領を法規として貫徹させようとするような講習会は、行政研修の補充性に沿わないであろう。」（321頁）

【門田見昌明】

　次に、門田見昌明「教師の研修をめぐる法制的課題」（『教育法学の課題』総合労働研究所、1978年、365～368頁）は、「教育行政における『指導助言権』の『指揮監督権』からの独立の原理は、研修行政においても当然に貫かれるべき原理である」（380頁）と指摘している。それは、実定法上も「文部省設置法5条1項の18、19及び同条2項、地教行法48条、同19条3項などに成文化している」（380頁）という。そして、行政研修については、次のように述べている。

「研究・研修の機会としての条件整備を、行政が単独かつ一方的に行ない、その機会への受動的参加を強制する事を法は予定していないといわねばならない。教特法20条1項の『研修を受ける機会が与えられなければならない』という表現は、上述の趣旨からして『自律的な研修を行なう機会』と解すべきであり、しかも『機会の提供』も教師の側の必要と要求によって行なうものと解するのが妥当である。同法19条2項にいう『研修を奨励する方途』、『研修計画の樹立』、『実施努力』は、教育条理に即して解する限り、『自主研修権』の行政による保障を意味しており、行政が計画・実施する行政研修は、教師の自主研修を補充する条件整備的・指導助言的な性格のものでなければならない。」(382頁)

門田見は、さらに、「教育にとって『自主性』『自律性』が決定的に重要であることは、しばしば自明の理とされながらも、実はこの自主・自律を行政の側が先取りして強制に転化するのが『指揮命令』行政である。そこでは自主・自律の主体が、行政の客体として『対象化』されるという点と、主体によって選び取られるべき価値内容が行政によって一元化され特定化されるという2つの点で、現行法制の原理・理念に反するといわねばならない」(382頁)と指摘している。

そして、門田見は、このような『指揮命令』行政の根源を、第1に、「教育」からではなく「政治」から発する研修行政にあると捉えている。すなわち、今日の研修行政は、「『教員対策』あるいは『教職員組合対策』という性格を色濃くもって」おり、「教育条理に即した合理的説得的な説明が不可能であるからこそ、最後の手段として『指揮命令』が発せられざるをえない」と述べている (384頁)。第2に、門田見は、「行政の側に、『指導・助言』と『指揮・監督・命令』とを意識的無意識的に混同する体質が基本的にある」ことに注意を喚起した。

【神田修】

神田修は『教師の研修権』（三省堂、1988年）において、自主研修と行政研修の関係について次のように述べている。

> 「一つは、教育委員会、文部省など教育行政・管理権が学校における教師の能力や資質を育成する主体となったり、これを主導する主体となることが決して基本ではないということである。もちろん、教育行政・管理権が全く教師育成の主体となりえないのではない。現に行政研修の企画や実施が、法的に許容されているからである（たとえば教育公務員特例法19条２項、文部省設置法５条17号、６条１項14・15号、地方教育行政の組織及び運営に関する法律23条８号、45、48条など）。しかし、その場合においても、研修条件の整備（教育公務員特例法19条２項、教育基本法10条２項）が基本であって、教育行政権がいたずらに教師を育成する主体として目立つのは本来決して望ましいことではないことを知らねばならない。」(73頁)

> 「教育政策や行政の役割は、教師の自主研修・学習権を保障するために、広く条件を整備することにある（教育公務員特例法19条１項、教育基本法10条２項など）。もちろん、行政研修が法的に認められているからこそ、教育行政権はこれを執行できるのであるが、その場合も自主研修・学習を基本にすれば、それを『補充』的なものと考え、位置づけるのが当然であろう。かねてから自主研修の行政研修に対する優位性（行政研修の自主研修に対する補充性）が説かれてきたゆえんでもある（兼子仁「教師の自主研修をめぐる法解釈論争」季刊教育法１号〔1971年〕、同「教師に対する行政研修の教育法的評価」季刊教育法２号〔1971年〕）。」(182～183頁)

【青木宏治】

兼子は、有倉編『教育法』および『新版教育法』において、第19条第１項を「行政当局が計画した研修をうけるべく義務づけられることではなく、自主的に研究と修養に努める努力義務である」[22]としていた。永井憲一編『教

育関係法』（日本評論社、1992年）における青木宏治「第3章研修」は、「この規定から行政研修を受けるべき義務が生ずるとすることはできない」という点では兼子と同旨であるが、「自主的に研究と修養に努めるべき努力義務」とは言わずに、「教師に向けられた目標の責務を宣したもの」であると捉えている。そして、青木はその理由を、「教師の研修を義務と解すると『絶えず』の文言は、まさに行政に『絶えず』管理、監督された研修義務が課されてしまうことになってしまう」と述べている。（278頁）しかし、筆者は、兼子の解釈でよいと考える。問題は、この「努力義務」の名宛人がだれかということである。それは、結城忠が言うように[23]、教育行政当局ではなく、学習権の主体者である児童・生徒とその第一義的教育権者である保護者であると、考える。

　また、兼子は、第1項は「条理上、教員の研修上の自主性という一種の権利保障をふくんでいる」と解していた。この場合の「研修上の自主性」というのは、管理・統制・制約からの自由のように受けとめられる。これに対して、青木は、「教師は……自主的に教育研究と人間的修養の機会を求める権利があることを本則として読むべきである（その教育学的根拠について・堀尾輝久・教育の自由と権利140〜144頁）」（278頁）と述べ、教師の研修条件整備要求権あるいは研修機会保障要求権とでもいうべき教育行政に対する権利の存在を明確にしている。この点については、兼子説から青木説へと、理論的発展が見られる。

　自主研修と行政研修の関係については、「教育行政当局が第一次的になすべきなのは、教員の自主研修を奨励する条件整備であって、みずから計画する行政研修も当然、自主研修を補充するような条件整備的・指導助言的性格のものである必要がある[24]」という兼子説は、青木説においても基本的に継承されている。

(3)「勤務時間内校外自主研修」
①職務性
【有倉遼吉】

　有倉「教育公務員特例法」（有倉・天城『教育関係法〔Ⅱ〕』日本評論新社、1958年、375～627頁）は、校外自主研修の職務性については明確な叙述がないが、同書が出版された時期は、行政解釈自体が広く研修の職務性を認めていた。また、次のような注記も存在するので、研修は当然職務として考えられていたと言えよう。「勤務場所を離れて（の）研修」の職務性について言及されていないのは、この時点では、当然職務として考えられており、問題として争われることがなかったからであると考えて支障ないであろう。

　　「研究会、講演会、講習会に出席したり、他の図書館、研究所を訪ねて研究したりすることが、勤務場所を離れての研修に該当するのは当然であるが、場合によっては、自宅研修を承認することも可能である（昭和24.5.19校調4号京都府立医大あて文部省調査局長回答）。いわゆる夏休み等、授業を行わず、自宅にいる場合も、自宅研修の一種であろう。」(546頁)

　これまで見てきたように有倉「教育公務員特例法」では「逐語解説」とでもいうべき解説が加えられているが[25]、「校外自主研修の職務性」[26]や次の(3)―②で考察する「校長の裁量性」については言及されていない。同様に、「授業に支障のない限り」の意味についてもまったく言及されていない。1960年代以降、最も解釈が対立する部分が解説の対象になっていない。すなわち、当時は、第20条第2項はとりたてて解説する必要がないほど自明のこととして円滑に運用されていたものと思われる。教員が授業のない時間帯に校外研修を申請した場合は、校長はそれを承認していたし、その研修は、当然、職務の遂行として考えられていたのであろう。

【兼子仁】

　兼子仁『教育法』（有斐閣、1963年）は、本書第2章第2節で述べた行政解釈の転換期に刊行されたものである。それだけに、「校長の承認をうけて学校外においても『授業に支障のない限り』職務として自己研修を行うことが認められる（教員団体その他による研究会への出席、免許法上の認定講習等の受講、図書館その他教育施設の利用、見学、夏休み等における自宅研修など。このほか、校内研修も重要である）」（235頁）と、前記の有倉「教育公務員特例法」よりも明確に述べている。

　前述のように、1964年12月の行政実例により、文部省の研修条項解釈は決定的な転換を遂げ、以降、地方教育行政当局の解釈との若干の差異は残しながらも[27]、いわゆる「研修3分類説」が行政解釈として踏襲されてきている。

　この特徴は、命令研修（行政研修一般ではなく）以外は、職務として認めないという立場である。これに対して、教育法学説は立法時からの解釈を継承し教員研修に幅広く職務性を認める立場をとっている。前述の有倉・天城『教育関係法〔Ⅱ〕』刊行の時期には、教員研修は、実態として広く職務として認められていたから、この問題は論じられなかった。その後の文部省解釈の変化により、重要な論争点となったものである。兼子は、先に、『教育法』において「校長の承認をうけて学校外においても『授業に支障のない限り』職務として自己研修を行うことがみとめられる」（235頁）と述べていたが、その根拠について明示したとは言えなかった。

　兼子「第3章研修」（有倉編『教育法』日本評論社、1972年、369～372頁）において、校外自主研修の職務性の根拠を2つ指摘している。第1には、「研究」が「教育」に次ぐ職務行為であるという点である。従来の学説では、「職務として自己研修を行うことが認められる」とは述べていたが、職務内容に立ち入って分析することはなかった。兼子は同前論文において、文部省の「研修3分類説」を説明した後、次のように述べている。

「しかし、職務命令による場合が正規の職務研修だというのは、一般行政公務員と同一視しすぎて、教員研修上の自主性の条理に沿わない。これに対して教育法学説によれば、本条1項にいう『修養』は教員が個人的に人間として教養をつむことであるが、『研究』は教員が担当する教育に直接関連する研究を行うことであって、このほうは、なるべく勤務時間内に学校内外で教員が自主的に行う活動がそのまま『教育』につぐ職務行為であると解しなければならない。つまり職務研修としての自主研修が基本的なのであって、これは、主たる職務である教育について『教育権の独立』を保障されているのと並ぶ、教員の『自主研修権』であると称することができよう。その法規上の根拠は、憲法23条（学問研究の自由）、26条（教育を受ける権利の条件的保障）、教育基本法第10条1項（教育の自主性）、教特法本条1項、同20条2項（校外自主研修の保障）などに求められるが、結局は前述の教育条理によってうらづけられる（以上につき、兼子仁「教師の自主研修権をめぐる法解釈論争」季教1号所収、参照）。」(370頁)

この兼子の学説は、その後のいわゆる自主的職務研修説の土台を形成するものであるが、筆者は、次の2点について弱点ないしは曖昧さを含んでいたと考える。1つは、兼子は、「研究と修養」のうち「研究」に着目して、これが「教育」に次ぐ職務行為であるから、たとえ自主研修であってもそれは基本的に職務研修であると論じているが、この見解の場合には、「研究」ではなく「修養」をおこなう場合には、それは職務研修としては認められないということになるのではないだろうか。この点について、『季刊教育法』第1号（総合労働研究所、1971年）の兼子「教師の自主研修権をめぐる法解釈論争」は、「しかし、教師にはさらにひろく私的な『修養』（教養をつむこと）も要請されるので、これは職務ではないが、教育公務員の『服務』にあたることになるであろう」(57頁)と述べている[28]。もう1つは、「研究」を行う場合でも、「教員が担当する教育に直接関連する研究」と見なされない場合には、職務研修

第3章 教育法学説にみる研修条項解釈　167

とは認められないということになるのではないだろうか。兼子は、「研究」を「教員が担当する教育に直接関連する研究」と同一視しているが、「担当する教育に直接関連する」かどうかは、必ずしも明白ではない。

なお、兼子「教師の自主研修権をめぐる法解釈論争」では、教師の職務的教育研究が自主独立性を保障されるべき直接的な法的根拠として、教育基本法第2条の教育の場における「学問の自由」、同法第10条第1項の教育に対する「不当な支配」の禁止をあげている。さらに、それをうらづける条理的根拠として、次の堀尾輝久論文を援用している。

> 「内容の科学性や芸術性は、教科や教材の自由な研究の深まりを措いてなく、方法の科学性は、子どもの発達についての科学的認識を基礎とする以外にはありえない。そこから、教師は、科学的真実と芸術的価値にもとづく教育内容研究と、子どもの発達についての専門的知識をもち、……授業過程における教材を子どもの出合いのなかに、子どもの発達の新たな契機をさぐりあて、さらに新たに、適当な教材を準備することのできる専門家であることが要請されている。」[29]

文部省の「研修3分類説」では、勤務時間内の自主研修は、かろうじて職務専念義務免除の取扱いがなされるにすぎない。それも、研修内容が教育活動と直結し、しかも、研修効果が大きいと校長が判断してようやく職務専念義務が免除されるのであるが、兼子説では、「研究」の場合は、職務専念義務免除ではなく、職務研修であると考えるのである。同前兼子論文は次のように述べている。

> 「教育法学説が採る自主的職務研修説によれば、本項にいう『研修』は主に、前条1項中の『研究』の場合であって、教員の職務に属する教育研究活動であるから、自主的に校外で行われるのであってもそれが職務研修である以上、本来の義務免とは異なり、公務出張として扱われ公費

旅費の支給がなされてしかるべきである。ただ勤務時間内に本来の勤務場所を離れるため、主たる職務である授業との調整手続きが必要とされているのである。」(58～59頁)

　第2に、職務性の根拠として、日本の教員の拘束勤務時間が諸外国と異なり授業時間以外にも広く及んでいることをあげている。すなわち、「研究」のためには、まず時間が必要であるが、授業時間以外にも拘束されているということは、勤務時間内における「研究」が想定されているものと考えられる。その場合に、勤務場所(校内)以外の場所で研究することが最も効果的な場合が存在するのであり、この校外における研究は当然職務の一環として考えられる。したがって、職務専念義務免除という措置は基本的には適切ではないが、職務専念義務免除が「職務免除」ではなく「本務免除」であるとしたら、適切な措置と考えられる。ほぼこのような論理である。

　『教育法〔新版〕』(有斐閣、1978年)における兼子の学説は、校外自主研修の職務性についても、有倉編『教育法』の「第3章研修」と同旨である。すなわち、職務性の根拠としては、第1に、欧米諸国の教師との拘束勤務時間の差異、第2に、担任教育活動に関連性を有する研究は職務行為とみるべきことが指摘されている。

　ただし、従来の兼子の学説と変化しているのではないかと思われる点が2点ある。第1点は、「担任教育活動に関連性を有する研究(教育関係問題の研究をふくむ)」(322頁)という表現である。有倉編『教育法』においては、「『研究』は教員が担当する教育に直接関連する研究を行なうことであって、このほうは、なるべく勤務時間内に学校内外で教員が自主的に行なう活動がそのまま『教育』につぐ職務行為であると解しなければならない」(370頁)と述べていた。この点について、筆者は、「教育に直接関連する研究」とは何かが不明であるという指摘を行ったが、『教育法〔新版〕』では、「(教育関係問題の研究をふくむ)」というように補強されている。これにより、教材研究や学級経営・生

徒指導以外の教育研究についても職務性が認められる可能性が開かれた。なお、この点については、兼子仁『教育法〔新版〕』において、「教育にかんする研究（授業内容や子どもの成長発達状況および教育関係問題の研究）」(319頁)と、より具体的に述べている。

第2点目は、「本務たる授業に大きな支障があってはならないが」という記述に関わる点である。すなわち、「大きな支障」と表現したことにより、単に授業が自習になることをもって時間内校外研修の承認要件から外れるというのではなく、学期や1年間の授業計画の中で支障を来さなければ承認されるべきであるという意味を含ませているのではないかと思われる。たしかに、授業が自習になることをもって「支障」と判断するならば、幼稚園や小学校教員には、長期休業中以外は、第20条第2項は適用されないことになってしまう。

【青木宏治】

校外自主研修について、兼子は、「教員の教育活動にとっての校外自主研修の不可欠的重要性」[30]からこれを「職務」として位置づけた。この観点は、青木説においても変わらない。異なる点は、兼子は「研修」のうち「教育研究」と「人間的修養」とで「職務性」に差異を見出していたようであるが、青木は、「第3章研修」（永井憲一編『教育関係法』日本評論社、1992年、278～282頁）において、この両者の区別はしておらず、「研修」として一括して、「教師の研修は、教育活動を遂行していくうえで必要不可欠であり、絶えず行われなければならないことからすれば、教師の本来的職務に密接不可分であり、その意味では、教師の職務たる性格をもつといえる」(279頁)と論じている。

校外自主研修に職務性を認めない文部省解釈に対する批判は、青木説の方が明快であると言える。兼子は、「教師の教育活動にとっての校外自主研修の不可欠的重要性にかんがみるとき、その機会が勤務時間内に十分に保障されるようにするためには、本項の研修を義務免をうけてする教師の個人的活動と見るのでは不適当であり、やはり自主的職務研修であると解しなければ

ならないと考える」(392頁)と述べていた。これに対して、青木は、次のように文部省解釈を批判する。

「文部省は、それまでの見解を変更し、1964年(昭和39年)に教師の研修には、①勤務時間外に自主的に行う自主研修、②職務専念義務(地公35)を免除されて行う職専免研修、③職務として行う職務研修の3種類があるとされた(昭39・12・18大分県教育長あて文部省初中局長回答、これ以後、この判断がずっととられている)。この分類を適用すると教師が自主的にみずから選んで研修を行いうるのは①の場合のみになってしまい、わざわざ本法によって研修保障を法定する意味はなくなってしまう。すなわち、③は職務命令で行われるものであり、②についても学校管理者が研修内容が職務性をもつかどうかを審査して、研修を与えるものであり、行政的に研修内容、機会が決められることになる。こうした点で、文部省解釈は、教師の自主的な研修努力を抑圧し、行政研修の優位性、正当性を主張していることになり、本条の意義を誤って解したものといえる(歴史的考察について、神田修・教師の研修権を参照)。」(279〜280頁)

そして、「本条はこれとは逆に、教師の研修権はその職務に不可欠なものということから、場所、時間、内容を多様に、幅広い機会を教師に与えるべく、その機会を拡張するための規定である。ただ、職務としての研修はまったく自由に行なってよいとするのでないから、教師の本務遂行の支障など、研修取得手続きにおいて一定の制限を加えたのが2項・3項であるといえる。こうした教師の研修保障を目的とする規定であると解すれば、①勤務時間内に校内外で行われる自主的職務研修、②指導助言的・補充的にのみ教育行政機関によって行われうる行政研修、③勤務時間外の私的研修と分類し、①の具体的な機会のあり方、手続を定めたのが、本条2項・3項とする解釈が、規定の文意および研修の条理に適っていると考えられる。したがって、自主的職務研修について給与、参加費(講習料など)、旅費などの支給も適法であり、

必要ということになる」(280頁) と述べている。

②校長の裁量性
【有倉遼吉】
　有倉・天城『教育関係法〔Ⅱ〕』(日本評論新社、1958年) の有倉「教育公務員特例法」においては、「承認」の行政的意味について考察が行われており、「行政処分たる許可を意味すると解」せられている。しかし、羈束行為であるとか、校長の自由裁量であるとかについてはいっさい言及されていない。これも、前項「①職務性」と同様に、1958年の時点においては、争点になっていなかったものと考えられる。

【兼子仁】
　兼子仁『教育法』(有斐閣、1963年) は、「校長の承認は、『授業への支障』を基準とする羈束行為である。研修計画・報告書を提出せしめることは可能であるが、およそ研修の申し出である以上内容的に審査して承認を拒否することはできない」(235頁) と言う。おそらく、これが羈束行為説の最初であると思われる。また、「『授業への支障』の有無が実質的判断を要する場合は、その判定権は職員会議ないし学内委員会に存することになろう」(235頁) と述べている。

　前述の1964年12月の文部省解釈の完全転換、より正確に言うと1960年代はじめより、各学校で主として教職員組合の教育研究集会参加の扱いをめぐって校長の裁量問題が焦点化されてきたのである。そこで、兼子『教育法』において、「校長の承認は、『授業への支障』を基準とする羈束行為である」と論じられたものである。

　有倉編『教育法』の兼子「第3章研修」においては、校長の研修承認は羈束行為であるという見解は兼子『教育法』(1963年) と同じであるが、なぜ羈束行為なのかという理由については、「教員の研修に十分な自主性が保障されるべき条理にてらすとき」(371頁) としか記されていない。この「条理」

は、同論文で引用されている宗像誠也「教師の研修の自主性の主張」[31]を指すのであろうが、『季刊教育法』第1号の兼子「教師の自主研修をめぐる法解釈論争」における兼子の記述はより具体的で理解しやすい。

> 「その際にうけるべき校長の『承認』というのは、子どもに携わる授業への時間的支障の有無を学校として確認するき束行為（法的に拘束された行為）にほかならず、慣行的に支障のないことが明らかな場合には学校内のルールとしての一種の形式的手続にすぎないであろう。もしそれ以上に校長が『研修』として適切かどうかを実質審査して自由裁量で承認不承認を決めるようでは、校外自主研修がすっかり校長の個人的監督下に入ってしまい、自主研修の法律的保障を無にしてしまうからである。自主研修である以上、どんな内容の研修をどの程度大事なこととして行うかは各教師が判断すべきもので（後述の指導助言をうけることは別）、学校としては授業への時間的支障のないことをおさえておけば足りる。」（58～59頁）

有倉編『教育法』（日本評論社、1972年）において、兼子は、「授業への支障」を判断する時は「職員会議の審議にかけて決すべきである」と述べている。

> 「本項にいう『本属長』は、教員の所属機関の長すなわち校長・園長・学長であるが、その『承認を受けて』とは、校長等の裁量判断に委ねる趣旨であろうか（前記行政解釈はそう言う）。教員の研修に十分な自主性が保障されるべき条理に照らすとき、校長の承認は、文字どおり『授業への支障』の有無を確認するだけで裁量の余地のない行為（き束行為）と解すべきであろう。もしその点が判断を要する場合には、当該学校の教育計画にかかわるのであるから、教育条理上、職員会議の審議にかけて決すべきである。本項が校長の承認と書いているのは、授業への支障は教育委員会ではなく校長を中心とする各学校で見きわめるべきものとす

る趣旨と解され、当然に学校内での校長の専決権を認める意味ではないのである。」(371頁)

　兼子『教育法』(有斐閣、1963年)においては、「その判定権は職員会議ないし学内委員会に存することになろう」と述べていたが、「学内委員会」が削除されている。筆者は、有倉編『教育法』の「第３章研修」における「本項が校長の承認と書いているのは、授業への支障は教育委員会ではなく校長を中心とする各学校で見きわめるべきものとする趣旨と解され、当然に学校内での校長の専決権をみとめる意味ではない」(371頁)とする兼子の説には同意するが、実際の学校運営上は、職員会議で判定することにはただちに同意できない。研修承認の方法についての職員会議での合意が前提であるが、校長が関係教員(教科主任、学年主任等)と協議の上、校務運営委員会等で決定するのが適切ではないかと考える。

　兼子は、研究活動の内容について校長などが審査し、それによって承認・不承認を判断することの不当性は指摘しているが、一方では、「教師集団の内部規律や校長の指導助言の対象にはなりうる」(392頁)としている。筆者もこの点については同意するが、それならば、内部規律や指導助言の対象としての計画書や報告書の提出の必要性を指摘する必要があるのではないだろうか。それは、決して校長だけが目を通すものではなく、研修成果の公表という観点から、教師集団やあるいは生徒・保護者にも公開されるものとして位置づけることが可能であり、また必要であると考える。

　この「教師集団の内部規律や校長の指導助言の対象にはなりうる」ことについても、兼子「教師の自主研修をめぐる法解釈論争」の記述の方がやや説得力があるように思われる。

　　「しかしまた、各教師の自主研修が全く他からオフ・リミットなものだというわけはない。校長をはじめ学校教師集団の同僚から有益な『指導助言』をうけることがありうる。とりわけ校長が教職における先輩とし

て教育論的水準の高い指導助言をすることができれば、研修内容の監督など無用であろう。そしてそのような指導助言や自由討議の範囲をこえて各教師の研修内容を動かそうとすれば、それは実際にも法的にも自主研修権をおびやかすことにならざるをえないのである。また、自主研修が教師の教育研究である以上、その成果はあくまで子どもの教育のなかに活かされるべきものであって、その模様は学校教師集団の内部ではおのずから確認されていくはずである。研修成果の交流を教師集団として組織することはのぞましいが、それとても校長への研修報告書の提出をうらづけるわけではないであろう。」(59頁)

筆者は、兼子の記述について、「その模様は学校教師集団の内部ではおのずから確認されていくはずである」という部分を除いて同意する。

しかし、兼子が、「授業への支障なく承認されるべき校外研修が違法に不承認とされた場合……当然承認されるべき研修については校長に承認義務があるのであるから承認があったものとみなして法律関係を考えていくのが適切であろう」(371頁)と述べていることは、学校運営上適切な方法と言えるのだろうか。筆者としては、責任は承認しなかった校長にあるとしても、紛争を拡大・長期化することになるので、教育条理を重視する教育法学説として、果たしてこれでよいのか疑問を感じざるを得ない。当面は、職務専念義務免除あるいは年次有給休暇により当該の研修目的を果すことに重点を置きながら、後日、事を争うという方法が生徒・保護者や同僚の理解を得る上でも望ましいのではないだろうか。当然、その場合は、不承認措置の取り消しは効果がないということになるが、損害賠償請求という方法があり得る。

この点について、兼子は「教師の自主研修をめぐる法解釈論争」において、「これが、き束的行為確認説につらなる考え方であり、不承認にされなくても承認がない限りはだめだというのは自由裁量説の考え方だが、これでは自主研修権は抹殺されてしまう」(59頁)とここでも厳しい見解を述べている。兼

子『教育法〔新版〕』においては、従来の学説からの変化は認められない。「形式的確認手続としての『校長承認』」(323頁) という表現と「形式的な確認手続 (届出制的な実態)」(324頁) という表現によって、校外研修の承認手続きの羈束行為性、形式性をより明確にしていると言えるだろう。

【神田修】

　神田『教師の研修権』(三省堂、1988年) では、文部省の「研修3分類説」に対して、「このような解釈では自主的な職務研修・学習は保障されないだけでなく、研修内容について全く拘束のない研修・学習は勤務時間外のそれだけとなってしまう。別のいい方をすれば、勤務時間内研修 (研修形態としてその必要が提起されてきた『校内研修』なども、通常は勤務時間内研修ということであろう) は、すべて『命令』や『研修内容審査』が及ばなければならないことになるし、基本的にはそうした拘束をうけている研修として位置づけられていることになる」(185頁) と述べている。さらに、神田は、「このような解釈は、教師の自主的な研修・学習を基本にすえないばかりでなく、これを勤務時間内・外 (校内・外) において広く自由に保障していく、あるいはその『法律的』保障の手だてを考えるという方向性を持たず、むしろこれを抑制する役割を果たしているといえよう」(185頁) と述べている。校内・校外を問わず「勤務時間内研修」として考察したところに、校長の承認における裁量性を考察する本質的着目があったと言えるのではないだろうか。

【青木宏治】

　永井憲一編『教育関係法』(日本評論社、1992年) の青木宏治「第3章研修」は、兼子説との間に大きな差異はないものと思われるが、青木が、校外自主研修の承認問題に言及する前に、「いうまでもなく、本項があることは、通常行われる校内自主研修については教職員の合意 (職員会議の承認、当事者教師の合意など) によって、校長の承認などは必要とせず行なわれると解される」(280頁) と述べていることは、前述の神田の指摘とも共通するものがあり、教師の教育活動や研修活動の遂行上の基本を示しており、校外自主研修における

校長承認問題についての青木説の説得力を増している。すなわち、教員の自主研修は本来的に（場所の如何にかかわらず）その内容について校長の承認を必要としていないことが、校内自主研修の有り様を想起した場合に理解されやすいのである。

　「勤務場所を離れて研修を行なう場合に求められる『本属長の承認』とは、どのようなものか、が争われている。
　本項が教師の校外自主研修の機会を保障していることを前提に、その取得手続、適法要件を定めていることからすれば、校長は『授業に支障のない限り』、教師の校外研修を行なうことの申出を承認する義務を負っていると解すべきである。そして、この承認行為については、客観的に授業への支障の有無を判断するものであって、その他、研修の内容、場所、主催者などを考慮して裁量的に行なうことは許されない。」(280頁)

以上の学説に対して疑問を3点あげるならば、第1に、「授業に支障のない限り」の「授業」が何を意味するのかということである。すなわち、字句どおりに「授業」そのものなのか、「授業」以外の教育活動を含むのか、あるいは、学期とか年間の「教育課程」運営上という意味なのか、さらには、「授業」以外に「校務」も含むのかという問題である。第2には、「授業に支障があるかどうか」の実質的判断を要する場合、それはどこで誰が行うのかということである。兼子は、有倉編『新版教育法』において、「職員会議の審議にかけて決すべきである」(392頁)と述べているが、青木は言及していない。筆者は、判断機関についての職員会議での合意形成を前提として校務運営委員会[32]で判断することが学校運営上適切であるという見解を前述した。第3には、兼子は、「教師集団の内部規律や校長の指導助言の対象にはなりうる」ことを認めていたが[33]、青木はまったく言及していない。筆者は、この点については、兼子の見解に同意する。

第2節　教育法学説（通説）の補強学説

　補強学説としては、教育法学、労働法学の2つの学問領域から教育法学説としての研修条項解釈に与えた影響を考察したい。

1．教育法学

(1)教師の研修権の淵源

　教員の、とくに初等中等教育教員の研究の自由の教育学的根拠を解明した堀尾輝久の業績は大きい。堀尾は、すでに、『現代教育の思想と構造』（岩波書店、1971年）において、「学問・研究の自由」と「教育の自由」とは厳然と区別されて認識されるべき事柄であるが、その際、通説的理解のように「学問・研究の自由」の系として「教育の自由」があるのではなく、生徒の学習権を保障するための「教育の自由」から「学問・研究の自由」が要請されると考えるべきだとしていた。堀尾は次のように言う。

　　「教師の研究と教育の自由を、学問研究一般およびそのコロラリーとしての発表・教授の自由と単純に同一視することはできないといわねばならない。ここでは、研究（教育の）が教授の自由を要請するのではなく、逆に、学習権を充足させるための教授（育）という目的によって、研究の自由が要請されているのであり、だから、研究の自由と教授の自由の関係は、いわば逆転しているといわねばならない。教師の研究と教育（授）の自由は、学問の自由の系として、それが国民の権利であるがゆえに教師にも必然的に認められた自由と同義ではなく、大学における自由が、いわば学問の民主化とともに下級教育にまで下降してきたものとして、下級教育機関の教師もそれと同等の権利の主体者であるという意味での自由でもない。それは、教育ということがらの本質が、したがってまた、教職というプロフェッションが要請している研究の必要とその

教育にともなう自由であるというべきであろう。……こうして教師の研究は、子どもや青年（国民）の学習権を充足させ、『国民の教育を受ける権利』（憲法第26条）の実質を保障するために要請されている。つまり、教育ということがら自体が、教師に1つの学問研究を要請するのであり、そこからまた教師の教育研究は、逆に教育の本質によって規定﹅﹅（制限ではない）され、その研究の領域と方向が示されているのである。そして、学問の自由の規定（憲法第23条）は、この教師の教育研究の自由をも、それが研究である限り当然に、いかなる制限もなく保障するものである。」

（331～333頁）

堀尾は、また、「教師にとって研修とは何か」（『季刊教育法』第2号、1971年12月、4～21頁）において、「教育の本質」と「教職の専門性の本質」から「教師の研修権」が要請されるという考え方を提示している。

「こうして教師の研修権は、教師もまた国民の一人として、探求の自由をもっていることを前提としながらも、すぐれて、教育の本質と教職の専門性にかかわり、その本質から要請されていると考えるべきであり、それは最終的には教師個人に担保されているが、しかし、理念的には、そして現実的にも、職場での教師集団に、さらに、公教育の教師集団に保障されているというべきであり、教師が民主的で探求的な教師集団、職場集団をめざして努力を重ねているという前提のゆえに父母は、教師集団にその教育権を信託し、教師と学校の選択権を留保しているのだとしてとらえるべきであろう。」（19～20頁）

そして、堀尾は、同論文において、教職の専門性の内容を次のように記して、「子ども・青年の学習権の保障の責任」を果たすための「教師の研修権」であることを明確にしている。

「教師の教育権限の根拠が、その専門性に対しての父母の教育権の信託にあるとすれば、その信託にたる専門性の内容は、より具体的には、教師が、教育内容に関しての不断の研究をおこたらず、それを子どもの発達の段階と成長のすじ道に即して、教材として構成し、授業を中心とする教育実践を通して、子どもの学習のつまづきや、理解のきっかけを的確にとらえ、適切に指導し、その学習を発見のよろこびにみちた創造的探求的過程として組織する専門家であるということに他ならない。

この過程は、教授学的知見に支えられた、教育技術の適切な駆使をともなう芸術的創造過程にも比すべきものである。

そして、その教育的働きかけの対象は、まさに、現代の日本の子どもたちである。

その発達と学習の課題が、現在的であり現実的でなければならない。その状況は、教師もまた共有している。それが認識と心情の共有にまで至るためには、教師自らが、己れの生存と生活を探求的にきり開こうとする学習者・探求者であってはじめて可能である。教師自らが、現代をどう生きるかという課題に自覚的に立ち向かい、自らの生き方をさぐる主体的生活者であってはじめて、子ども・青年の学習権の保障の責任も果たせよう。

いうまでもなく、このことは、教師の生き方を子どもや青年におしつけることを意味しない。教師も、同時代人として共有する情況のなかで、同じ探求者であるという共感をもちつつ、しかも、古い世代（教師）をのりこえるべき、『新しい世代の権利』を尊重する視点が媒介されていなければ、真に自主性を育てる教育は生まれない。」（20頁）

(2)行政解釈との接点
①国公法・地公法原理との差異
教育公務員の研修の性格について、結城忠の学説は教育法学の通説と同旨

であると言えるだろう。結城は、牧昌見編『教員研修の総合的研究』（ぎょうせい、1982年）の「第9章教員研修をめぐる法律問題」において、「教職の特殊性と研修」として4点指摘している（301～302頁）。

第1に、国公法・地公法の特別法である教特法による研修であり、しかも、「同法はわずか2カ条の研修条項に独立の1章を当てている」ことである。

第2に、研修の目的は、地公法第39条第1項においては「勤務能率の発揮及び増進のため」であり、国公法第73条第1項も同旨である。つまり、一般公務員の「研修は勤務能率の発揮及び増進のための単なる手段でしかない」のに対して、「教育公務員の研修は職務遂行上の不可欠の要件として位置づけられている」のである。

第3に、「教特法は教員に対して直接に研修義務を課しているが、国家・地方公務員法においては職員自身には研修義務は課されておらず、任命権者の研修計画樹立・実施義務を規定するにとどまる」ことである。

第4に、「研修」の意味内容が一般公務員と教育公務員とでは異なる。前者の場合は、「教育訓練」であり、後者の場合は「研究と修養」の意味である。

結城の学説の特色の1つは、研修の権利・義務関係の把握に見られる。結城は、この点についての教育法学の通説と行政解釈を解説した後、次のように述べている。

> 「思うに、現行法制上、教員は『研修をする権利』（研修権）を享有しているとみられる。現行法制は教員研修を権利としても構成しているといいかえてもよい。
>
> それは、直接かつ第1次的には、教特法20条の……（1項）、……（2項）、……（3項）から読み取れる。教特法19条2項、教基法2条、同10条1項、学校教育法28条6項等の諸規定も、これを補強するに十分であろう。
>
> ここで、上述した教育公務員特例法の立法過程とそこにおける諸論議

第3章　教育法学説にみる研修条項解釈　181

を想起しよう。その度合いは未決定だとしても、『研究の自由』『研修を組織する自由』『自主的な研修』の保障が教特法の研修条項に結実していることは否定できないであろう。それに、なによりも、国会における辻田政府委員の教特法研修条項の立法趣旨説明（前掲）に注目しないわけにはいかない。」（303頁）

この引用部にも現れているように、結城の研修条項解釈においては、教特法立法過程研究の成果が大きな比重を占めているのである。そして、ここから先が、とりわけ結城の学説の特徴である。

「直接には教特法第20条によって教員には研修権が法認されていると解されるが、同法19条１項＜教育公務員の研修義務＞および憲法26条＜教育を受ける権利＞との整合的解釈によって、それは義務性をかなり濃厚に帯びた権利だとみるのが妥当である。いうなれば、教員の研修権は、親の教育権にも似て、子どもの学習権・人格の自由な発達権に向けられた『承役的権利』（dienendes Recht）ないしは『他者の利益をはかる権利』（fremdnütziges Recht）として、優れて『義務に拘束された権利』（pflichtgebundenes Recht）だと規定できよう。主要には、権利性は任命権者を名宛人とし、義務性は子どもに向けられているといえる。

ただ、『このような場合における権利と義務は、純然たる私法関係におけるそれの如くには明確に分離しえない』。そこで、この権利の権利性および義務性の強度はケース・バイ・ケースのプラグマティックな判断をまつことになる。」（303～304頁）

結城は、教特法第19条第１項を「条理上、教員の研修上の自主性という一種の権利保障をふくんでいると解しなければならない」と読む兼子仁の学説[34]や、「教特法19条１項は、……教員が自己の職業的任務を自覚し、自主的につくすべき努力目標を訓示的に示したもの」であり、「規範的には……法律

はとくにその研修の権利を保障したものである」という室井力の学説[35]を批判し、「同条同項は教育公務員の研修を職務遂行上の不可欠の要件としてとらえ、そこで教育公務員に対し直接に研修義務を課したものと解するのが自然であろう」と述べている。

このような結城の学説に影響を与えているのが西ドイツ（当時）における教員法制である。そのことについて、結城は次のように述べている。

> 「以上と関連して、西ドイツにおける教員研修の法的位置づけが大いに参考となる。西ドイツといえば、『教師の教育上の自由』や『学校の教育自治』を既に実定法上に確立している国であるが、教員の研修に関してはその義務性が強調される傾向が強い。一言で言えば、『教員の特別な義務』（besondere Pflicht des Lehrers）としての『研修義務』（Fortbildungspflicht）という位置づけである。通説を、以下に、H. ヘッケルに代表させよう。
>
> 『教員は国家試験の合格でもって、その養成を終了したわけではない。その後も継続して研修する義務を負う。この義務は教員の官吏としての一般的な法的地位からだけでなく、とりわけ青少年の教育者としての責任（Verantwortung als Jugenderzieher）から生じる。教員はその教育学的・心理学的・専門学問的知識を深化させかつ新たにすることに継続的に努力する場合にだけ、その教育責任を全うすることができる。』」（304～305頁）

②自主研修と行政研修の関係（権利性と義務性、自主性・主体性）

結城忠は、自主研修と行政研修の関係については、「この場合、『研修』というタームが『研究』と『修養』の短縮型であるということからすれば、事の本質上、『自主研修』が教員研修の本流をなすべきは当然であろう。現行研修法制も、基本的には、このような立場に立っているとみてよい」（305頁）と

述べており、教育法学の通説と一致している。

　教育法学の通説は、行政研修を排除するものではないが、結城の学説においては、さらに行政研修の容認度が高いと言えるだろう。結城は、現行法制が行政研修をどのようなものとして予定しているのか、教特法第19条第2項、文部省設置法第5条第22号、同第8条第13号の考察から、「現行法制は、教員研修に対する教育行政当局の役割を、基本的には、教員の自主的な研修を『奨励』・『援助』したり、これに対して『専門的、技術的な指導と助言を与えること』にあるととらえているといえよう」（315頁）と述べている。すなわち、「基本的には、条件整備行政・指導助言行政の一環を成していると見るのが妥当であろう」という見解である。そして、「教育基本法10条2項を教育行政の教育内容不介入原則の表明とみて、行政当局は研修のための諸条件を整備するだけで研修内容にはタッチできないとする学説が存するが、上述したところにより、このような見解は支持しがたい」（316頁）と言う。

　また、結城は、「行政研修命令の適法性」について、次のように述べている。

　　「これまでの検討によって明らかにされた現行研修法制の構造からすれば、行政研修への参加は、原則として、『任意参加の原則』によることが要請されていると解釈される。主要には、現行法制は、(1)行政研修を条件整備・指導助言行政の一環として位置づけていること、(2)教員に研修権を保障していること、(3)自主研修を教員研修の本流とみていること、などがその根拠としてあげられよう。これに、条理的根拠として、研修者本人の自発的意思を無視した『強制研修』は効果に乏しいということが加わる。」（317頁）

　この点は、教育法学の通説と一致しているように見える。しかし、結城は、「行政研修命令を一律・無条件に違法だとみる教育法学説にはくみすることができない。……事の性質によっては、研修者本人の意思とは無関係に研修会への参加（特定内容の研修）を義務づけることが必要なケースもありうる

からである」(318頁)と言う。すなわち、行政研修の存在を法的に認める点では、結城の学説と教育法学説とは一致しているが、研修命令の適法性についての解釈が異なるのである。結城は次のように述べている。

> 「教育主権上の決定を受けて（議会の議決に基づいて）、教育行政当局が一定内容の研修を組織する場合がその典型例である。具体的には、たとえば、教育（法）制度改革や教育課程の改訂に伴って、これに対応すべく実施される行政研修がこれに当たる。この場合は、教員は行政研修に参加し、特定事項について研修する義務を負うといわなければならない。そうすることが、まさに子どもの学習権をよく保障するゆえんだからである。
>
> 前述したように、現行法制上、教員には研修義務が課せられている（教特法19条1項）。子どもの利益が求める限り、たとえ自己の意思・信念に反する研修内容であっても、これを習得することは教員としての職務上の義務に属しているとみるべきであろう。それは、あたかも、教職課程の履修が教員になるための必須要件とされているのに対比されえよう。
>
> 他方で教員は確かに研修権を享有してはいるが、それは、既述のように、子どもの学習権・人格の自由な発達権に向けられた『承役的権利』として、優れて『義務に拘束された権利』なのである。上述のような行政命令研修であれば、子どもの利益に規制されて、これを排除するほどの効力はもちえないと解される。」(318頁)

この場合に、結城が、「その場合でも、教員には討論・批判の自由が十分保障されなくてはならないこと、もちろんである。行政命令研修もやはり『研修』にはちがいないからである（参加強制＝非研修と短絡すべきではない）」と述べ、1970年8月の北九州市における懲戒処分事件を例示して、「伝えられるように処分事由が『批判的な見解の表明』だとすれば、このような処分にでた行政当局は厳しく批判されてしかるべきであろう」(319頁)と明言して

いることはきわめて重要である。すなわち、結城の行政命令研修を適法とする学説には、当該行政研修が「討論・批判の自由」、「研究の自由」を参加者に保障していることが前提されているのである。

この点に注目するならば、結城の学説は事の本質を的確についている。そのためか、筆者はこの学説には、理論的にもまた実践的にも緊張感を感じるのである。しかし、一方で、当該行政研修における「研究の自由」の保障についての吟味が欠落もしくは曖昧になるならば、結城の学説は歪曲利用される危険性も合わせ持つことを指摘しなければならない。

③「勤務時間内校外自主研修」
(ア)職務性

牧昌見編『教員研修の総合的研修』(ぎょうせい、1982年)の結城「第9章 教員研修をめぐる法律問題」は、「自主研修の職務性」についても、教育法学の通説と大筋においては同旨であるが、具体的な問題については異なる見解を示している。結城は、「職務命令に基づく研修だけが職務行為(職務研修)」であるとする行政解釈を紹介した後、次のように述べている。

「しかし、上述したように、現行法制は直接には教特法20条によって教員に研修権を保障しているとみられる。そして、教員の教育活動にとっての校外自主研修の重要性にかんがみて、同20条2項は特にこれについて規定し、そのための特別な機会を保障したものと解釈される。

とすれば、教特法20条2項に基づく勤務時間内の校外自主研修は、原則として、いちおう職務研修としての推定を受けることになるといえよう。『権利としての自主研修』が『職務としての自主研修』を根拠づけるのである。教特法の立法者意思・自主研修重視の現行研修法体制もこうした解釈を支援しよう。それにそもそも教員に職務遂行上の不可欠の要件として自主研修義務を課しておきながら(教特法19条1項)、研修と教

育(職務)を切断し、自主研修の職務性をことごとく否定するのは不条理であろう。」(307頁)

ここまでの論述は、教育法学の通説と変わりはない。しかし、次の論点の展開が結城説の特徴である。職務性は、「それぞれのケースに即して個別・具体的に決する以外にない」が、「ある程度緩やかに認定されるべきであろう」、そして、その判断権は校長にある、というのが結城の学説である。教育法学の通説が校外自主研修を基本的に職務行為とみる点について、結城の学説は異なっている。

「問題は、校外における自主研修のうちのどこまでが研修権によってカバーされるか(職務行為とみなされるか)にある。この場合、研修内容が教員の本務である教育活動とどの程度の関連性をもつかが重要な判定基準をなす。職務行為と認定されるためには、両者が一体不可分・密接不離であることが要請されているといえよう。もちろん、その判定は現実には難しい。それぞれのケースに即して個別・具体的に決する以外にない。ただ、研究職務の特殊性ならびに上述した教特法20条2項の立法趣旨を考慮すると、職務行為性はある程度緩やかに認定されるべきであろう。なお、以上に関し教育法学の通説は、行政解釈に対峙して、教特法20条2項に基づく『研修』はすべて職務行為とみているようであるが(校外自主研修の全面的職務行為説)、上述したところにより、この説にもくみしえない。……なお、校外における自主研修の職務性の存否についての判断権は、教特法20条2項により、第1次的な服務監督権者たる校長にある。」(307～308頁)

(イ)校長の裁量性

次に、研修承認に関する校長の裁量権についての結城の学説をみてみよう。

「教特法20条2項にいわゆる『承認』の法的性質は、法律行為的行政行

為たる『許可』を意味すると解する。校長の承認行為は、教員が公務員として一般的に負っている勤務時間中は勤務場所を離れてはならない義務（不作為義務）を解除し、教員の校外自主研修権を復原させる行為だとみられるからである。

　校長は承認権の行使に当たって、教員から申し出のあった事項が『研修』に該当するか否か、職務行為性を帯びているか否かについて判断しうる。否定の場合には、本条に基づいての承認（職務研修としての承認）は拒否しなくてはならない。肯定であれば、さらに『授業への支障』を基準として承認するかどうかを決することになるが、その場合の校長の判断権は単に特定の法律事実または法律関係の存否についての確認（行政法学にいう、いわゆる確認行為）だけに限定されえないといえよう。すなわち、授業への時間的支障の有無に関する形式手続き的な確認だけにとどまらず、校長の校務掌理権（学校教育法28条3項[36]）に根拠づけられて、授業以外の校務運営上の支障をも併せて判断できるとみられる。」（309〜310頁）

　このように結城は、校長が、第1に、研修事項の研修該当性および職務行為性について判断をし、可であれば、校務運営上の支障を含む授業への支障の有無を判断することになると述べる。第2に、承認不承認の決定に当たり、「校長には一定範囲の裁量判断権が留保されている」とする。しかし、結城の言う校長の「一定範囲の裁量判断権」とは、「行政解釈が説くような自由裁量（freies Ermessen）ないし目的裁量（Ermessen der Zweckmässigkeit）とまではいかない。これでは、教員に研修権を保障している現行法の趣旨を没却してしまう」と結城は考える。結局、「教員の研修権に覊束された法規裁量（Ermessen der Rechtmässigkeit）」と解するのである。そして、「法規裁量」であるから、「校長の裁量権行使をめぐっては、単に当・不当の問題だけでなく、違法の問題が生じ、したがって、正当な研修権の行使として承認されるべき校外研修

が違法に不承認とされた場合には、これについて当然に裁判上の救済が及ぶことになる」(310頁)と述べている。

結城は、次に、「校長の承認権の強度」について考察している。これは、「教員からの校外研修の申し出について、校長はどの程度までの審査権限を有するかという問題である」と言う。

教育法学の通説は「文字どおり『授業への支障』の有無を確認するだけで裁量の余地のない行為（き束行為）」であり、研修内容については、「教師集団の内部規律や校長の指導助言の対象にはなりうるが、それは研修計画書の事前検閲、報告書の審査、不承認処分といった法的拘束力ある措置をともなうことはできないはずである」[37]というものである。

これに対して、結城は、「校長は教員からの申し出事項について、その職務行為性・研修該当性の存否を当然に審査しうる。すなわち、研修内容についても一定の判断権をもつ」(310頁)と言う。そして、問題の焦点が、「研修内容判断権の内実」に絞られてくる。結城は次のような見解を示している。

> 「教員に研修権保障がある以上、校長の判断権は研修内容の当・不当には及びえないといわなければならない。研修内容を実質的に審査したうえで（職務行為性・研修該当性に関する審査以外の内容審査）、承認するかどうかを決してはならないということである。また同じ理由で、変更命令権など個別・具体的な研修内容介入権も否定されよう。この面では、校長は指導助言をもって専らとすべきことになる。」(311頁)

そして、研修計画書や報告書の提出の可否については、結城は、「教員の校外での研修状況を把握しておくことは、服務監督権者たる校長の職務上の義務に属し、その有力な一手段が研修計画書・報告書だから」という理由で、肯定的に捉えている。「校外自主研修も、それが職務行為としてなされる限り、校長の服務監督権から全的に自由ではありえない」と考えている。

(3)「研修の目的性・集団性・開放性」の提言

　教育法学の分野において、自主研修の発展を願う立場から教育法学の通説と教育運動を厳しく批判し、改善すべき理論的・実践的課題を提示したのが牧柾名「研修の目的性・集団性・開放性」（『季刊教育法』第46号、総合労働研究所、1983年1月、44〜53頁）である。

　牧がこの論文の冒頭で、「すでに教特法上の研修規定に関しては、精緻な教育法解釈論が構築されてきた」（44頁）と述べ、その代表的なものとして、兼子仁『教育権の理論』（勁草書房、1976年）、永井憲一『教育法学の目的と任務』（勁草書房、1974年）、門田見昌明「教師の研修をめぐる法制的課題」（『教育法学の課題』総合労働研究所、1974年）をあげていることからもわかるように、牧の研修条項に関する学説は、基本的には教育法学の通説と立場を同じくするものである。しかし、牧は同論文によって、次の3つの観点から研修権を考えてみたいと述べ、その理由についても説明している。当時における教育法学説と行政解釈との対立点、および教育法学説の弱点を的確に捉えた研究課題の設定であると思われる。

　　「第1の観点は、研修権をその目的性との関係で考えるということであり第2の観点は、学校の教育責任から研修権を捉えかえすということであり、第3のそれは、開かれた研修権ということである。
　　その理由もしくは動機について少し説明しておこう。第1については省略するが、第2の学校の教育責任という観点は、ふたつのねらいをもっている。ひとつは、いわゆる行政解釈にみられる校長の義務免研修承認権の論理が、学校の責任（＝校長の責任）論理を根拠としていることへの批判というねらいである。他のひとつは、個としての教師の研修権が予定調和的に学校の教育力の水準向上に役立つか否かという問題にこたえたいということである。もう少し言葉を加えるならば、学校の教育課程編成権に代表される働きの中で、教師の研修権は、学校の教育活動の組

織的運営とどのようなかかわりをもっているかということを考えてみようということでもある。

　第3の開かれた研修権とは、教師の研修権を任命権者、服務監督権者に対して主張するのみでは十分ではないと思われるということである。すなわち、教師の研修権の行使が、父母・住民にとってどのような意味をもつか、という観点でこの問題を考える必要性を、わたくしは感じている。」(44頁)

①研修権の本質と目的性

　牧は、まず、「研修は何に要請されているか」と問う。これに対する回答は、「教育が本質的に研修を要請しているからにほかならない」ということである。牧は、教特法制定当時の行政解釈[38]を引用し、「教育と研修についてのこの解釈は、文化財の伝達と人格的接触に含まれる倫理性に重点がおかれており（そのことは間違いではないが）、教育的営為の創造的特質と教師の人間的豊かさの必要性にふれるところがない点に問題を感ずるけれども、大筋のところ首肯しうる内容である」(45頁)と評価した上で、「こんにちでも、原理的にいえば、この理解を行政解釈は否定しているとはいえない。いわば教育の本質は、教師に不断の研修を要請しており、その研究と修養は、教師自らが自発的に選択し、主体的に努力することがなければ、生気あふれるものとはならず、教育活動に有効にむすびつかないことを否定することはできないといえる」(45頁)と述べている。ここにおいて、行政解釈と言えども、教育法学説と研修の本質性把握においては共通の土台にあることを確認している。

　そして、牧は次に、「研修の目的性」を問う。その際、「教育の本質をどう理解するかにかかわって研修の目的性の内実が問われる」(45〜46頁)と言い、「こんにち……ひろくみられる、などということはないであろう」「機械的理解」(46頁)として次のような例をあげている。

「教師たちの外側で作られた計画に従って、あらかじめ措定された教育内容を対象化して検討することなく、ひたすら指示に従って子どもに文化財のエッセンスを注入することが教育であるとみるならば、研修は、注入に必要な技能についての訓練を受けるという範囲を出ないものになってしまうであろう。そこでの目的性とは、教育の効率化ということになろうか。」(46頁)

牧は、「研修の目的性」について、堀尾『教育の自由と権利』[39]を引用して次のように語らせている。

「堀尾教授はこのことにかかわって次のようにのべている。『教育が、どこかで決められた一定の文化財を子どもに伝達するという単純な仕事ではなく、文化遺産の伝達（教育の一つの側面）それ自体が子どもの可能性をひき出し、人間的成長を助けるものだという教育観に立ち、その目的に照らして文化財を選びとり、教育内容を編成するという仕事は、じつは、教師自身が一人の人間として、現代をどう生きるかという問いとして教師自身にかえっていく問題である。そして、この問題は、教師の教育内容研究の姿勢と深くかかわり、内容編成の基準としての科学性と芸術性それ自体をどうとらえているかという問題と不可分に結びついている。……教師が歴史的現実を客観的に認識し、これに対して主体的に対決する姿勢を持つことは、むしろ教師としての義務だと言ってよい。実際、教師が、人間として、今日の状況をどう生きるかという問いとその認識の深まりが子どもの教育目的をも現実に規定している。そして、この教育の目的性が、子ども研究と教育内容研究の方向とその質を規定している。』」(46頁)

牧は、前記の堀尾説を全面的に肯定した上で、「『児童の教育を掌る』（学校教育法28条6項[40]）ことと不可分のものとしての研修は、これまでの教育法学

の研究と結びつけていうなら、学校における教師の教育課程編成権とその教育権に深く結びついて理解されるべき事柄だといえる。教育と研修の目的性は、不断に自覚化され、実践のなかで検証され、学校教育の自律的更新とむすびつけて問いかえされていかねばならぬものと解されるのである」(46頁)と述べている。

②学校の教育責任と研修権

牧は、「民間」側において(教育法学説や教育運動のことを指すものと思われる)「学校教育活動の組織化過程と教授・学習過程とを二元的に捉える傾向」を有しており、「研修権は、当然のことながら、教授・学習過程と一体のものとして捉えられ、その対立物として学校の組織化過程・運営過程が捉えられる」(49頁)ということが強いと指摘し、一方、「行政解釈は、学校という組織体の運営という観点から研修をとらえ、学校が『住民』に責任を負いうるための責任ある秩序の論理の中に研修を位置づけることによって、この二つの過程を一元的に説明しようとしてきたように思う」(49頁)と述べている。

そして牧は、「自主研修権と職員会議の関係をとりあげ、一人ひとりの教師の研修権の確立が、どのように学校の教育責任と結びつくのかを検討してみたい」(49頁)として、職員会議が、「教職の協議・意思決定・連絡調整の場であるだけでなく、研修の場でもある」(50頁)ことに注目する。牧は、「学校は、まずは学校で働く教職員が英知を集めることによって、より深く子どもを捉え、子どもに奉仕することを任務としている施設である。この英知を集めるということが、とりもなおさず研修に他ならず、そのような場として職員会議は位置づくのである」(50頁)と述べている。このような考察の結果、牧は、次のような課題を提示しているのである。

> 「このようにみてくるならば、いわゆる研修権の問題は、個としての教員の研修権の確立にとどまらない意味をもっているといえよう。たしか

に、地公法上の研修(同法39条)と教特法の研修とは文理上の意味は異なっているが、学校と子どもという関係からみる限り、むしろ地公法と教特法との間に線を引き、教師の固有の権利としての研修権を主張することから一歩すすめて、地公法上の研修を、学校の子どもへの直接責任・組織責任性の教育法理から捉えなおし、教師の研修権の論理を準用して再把握することが必要であると思われるのである。」(50頁)

③研修権の行使と成果の公表・交流
牧は、また、次のように言う。

「『行政研修』が自主研修に優位し、自主研修が閉塞された状況に追い込まれている実情については別に論稿が予定されているので、ここでその実態に立ち入ることはひかえるが、なぜ、いわゆる自主研修が、権利としての実を失いつつあるのかということは考えておかなくてはならない。任命権者や服務の監督権者による研修に対して、自主研修の優位性を主張することが、理論的には正しくとも、実態として、そのような理論が十分ちからをもち得ていないことについて、すべてを外的条件のせいにしてしまうならば、自主研修優位説は衰退の道をあゆむほかはないであろう。

むしろ問題は、教師自身が研修の自主性をそこなう事由をすべて外的条件に帰してしまうこと、『自主研修』の貧しさを恥じ、研修の内実をもって子どもたちや親たちの問いかけにこたえるところから出発しなければならない、というところにある。」(50頁)

教育法学の研究者が教育運動の側、すなわち個々の教師あるいは教師集団に対して、このように厳しい問題指摘を行うことは稀少なことであると思われる。

牧は、「教育の目的や内容、子どもの捉え方や教え方などを探求する課題は、

国民にとって共通のものである。教師の教育権といい、研修権といっても、もとをただせば、国民のこうした探求の自由に基礎をおいている。学問の自由（憲法第23条）は国民の知的探求の自由であり、教育を受ける権利と教育の責務（憲法第26条）もまた国民一人ひとりの基本権にほかならない」(51頁)ことを確認している。ところが、「研修は、教師の専門職としての内実を形成する営みだから、どのような研修が行われているかは、通常子ども（その代理者としての保護者）にはわからない」(51頁)のである。したがって、「研修の成果は、たしかに子どもたちの教育に生かされ、子どもたちに接する教師の人間性をいっそう豊かにしていると感得されることがなければ、教師の研修権は、父母・住民にとっては、抽象的な、特殊利益実現の主張とみえてもやむを得まい」(51頁)と言う。そこから牧は、「子ども・親や教師の側からみて、研修権の論理がどのように構築されねばならないかということを、既得権益擁護論的観点や狭い意味での条件獲得闘争的に捉えることから脱して考えねばならぬとわたくしは思うのである」(51頁)と述べている。牧は、研修計画書や報告書の提出に対する教職員組合などによく見られる姿勢を例示して批判している。

　「たとえば、研修についての機会を与えることについて権限を有する者（たとえば校長）が、夏期自宅研修について、事前に計画書を提出させ、事後に報告書を書かせることについて、それは、自主研修の本態とする教特法の趣旨に反しているとして、報告書等の提出を拒否することが、教師の当然の権利であるかのように捉えるとすると、このような理解はいかがなものであろうか。研修は公権力によって強制されるべきではないという限りに於てその主張は正当性をもちうるけれども、実際に、研修の報告書を書くこと自体が、不必要であるとか、無意味であるということにはならないと思われる。」(51～52頁)

もちろん、牧は、研修計画書や報告書により校長が研修内容の実質審査を

行うことを肯定しているわけではない。牧の関心は、教師がその研修内容を父母・住民に対して公開することにより、教師研修の権利性が社会的承認を得ていくことであり、次のように述べている。

「問題はそのような一時的手続きに関することではない。教師が研修の機会を保障されているのは、教師自身の教育的力量を磨き、教授能力、生活指導能力等の水準を高めることが、子どもの発達保障に還元されることが期待されているということを問題としているのである。いうまでもないことながら、ある日の校外研修が直ちにその翌日の授業に役立つというような即効性を研修に期待するとすれば、それはあまりにも近視眼的にすぎる。その限りでいえば、当該の時間内校外研修が、授業に支障がないことが、当該校の教職員によって認められるならば、校長は、研修の実質審査を行うことなく、形式的手続きのみによって承認を与えることは、むしろ教育活動の常態からいって自然なことといいうる。

このように教師の研修についての信頼を前提として、子どもの保護者は、教師の校外研修に理解を示していると考えられるのであるが、より立ち入ってみるならば、研修の成果が公開されることは、同僚である他の教師にとってはもとより、父母・住民にとっては、より望ましいことに違いない。したがって、たとえば、1年間から2年間程度の期間を単位として、個々の教師が、自らの研修の成果を公開・公表することは、むしろ必要なことであると思われる。研究発表会の形式であれ、研究報告書の形式であれ、一定期間に蓄積された研修の内容を整理し発表し、大方の批判をうけることによって、当該の教師の教育・研究にはひとつの段階が画され、さらにより自己をすすめる契機となるであろう。

私見によれば、校長が、『研修の成果が今後の職務遂行に役立つものであるかどうか』を、些末的、卑俗に判断することは、むしろ研修本来の意味をとりちがえ、教育と短絡する発想によるものと思わざるを得ない。

教師の研修は、学校に勤務するものと父母・住民に開かれることによって、その権利性が、いっそう強固なものとして社会的承認を得ていくものであると考えるのである。」(52頁)

2. 労働法学

　青木宗也「研修権に対する労働法的側面からの検討」(『教育法学の課題』総合労働研究所、1974年、389～398頁) は、教員研修の問題を労働法的側面から検討することを試みた注目すべき論文である。これによって、教育法的検討では解明できなかったことが明確になったり、当時、すでに「平行的対立状態」にあった行政解釈との接点が見出だされるかもしれないという期待をいだかせる研究である。青木論文の中心は、「研修の職務性」とくに「『勤務時間内校外自主研修』の職務性」の解明にあるものと考えられる。

(1)「職務」の定義

　青木は、まず、「労働契約と労働者の義務」について考察し、「労働者は労働契約の範囲内で、使用者の業務命令に従って労働力を提供することが義務づけられるのみであり、それ以外に労働者は、使用者に労働力の提供義務を負うものではない」(389頁) こと、すなわち、「労働者は労働契約、労働協約、就業規則の規定に反しない範囲で出された業務命令に従って、労働力を提供することが義務づけられるにすぎない」(390頁) ことを確認している。そして、「教育公務員が提供することを義務づけられる労働力の範囲は—それが勤務条件の問題であることから—条例以上の法令によって規定された範囲内に限られる」(390頁)。ところで、学校教育法第28条は、「教諭は、児童の教育を掌る」と本務を規定しているから、「『教育を掌る』本務およびそれと直接関連する業務については、教育公務員は労働力の提供を義務づけられることになる」(390～391頁) のである。そして、これ以外には、「条例以上の法令の規定で、とくに義務づけられた業務についてのみ労働力提供義務を負う」が

「条例以上の法令の定めによる場合でも、その義務が教育権を阻害するものと考えられる場合には、その規定は無効となり、労働力の提供を義務づけられることはない」(391頁)と述べている。そして、青木は、「以上のように考えられる範囲で、労働者が労働力の提供を義務づけられた業務を『職務』という」(391頁)としている。

すなわち、青木によると、教師の「職務」とは、「教育とそれに直接関連する業務および教育権の侵害にあたらない範囲で条例以上の法令で定められた業務」ということになる。

(2)研修の職務性

青木は、次に、文部省解釈を紹介し、とくに、「職務専念義務免除による研修」に焦点をあてて考察を進めている。その際、兼子仁が有倉編『教育法』において述べた「本務免除」としての「職務専念義務免除」の可能性について、「右の文意からいって職務専念義務免除は職務免除の意味であって、時間内校外研修は『職務』ではないと主張しているものといわざるを得ない」(392頁)と否定しているが、妥当な見解であろう。この後、次のように論理が展開される。

> 「ところで、時間内校外研修が『職務』ではないということは、労働契約上——教育公務員においては、学校教育法28条の本務およびそれと直接関連する業務および教育権の侵害にわたらない範囲で条例以上の法令で定められた業務がその内容——提供することを義務づけられた『労務』[41]ではないということである。そして、時間内校外研修を職務専念義務免除扱いにするということは、それが右にいうような『労務』ではないが、それは授業と密接な関連を有し、教育公務員の本来の職務の遂行にとって必要有益なものであるから、職務専念義務免除等の援助を与えるのであり、教特法20条2項の規定は『教育について一般公務員以上に自発的

研修が盛んであるのが通常であり、それは奨励すべきことであるので、教員のみについて職務専念義務免除の便宜を得る手続きを簡便な形で全国的に統一した特例とみるべきもの』であるというのである。しかし、さきに一の項で述べてきたように、労働者の対使用者に対する義務は、『労働契約』の範囲内でのみ『労務』を提供することであり、それ以外になんら『労務』提供義務を負うものではない。したがって、時間内校外研修が『職務』ではなく、『労働契約』の範囲内で労働者に義務づけられた『労務』の提供そのものではないというのであれば、それはまさに教育公務員の道義的責任において任意に果さるべき個人的行為であるということになる。

　そこで、時間内校外研修を、そのように教育公務員の道義的責任において任意に果される個人的行為として位置づけることが果たして教育権保障の建前から正しい解釈かが問題となるのである。」(392～393頁)

青木は、次に、「時間内校外研修を、教育公務員の個人的行為として位置づけることが教育権保障の建前から正しい解釈か否か」を考察する。青木は、「教育は、主権者としての国民、子どもに対して、科学と文化の伝達を通して、ひとりひとりの無限の可能性を開花させるすぐれて創造的・探求的ないとなみである」から、「それ故に、教員は日々の授業と直接結びつく教材研究その他授業の内容等に関する研究を深めることが必要であることは申すまでもないことがあるが、それと全く同質的なものとして、日々の授業と直接に結びつかない教育研究をも深めることが必要であ」り、「そうした研究を十分に深めることによって、初めてその任務を果たしうることとなる」と述べている。そして、さらに、教師の仕事は、創造的・探求的過程でもあるから、「以上の研究にプラス教師としての修養がまた必須の条件」であると述べ、次のように結論している。

　「この研究と修養をあわせて『研修』という概念が法的に使用されるの

であるが、右に検討したように『研修』が、教育労働者が教育という任務を遂行するうえで必須の条件であるとすれば、それ自身『教育を掌る』いわゆる教育労働者の本務の中味であるといわざるを得ないのである。

そして、教育が教育労働者のすぐれて主体的・自発的・創造的な活動として展開さるべきものであり、外部からの強制になじまないものであることは多言を要しないところであり、『研修』がその教育活動を展開するために必須なものであり、むしろそれがその中味をなすものであると考えるとすれば、その研修は、あくまで、教育労働者の自主的な計画に基づく『自主研修』でなければならないはずのものである。そして、そうした自主研修の法的保障の根拠を教育基本法2条の教育の場における『学問の自由』と10条1項の教育に対する『不当な支配』の禁止に求めることができる。

したがって、『自主研修』こそ教育労働者の研修の本来のあり方であり、別に言えば、教育労働者の研修は『自主研修』でなければならないといってよい。」(393～394頁)

このように、「『自主研修』そのものが、教育労働者の『労働契約』上の義務として提供される労働力＝職務そのものである」(394頁)から、それは「当然勤務時間内において果たさるべきものであり、研修時間は勤務時間として処理すべきものである」(394頁)と言える。さらに、「それが『自主研修』なるが故に、……それを校外で行うことが効果的だというのであれば、教育労働者の自主的な判断に基づいて校外でそれを行うことが認められる」(394頁)のである。

「このように考えてくると、時間内校外研修は、まさに教育労働者の本務行為＝職務であるといわざるを得ないこととなる。ところが、さきに問題を指摘したように、行政解釈は時間内校外研修を職務専念義務免除行為として処理することを示唆するのであるが、その考え方は、結局、

それを教育公務員の道義的責任において任意に果たされる個人的行為として位置づけることを出発点としているものと考えられる。行政解釈の考え方がそうであるとすれば、全く誤った解釈であるといわざるを得ないし、さらにいえば、それは教育の本質を見失った考え方を出発点としているといわざるを得ないのである。」(304～305頁)

青木は、なぜ、教特法において、第20条第2項の規定をわざわざ設けたかについての考察も行っている。この点については、兼子の有倉編『教育法』の「第3章研修」における解説 (371頁) と同旨である。すなわち、日本の教員における拘束勤務時間体制をその理由として指摘している。

さらに、青木は、時間内校外研修と職務命令の関係を論じているが、そのなかで、「『授業に支障のない限り』とは『子どもに携わる授業への時間的支障の有無を学校として確認する羈束行為 (法的に拘束された行為) に』ほかならないと解すべきであるということになる。要するに、その規定は、本属長＝校長が、時間内校外自主研修以外の職務＝授業、学校行事等との調整を行う等の措置をとりうる権限を認めたにすぎないものと解すべきである」(398頁)と述べている。この記述からは、「授業に支障のない限り」の「授業」には、「学校行事等」も含まれると青木は解釈しているようであるが、生徒指導等の教育活動や会議等の校務と「授業に支障のない限り」との関係はどのように考えられているのだろうか。

青木の関連論文としては、本論文に先立つものとして「教育労働と勤務時間」(『季刊教育法』第10号、総合労働研究所、1973年12月、175～180頁) がある。ここで、教員の勤務時間の構成要素の考察を行っているので引用しておこう。これは、第1章第1節で言及した日教組の超過勤務問題に関わる労働時間研究の成果である1970年6月第38回定期大会採択「教職員の労働時間と賃金のあり方」[42]を踏まえているものと考えられる。

「したがって、当局は、授業時間制の採用を指向しながらも、1日ない

し1週間の総勤務時間規制方式によらざるを得ないことになる。しかし、この方式をとる場合にも、教育労働の特殊性への配慮がなさるべきであり、ことに、総勤務時間と授業時間との関係が十分に考慮されなければならない。すなわち、教育労働者の労働は、授業のほかにそれに付随して、授業準備、研修、採点、ノート点検、家庭訪問、個別指導、職員会議、その他の本務外労働が課せられている。

ことに、授業時間の増大化は、それに直接付随する授業準備、研修、採点、ノート点検、個別指導等の時間の増大化を必然的にもたらす。したがって、授業時間数の決定にあたって、その付随業務時間数への十分な考慮がされないとすると、事実上の長時間労働を押しつけることになり、総勤務時間規制が有名無実なものとなってしまうことになるのである。教育労働者の総勤務時間数は授業時間プラスその付随業務時間プラスその他の本務労働および本務外業務の総計でなければならない。

すなわち、授業時間外のそれらの業務が、総勤務時間内に果たしうるように授業時間数の決定がなされなければならないということである。

つぎに、強調しておきたいことは、教育労働の特殊性から研修時間を勤務時間内に組みいれることの配慮である。教育がすぐれて真理教育でなければならないものであり、その教育が科学的に展開さるべきものであり、それが自発的、創造的に展開されるものであることからいって、教育労働者の研修は、教育活動を行うための必須の条件であるといってよい。いわば教育を掌るという教育労働者の本務の本質的内容をなすものとして研修が位置づけられるべきだと考えられる。それ故に、教特法第19条第1項は教育公務員に研修を義務づけ、第20条では、その研修の機会を確保するための規定を置いているのである。総勤務時間の決定にあたって、研修時間を組み入れるよう配慮することこそ、当局側の義務であるといってよい。

また教育労働者は、より良い民主教育を実現するためにその組み入れ

を要求する義務があり、権利があるといってよいだろう。たとえば、高校などで行われている研修日の指定や週何時間かの研修時間指定、年間のまとまった自宅研修期間の設定などを実現することが求められよう。」
（177〜178頁）

〔註〕
(1) これら「4解説書」については、すでに第2章第1節において詳述している。なお、教特法施行直後の著作については、研修条項解釈に関わる記述の変遷を辿るために発行月も記載している。
(2) 国公法・地公法の「勤務能率の発揮増進のため」と教特法の「職責を遂行するため」に着目した両者の差異説明は文部省内教育法令研究会編『改正教育公務員特例法逐条解説』が最初であったと考えられる。
(3) 「研修の義務→研修命令→命令違反は処分」の論理は、武田一郎監修・教育実務研究会編『教育実務提要─校長編─』（第一公報社、1953年11月）が最も早い時期のものであると考えられる。地方教育行政関係者の方が文部省より先行しているようであり、この点興味深い。
(4) 研修を行うことを職務ではないという見解を示したのは、『教育委員会月報』第60号（1955年8月号）に掲載された「昭和30年度教育委員会事務局職員研修会質疑応答集」が最初であると考えられる。
(5) 宮地茂『新教育法令読本』日本教育振興会、1950年、127頁。
(6) 「教育的研修」、「自己研修」、「研究命令」など。
(7) 大分県教育長宛て初等中等教育局長回答。
(8) 1973年10月、北海道人事委員会は懲戒免職処分を取り消し、停職3カ月に変更した。
(9) これらについては、浪本勝年「教師の自主研修権の現状─閉塞状況と判例の検討─」『季刊国民教育』第11号（労働旬報社、1971年）85〜93頁、参照。また、本書第4章第3節でも考察している。
(10) 神田修『教師の研修権』三省堂、1988年、26〜31頁、参照。
(11) 『季刊教育法』は、このあと、第49号（1983年10月発行）からエイデル研究所発行。
(12) 前掲『教師の研修権』、13〜17頁および32〜35頁、参照。
(13) 牧柾名『牧柾名教育学著作集』第2巻〈教育権と歴史の理論・下〉エムティ出版、

⑭　有倉・天城『教育関係法〔Ⅱ〕』402〜403頁。国家公務員法第1条は、「……以て国民に対し、公務の民主的且つ能率的な運営を保障することを目的とする。」と規定し、地方公務員法第1条は、「……地方公共団体の行政の民主的且つ能率的な運営を保障し、もって地方自治の本旨に資することを目的とする。」と規定している。

⑮　兼子「第3章研修」有倉遼吉編『教育法』〈別冊法学セミナー12・基本法コンメンタール〉日本評論社、1972年。

⑯　兼子「教師の自主研修権をめぐる法解釈論争」『季刊教育法』第1号、総合労働研究所、1971年10月、56頁。

⑰　前掲、有倉・天城『教育関係法〔Ⅱ〕』537〜538頁。

⑱　この点については、拙著『戦後日本教員研修制度成立過程の研究』（風間書房、2005年）第2章第3節及び拙著「教免法と教特法の変遷と教員養成・研修制度―教育法学の成果と課題―」（『日本教育法学会年報』第40号、有斐閣、2011年）でのCIE文書を資料とした筆者の考察を参照されたい。

⑲　この法的根拠として、兼子は教育基本法第10条第2項をあげている。

⑳　兼子「教師に対する行政研修の教育法的評価」『季刊教育法』第2号、総合労働研究所、1971年12月、36頁。

㉑　地教行法第23条・45条、文部省設置法第5条第1項21・22号

㉒　有倉編、前掲『教育法』369頁、および有倉編『新版教育法』日本評論社、1977年、390頁。なお、『新版教育法』では「努める」ではなく「努めるべき」と記述されている。

㉓　結城忠「第9章教員研修をめぐる法律問題」牧昌見編『教員研修の総合的研究』ぎょうせい、1982年、303〜304頁。

㉔　有倉編、前掲『教育法』370頁、同『新版教育法』391頁。なお、『新版教育法』では「教員」ではなく「教師」と表記されている。

㉕　第19条について8か所、第20条について9か所、計17か所。

㉖　この場合は「校外自主研修」というよりも「勤務場所を離れての研修」と言った方が相応しい。

㉗　この点については、第2章参照。

㉘　兼子『教育法』（有斐閣、1963年）236頁では「服務」について「公務員なるがゆえに一般国民以上にその個人的権利を制限され義務を課されたもの」と説明している。

㉙　堀尾輝久「現代における教育と法」『岩波講座現代法』第8巻、岩波書店、1966年、192頁。

⑶⓪　兼子、前掲「第3章研修」、有倉編『教育法』371頁、同『新版教育法』、392頁。なお、『新版教育法』では「教員」ではなく「教師」と表記されている。
⑶①　教育科学研究会編『教育』第9巻第6号、1959年6月、国土社、78頁。
⑶②　企画委員会と呼ぶ学校もある。法制的根拠はない。
⑶③　兼子、前掲「第3章研修」有倉編『新版教育法』392頁。しかし、兼子説では、具体的にどのような過程により対象化されるのかは不明である。
⑶④　兼子、前掲「第3章研修」有倉編『教育法』369頁。
⑶⑤　室井力「学習指導要領と教員の研修権について」『日本教育法学会年報』第3号、有斐閣、1974年、68頁。
⑶⑥　当時の第28条は現第37条。以下、同じ。第28条第3項は現第37条第4項。
⑶⑦　兼子、前掲「第3章研修」371頁。青木宏治「第3章研修」永井憲一編『教育関係法』日本評論社、1992年、280頁も同旨。
⑶⑧　文部省内教育法令研究会編『教育公務員特例法—解説と資料—』時事通信社、1949年、125～126頁。
⑶⑨　『教育の自由と権利』青木書店、1975年。142～143頁。
⑷⓪　現37条11項。なお、現在は「掌る」ではなく「つかさどる」。
⑷①　青木宗也「研修権に対する労働法的側面からの検討」(『教育法学の課題』総合労働研究所、1974年) 395頁の註⑷には、「労働者が労働力を提供し、使用者の業務命令に基づいて具体的労働に転化する関係を総称して『労務』という」と記されている。
⑷②　日本教職員組合第38回定期大会 (1970年6月) 採択「教職員の労働時間と賃金のあり方」『日教組五十年資料集』日本教職員組合、1997年、507～532頁。

第4章　判例にみる研修条項解釈

第1節　「研修関係裁判」の概観と先行研究

　教特法第19・20条（現第21・22条、以下同じ）、すなわち研修条項の解釈に関わる裁判を通常「研修権裁判」あるいは「研修権訴訟」と呼んでいる。ただし、第3章第2節で言及したように、結城忠は、研修権を「子どもの学習権・人格権の自由な発達権に向けられた『承役的権利』として、優れて『義務に拘束された権利』なのである」と捉えており、筆者もこの点については結城の学説を支持するので、本書では「研修関係裁判」と表記することにする。これらの裁判は、1960年代後半より校外自主研修の承認や職務命令による研修の強制をめぐって、教員と管理職・教育委員会との紛争が続発し、そのうちごく一部の事件が法廷に持ち込まれたものである。その背景には、1958年に学習指導要領を官報告示することにより教育行政当局が「法的拘束力」を強調し始め、1960年から教育研究団体に対する補助金支給をテコとした統制政策を開始し、1964年には研修条項解釈をいわゆる「研修3分類説」に完全転換し、行政研修を急速に強化するという教育政策・研修政策がある。なお、本書では、書籍・論文題目に実名が記載されている者以外は、匿名とする。

　最初の「研修関係裁判」は、A教諭が本人の意に反する長期研修命令に関して、1967年に、桜江町（島根県）と桜江町教育委員会を被告として松江地裁に提訴した事件である。事件の発端は、1967年4月である。ただし、この事件は、A教諭が島根大学での特殊教育についての長期研修命令を違法として提訴したものであるから、自主研修の保障ということが直接的に争点になったものではない。しかし、裁判の中では当然に研修条項解釈が争われたので、その意味で「研修関係裁判」に含むことは適切であると思われる。

自主研修保障が直接の争点となったものとしては、B教諭が、1965年に懲戒免職処分の取り消しを請求して提訴した裁判が最初のものであると言える。ただし、この事件の中心は、文部省の全国一斉学力テストに反対するB教諭ら宇部市立中学校の4名の教員と大島郡橘町立中学校の1名の教員に対して山口県教育委員会が懲戒免職あるいは停職の処分を下したことであった。その際、学力テストとは直接に関係のない服務上、職務遂行上の諸問題も懲戒理由としてあげられ、B教諭については、いくつかの理由の1つに、日教組教研参加のための欠勤があげられた。そのため、判例の中に占める教特法解釈の比重はあまり大きなものではない。

　したがって、研修条項解釈を中心とした裁判は、前述のA教諭が、1967年におこした訴訟や、その後、1969年に、白老町立小学校の川上宏教諭が全道教研参加による賃金カットをめぐって北海道を相手どって提訴した事件が嚆矢と言えるだろう（以下、本書では訴訟をおこした教員らの姓を用いてA教諭事件、川上教諭事件などと表記することがある）。とくに、自主研修保障という観点からは、川上教諭の裁判が最初であり、そして、この裁判は訴訟規模の大きさ、判例の持つ意味から言ってもとくに重要であると思われる。

　さて、これらの「研修関係裁判」は、「勤務時間内校外自主研修」の不承認に関するものと研修命令の適否に関するものの2つに大別することができる。前者の場合、1970年代後半までは、教職員組合の教育研究集会参加に関する事件が中心であった。しかし、1970年代末からは、教研集会と関係なく、教員個人の研修申請の不承認をめぐる裁判がいくつか出現している。また、後者についても、長期研修だけではなく、教育委員会主催研修会あるいは校内研修会への出席命令の効力をめぐる裁判もある。

　したがって、13件の主要な「研修関係裁判」を大きく区分すると次の表のようになるだろう。なお、表中の番号は後掲する判例番号であり、地裁判決の時期が早いものから順に番号を付している。

　「研修関係裁判」の判例研究や教育法学的検討は、1970年代から1980年代前

【表Ⅰ】「研修関係裁判」の要因別分類

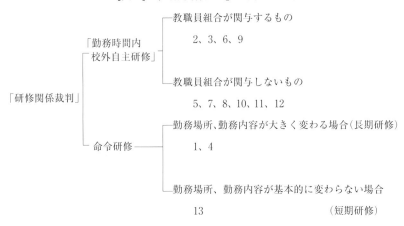

半にかけては盛んにおこなわれ、それを通して教育法学説の精緻化が進行したが、1980年代後半以降は、「研修関係裁判」は多数発生し、しかも多様化しているにもかかわらず、教育法学研究者による研究が活発に行われているとは言い難い。とくに、1970年代の裁判は、川上教諭事件を中心とする教研集会への参加をめぐる問題と教育行政当局による一方的な長期研修命令が争点であったが、前述のように、1980年代以降は、組合活動や命令研修とは異なる問題、すなわち教師の「自主研修権」が直接的に争点となる問題が裁判になった。【表Ⅰ】において「勤務時間内校外自主研修」―「教職員組合が関与しないもの」に分類される裁判である。これらの場合は、教研集会の性格についての見解が争点とならないので、ある意味では最も「純粋」に「教員にとって研修とは何か」が論点となる。それだけに、教育法学の関与の低調さは惜しまれる。この主たる要因としては、2つのことが考えられる。1つは、1980年代には生徒・保護者が教師・学校を訴えるという形での教育裁判が激増し、その問題の教育法的解明が喫緊の課題となったために、教育法学研究者の主たる関心がそこに移行したためではないかと思われる。もう1つは、当該研修行為について「教職員組合が関与しない」ものが多いために、裁判

闘争においても教職員組合の組織的取組みが存在しないか、あるいは、存在しても弱いことである。

「研修関係裁判」についての主たる先行研究をあげておくと、概説あるいは全体を論じたものとしては、浪本勝年「教師の自主研修権の現状—閉塞状況と判例の検討—」[1]、浪本勝年「教員研修をめぐる政策と判例の動向」[2]、青木宗也ほか編『戦後日本教育判例大系』第1巻第2章Ⅳ「解説」[3]、兼子仁・佐藤司『判例からみた教育法』[4]、森部英生『教育法規の重要判例』[5]、浪本勝年『教師と教育改革』[6]などがある。

次に、個別の判例研究としては、A教諭事件については、松本健男「公務員である教員に対する研修命令と不利益処分」[7]、西井竜生「市町村教育委員会は勤務場所勤務内容等の変更を伴う研修命令を発することができるか」[8]、兼子仁「教師の自主研修権をめぐる法解釈論争」[9]、佐藤司「市町村教委の県費負担教職員に対する研修命令権の存否と範囲」[10]、尾山宏「教育公務員に対する研修命令が違法とされた事例」[11]がある。また、川上事件については、小出達夫「教組主催の教研集会参加と賃金カット」[12]、五十嵐義三「教育裁判における教師の研修権—北海道・川上事件を中心に—」[13]、兼子仁「教師による時間内校外研修」[14]、兼子仁・佐藤司編『教育裁判判例集Ⅱ』[15]、門田見昌明「組合教研の研修性と職務専念義務免の承認権—川上宏先生事件 札幌高裁昭52・2・10判」[16]、尾山宏「教員研修と教員組合活動」[17]などがある。

判例研究ではなく報告書であるが、鈴木事件については浦野東洋一「『全国教研』参加を理由とする懲戒免職—鈴木雅子先生事件」がある。なお、鈴木事件とは、道立工業高校の養護教諭である鈴木氏の教育研究全国集会への参加をめぐる事件であり、概要は次のとおりである。鈴木氏は1970年2月の日教組・日高教主催の教育研究全国集会に参加するにあたって、職務専念義務免除を申請したが校長は拒否、年次有給休暇についても時季変更を命じた。組合側は職務専念義務免除で参加することを告げ、鈴木氏は全国教研に参加した。1970年3月北海道教育委員会は鈴木養護教諭を懲戒免職処分とした。

これに対して鈴木養護教諭は同年5月に北海道人事委員会に不服申し立てを行い、さらに1971年5月に札幌地裁に懲戒免職処分取消請求を提訴した。1972年9月25日札幌地裁による「和解勧告」がおこなわれ、1973年10月25日北海道人事委員会は懲戒免職処分を取り消した。

北海道では川上教諭事件以外にもいわゆる厚岸事件など「自主研修権」に関わる裁判が行われており、法廷闘争の記録として、北海道教職員組合・北海道教職員組合弁護団編『北教組裁判審理闘争史』(1987年)や北海道教職員弁護団・北海道教職員組合法制部編『教育権裁判証言集』〈現場証言篇〉(1990年)がある。

その他、個別の判例研究としては、下村哲夫「官製研修出席拒否」[18]、秋山義昭「職務専念義務の免除が地方公務員法46条に基づく措置要求の対象になるとされた事例」[19]、柳屋孝安「県立高等学校長が教育公務員特例法20条2項に基づく研修の承認を与えなかった措置に裁量権の逸脱・濫用はないとされた事例」[20]などがあるが、決して豊富な研究が蓄積されているとは言えない。

第2節　研修条項解釈に関係する判例

本書の対象は、教員のいわゆる自主研修を保障する制度の展開過程であるが、研修命令の適法性に関わる裁判の判例においても教員研修の自主性についての研修条項解釈が示されることがあるので、その主要なものは考察対象とする。なお、1960年代前半より道徳教育講習会や技術家庭講習会をめぐってトラブルが頻発し裁判にもなっているが[21]、これらの裁判では主として学習指導要領の法的拘束性の問題が焦点となり、判例には教特法研修条項の解釈は示されていないので本書においては取りあげないことにする。

【表Ⅱ】　主な「研修関係裁判」一覧

以下の判例番号は、たとえば、「2－Ⅰ－A」のように記している。これは、アラビア数字(「研修関係裁判」を第1審判決の年月日順に並べて通し番号を付したもの)―ロー

マ数字（第何審かを示す。第1審のみの場合は付記しない）—アルファベット（同一判例の何番目の引用かを示す。引用が1例の場合は付記しない）という意味である。

判例番号1

(事件発生) 1967 (昭和42) 年および1968 (昭和43) 年

(概要) 英語・国語担当の町立中学校教諭（組合活動の中心人物でもある）に対して、町教育委員会が島根大学での養護教育の研修を本人の意に反して命じた。

(判決) 松江地裁1969 (昭和44)・3・5判決。昭和42 (行ウ) 2号、昭和43 (行ウ) 4号、不利益処分取り消し請求併合事件

(原告) A　　(被告) 桜江町・桜江町教育委員会

(文献) 教育関係判例集3119の55〜3123の2頁、行政事件裁判例集20巻2・3号・205頁1、教職員人事関係裁判例集6集325頁、別冊労働法律旬報708号9頁、季刊教育法2号114頁

判例番号2−Ⅰ

(事件発生) 1968 (昭和43) 年

(概要) 公立小学校教員が、教職員組合主催の全道教育研究集会に参加するため職務専念義務免除を校長に申請したが、校長が承認しないままに教研集会に参加したために、賃金カットの処分を受けた。

(判決) 札幌地裁1971 (昭和46)・5・10判決。昭和44・46 (行ウ) 5・3号、賃金請求事件、不当利得返還請求反訴事件

(原告〈反訴被告〉) 川上宏　　(被告〈反訴原告〉) 北海道

(文献) 行裁事件裁判例集22巻5号647頁、教職員人事関係裁判例集7集198頁、兼子・佐藤編・教育裁判例集Ⅱ271〜277頁、教育判例総覧14475頁、判例時報651号105頁

判例番号2−Ⅱ

《控訴審》

(事件発生) 1968 (昭和43) 年

(概要) 札幌地裁1971 (昭和46)・5・10判決の控訴審

(判決) 札幌高裁1977 (昭和52)・2・10判決〈確定〉。昭和46 (行コ) 3号、賃金請求本訴並びに不当利得返還請求反訴事件

(控訴人) 川上宏　　(被控訴人) 北海道

(文献) 教育関係判例集3128〜3134頁、行政事件裁判例集28巻1・2号、季刊教育法24号107頁2・3、判例時報865号97頁、教育判例総覧14528頁

判例番号3

第 4 章 判例にみる研修条項解釈　211

（事件発生）1965（昭和40）年
（概要）宇部市立中学校および橘町立中学校で起こった学力テスト受験拒否・白紙提出事件に関わり、それを煽動したとされた教員が他の諸々の理由もつけて懲戒免職あるいは停職処分となった。その際、宇部市立中学校のB教諭は無断欠勤して教研集会に参加したことも理由の1つとして懲戒免職となった。B教諭は、「特別休暇」を申請したが、校長がこれを承認しなかったので、そのまま教研集会に参加したものであった。
（判決）山口地裁1973（昭和48）・3・29判決。昭和40（行ウ）7号、懲戒処分取消請求事件
（原告）Bほか4名　　（被告）山口県教育委員会
（文献）行政事件裁判例集24巻3号214頁

判例番号4

（事件発生）1975（昭和50）年
（概要）1975年2月に東京都の公立学校長の退職勧奨年齢に達したため、東京都教育委員会はこの校長に対して退職勧奨を行ったが応じないため、校長職を解き、小学校教諭に補した（小学校長としての身分は保有）。そして、1975年度から1979年度まで4次にわたり各1年間の都立教育研究所における長期研修を命じた。
（判決）東京地裁1980（昭和55）・1・29判決。昭和51（行ウ）156号、不利益処分取消等請求事件
（原告）C（事件発生時、小学校長）　　（被告）東京都教育委員会、東京都
（文献）教育関係判例集3123の83頁、行政事件裁判例集31集1号31頁1・2、判例時報971号114頁、判例タイムズ412号92頁、労働判例336号32頁、労働経済判例速報1039号3頁

判例番号5

（事件発生）1978（昭和53）年
（概要）高校の国語科教員が夏休み期間中にアメリカへ語学研修を中心とした旅行を計画し、県教育委員会教育長あてに外国旅行承認申請書を提出したが、県教委は研修として認めなかった。当該教員は年次有給休暇日数では旅行日程に足りないので、旅行を中止した。
（判決）山形地裁1984（昭和59）・8・27判決。昭和55（ワ）211号、慰謝料請求事件
（原告）D　　（被告）山形県
（文献）教育関係判例集3135～3143頁、判例タイムズ554号285頁、判例地方自治8号

41頁

判例番号 6

（事件発生）1969（昭和44）年

（概要）厚岸町では1965（昭和40）年までは、同町立教育研究所が中心になって校長以下町内の教員がほぼ全員参加する形で年4回研究会が開催され（臨時休校）、参加者は出張あるいは研修義務免（職務専念義務免除）扱いとされていた。その後同教育研究所の運営方針を不満とする北海道教職員組合は北海道教組厚岸支会立教育研究所を設立し、独自の教育研究集会を1969（昭和44）年5月24日に開催した。本件集会に参加するために各組合員が職務専念義務免除を申請したのに対して各校長は本件集会を組合活動と評価して申請を不承認とした。ところが、106名の教員が集会に参加した。これに対して北海道教育委員会は大量懲戒処分を行った。教員らは北海道人事委員会に不服申し立てを行ったが、1978（昭和53）年10月24日、教育研究集会参加のみの74名について減給1/10・3月を戒告処分に修正し、その他の処分は承認した。「厚岸事件」と呼ばれる。

（判決）札幌地裁1986（昭和61）・10・30判決。昭和54（行ウ）1号、懲戒処分取消請求事件

（原告）Eほか101名　（被告）北海道教育委員会、北海道人事委員会

（文献）教育関係判例集2765の51頁

判例番号 7 － I

（事件発生）1989（平成元）年

（概要）名古屋市立小学校の教員が、1989年6月に国際交流教育のためのベトナム研修旅行を計画し、学校長に対して教特法20条2項の研修として承認し職務専念義務を免除するよう求めたが、承認されなかった。そこで、市人事委員会に対して研修として承認し職務専念義務を免除するように措置要求を行ったが、同委員会は地公法46条に規定する措置要求の対象となる「勤務条件」とは認められないとの判定をした。

（判決）名古屋地裁1990（平成2）・6・22判決。平成元（行ウ）23号、措置要求に対する判定等の取消請求事件

（原告）J　（被告）名古屋市人事委員会

（文献）判例時報1371号78頁・1385号206頁（判例評論）、判例タイムズ763号209頁、労働判例581号62頁

判例番号 7 － Ⅱ

第4章 判例にみる研修条項解釈　213

《控訴審》同旨
　（事件発生）1989（平成元）年
　（概要）名古屋地裁1990（平成2）・6・22判決の控訴審
　（判決）名古屋高裁1992（平成4）・3・31判決。平成2（行コ）13号　措置要求に対する判定等の取消請求事件
　（控訴人）名古屋市人事委員会　　（被控訴人）J
　（文献）労働関係民事裁判例集43巻2・3号531頁、労働判例612号71頁、公務員関係判決速報215号12頁、平4公務員等労働関係判例集66頁

判例番号7－Ⅲ
《上告審》同旨
　（事件発生）1989（平成元）年
　（概要）名古屋高裁1992（平成4）・3・31判決の上告審
　（判決）最高裁3小1994（平成6）・9・13判決。平成4（行ツ）132号、措置要求に対する判定等の取消請求事件
　（上告人）名古屋市人事委員会　　（被上告人）J
　（文献）労働判例656号13頁

判例番号8－Ⅰ
　（事件発生）1986（昭和61）年
　（概要）原告が勤務する県立高校では従来から定期考査の時間割を組む際に、担当科目の考査や試験監督がない日を1日確保して、自宅を含む校外で研修できる日としていた。1986年度1学期の中間考査、期末考査、2学期の中間考査の3度にわたって原告は校長に研修願を提出したが、不承認のまま、申請通りの研修を行ったところ、欠勤扱いとなり、賃金カットをされた。本書では「I教諭事件（定期考査時事件）」と呼ぶ。
　（判決）神戸地裁1990（平成2）・11・16判決。昭和62（行ウ）7号、賃金等請求事件
　（原告）I　　（被告）兵庫県、S（事件発生時、当該高校長）
　（文献）教育関係判例集3144～3152頁

判例番号8－Ⅱ
《控訴審》同旨
　（事件発生）1986（昭和61）年
　（概要）原告が、第1審判決を不服として控訴した。
　（判決）大阪高裁1991（平成3）・12・5判決。平成2（行コ）63号
　（控訴人）I　　（被控訴人）兵庫県、S

(文献）教育関係判例集3152頁

判例番号 8 － Ⅲ

《上告審判決》同旨

（事件発生）1986（昭和61）年

（概要）控訴人が第2審判決を不服として上告した。

（判決）最高裁 3 小1993（平成 5）・11・2 判決。平成 4（行ツ）56号

（上告人）Ｉ　　（被上告人）兵庫県、Ｓ

（文献）教育判例総覧14476～14527頁、判例時報1518号125頁、最高裁判所裁判集民事170号279頁、判例タイムズ870号94頁、公務員関係判決速報246号 2 頁

判例番号 9 － Ⅰ

（事件発生）1968（昭和43）年…教研関係

（概要）この裁判に関わる事件は、宿日直事件といわれるものであり、これは、北海道教職員組合の組合員である道立高校の教員が関与した次の3つの事案、すなわち1968（昭和43）年10月の10・8闘争（人事院勧告5月1日完全実施等を重点目標とした公務員共闘の闘争。早朝1時間の一斉休暇闘争）への参加、同月の第1回合同自主教研釧路集会と同年11月の第18次全道教研集会への校長不承認のままの参加、1969（昭和44）年2月の宿日直廃止闘争への参加に対して、北海道教育委員会は1969（昭和44）年6月と1970（昭和45）年1月の2度にわたり懲戒処分を行った。

　　　教員たちは、北海道人事委員会に対して不服申し立てをおこなったが、1980（昭和55）年5月7日、減給処分の者を戒告処分に修正した他はすべて道教委の処分を相当とする裁決が出された。

　　　このうち、研修関係の事件は、北教組釧路支部、高教組、北海道教育大釧路分校教組、私学教組の5つの教職員組合と北海道教育大釧路分校学生自治会の6者によりおこなわれた第1回合同自主教研に道立水産高校のF教諭が参加すべく校長に対し職務専念義務免除を求めたが校長が承認しなかったので、1968（昭和43）年10月、不承認のまま参加した。また、同年11月、帯広市で開催された第18次合同教研全道集会に参加するため、3名の教諭が職務専念義務免除を求めたが、校長は承認しなかったので、不承認のまま参加した。本書では、「宿日直教研等事件」と呼ぶ。

（判決）札幌地裁1990（平2）・12・26判決。昭和55（行ウ）6・7号、懲戒処分取消請求事件

（原告）Gほか31名（教研関係はFほか3名）

（被告）北海道教育委員会
　（文献）教育関係判例集2851の60〜2851の77頁、労働判例578号40頁、公務員関係判決速報201号16頁

判例番号9－Ⅱ

《控訴審》
　（事件）1968（昭和43）年…教研関係
　（概要）原告が第1審判決を不服として、控訴した。
　（判決）札幌高裁1998（平成10）・7・16判決。平成3（行コ）1号、同2号、懲戒処分取消請求控訴事件
　（控訴人）25名　　（被控訴人）北海道教育委員会
　（文献）教育関係判例集2851の77〜2851の123頁

判例番号10－Ⅰ

　（事件発生）1988（昭和63）年
　（概要）1988年、市立中学校教員であるKとLが各所属校の校長に対して、南京大虐殺遭難同朋記念館をはじめとした中国視察海外旅行を教特法の研修として承認し職務専念義務を免除するように申請したが、校長はこれを承認しなかったので、市人事委員会に措置要求を行った。
　　　　しかし、同人事委員会は、措置要求の対象となる「勤務条件」に該当しないとして、取り上げないと判定した。また、市立小学校栄養職員であるMは、1988年、「88夏期学校給食学習会」（全国学校給食を考える会、東京都学校給食栄養士協議会、日本教職員組合主催）に参加するため、所属小学校長に対して職務専念義務免除の申請をおこなったが、承認されなかったので、市人事委員会に措置要求をおこなった。しかし、同委員会は、「勤務条件」に該当しないとしてとりあげないことを決定した。
　（判決）名古屋地裁1991（平成3）・1・25判決。昭和63（行ウ）37号、措置要求に対する判定等の取消請求事件
　（原告）K、L、M　　（被告）名古屋市人事委員会
　（文献）教育判例総覧14466頁、判例時報1386号83頁、判例タイムズ763号201頁、労働判例585号129頁、公務員関係判決速報207号23頁、平3公務員等労働関係判例集411頁

判例番号10－Ⅱ

《控訴審》
　（事件発生）1988（昭和63）年

（概要）名古屋地裁1991（平成3）・1・25判決の控訴審
　　（判決）名古屋高裁1992（平成4）・3・31判決。平成3（行コ）3・4号、措置要求
　　　　　に対する判定等の取消請求事件
　　（控訴人）名古屋市人事委員会（平成3〈行コ〉3号）、M
　　（被控訴人）K、L（平成3〈行コ〉3号）、名古屋市人事委員会（平成3〈行コ〉4号）
　　（文献）労働判例612号71頁・613号47頁

判例番号10－Ⅲ

《上告審》　同旨
　　（事件発生）1988（昭和63）年
　　（概要）名古屋高裁1992（平成4）・3・31判決の上告審
　　（判決）最高裁3小1994（平成6）・9・13判決。平成4（行ツ）136号、措置要求に
　　　　　対する判定等の取消請求事件
　　（上告人）名古屋市人事委員会　　（被上告人）K、L
　　（文献）労働判例666号16頁

判例番号11

　　（事件発生）1986（昭和61）年
　　（概要）横浜市教育課程研究協議会の報告学習会（横浜市立小学校内での）の日に研
　　　　　修願（自宅）を出して、校長の承認のないまま学習会に参加しなかったので
　　　　　欠勤扱いとされた。
　　（判決）横浜地裁1992（平成4）・11・24判決。昭和62（ワ）2967号、損害賠償請求事
　　　　　件
　　（原告）H（当時、横浜市立小学校教諭）　　（被告）横浜市
　　（文献）教育関係判例集3119～3119の10頁

判例番号12－Ⅰ

　　（事件発生）1991（平成3）年
　　（概要）名古屋市立中学校の保健体育担当教員が夏休み中の中国研修旅行を研修とし
　　　　　て申請したが校長は承認しなかった。
　　（判決）名古屋地裁1993（平成5）・1・25判決。平3（ワ）2426号、損害賠償請求事
　　　　　件
　　（原告）L（当時、名古屋市立中学校教諭、保健体育担当）　　（被告）名古屋市
　　（文献）教育関係判例集3119の51～54頁

判例番号12－Ⅱ

《控訴審》同旨

(事件発生) 1991 (平成3) 年
(概要) 名古屋地裁1993 (平成5)・1・25判決の控訴審
(判決) 名古屋高裁1993 (平成5)・6・29判決、平5 (ネ) 46号
(控訴人) L (当時、名古屋市立中学校教諭、保健体育担当)　(被控訴人) 名古屋市
(文献) 教育関係判例集3119の55頁

判例番号12－Ⅲ

《上告審》同旨

(事件発生) 1991 (平成3) 年
(概要) 名古屋高裁1993 (平成5)・6・29判決の上告審
(判決) 最高裁1小1994 (平成6)・2・24判決、平5 (オ) 1676号
(上告人) L (当時、名古屋市立中学校教諭、保健体育担当)　(被上告人) 名古屋市
(文献) 教育関係判例集3119の55頁

判例番号13

(事件発生) 1990 (平成2) 年
(概要) 指導員による訪問指導が教師の研修権を侵害するということと、「指導員」という役職を作ったことを訴えたもの。
(判決) 名古屋地裁1996 (平成8)・9・4判決。平成4 (ワ) 318号、損害賠償請求事件
(原告) N　(被告) 名古屋市
(文献) 教育関係判例集3123の2～82頁、判例地方自治156号55頁

第3節　判例の争点別検討

1. 「研修関係裁判」の争点

　以上、概観した1960年代後半から1990年代後半に至る30年以上の「研修関係裁判」の中で何が争われ、どのような判決が出されているのか考察していきたい。その際、第2章「研修条項に関する行政解釈の変遷」および第3章「教育法学説にみる研修条項解釈」における論述との関連上、次の6点について判例を検討することとする。

①教員研修の特殊性と教特法・地公法・国公法・地方教育行政の組織及び運営に関する法律（以下、地方教育行政法）の優先関係
②初等・中等教育機関の教員と高等教育機関の教員の研修における差異
③研修の義務と権利の法的性質
④校外自主研修の職務性
⑤本属長の承認の法的性質と不承認の相当性
⑥教職員組合主催の教育研究集会の研修性

もとより、これらの争点は互いに連関しているので、争点別に見ていくだけではその意味するところを正確に把握することはできない。判例全体のなかに位置づけて、捉えなおす作業が必須である。このことに留意しながら、争点別の検討を行っていくこととする。

2. 教特法、地公法・国公法、地方教育行政法の優先関係

さすがに、教員および教育公務員の研修を一般行政公務員のそれと同等に論じるものは皆無である。しかし、教員研修について、教特法を地公法・国公法、地方教育行政法など他の法律に明確に優先させる判例、すなわち特別法としての教特法の優先的位置を直接的に法律の名称をあげて判示したものは皆無である。したがって、法律間の優先関係を明示しない折衷的見解が多く見られる。

1 「教育公務員の研修は、その職務の特殊性、並びに一般に研修が本人の意思に反して行われる場合は十分な効果を期待できないこと、教育公務員特例法19条、20条が教育公務員の研修につき自主性を基調とし、これを奨励するため任命権者に研修計画の樹立とその実施を命じていること等に鑑み、事前に当該教職員の意思を確かめ、その意思を尊重して実施することが望ましい」（A教諭事件・松江地裁1959（昭和34）・3・5判決。判例時報574号79頁、教育関係判例集3121頁）

2－I－A 「教特法は第3章において教育公務員の研修について特に独立の章を設け、教育公務員の職務の重要性ないし特殊性を考慮して、研修をその職責遂行のための不可欠の要素として考えていることおよび任命権者の行う研修と並んで教

育公務員各自の自主的な研修を重視していることは原告主張のとおりである」(川上教諭事件・札幌地裁1971(昭和46)・5・10判決。判例時報651号108頁、教育関係判例集3134頁)

2-Ⅱ-A 「控訴人は地方公務員としての身分を有する者であるが、同時に教員であり、教員は、窮極的には対象者の人格の完成を目的として対象者に対し具体的影響力を及ぼす実践的作用を担う者であることから、これにふさわしい能力識見を有する人格者であることが要請され、職務の遂行においても、このための研鑽においても、それなりの自主性及び責任の重要性が十分に認識されなければならず、その身分は公務員であっても、他の一般公務員に比しその職責が特殊性を有することは明らかである(教特法第1条参照)。すなわち、教育基本法第1条、第2条によれば、……教師たるものが右方針に従いその目的を達成する教育を施すためには極めて高度な知的能力を要請されることはいうまでもなく、教育の本質が教師と教育対象間の精神的交流を基盤として行われる全人格的なものであることに鑑み、教育対象者に与える教師の全人格的影響には多大且つ深刻なものがあるといわなければならない。それゆえ、理想像たる教師はその教育を施す職責の遂行上まず自ら専門分野における先達たるべき能力と高邁な人格を具有する者であること、しかしてその成果を残りなく良き成果として教育対象者に伝承せしめることが要求されるのであって、教師たる者はかかる理想像に向けて自主研鑽に努むべく、社会一般が個々の教師に要請し期待するところも右の如きあるべき姿の教師であって、それゆえにこそ教師は単なる専門的職務の従事者たるにとどまらず、いわゆる聖職者としての敬意を表されるべきものといわなければならない。従って、教師にとって研究修養は、自己完成目的に志向された手段であるとともに、教師たる資格を具備するための必要不可欠の要件ともいわなければならず、その自由と自主性は尊重されなければならない。教特法第19条、第20条において、教育公務員は『絶えず研修と修養に努めるべき』こと、『研修を受ける機会が与えられるべき』ことを明示し、使用者の地位にある任命権者、本属長は、研修のための物的施設、研修実施方法についてこれに協力すべきことを定めるとともに、一定の条件のもとに勤務場所外における研修をも認め得る途を開いているのも右趣旨に副うための規定と解すべきである」(川上教諭事件・札幌高裁1977(昭和52)・2・10判決。判例時報865号99〜100頁、教育関係判例集3131の4〜3131の5頁)

4 「およそ公務員である以上、程度の差こそあれ、その職責の遂行のために、絶えず研究と修養に努めなければならないことは当然であるが、とりわけ教育公務員については、その職務と責任の特殊性(教育基本法第1条、第6条2項)から、この

ことは自明の理であって、なお、その研修の重要性に鑑み、教育公務員特例法第19条第１項は、これを教育公務員に義務づけるとともに、同条第２項は、任命権者に対して研修施設及び同計画等の樹立、実施を義務づけ、更に、地方教育行政の組織及び運営に関する法律第23条第８号は、任命権者に対し、次いで、教育公務員特例法第20条１項は、一般公務員の場合（例えば地方公務員法第39条第１項及び第３項）と同様に、教育公務員に対して任命権者の実施する研修を受ける機会を与えなければならないものと定めている。したがって、被告委員会が原告に対して職務命令として研修を命じうることは明らかである」（C校長事件・東京地裁1980（昭和55）・１・29判決、不利益処分取消等請求事件。判例時報971号118〜119頁、教育関係判例集3123の83〜84頁）

9－Ⅰ－A 「教育の本質は、教員と児童生徒との人格的な触れ合いにあり、単なる知識技術の伝達にとどまらないものであることから、教育の直接の担い手である教員については、絶えず研究と人格の修養に努めることが求められる（教育基本法１条、２条参照）。教特法19条１項も教育公務員に対して不断の研修に努めることを義務づけるとともに、自主・自発的な研修なくしてその職責を遂行しえないことを宣言しているところである。すなわち、教員の研修は、教育の本質に根ざすものであり、教育を司る者としての専門性と自主性、自発性を不可欠の要素として成り立つものといえる」（宿日直教研等事件・札幌地裁1990（平成２）・12・26、懲戒処分取消請求事件。教育関係判例集2851の67頁）

9－Ⅱ－A 「（教育基本法１条・２条の…筆者註）教育の理念、目的を実現するために、教師には、教育の科学性と人間性についての十分な専門的力量が要求されるのであって、この力量を不断に発展向上させて行く上で、教師の教育研究と人間的修養（以下両者を併せて『研修』という。）が必要とされるのである。そして、教師の研修の内容を充実させ、かつ、実践的な成果を上げるためには、教師が自発的・主体的に研修を行うことが望ましく、教特法19条１項が、教師は不断の研修に努めるべきことを定め、同法20条１項が、教師には研修の機会が付与されるべきことを定め、一般の公務員にはない（国公法73条、地公法39条参照）特別の配慮をしているのは、教師の職責の特殊性に応じた自主研修の重要性を認めたためであるということができる」（宿日直教研等事件・札幌高裁1998（平成10）・７・16判決、懲戒処分取消請求事件。教育関係判例集2851の107〜108頁）

10－Ⅰ－A 「一般の地方公務員については、条例の特別の定めとして『職務に専念する義務の特例に関する条例』が定められており、職務命令による研修以外の研修を勤務時間中に受けようとする場合には、この条例に基づき職務専念義務の免除

第4章　判例にみる研修条項解釈　221

をうける必要があるのに対し、教員の場合には、教特法20条2項が地公法35条にいう法律の特別の定めに該当するので、自ら行う研修であっても、本属長（学校においては校長）の承認があれば、条例の適用を待つまでもなく直接に教特法20条2項により職務専念義務が免除されるのである」（K教諭・L教諭・M栄養士事件、名古屋地裁1991（平成3）・1・25判決、一部容認・一部棄却〈控訴〉、措置要求に対する判定等の取消請求事件。一部認容・一部棄却〈控訴〉、措置要求に対する判定等の取消請求事件。判例時報1386号89頁）

13-A 「児童・生徒に対する公教育の担い手である教育公務員には、その職務の性質に鑑み、絶えず研究と人格の修養に努めることが求められるべきであり、この意味において、教育公務員については、一般の公務員に比べて、研修の必要性が高いといえる。このことは地公法39条が、職員の『勤務能率の発揮及び増進のために、研修を受ける機会が与えられなければならない』としていることに加えて、教育公務員特例法及び地方教育行政の組織及び運営に関する法律に特例規定を設けることにより、研修の重要性を謳っていることからも明らかである」（N教諭事件・名古屋地裁1996（平成8）・9・4判決、損害賠償請求事件。教育関係判例集3123の3頁）

13-B 「一方、地公法39条は、1項で、『職員には、その勤務能率の発揮及び増進のために、研修を受ける機会が与えられなければならない。』、2項で、『前項の研修は、任命権者が行うものとする。』と規定しており、右規定は教育を通じて国民に奉仕する形での公務員である教育公務員にも当然適用があるのであって、教育公務員の研修について前記のような特例措置が設けられているからといって、一般の公務員についての研修に関する地公法の右規定の適用が除外されるというものではない」（N教諭事件・名古屋地裁1996（平成8）・9・4判決、損害賠償請求事件。教育関係判例集3123の4頁）

　前掲の諸判例の中で、教員研修の特殊性と教特法研修原理の優先性を比較的明確に判示しているのは、1、2-Ⅱ-A、9-Ⅰ-A、9-Ⅱ-Aの判例である。この4例に比べるとやや曖昧だが2-Ⅰ-Aもあげておこう。

　まず、1については、「一般に研修が本人の意思に反して行われる場合は十分な効果を期待できないこと」、「教育公務員特例法19条、20条が教育公務員の研修につき自主性を基調とし」ていること、任命権者が行う研修も「事前に当該教職員の意思を確かめ、その意思を尊重して実施することが望ましい」

としていることが判示されている。

次に、2－Ⅱ－Aについては、4つの特徴が指摘できるものと思われる。第1に、「他の一般公務員に比しその職責が特殊性を有することは明らかである」と述べている点は、他の判例にも同旨のものがみられるが、その根拠を教職および教育活動の本質から導き出す論理展開をおこなっている。教育法学で言ういわゆる教育条理から条文の意味を把握しようとしているところであろう。すなわち、「教員は、窮極的には対象者の人格的完成を目的として対象者に対し具体的影響力を及ぼす実践的作用を担う者であることから、これにふさわしい能力識見を有する人格者であることが要請され」るという。

第2に、教育基本法（旧法、本章において以下同じ）第1条、2条に示された教育目的を実現するための教師像を措定し、「教師たるものが右方針に従いその目的を達成する教育を施すためには極めて高度な知的能力を要請されることはいうまでもなく」、さらに、「教育の本質が教師と教育対象者間の精神的交流を基盤として行われる全人格的なものであることに鑑み、教育対象者に与える教師の全人格的影響には多大且つ深刻なものがある」が故に、「職責の遂行上まず自ら専門分野における先達たるべき能力と高邁な人格を具有する者であること」と「その成果を残りなく良き成果として教育対象者に伝承せしめること」が要求されるという。題目としての教育基本法ではなく、その規定するところから教師として要求される資質を考究しようとした点が注目される。教特法制定直後の解説書や田中耕太郎（参議院文部委員長）の国会における発言などの影響が推測される。

第3に、理想像としての教師、「あるべき姿としての教師」を追求する余りに、「教師は単なる専門的職務の従事者たるにとどまらず、いわゆる聖職者としての敬意を表されるべきもの」としているところである。

第4に、「教師にとって研究修養は、自己完成目的に志向された手段であるとともに、教師たる資格を具備するための必要不可欠の要件ともいわなければならず、その自由と自主性は尊重されなければならない」と言い切ってい

ることである。この論理からは、教員の自主研修が「職務」であるという結論が導き出されても何ら不思議ではない。むしろ、そうでなければ論理整合性がないと言うべきであろう。

9－Ⅰ－Aについては、「教特法19条１項も……自主・自発的な研修なくしてその職責を遂行しえないことを宣言している」と述べている。教員の研修が「教育の本質に根ざすものであり」、「専門性と自主性、自発性を不可欠の要素として成り立つもの」という認識が示されている[22]。

9－Ⅱ－Aは、第１に、2－Ⅱ－Aと同様に教育基本法１条・２条に教員として要求される専門的力量の根拠を求めていること、第２に、その専門的力量が「教育の科学性と人間性」であり、そのために、教師の教育研究と人間的修養（以下両者を併せて『研修』という）が必要とされること、第３に、教特法が「教師の職責の特殊性に応じた自主研修の重要性を認め」ていることを判示している。

これら４つの判例においては、いずれも、教員研修が本質的に自主的・自発的なものであること、自主研修の重要性についての認識が明確に示されている。前掲引用部分では、自主研修と行政研修との関係について直接的に判示しているわけではないが、自主研修が基調であり行政研修は補充的なものであるという見解になるものと推測される。

これらに続いて、2－Ⅰ－Aは、簡潔ではあるが、教特法の趣旨把握において、第３章として研修に関する規定を設けたことの意味、研修を「職責遂行のための不可欠の要素」として捉えていること、「自主的な研修を重視していること」など重要な点について首肯している。ただし、自主的な研修と行政研修は並列関係と考えられているようである。

次に、他の判例についてもその特徴、問題点を指摘しておこう。

これらの中で、地公法を重視する認識を示しているのが13－Aおよび13－Bと思われる。まず、13－Aについて問題となるのは、「地公法39条が、職員の『勤務能率の発揮及び増進のために、研修を受ける機会が与えられなけれ

ばならない」としていることに加えて、教育公務員特例法及び地方教育行政の組織及び運営に関する法律に特例規定を設けることにより、研修の重要性を謳っている」という部分である。とくに、重要な語句は「加えて」である。これでは、教特法が「特例規定」だとしても、それは地公法第39条に付加的なものであって、研修の原理を異にするというものではない。また、教特法と地方教育行政法の優先関係も不明である。おそらく、対等とみているのではないかと推測される。これは、この裁判の焦点が「研修の自主性をどう考えるか」という点にあったのであり、また、判旨は教育法学の通説とは対立するものであるから、地公法・地方教育行政法と教特法の関係は詳細に論ずべきであった。判示では結論のみ示されている。13－Bについても、地公法と教特法の関係を何ら吟味することのないままに、並列的に記しただけのものである。総じて13の判例は、一般法と特別法、前法と後法の緊張関係についての認識を欠いた判例であると言わざるを得ない。

　また、教員とその他の学校職員との研修の差異について判断を下したのが10－Ⅰ－Aである。10は、小学校教員2名と学校栄養職員1名が、前者は夏季休業中の中国への視察旅行、後者は「夏期学校給食学習会」への参加を、前者は教特法第20条第2項による研修（職免扱い）、後者は職務に専念する義務の特例に関する条例および職務に専念する義務の免除規則に基づく職免を申請したが、いずれも認められなかったために、名古屋市人事委員会に対して措置要求を行った。しかし、同委員会が「地公法46条に規定する勤務条件に関する措置の要求の対象となる勤務条件に該当するものとは認められないからこれを取り上げることができない」[23]と措置したことに対して取消請求を起こしたものである。名古屋地裁の判決は、前者と後者で明確に分かれた。すなわち、前者は取り消し請求が認容されたが、後者は棄却された。それを分けたものは、前者は教員であり、10－Ⅰ－Aのように教特法第20条（現第22条）第2項が適用されるのに対して、後者は適用されないことである。教員以外の学校事務職員についても教特法が準用されるべきだという学説が見ら

れるが[24]、この裁判は、さらに学校栄養職員等も含めた学校職員の研修保障の問題を提起している。それとともに、教員の自主研修について他の学校職員とは異なる見解を示した判例としても注目される。

あまりにも粗雑な論理であるといわざるを得ないのは 4 である。4 は、「教育公務員特例法第20条1項は、一般公務員の場合[25]と同様に、教育公務員に対して任命権者の実施する研修を受ける機会を与えなければならないものと定めている」と述べている。教特法第20条第1項の「教育公務員には、研修を受ける機会が与えられなければならない」という条文は、なるほど、地公法第39条第1項の条文と類似しているが、だからといって簡単に、その研修主体も同様に任命権者であるとすることはできない。教員研修の自主性、主体性の原理から考えても、また、本書の第3章第1節で明らかにしているように教特法成立過程ならびに教特法制定時の英訳文からも、教育法学の通説が、「研修を受ける機会」ではなく「研修の機会」と読むべきと推定してきた[26]ことには、妥当性を認めなくてはならない。したがって、引用部末尾の「被告委員会が原告に対して職務命令として研修を命じうることは明らかである」というような断言はさけられねばならなかったと言える。

3. 初等・中等教育機関の教員と高等教育機関の教員の研修における差異

ほとんどの判例において触れられていないのが、教特法第19条・20条は大学教員等の高等教育教員をも含んだ教育公務員全体に適用される条文（国立・公立大学法人化以前）であるということである。にもかかわらず、「研修関係裁判」は、いままでのところすべて初等・中等教育教員に関わるものであり、判例もごく当然のように初等・中等教育教員を想定して論旨を展開しているように思われる。条文はすべての教育公務員を対象としているのに、論旨は初等・中等教育教員に絞るのであれば、そのことを限定しなければならない。この点がきわめて曖昧である。それは、判例のみならず、学説や行政解釈においても同様であると言えるだろう。教特法は、高等教育機関の教育公務員

にのみ適用する部分とそれ以外の教育公務員に適用する部分と共通して適用する部分の3つに区分されている。とくに断りがない限りは、すべての教育公務員に共通して適用されるものと考えるのが当然である。第3章、すなわち、第19・20条の解釈についてはこの点の自覚が必要である。判例の中では1つだけ、この問題を意識しているものが存在する。それは、次に引用する川上教諭事件に関する札幌高裁判決（1977年2月10日）である。

2－Ⅱ－B　「憲法23条が一般国民に対し学問的研究、発表を内心の自由ないし表現の自由の面から保障するものであり、教授の自由は右学問的研究、発表の自由と密接にかかわるものということができ、且つ小学校教諭の職務が『児童の教育をつかさどる』（学校教育法第28条第6項）ものであるにしても、小学校教育の目的と大学における教育の目的は異なる（同法第18条、第52条）のみならず、教諭の職務内容は研究に従事することをその職分とする大学教授（同法第58条第5項）のそれとも異なっていることは明らかであり、ひとしく教育公務員ではあっても、その職分を異にする以上、研究の勤務に対する意義は同質ではあり得ず、憲法第23条が右の差異を無視して一律に勤務と研究の意味を定めているとは到底解し得ないというべきである。まして自主的研修のように修養の意味をも含むひろい行動の自由に属する教育活動の一般的自由までが、同条によって勤務として保障されているものでないことはいうまでもない。また憲法第26条、教育基本法第2条、第10条も、これらはいずれも教育に関する理念的規定ないし行政主体に対する配慮義務を定めた規定であるにとどまり、これらの諸規定が教育公務員の自主的研修参加の一般的自由を具体的に保障するのみならず、これを勤務とした根拠規定であるとは到底認められない」（川上教諭事件・札幌高裁1977（昭和52）・2・10判決。判例時報865号99頁、教育関係判例集3131の3頁）

前述したように、この札幌高裁判決（2－Ⅱ－B）は、今日までの「研修関係裁判」の判例の中では相当高い水準に位置するものと評価することができる。大学教授とそれ以外の教員との差異を考察しているのも、研修条項がすべての教育公務員を対象とした規定であることを明確に自覚しているからに他ならない。しかし、その考察は、研究行為についての表面的検討にとどまっており、極論するならば、「小学校教員が校外において教材研究を行うことは勤

務ではない」という論旨になる。研究の内容や勤務の中での研究活動の占める比重は、初等・中等教育機関の教員と高等教育機関の教員とでは差異はあるだろう。しかし、それをもって初等・中等教育機関の教員の研究活動が勤務ではないという論理はどのようにすれば導き出されるのであろうか。それは、初等・中等教育の教員は、決められたことを決められた方法で教えるものであるという教育観からしか導き出せないのではないだろうか。そうであるならば、この判決における前述の教育条理にのっとった、そして教育基本法とまともに向きあったと思われる教職観との極端なギャップはどう理解したらよいのだろうか。

　さらに、「教師の研究の自由」の根拠を説く教育法学説は、本書第3章第2節で述べたように、今日では憲法第23条の「学問・研究の自由」の系ではなく、憲法第26条の「教育を受ける権利」の系、すなわち生徒の学習権を保障するという教育の本質に由来するという考え方[27]が有力である。この判例にはその点の認識が欠けていると思われる。なお、教育行政当局が初等・中等教育機関の教員の研究活動についてどのように考えているのかをよく示すのが、山形地裁に1975（昭和50）年に提訴された県立高校国語科教員の海外旅行承認申請についての裁判（昭55〈ワ〉211号、慰謝料請求事件）における被告（山形県）の主張である（**判例番号5**）。

「2　学問の自由との関係
㈠憲法23条の学問の自由は、大学における学問的研究の自由とこれが研究結果の発表、教授の自由を保障したものではあるが、下級教育機関におけるそれを保障したものではない。

　　学校教育法52条は、『大学は、学術の中心として、広く知識を授けるとともに、深く専門の学芸を教授研究し、知的、道徳的および応用能力を展開させることを目的とする』とし、大学教授の職務として、研究と学生への教授を規定し、また、大学の重要事項審議権は教授会に

あるとし（同法58条5項、59条）、学問の自由の具体的保障規定を設けている。

㈡これに対し、下級教育機関である高等学校については、その教育内容を同法41条において、『中学校における教育の基礎の上に、心身の発達に応じて、高等普通教育及び専門教育を施すことを目的とする』と定め、その学科及び教科は監督庁が定めること、教科用図書については、文部大臣の検定ないし著作名義のものを使用することとしており（同法43条、21条）、生徒の知能的、精神的、肉体的発達段階に応じた教育を、全国的に教育レベルが区々にならないよう一定の基準に則り授けることになっている。

この規定の内容からも、高等学校教員には、憲法上の教育の自由及びこれと一体をなす研究の自由は保障せられているとは到底いえない。

㈢したがって、高等学校教員には憲法上保障される研究の自由ないし研修権は存しないことは明らかである。」[28]

すなわち、国定の基準にしたがって決められた内容のことを教えるのが高校教員の職であって、そのためには研究は必要とされないから研究の自由は保障されないという論理である。さらに、国語教育の目的について述べたところを見ると、そこには余りにも貧相な国語教育観が露呈されていることがわかる。

「3　国語教育と語学研修

㈠国語教科において、外国文学や外国事情、文物、世相などを取り上げ、日本人とものの考え方や習慣、生活様式などの異同につき理解を深めること、また、外来語や比較言語学の成果などが国語教科の内で取り入れられることが、国語を理解するうえで有意義であることを否定するものではない。

㈡しかし、高等学校教育は、学校教育法41条に規定するように、……この目的を達成するため、国語教科についても、他教科と同様、監督庁である文部省において、高等学校学習指導要領を定め、全国高等学校における国語教育の達成目標を定めている。

㈢国語教科については……総括的目標と具体的目標を掲げているが、その中核は国民の生活に欠くことのできない基礎的な能力を養うこと、文化の享受や創造に資するために広く言語文化に対する理解を深めることという２点である。外国文学、外国事情、外国の文物世相の理解や外来語に対する理解力の増強は補助的なものであっても、教科の一内容としているものではない。この考え方の基本は昭和57年度から実施されている改訂学習指導要領においても変わるものではない。

㈣国語の科目として取り入れられているものは……現代国語の内容は、A聞くこと、B読むこと、C書くことの３領域から成っているが、その中でB読むことの中に、『ア記録・報告・説明などを読む』『イ論説・評論などを読む』『ウ詩歌、随筆、小説、戯曲などを読む』とあり、この中には近代日本の形成にも影響を与えた『翻訳作品』などを含むことになっている。また、語句の指導面でも外来語の指導なども当然必要になってくる。

　しかし、『翻訳作品』は外国の作品に基づくものとはいえ、それはすでに日本語に表現されたものであるとともに、日本の評論・文学の中に骨肉化されたものであり、当該原典を読解する力があることが望ましいものではあっても、翻訳された作品そのものの読解観賞指導の前提とするほどのものではない。

　外来語についても、その原語の意味と外来語のおおよその経過と日本語の語い体系の中の位置付けを指導することが中心であって、その語の現地を訪れ、その歴史的風土を見ることが望ましいものであっても必要な条件ではない。

㈤外国文学を独立した一教科として捉えているものではないので、外国文学を教えるために外国の風俗、習慣、語学の研修を積む必要性は求められていない。また、比較言語学は、大学においてはじめて専門的に履修されることはあっても、高等学校段階においては一切求められていない。

㈥これらのことを踏まえると、国語教師が、国語教育との関連において、英語圏を旅行し、語学の研修を積むことは、国語教科とは直接関係がない事柄といわなければならない。」[29]

　この論理は、単純化して表現するならば、「外国での語学研修や外国の文化に関する知識・理解はのぞましいことではあるが、国語科教員として絶対的に必要なものではない」ということであろう。「必要なものではない」かどうかの検討はあえてしないが、もし「必要なもの」ならば、教員採用の際にその能力を確認したり、あるいは現職教育においてその能力を獲得させるために、職務専念義務免除ではなく出張として研修の機会をすべての国語科教員に与えるべきであろう。国語科教員に限らず、教員の能力は一律ではなく、担当教科や生徒指導の分野において、最低限必要な能力は皆が保持しながら、それぞれの教員が専門領域、得意とする分野、学問的関心を異にするというのは至極当然のことであって、その多様さがまた生徒の学習活動や人間的成長に積極的影響を与えるのである。したがって、国語科教員の中に、外国での語学研修を行おうとする者がいてもそれは歓迎し激励し、できるだけ研修目的が達成できるようできる限りの支援をおこなうのが管理職の役割であり、教育行政当局の役割であると考えられる。これを教育法的用語でいうと「研修条件整備義務がある」ということになる。まして、「原典を読解する力」や「外来語の原語の歴史的風土を見ること」を「のぞましいこと」としているのであるから、なぜ、その研修行為を支援する措置がとれないのか、理解し難い。教育法学の通説である自主的職務研修説では、職務専念義務免除と

いう考え方はとらないが、ここではその点は措くとして、せめて職務専念義務を免除するくらいの条件整備はおこなうべきであると考える。そのような措置がされないと、実際上、長期休業中といえども外国での研修はきわめて困難である。それにしても、この被告人山形県教委の主張するような国語科教師の能力像（学習指導要領、そして、それに基づく検定教科書が示す教育内容を伝授するのに見合う能力しか持たない教員）によると、高校の国語の授業はきわめて退屈な知的好奇心の湧かないものにしかなり得ないのではないだろうか。それどころか、学習指導要領が設定する高校国語科の目標を達成することも困難であろう。

これに対して、定期考査中に教員が申請した校外研修願を県立高等学校長が承認しなかった件で裁判となり、1993年11月2日に最高裁第3小法廷で判決が出された事件に関する「上告理由」（上告人…I）は、教育学・教育法学の到達点を反映して次のように述べている（**判例番号8**）。

> 「教師の任務が、子供、青年の人間的発達を保障し、その学習と探求の権利を充足させることにあるのだから、教師は、教育内容、教材についての科学的知見をもち、さらに授業や生活指導を通して、その発達を保障するための、不断の研究に裏打ちされた専門的力量が求められる（堀尾輝久、兼子仁「教育と人権」、岩波書店、88頁）。
>
> 教職を維持していくためには、不断の新しい知識、新しい視野、新しい知見や識見、学問的な成果や教育上の技術の獲得に努めなければならない。また、教育を受ける子供達に対して直接に責任を負って、具体的な人格的立場から子供達の教育を保障し、発展を助長していくという、教育の本質からも、研究が要請されている。まさに研究と教育は不可分一体である。
>
> このように教員は、他の公務員一般と異なり高度の専門性を必要とし、これを取得、維持するための研修が必須なのである。」[30]

山形地裁判決（1984年8月27日。**判例番号5**）も最高裁第3小法廷判決（1993年11月2日。**判例番号8－Ⅲ**）も、教師の研修権の教育学的根拠については何ら言及していない。諸判例の中で、最もこの点を掘り下げようとしたのは、札幌高裁判決（1977年2月10日）であると思われる。それゆえに、前記「上告理由」は、「教員の自由と自主性が尊重されるべきことは、札幌高等裁判所昭和52年2月10日判決（判時865号97頁）も認め次のように述べている」として、前掲の札幌高裁判決を引用している。

4．研修の義務と権利の法的性質

(1)教特法第19条の「研修に努める義務」の法的性質

教特法第19条の「研修に努める義務」の法的性質について述べているのは、以下の判例である。

1　前掲
2－Ⅱ－C　「自主的研修は、本来これを行う者の自発的意思にかかわる自己研鑽の意義を有する事柄であって、それは時間的、場所的に拘束されるものではなく、内容的には意思を離れては無定量、無限定のものというべきであるから、その義務は性質上職業倫理として要求され得るにとどまり、具体的に法的義務としてこれを要求するには適さず、……」（川上教諭事件・札幌高裁1977（昭和52）・2・10判決。教育関係判例集3131の3頁）
2－Ⅱ－D　「教特法第19条、第20条において、教育公務員は『絶えず研修と修養に努めるべき』こと、『研修を受ける機会が与えられるべき』ことを明示し、使用者の地位にある任命権者、本属長は、研修のための物的施設、研修実施方法についてこれに協力すべきことを定めるとともに、一定の条件のもとに勤務場所外における研修をも認め得る途を開いているのも右趣旨に副うための規定と解すべきである」（川上教諭事件・札幌高裁1977（昭和52）・2・10判決。判例時報865号99～100頁、教育関係判例集3131の4～3131の5頁）
2－Ⅱ－E　「しかし、教特法第19条第1項は、『職責を遂行するために』、『絶えず』すなわち場所および時間を超えた無限定のものとして『研究と修養』に努めることを義務づけているのであって、『職務の遂行として』これを義務付けているのではないのみならず、これを給与支給のための勤務とみることは教育公務員にとって

極めて過酷を強いることになり、教育公務員の一般的な給与体系に照らして到底是認し得ず、同条はその文言からして教育公務員についても前示理想像たる教職者としての人格能力の具有を期待する趣旨においてこれに必要不可欠な研究、修養への努力義務を、理念的、職業倫理的意味において規定したにとどまるものと解するほかはない」（川上教諭事件・札幌高裁1977（昭和52）・2・10判決。教育関係判例集3131の5頁）

4　前掲

5－A　「同法19条1項は、職責を遂行するために絶えず、すなわち、場所及び時間を超えた無限定のものとして研究と修養に努めることを義務づけているのであって、職務の遂行としてこれを義務づけているのではないのみならず、同条の文言からして、教育公務員について教育基本法1条、2条の趣旨を実現するための理想像たる教職者としての人格能力の具有を期待する趣旨において規定したもので、具体的に法的義務として要求したものではないと解するほかなく……」（D教諭事件・山形地裁1984（昭和59）・8・27判決、慰謝料請求事件。教育関係判例集3139頁）

8－Ⅰ－A　「教特法19条、20条1項は、教育公務員の研修（研究・修養）に対する努力義務を理念的、職業倫理的観点から抽象的に規定し、かつ任命権者にもその助成措置を講じると共に、職務命令によるものばかりでなく教員の自発的ないし自主的なものを含む研修の機会をでき得る限り与えるべき、一般的・抽象的義務を定めたものと解するのが相当である。これを教員の研修に対する具体的義務と解し得ないことは、学校等の勤務場所に所定の時間勤務する義務のみを有する教員に対して、さらに勤務として無定量の研修義務を負わしめることはできないものと解されることから明らかである」（Ｉ教諭事件（定期考査時事件）・神戸地裁1990（平成2）・11・16判決、賃金等請求事件。教育関係判例集3151の4頁）

9－Ⅱ－B　「教特法19条1項は、教育の重要性、教師の職責の特殊性から、教師がその職責を遂行するために研修に努めるべき職業倫理的義務を負うことを規定したものであって（同条項の文言が時間及び場所を超えた無限定な義務とされていることもこれを裏付けるというべきである。）」（宿日直教研等事件・札幌高裁1998（平成10）・7・16判決、懲戒処分取消請求事件。教育関係判例集2851の108頁）

13－C　「教育公務員特例法19条1項は、教育公務員は研修を行わずしてその職責を遂行することはできないとの見地から、『教育公務員は、その職責を遂行するために、絶えず研究と修養に努めなければならない。』と規定し、一般の公務員とは異なり、教育公務員については、特に研修義務を直接課しているのである。他方、同条2

項は、任命権者に対し、教育公務員の研修に要する施設、研修を受けるための方途（例えば、公開研究会、研究発表会、授業参観、各種講習会・研究会の開催や出席勧誘等）等、広く研修に関する計画を樹立し、その実施に努めなければならない旨肯定し、教育公務員の研修義務の達成を援助し、これを容易ならしめるために、また自主的、自発的に研修に取り組ませるために、研修の実施に関する諸条件の整備を義務づけている」(N教諭事件・名古屋地裁1996（平成8）・9・4判決、損害賠償請求事件。教育関係判例集3123の3頁)

　教特法第19条第1項については、2－Ⅱ－Cおよび2－Ⅱ－Eの札幌高裁判決が判示した「場所および時間を超えた無限定のものとして……理念的、職業倫理的意味において規定した」という把握が一般的になっている。とくに、5－Aの山形地裁判決は、ほぼ2－Ⅱ－Eの引き写しと言っても過言ではない。8－Ⅰ－Aの神戸地裁判決や9－Ⅱ－Bの札幌高裁判決にもその影響が明瞭に確認される。そして、この点に限って言えば、教特法制定時の解説書や教育法学の通説と大きな差異が存在するわけではない。例えば、兼子仁は、「本条1項が研修に『努めなければならない』というのは、行政当局が計画した研修をうけるべく義務づけられることではなく、自主的に研究と修養に努めるべき努力義務である。それは一種の服務ではあるが、本条1項は、教育には専門的研究と人間的修養とが不可欠であるという教育条理の確認規定である点に主たる意味があると見られる」[31]と述べている。また、青木宏治は、「本条1項は、教師の職責として研究と修養に努めなければならないと定めているが、これは教師に向けられた目標の責務を宣したものであり、この規定から行政研修をうけるべき義務が生じるとすることはできない」[32]と述べている。

　しかし、問題は、3点ある。その第1は、このような第19条第1項把握に立つとしても、同条第2項をいかに把握するのかということである。そもそも、第2項は、文法上やや問題がある条文であり、そのために有倉遼吉は、この意味を読み取るのに大変苦労しており、また、それゆえに丁寧な考察を

行っている[33]。それに対して、判例は全体としてきわめて粗雑と言わざるを得ない。たとえば、1の判旨は、教員研修において「自主性を基調」とすることの重視にあると思われるが、「これを奨励するため任命権者に研修計画の樹立とその実施を命じている」としている。「これ」、すなわち「自主性を基調とし」た研修を「奨励する」ことと、任命権者が「研修計画の樹立とその実施を」行うこととは、容易には整合しないと思われるが、この点の吟味がまったく行われていない。また、4の東京地裁判決は、「同条第2項は、任命権者に対して研修施設及び同計画等の樹立、実施を義務づけ」ているという把握であり、「研修を奨励するための方途」が、意図的か否かはともかくとして記述されていないために、ことさらに「研修施設及び同計画等の樹立、実施」が強調されることになり、教員研修の実施主体が地公法第39条と同様に任命権者であるという論旨が押し出される結果になっている。前記判例の中で、教育法学の通説に近いものは2－Ⅱ－Dの札幌高裁と13－Cの名古屋地裁の判例であろう。とくに、後者の判例は、教育法学の通説を踏まえたものということができる。しかし、「研修を受けるための方途」を具体的に例示したのは丁寧であるが、例示内容から研修費の支給や長期研修の機会保障が欠落しており、限界を感じさせる。

　第2の問題は、2－Ⅱ－Eの札幌高裁判決において、教員の研修義務が「理念的、職業倫理的意味において規定したにとどまる」[34]とされるに至る論理展開である。すなわち、「これを給与支給のための勤務とみることは教育公務員にとって極めて過酷を強いることになり、教育公務員の一般的な給与体系に照らして到底是認し得ず」と述べているところである。この見解は、「研修義務を職務上の義務」とすることは「勤務」とみなすことであり、それは「給与支給の対象」となる。しかし、現実に、給与支給は不可能であるから、研修義務を課すことは過酷である。したがって、「研修義務を職務上の義務」とはせず「理念的、職業倫理的意味において規定したにとどまる」という論理であろう。論旨自体の難点を2点指摘するならば、「勤務時間内における

研修活動は、教育に次ぐ、あるいは教育と不可分一体の職務上の義務ではないのか」という問いに対する明快な回答が用意できるかということ、そして、「これを給与支給のための勤務とみることは教育公務員にとって極めて過酷を強いることになり」という教育公務員への「配慮」の姿勢があるならば「研修活動への最大限の支援措置」に結びつくのではないかということである。例えば、特別な財政支出を伴わない服務上の出張あるいは職務専念義務免除の措置は可能であると思われる。

第3には、教員の研修義務について、「理念的、職業倫理的意味において規定したにとどまるもの」[35]とか、「具体的に法的義務として要求したものではない」[36]という把握から、短絡的に研修の権利性を否定する見解が導き出されていることである。「場所および時間を超えた無限定のもの」だから「理念的、職業倫理的意味において規定したにとどまる」というのであれば、勤務時間内における研修については、これを具体的に義務づけるとともに、その具体的保障をはかることが十分に可能であろう。

(2)研修の権利性

研修の権利性について言及している判例は次のとおりである。

3－A 「地方公務員法上の研修は、任命権者が行うものとされるが(地方公務員法第39条)、教員の場合には、教育公務員特例法の右趣旨に鑑み、とくにいわゆる校外自主研修を認めたものと解すべきである」(B教諭事件・山口地裁1973(昭和48)・3・29判決。行政事件裁判例集24巻3号283頁)

5－B 「したがって同法19条、20条等によってこれに対応する権利としての研修権を具体的に保障したものとは到底解することができない」(D教諭事件・山形地裁昭和59・8・27判決、慰謝料請求事件。判例タイムズ554号298頁、教育関係判例集3139頁)

9－Ⅱ－C 「教特法19条および20条も、右各規定の具体化として、教師に対して自主研修権を具体的に保障したものと解することはできない……控訴人らの指摘する立法当時の衆議院文部委員会における辻田政府委員の提案説明も、教特法が具体的な権利としての研修権を認める趣旨のものであると説明したものと解すること

はできず、これをもって、前記の判断を左右することはできない」(宿日直教研等事件・札幌高裁1998（平成10）・7・16判決、懲戒処分取消請求事件。教育関係判例集2851の108頁）

10－Ⅰ－B　「教特法20条2項の趣旨は、同項の文言並びに同法19条および20条1項との関係に照らし、教員の勤務の特殊性に基づき、右無限定の倫理的研修義務に対応して、職務としての研修のほかに自発的な研修を奨励し、勤務時間中にもでき得る限り便宜を図るため、服務上の特例を設けたものと解すべきである」(K教諭・L教諭・M栄養士事件、名古屋地裁1991（平成3）・1・25判決、一部認容・一部棄却〈控訴〉、措置要求に対する判定等の取消請求事件。判例時報1386号89頁）

13－A　再掲

13－B　再掲

13－D　「教育公務員の研修義務に対応して、同法20条1項は、教育公務員には研修を受ける機会が与えられなければならない旨規定し、教育公務員が自ずから積極的に研修を行おうとする場合にできる限りの便宜が図られるべきことを謳っている。そして、この研修機会付与の一般原則を受けて、同条2項は、教育公務員のうち特に教員については授業に支障のない限り、本属長の承認を得た上で、勤務場所を離れて研修することができる旨、いわゆる職専免研修について、同条3項は、長期研修についてそれぞれ規定している」(N教諭事件・名古屋地裁1996（平成8）・9・4判決、損害賠償請求事件。教育関係判例集3123の3頁）

13－E　「したがって、教師の自主的、自発的、主体的な研修が法律上も期待されているということから直ちに、任命権者が主体となって教師を対象にして研修を行うことはできず、教師はその研修を教師自らが自主的、自発的、主体的にのみ行うことができるという意味での研修権なるものが教師に保障されていると解することは到底できない」(N教諭事件・名古屋地裁1996（平成8）・9・4判決、損害賠償請求事件。教育関係判例集3123の4頁）

　教員研修の自主性、主体性ができる限り尊重されるべきことは大方の判例が述べているところであるが、しかし、研修の権利性を明確に認めている判例はほとんど存在しない。「研修権」という文言は記されていないが、判決全体から最も明確に研修の権利性を認めているものは、1973年の山口地裁判決（3－A）であろう[37]。また、10－Ⅰ－Bの名古屋地裁判決もそれに近い判旨であるといえるだろう。

一方、研修の権利性を否定、もしくは、肯定することに極めて消極的な判例はたくさん存在するが、その論理展開上、2つに大別できるものと考えられる。第1には、前項(1)における「研修に努める義務」の考察を受けて、権利性について判示しているものであり、これは9－Ⅱ－Cの札幌高裁判決および5－Bの山形地裁判決、が典型である。すなわち、「理念的、職業倫理的意味において規定した」ものであり「具体的に法的義務として要求したものではない」から、「これに対応する権利としての研修権を具体的に保障したものとは到底解することができない」という論旨である。この問題点としては2つあり、㈦「研修の義務性」の内容が直接的に「研修の権利性」の内容を規定するのかどうかという点と、㈦教員の研修は誰に対する義務であり、誰に対する権利なのかという点である。判例はすべて教育行政と教育公務員・教員間の権利・義務関係の有無を前提に論じられているが、果たしてそうであろうか。より具体的に言うならば、「教員の研修権は、……子どもの学習権・人格の自由な発達権に向けられた『承役的権利』(dienendes Recht) ないしは『他者の利益をはかる権利』(fremdnütziges Recht)」であり「主要には、権利性は任命権者を名宛人とし、義務性は子どもに向けられているといえる」[38]という学説に立つならば、判例のような論理は展開できるのであろうかということである。

第2には、少数であるが、地方公務員法第39条を適用することにより、研修の権利性を否定する論理である。これに該当するのは、13－Aおよび13－Bの名古屋地裁判決であると言えるだろう。ただし、同判決の場合の「研修権」の捉え方は、13－Eのように「任命権者が主体となって教師を対象にして研修を行うことはできず、教師はその研修を教師自らが自主的、自発的、主体的にのみ行うことができるという意味での研修権」[39]であり、教育法学の通説（自主的・主体的に研修を行う権利であり、行政研修においても参加を強制されない権利）よりは狭く把握しているために、「研修権」の存在を否定している面もあるものと思われる。一面では同判決は、次の13－Fのようにきわめて

「自主性、自発性」を重視した見解を示したものだとも言える。

13—F 「ところで、教師にはいわゆる研修権なるものは認められず、したがって、地公法39条1項に基づき、任命権者が主体となって教師を対象にして研修を行うことが許されるものであることは右に述べたとおりであるが、そのことは当該研修への教師の自発的、能動的な参加意思というものを考慮しなくてよいことを意味するものでは決してない。教師が授業の内容や方法等について創意工夫をし、その裁量を生かすことは一定の限度でこれを認めるべきで、これなくしては自由にして闊達な教育を期待できないことに鑑みるとき、その教育活動の前提としての研修への自発的、能動的な参加とその取組みの姿勢こそ望ましく、そうであってこそ、研修の効果も期待できるものであることはいうまでもないところである。したがって、任命権者が教師を対象として実施する研修の内容、実施方法については、必ずしも当該任命権者の完全な自由裁量に委ねられているとみるべきではなく、教師の教育活動の実践に有意義に生かされ、普通教育の目的が達成されるようにこれを実施されなければならないものである。言い換えれば、任命権者による研修の実施といえども、これが普通教育の目的に反し、徒に各教師による自発的教育活動の実践を阻害するなど右自由裁量に範囲を逸脱する場合は、違法との評価を免れないのであって、その限りにおいて原告主張の教師の自主的・自発的研修に関する法的利益を肯認することができるというべきである。」(N教諭事件・名古屋地裁1996(平成8)・9・4判決、損害賠償請求事件。教育関係判例集3123の4～5頁)

行政研修の場合に、「必ずしも当該任命権者の完全な自由裁量に委ねられているとみるべきではなく」と述べ、行政研修の内容と実施方法について、「普通教育の目的に反し、徒に各教師による自発的教育活動の実践を阻害するなど右自由裁量に範囲を逸脱する場合は、違法との評価を免れない」と明確な制約を設けている点は大変注目されるものである。

(3)「研修」の語義について

判例の中には、次に掲げるように、「研修」の語義について言及したものがある。

2—Ⅱ—F 「同法第19条第2項及び第20条各項は、第19条第1項における『研究及び

『修養』とは異なり、文言上は『研修』に関する規定である。しかして『研修』の語は、広義においては右『研究と修養』と同義においてその種類、内容等を問わないものと解する余地もある反面、狭義においては、職務性の強い職員の勤務能率の発揮及び増進のために職員に対して施される教育訓練[40]と解する余地もあるのであるが、教特法が教員の職責の前記特殊性に基づき『研修』に関する規定を設けている趣旨を考慮すれば、右後者のごとき受容的な、与えられる義務的研修に限定してこれを解すべきではなく、教育に携わる者としての自覚に基づく自主的、自発的な研究修養を包摂するものといわなければならず、特にこれを第19条第1項の『研究及び修養』と異なる勤務性を付与した規定と解すべき理由はない」（川上教諭事件・札幌高裁1977（昭和52）・2・10判決、判例時報865号100頁、教育関係判例集3131の5頁）

　2－Ⅱ－Fの札幌高裁判決は、1960年代前半以来の文部省・行政解釈がもつ「宿命的な誤り」を象徴的に示しているものとして注目される。それは、自主性と職務性の対立の把握である。文部（文部科学）省・行政解釈においては、この両者は決して統合されることなく、対立を続けているのである。すなわち、「教特法が教員の職責の前記特殊性に基づき『研修』に関する規定を設けている趣旨を考慮すれば、右後者のごとき受容的な、与えられる義務的研修に限定してこれを解すべきではなく、教育に携わる者としての自覚に基づく自主的、自発的な研究修養を包摂するものといわなければならず」というように教員研修の自主的本質を正しく把握し、「研修＝教育訓練」論をしりぞけ、「研修＝研究と修養」論の立場に立つことを宣言している。しかし、同判例の論理は、「教育に携わる者としての自覚に基づく自主的、自発的な研究修養を包摂する」から「勤務性を付与した規定」ではない、というものである。すなわち、研修の自主性を強調することが職務性の稀薄化に直結する論理構造になっている。このような「自主性と職務性の対立的把握」に固執することは、本書の第6章で論じている「新教育大学等への派遣」と「大学院修学休業制度」の関係に見られるように、隠蔽でき兼ねる矛盾を実際に引き起こすことに帰結するのである。

5. 研修活動の職務性

　勤務時間内の校外自主研修活動の職務性について、これを認める判例はB教諭事件に関する次の山口地裁判決のみである。

3－B 「教育公務員は、その職責を遂行するために、絶えず研究と修養に努めなければならないのであり（教育公務員特例法第19条第1項）、その研究は、当該教育公務員の担当する教育活動に直接関連する教育研究をすることであって、当該教育公務員の職務内容に当然に含まれるものと解するのが相当である。」（B教諭事件・山口地裁1973（昭和48）・3・29判決。行政事件裁判例集24巻3号283頁）

　一方、その他大部分の、研修活動に職務性を認めない判例のうち代表的なものは次の通りである。

2－Ⅱ－E　前掲

5－C 「教特法の右条項の承認は、これに基づき研修を行う者につき法律上当然に職務専念義務を免除したものと解すべきである」（D教諭事件・山形地裁1984（昭和59）・8・27判決、慰謝料請求事件。判例タイムズ554号298頁、教育関係判例集3139頁）

7－Ⅰ 「地方公共団体の職員は、法律または条例に特別の定めがある場合を除き、その勤務時間及び職務上の注意力のすべてをその職責遂行のために用い、当該地方公共団体がなすべき責めを有する職務にのみ従事すべき義務、すなわち職務専念義務を負うものであり（地公法35条）、右の除外例である法律に特別の定めがある場合の一つとして教特法20条2項に基づく研修の承認を受けた場合があり、右承認によって職務専念義務の免除がされるものと解される（J教諭事件・名古屋地裁1990（平成2）・6・22判決、措置要求に対する判定等の取消請求事件。判例時報1371号81頁）

10－Ⅰ－C 「教特法20条2項の前提となる同法19条1項は、教育公務員が『その職責を遂行するため』に研究と修養に努める無限定の職業倫理的義務を負うことを規定しているが、職務の遂行として研究と修養を行うことを義務付けているわけではないのであり、職務命令により研修を行う場合は格別、その余の自主的研修を職務行為そのものと解することはできない」（K教諭・L教諭・M栄養士事件、名古屋地裁1991（平成3）・1・25判決、一部認容・一部棄却〈控訴〉措置要求に対する判定等の取消請求事件。判例時報1386号89頁）

12－Ⅰ－A　「教特法20条2項は、服務監督権者たる本属長の承認のもとに教員が勤務場所を離れて研修をすることができる旨を定めているから、教特法の右条項の承認は、これに基づき研修を行うものにつき法律上当然に職務専念義務を免じたものと解すべきであって、これは地公法35条所定の除外事由たる法律に特別の定めある場合にあたるということができる」(L教諭事件・名古屋地裁1993（平成5）・1・25判決〈控訴〉、損害賠償請求事件。教育関係判例集3119の54頁)

13－G　「この研修機会付与の一般原則を受けて、同条2項は、教育公務員のうち特に教員については授業に支障のない限り、本属長の承認を得た上で、勤務場所を離れて研修することができる旨、いわゆる職専免研修について……規定している」(N教諭事件・名古屋地裁1996（平成8）・9・4判決、損害賠償請求事件。教育関係判例集3123の3頁)

　これらは、いずれも教員の「勤務時間内校外自主研修」に職務性を認めず、せいぜい「職務専念義務免除」とする判旨であるが、その結論への過程においては2つに分類ができる。1つは、論証抜きに「職務専念義務の免除がされるものと解される」というように結論づけている判例であり、5－Cの山形地裁判決、7－Ⅰ・12－Ⅰ－A・13－Gの名古屋地裁判決がこの部類であると言える。

　もう1つは、教特法第19条第1項の「職責遂行のため」という文言に注目して、「職責遂行のために研究と修養に努めることを義務づけているのであり、職務遂行のためではない」から自主研修は「職務ではない」という論理を展開しているものである。2－Ⅱ－Eの札幌高裁判決、10－Ⅰ－Cの名古屋地裁判決がこの部類である。従来、教育法学説としては、「職責」と「職務」の関係を厳密に検討した業績は管見の限りでは存在しないものと思われ（とりたてて検討する必要がなかったのだと思われる）、これらは教育法学説の「弱点」をついた論理であると思われる。しかし、判例においても「職責」と「職務」の関係は明らかになっているわけではなく、「『教育公務員（特に教頭として）の職務と責任の遂行のための研究と修養』を研修目的として研修することを命じた」[41]のような用例、あるいは、「およそ公務員である以上、程度の差こ

そあれ、その職責の遂行のために、絶えず研究と修養に努めなければならないことは当然であるが、とりわけ教育公務員については、その職務と責任の特殊性（教育基本法第1条、第6条2項）から、このことは自明の理であって」[42]という用例もある。また、文部省関係者の著作でも次のような表現が存在する。

> 「教師の職務は、いうまでもなく、児童生徒を教育することである。それは最低限一定の知識を一定の秩序にしたがって授けることを意味するが、むしろ教育の本質は教師と児童生徒との人格的ふれ合いにある。したがって、教師がこの職責を果たすためには、指導しようとする各教科の内容、教材、指導法等に通じているだけでなく、それが広い文化的、社会的教養に裏打ちされていなくてはならない。」[43]

この場合は「職務上の責任」あるいは「職務とその責任」というような意味で使用されているものと思われる。だとすると、「職責遂行のため」の意味は、「職務上の責任を遂行するため」あるいは「職務とその責任を遂行するため」ということになり、いずれにしても、2－Ⅱ－Eおよび10－Ⅰ－Cの判例の論理は通用しないのである[44]。

そもそも、第19条の「職責」という文言は旧教育基本法第6条第2項（現行法第9条第1項）の規定を踏まえたものだと考えられるが、旧教育基本法第6条第2項の「職責」をことさらに「職務」と区別する議論や学説は存在しない。

いずれにせよ、校外自主研修を「職務」として位置づける判例はきわめて少なく、また、教育運動の分野においても、そのことにこだわってきたとはいい難い。すなわち、1960年代前半の文部省解釈の転換以降は、校外自主研修を「職務専念義務免除」として認めさせ得るか否かが、実際の攻防の水準になっている。それは、文部省解釈・行政解釈転換後の学校現場における自主研修抑圧の厳しさとともに、その転換に至るまでの教育運動内部における

研修権理論の構築・学習活動の弱点の現れと考えることもできるだろう。

6. 本属長の承認の法的性質と不承認の相当性

(1)承認の法的性質

　教育法学の通説は、「授業に支障がない限り」本属長（校長・園長）は承認しなければならないという覊束行為説であるが、判例ではこの説をとるものは現在のところ皆無である。最も教育法学の通説に近い見解、すなわち「広義の覊束行為説」あるいは「柔軟な覊束行為説」とでもいうべき判旨は、次の山口地裁判決である。

3－C　「右勤務時間内の校外自主研修に対して本属長（中学校の場合には、校長と解される）が承認するか否かは、その自由裁量であるとも解し得るが、それでは同法が自主研修の機会を保障した趣旨を没却してしまうことになるから、本属長は、授業に支障がなく、また当該自主研修の内容が研修制度の目的を逸脱するものと認められる場合でない限り、できるだけその承認を与えるようにするのが相当である」（B教諭事件・山口地裁昭和48・3・29判決、行政事件裁判例集24巻3号283頁）

　なお、この場合の「授業に支障がなく」という意味は、「校外自主研修当日に担当の授業がなく」というように理解するのがこの判例の読み方として適切であると思われる。この後にも先にも、これに類似する判決は出されていない。教育法学の通説である覊束行為説は、判例の中では広義に解釈しても圧倒的な少数例といわざるを得ない。

　次の3つの判示のうち、6は本属長の判断対象を授業への支障の有無、研修性の当否の2点とし、その目的を「校務の運営と研修との調和をはかったもの」としている。9－Ⅰ－Bは、「児童生徒側の授業をうける利益と研修による利益との調和を図」ることを目的としている[45]。9－Ⅱ－Dは、本属長にもっとも広い裁量権を付与するものである。「恣意的な判断が許されるものでないことは当然のことである」というが、それを防ぐ措置については具体的指摘がなく、実態としての「恣意的な判断」の横行を助長する判示といわ

ざるを得ない。

2－Ⅱ－G 「同法第20条では第1において、右一般的義務に基づき具体的に実施される公的研修への参加の機会のみならず、教員が自主的、自発的になさんとする右研修についても可及的に機会を与うべきことを任命権者、本属長の一般的義務と定め、これにより勤務時間内においても、勤務場所においてなされる限り、服務監督権者である本属長の服務監督権行使が随時事実上可能であり、学校運営上の支障が生じないものとして、日常的業務すなわち勤務とはいえない研究修養についても、研修といえるものについては教員の自主性を尊重し、個別的な承認行為を要さぬものとして取扱うことは認めたと解することができ、一方勤務時間内に勤務場所外で行われる自発的研修については、勤務場所を離れることにより本属長の服務上の監督が事実上及ばないこととなる関係上、……同法第20条第2項においてこれを本属長の承認にかからしめた上、右勤務場所外での自発的研修をなすことをも許容したものと解するのが相当である」(川上教諭事件・札幌高裁1977(昭和52)・2・10判決。判例時報865号100頁、教育関係判例集3131の5〜3131の6頁)

6 「教特法20条2項は、教員が勤務場所を離れて研修を行おうとするときは、本属長の承認を受けることを要求し、教員の申請にかかる行為が授業に支障がないかどうか、研修と称する行為が右離脱を相当とすべき研修にあたるか否かを服務監督権者にまず判断させることによって、校務の運営と研修との調和をはかったものと解するのが相当である。」(厚岸事件・札幌地裁1986(昭和61)・10・30判決、懲戒処分取消請求事件。教育関係判例集2765の51頁)

9－Ⅰ－B 「研修のためとはいえ、無限定の勤務場所からの離脱は、当該教員に課せられた教育の中核をなす授業の遂行に支障を来し、児童生徒の授業を受ける利益をも奪うことにもなる。このようなことから、同法20条2項は、教員が研修のために勤務場所を離れることについて、学校運営の責任者である本属長に授業への支障の有無を判断させ、その承認に係らしめることによって、児童生徒側の授業をうける利益と研修による利益との調和を図ったものといえる。」(宿日直教研等事件・札幌地裁1990(平成2)・12・26判決、懲戒処分取消請求事件。教育関係判例集2851の67〜68頁)

9－Ⅱ－D 「本属長としては、およそ研修の申出であれば、授業それ自体に直接支障がない限りすべて承認しなければならないというものではなく、前記のような多岐にわたる事項を比較衡量した上で、承認すべきか否かの判断をすべきものである。右の判断に当り、恣意的な判断が許されるものでないことは当然のことであ

るが、事柄の性質上、本属長には広い裁量権が与えられているといわなければならない」(宿日直教研等事件・札幌高裁1998（平成10）・7・16判決、懲戒処分取消請求事件。教育関係判例集2851の109頁)

(2)承認・不承認の相当性

判例は、正確には前記の山口地裁判決も含めて自由裁量行為説のみであるが、一律ではなく自由裁量の幅をめぐっては差異が見られる。以下、承認するか否かの具体的判断の基準、すなわち承認・不承認の相当性についてどのような判例が存在するのか見ていきたい。念のために、第20条第2項の規定が、「教員は、授業に支障のない限り、本属長の承認を受けて、勤務場所を離れて研修を行うことができる」であることを確認しておこう。また、教育法学の通説は、前述のように、本属長の「承認行為」は、「客観的に授業への支障の有無を判断するものであって、その他、研修の内容、場所、主催者などを考慮して裁量的に行うことは許されない」[46]とされている。さらに、教特法の制定時および制定後の解説書や学説においては「授業に支障がない限り」が何を意味するかは特段解説されておらず[47]、字句通りの意味であったものと考えられる。すなわち、「授業に支障がなければできる限り勤務場所を離れての研修を認める」という趣旨であったことは疑いがない。

さて、判例の傾向を大きく把握するならば、教員の校外自主研修を制約する要素が、条文どおりの「授業」から「校務運営」、そして「研修内容」、さらに、「緊急性」も付加されるというように、しだいに拡大されてきたと言える。この点を詳細に検討してみよう。そこで、自由裁量説に立つ諸判例を、「①授業への支障」についての判示と「②研修内容の研修性・緊急性」についての判示に分け、前者についてはさらに(ア)授業への支障の有無のみ判断すればよいとする判示、(イ)授業以外の校務への支障の有無も判断すべきだとする判示に分けて考察を行ってみよう。

第4章　判例にみる研修条項解釈　247

①授業への支障

(ア)授業への支障の有無のみ判断すればよいとする判示

9－Ⅰ－C 「授業に支障が生じるのは、まず、当該研修期間内に当該教員の授業が予定されている場合である。このような場合には、まさにその研修への参加により授業に支障が生じるから、本属長は、原則として同法20条2項の承認をすべきではないこととなる。

　次いで、当該研修期間内に当該教員の授業そのものは予定されていないが、当該教員の研修参加による欠務が、当該教員の授業実施のための準備のほか、当該教員の授業と密接に関連する教育課程の編成や指導計画の作成等への参画に差支えを来し、又は欠務ないし当該研修への参加そのものが当該教員と児童生徒との人格的な触れ合いに影響を及ぼすなど、実質的にみて児童生徒の授業をうける利益を損なうことになる場合にも、教特法20条2項の授業に支障を来す場合に当たると解するのが相当であり、本属長は、同項の承認に際して、児童生徒側の授業をうける利益と研修による利益との利益考量の上に立つ総合的判断が求められるものであり、その限りにおいて、研修の主催母体や内容等の研修の実態、その態様および性格、教育公務員としての身分に伴う参加の相当性等の事情を考慮できることとなる。

　しかしながら、以上に該当しないときは、仮に、研修への参加により授業以外の校務運営に影響を及ぼし、又は地方公務員法上の服務に関する規定に違反する等の事態が想定されるとしても、特段の事由のない限り、同法第20条2項の承認を拒絶することは許されないと解するのが相当である」(宿日直教研等事件・札幌地裁1990(平成2)・12・26判決、懲戒処分取消請求事件。教育関係判例集2851の67～68頁)

(イ)授業以外の校務への支障の有無も判断すべきだとする判示

2－Ⅱ－H 「それが右監督権の例外的離脱によって本来的職務として第一義的に行われるべき勤務場所での授業その他の日常的業務に及ぼす支障の有無、更には研修と称する右行為が右の離脱を相当とすべき前示『研修』に当るか否かを服務監督義務上服務監督権者においてまず判断せしめる必要があるため」(川上教諭事件・札幌高裁1977(昭和52)・2・10判決。判例時報865号100頁)

2－Ⅱ－I 「教特法第20条第2項は、『本属長の承認』とは別に、『授業に支障のない限り』との要件をとくに規定していることに鑑みると、同法は校務の中でも教員

の中核的職務たる授業についてはこれをまず優先せしむべく、授業に支障がある限りは研修参加の承認を許さないものとして本属長の承認権を覊束しているものと解される。しかしまた同法は、研修を本属長の承認にかからしめているのであり、本属長は当該学校運営全般にわたりこれを総括する責務を有し、個々の教員の勤務場所での職務内容も授業のみではなく、他の学年、学級との関連を考慮した教育課程の編成、これに基づく諸計画の立案、学級運営、課外での児童の生活指導、学校運営上の校務分担等に伴う各種業務があることはいうまでもなく、授業以外のこれら校務運営上の支障を無視して職務専念義務免除をなし得ないことも自ずから明らかである。のみならず、校長は教員に対する服務監督権者として研修であるが故に職務専念義務を免除するものである以上、社会的に多義的評価を受ける研修行為については客観的にこれを相当とする事由があると認め得て初めてその承認をすべきものであり、右校務の支障をこえて更に行為の態様、場所等を勘案し、あるいは教育公務員としての身分に伴う参加の相当性等についても諸般の事情を配慮してその当否の判断をすることが必要であるというべきである。」（川上教諭事件・札幌高裁1977（昭和52）・2・10判決。判例時報865号103頁、教育関係判例集3131の12頁）

8－Ⅰ－B 「そこで教特法20条2項は、前記責務を有する校長等の本属長（以下、『校長』という。）の右服務に対する監督を教員が事実上離脱する勤務場所を離れての研修を行おうとするときは、校長に、①教員が申出た当該日時場所において研修しようとする行為を承認することにより授業に支障が生ずることはないか、②研修と称する行為が右離脱を相当とすべき研修に該当するかどうかの2要件をまず判断させることによって、校長に前記校務の運営と教員の右勤務場所を離れての研修との調整を図ることとしたものと解するのが相当である。

従って、校長は、授業の支障についても、単に予定された授業時間の有無のみでなく、授業に関連する教育課程の編成、生活指導等の教育的措置、学校運営上の校務分担に伴う各種の業務等について、当該学校の具体的教育目標ないし個別的教育状況に照らして実質的に支障を及ぼすか否かの見地から総合的に判断しなければならないと解すべきである。」（Ⅰ教諭事件（定期考査時事件）・神戸地裁1990（平成2）・11・16判決、賃金等請求事件。教育関係判例集3151の5頁）

8－Ⅰ－C 「そして校長たる被告Ｓが本件における承認の可否の判断の基準となすべきものは、前記のとおり授業時間の有無のみでなく、具体的には県立普通高校であるＲ高校の生徒に対する教育目的の達成に必要な授業に関連する教過程の編成、考査期間中における生活指導等の教育的措置、学校運営上の校務分担に伴う

各種の業務等について、実質的に支障を及ぼすか否かの総合的見地であると解される。」（Ⅰ教諭事件（定期考査時事件）・神戸地裁1990（平成2）・11・16判決、賃金等請求事件。教育関係判例集3151の5～6頁）

11 「教員の勤務場所での職務内容は、授業のみではなく、他の学年・学級との関連を考慮した教育課程の編成、これに基づく諸計画の立案、学級運営、課外での児童に対する生活指導、学校運営上の校務分担等に伴う各種業務があるものであり、授業以外のこれら校務運営上の支障を無視して研修の承認をなしえないことは明らかである。」（H教諭事件・横浜地裁1992（平成4）・11・24判決〈確定〉、損害賠償請求事件。教育関係判例集3119頁および3119の7～8頁）

12－Ⅰ－B 「本属長が右承認をなすにあたっては、単に授業に支障がないことのみではなく、教育公務員たる教員に職務専念義務を免除して当該研修をなすことを認めるにつき、服務監督権者として考慮すべき諸事情、即ち、学年及び学級を通じた教育課程や課外の生活指導等、学校運営全般にわたる組織、教育計画、教科毎の指導の分担等の広範な諸事情に照らしての支障の有無をも考慮に入れなくてはならないことも明らかである。右の観点に照らせば、前記の国際理解教育に資すべき研修といえども、担当教科とのかかわりの程度いかんにより、右承認の扱いに差異を生ずべきことも不合理とはいえない。そして教特法20条2項の承認は、以上のような意味において本属長に研修の承認に伴う諸影響を比較考量せしめ、その範囲での裁量判断権を付与しているものといわなければならない。」（L教諭事件・名古屋地裁1993（平成5）・1・25判決〈控訴〉、損害賠償請求事件。教育関係判例集3119の54頁）

以上のように、「授業への支障の有無の判断」だけでは済まされないという判示が圧倒的多数であり、「授業への支障の有無の判断」のみとするのはわずかに9－Ⅰ－Cの札幌地裁判決のみである。ただし、この判例では「担当の授業時間の有無」ではなくて、授業に絡む諸問題を含めて「授業」とよんでいるのである。たしかに、「授業」の幅が広がり支障が生じる確率が高くなるが、もし、「授業への支障」がなければ研修不承認はできないと戒めている。すなわち、「以上に該当しないときには、仮に、研修への参加により授業以外の校務運営に影響を及ぼし、又は地方公務員法上の服務に関する規定等に違反する……等の事態が想定されるとしても、特段の事由のない限り、同法20

条2項の承認を拒絶することは許されない」[48]というのである。この判示は、条文に規定され、そして、立法時から1950年代までは行政解釈においてもそのまま理解されていた「授業に支障のない限り」が、1960年代以降、「授業に支障のない限り」から「校務運営に支障のない限り」に拡大され、さらに、内容面や緊急性など本属長の裁量範囲がしだいに拡大する傾向に一定の歯止めを掛けようとしたものであり、丁寧な考察を試みていると考えられる。また、条文の「授業」という文言に忠実であろうとしたものであると考えられる。しかし、「欠務ないし当該研修への参加そのものが当該教員と児童生徒との人格的な触れ合いに影響を及ぼす」ことを研修が不承認となる可能性のある要因としてあげていることは、恣意的判断を助長することになり兼ねない。「人格的な触れ合いに影響を及ぼす」場合というのは、具体的に想像し難く、それゆえに、不承認の理由としてどのようにでも使われる可能性を持っていると思われる。

2－Ⅰ－B 「本属長は、教員の申請にかかる行為が授業に支障がないかどうかおよびそれが研修であるかどうかの2点について判断した上承認不承認を決すべきものと解されるのであって、およそ研修という名目の申出であれば授業に支障のない限り全て承認しなければならないということはできないと考えられる。」（川上教諭事件・札幌地裁1971（昭和46）・5・10判決。判例時報651号108頁、教育関係判例集3134頁）

2－Ⅰ－Bに示されている1971年5月の札幌地裁判決までは、承認するか否かの基準は、「授業に支障がないかどうかおよびそれが研修であるかどうかの2点」であった。当時は、文部省解釈、いわゆる行政解釈においても、同様の見解が示されており、同判決は行政解釈の認識を追認したものということができるであろう。この段階における文部省の研修政策は、教特法の立法趣旨であり制定後も1950年代には維持されていた「授業に支障がない限りできるだけ校外研修の機会を与える」[49]という方針から、「できるだけ校外研修の機会を与えない」方針に転換していた。

この札幌地裁判決の示した2点について大きく変化させたのが、2－Ⅱ－Hおよび2－Ⅱ－Iの札幌高裁判決である。この判例の特徴は、第1に、前述のように、教育法学の通説は覊束行為説をとってきたのであるが、同判決においては、それとは逆の意味で、「覊束行為説」が示されていることである。すなわち、「校務の中でも教員の中核的職務たる授業についてはこれをまず優先せしむべく、授業に支障がある限りは研修参加の承認を許さないものとして本属長の承認権を覊束しているものと解される」[50]という論理である。「校務の中でも教員の中核的職務たる授業についてはこれをまず優先せしむべく」ということは万人が認めるところであるが、「授業に支障がある限りは研修参加の承認を許さないものとして本属長の承認権を覊束しているものと解される」（2－Ⅱ－I）という解釈が生みだされることは教育法学の領域では議論されてこなかったことであり、これは第20条第2項を設けた目的についての認識が、研修機会の保障から服務監督へ転換していると言えるだろう。したがって、第2には「授業に支障がない」ことは当然のことであり、本属長の判断の対象は授業以外の職務、校務運営に支障がないかどうかにある。

第3には、授業以外の職務内容が「他の学年、学級との関連を考慮した教育課程の編成、これに基づく諸計画の立案、学級運営、課外での児童の生活指導、学校運営上の校務分担等に伴う各種業務」（2－Ⅱ－I）というように細かく示されていることである。

第4に、これらの「難関」を突破した上で、なお「行為の態様、場所等を勘案し、あるいは教育公務員としての身分に伴う参加の相当性等についても諸般の事情を配慮してその当否の判断をすることが必要」（2－Ⅱ－I）とされていることである。このように、札幌高裁判決に至っては「職務専念義務免除」という形態においても、ごく稀な場合にしか、第20条第2項の「勤務場所を離れた研修」は承認されないことになってしまっている。

この判決がその後も今日に至るまで第20条第2項に関する判例の基本となっているものである。承認行為の「厳格さ」という点では、当時の文部省・

行政解釈の水準をも上回るものであり、文部省・行政解釈にも直接的に影響を与えるものであった。

たとえば、『季刊教育法』第46号[51]は「教師の研修問題」を特集しているが、そこに掲載されている野崎弘（文部省地方課長）「研修の制度的しくみ」では札幌高裁判決が引用され、文部省解釈の根拠とされているのである。札幌高裁判決以前の文部省解釈では、「授業に支障のない限り」について、ここまでの立法者意思の歪曲はされていなかった。

②研修内容の研修性・緊急性

これまで述べてきた授業等への支障に加えて、研修内容の研修性も承認・不承認の重要な判断要素とされている。

2-I-B　前掲

5-D　「それ故右教特法20条2項の規定は、本属長に、服務監督権者として校務の運営に遺憾なからしめる見地から、授業はもちろん、勤務場所での勤務全般に及ぼすことあるべき支障の有無を判断せしめるとともに、教育公務員たる身分を有する教員に職務専念義務を免除し、当該研修をなすことを公に承認することから生ずる広義の学校運営上の影響の有無、程度等をも考慮して承認の当否を判断せしめる意味において承認権を付与しているものであって、校務の中でも教員の中心的職務たる授業についてはこれをまず優先せしむべく、授業に支障がある限りは研修の承認を許さないものとして本属長の承認権を羈束しているものと解される。」（D教諭事件・山形地裁1984（昭和59）・8・27判決、慰謝料請求事件。判例タイムズ554号298頁、教育関係判例集3139～3140頁）

5-E　「本属長は当該学校運営全般にわたりこれを総括する責務を有し、授業以外の校務運営上の支障を無視して職務専念義務免除をなし得ないこともおのずから明らかである。のみならず、右研修扱いとなれば、教員が本来の勤務時間中勤務場所を離れて（有給）研修することになることからして、研修の目的および内容が勤務時間中の勤務場所からの離脱を相当とする程度に職務たる具体的、個別的な教育を施す業務に密接に関連し、かつ右職務に有益適切なものであること等客観的にこれを相当する事由があると認め得て始めてその承認をすべきものである。しかして、これらの意味において教特法20条2項の承認については、服務監督者た

る本属長に、研修の承認に伴う授業以外への諸影響をも比較考量せしめたるための裁量判断権を付与しているものといわなければならない。」
（D教諭事件・山形地裁1984（昭和59）・8・27判決、慰謝料請求事件。判例タイムズ554号298頁、教育関係判例集3140頁）

5－F　「原告が昭和52年度および同53年度に各申請した外国旅行の内容、とりわけ主目的たる英語研修も、これらによって原告の教養、見識を高め、見聞を広めるものではあっても、国語科の教員である原告の担当教科に直接関係し或いは密接な関連があるというを得ないことは明らかであるし、……」（D教諭事件・山形地裁1984（昭和59）・8・27判決、慰謝料請求事件。判例タイムズ554号299頁、教育関係判例集3141～3142頁）

5－G　「昭和53年度においては同じくO高校の教員Pが同年5月31日教育長宛に外国旅行承認申請をなしていること、同人は英語担当であり、夏季休業期間中である同年7月25日から同年8月24日までの間英語研修のためイングランドおよびアイルランドを主とした旅行につき承認申請したものであるが、右は前記外国旅行承認基準の研修3の②に該当し、かつ旅行期間にも問題がなかったため、県教委は同年6月6日外国旅行承認の決済をなし、その後T校長に対しその旨伝え、研修扱いとするよう指導したこと」（D教諭事件・山形地裁1984（昭和59）・8・27判決、慰謝料請求事件。判例タイムズ554号300頁、教育関係判例集3143頁）

　5－D・5－Eの山形地裁判決は、先の札幌高裁判決を踏襲したものであるが、研修内容に関わる判断基準についてさらに細かく判示しているのが特徴である。すなわち、「研修の目的および内容が勤務時間中の勤務場所からの離脱を相当とする程度に職務たる具体的、個別的な教育を施す業務に密接に関連し、かつ右職務に有益適切なものであること等客観的にこれを相当する事由があると認め得て始めてその承認をすべきものである」（5－E）というのである。この判示によると、実際的には研修内容が極めて狭く限定されてくるのは当然であろう。「差し迫った明日の授業のための教材研究、それも学校ではできないこと」のみに限定されるものと考えられる。

8－Ⅰ－B　前掲
8－Ⅰ－C　前掲
8－Ⅰ－D　「また、本件第1研修願の提出された前認定にかかる原告の研修題目から

して、被告Sにおいては授業日である考査期間中に原告に校外における研修を認めなければならないような特段の事情がないと判断したことには、違法不当な点は見当たらない。」（I教諭事件（定期考査時事件）・神戸地裁1990（平成2）・11・16判決、賃金等請求事件。教育関係判例集3151の6頁）

8－I－E 「一方、右第2研修が授業日に該当するその希望日になされねば、その目的を達しないとか、教育上の必要から極めて緊急を要するものである等の特段の事情が存するものと認めるに足る証拠は存しない。

　なお、原告本人尋問の結果中には、右研修は、特定の生徒の生活指導に必要であった旨の供述部分もあるが、同じく同結果によれば、当時原告は右生徒の学級担任等の直接生活指導をする立場にはなく、かつその必要とされる理由も抽象的なものであることが認められるので、夏期休暇等の非授業日の到来を待てないような緊急性の存するものであったことは認めることはできない」（I教諭事件（定期考査時事件）神戸地裁1990（平成2）・11・16判決、賃金等請求事件。教育関係判例集3151の6頁）

8－Ⅲ 「原審の適法に確定した事実関係によれば、上告人が本件各研修を行うことにより、各研修予定日に実施される定期考査やその他の校務の円滑な執行に支障が生じるおそれがないとはいえない上、本件各研修を各研修予定日の勤務時間内に勤務場所を離れて行うべき特別の必要性があったとも認め難い」（I教諭事件（定期考査時事件）・最高裁3小1993（平成5）・11・2判決、賃金等請求事件。判例時報1518号126頁）

12－I－B 前掲

　これらの判例に示された解釈が、実際にどのように適用されたのかを示すのが、5－F・5－Gの山形地裁判決、8－I－B・8－I－C・8－I－Eの神戸地裁判決、さらに8－Ⅲの最高裁第3小法廷判決、12－I－Bの名古屋地裁判決（控訴審の名古屋高裁判決（1993・6・29））、上告審の最高裁第1小法廷判決（1994・2・24）である。山形地裁判決と名古屋地裁判決とは、いずれも夏季休業中あるいは夏季休業中を中心とした海外研修旅行を研修扱い（職務専念義務免除）とすることをめぐる争いであるが、いずれも原告・教諭側の敗訴に終わっている。5－Fと5－Gを比較すれば明瞭であるが、その最大の理由は、担当教科と研修内容との関連性であったものと考えられる。すなわ

ち、D教諭は高校国語科教員、L教諭は中学校体育科教員であった。5－Gに記されているように、D教諭の同僚である英語科教員Pは同様の目的での海外旅行が研修扱い（職務専念義務免除）となっている。

8－Ⅰ－B・8－Ⅰ－C・8－Ⅰ－D・8－Ⅰ－Eの神戸地裁判決および8－Ⅲの最高裁第3小法廷判決については、教員の校外自主研修に関わる問題が初めて最高裁で争われた事例としても重大な意味合いを持つが、あわせて、その判示内容においても研修機会をより狭める新たな内容が付加されており、看過することができないものである。

すなわち、やや断定的に言うならば、これらの判例に則ると、教員が「勤務時間内校外自主研修」を承認されるのは、教科担任制をとる中学校・高等学校教員においても、ほぼ長期休業中以外には可能性がないということになる[52]。なぜならば、この事例は、高校において、定期考査中の自分の担当教科の試験および試験監督のない日に校外研修願を提出したが不承認となっているからである。すなわち、通常、学期中においてはこれ以上授業に支障のない日は存在しないという日における校外自主研修を不承認としたことを是認する判示であるからである。

判例は前述の札幌高裁判決の論旨を土台としていることは、8－Ⅰ－B・8－Ⅰ－Cに明らかに示されている。しかし、重要な付加であると考えられるのは、8－Ⅰ－Dにおいて、「授業日である考査期間中に原告に校外における研修を認めなければならないような特段の事情がない」という校長判断を支持し、8－Ⅰ－Eにおいて「右第二研修[53]が授業日に該当するその希望日になされねば、その目的を達しないとか、教育上の必要から極めて緊急を要するものである等の特段の事情が存するものと認めるに足る証拠は存しない」とし、「夏期休暇等の非授業日の到来を待てないような緊急性の存するものであったことは認めることはできない」と述べていることである。筆者は先に、勤務場所を離れた研修が承認されるのは、「差し迫った明日の授業のための教材研究、それも学校ではできないことのみではないか」と記したが、そ

れに加えて、極論すれば、「生徒の生死に関わることの場合のみ」というべきではないだろうか。筆者は教育における効率性の観点を決して無視するものではないが、この判例が「緊急性の存否」を問題とする根底には、教員の研修行為が直ちに教育上の具体的成果を生み出すことを当然とする考え方が存在しており、このような短絡的かつ皮相な教育観・研修観を肯定することはできない。また、研修内容としては、学問的・探求的な課題は排除され、いきおい即効的・技術的なものに限定されざるを得ない。

I教諭の研修課題は、在日韓国籍の担任生徒からの質問を契機として、「在日朝鮮人・韓国人子弟の教育」を主題とし、「本名を名乗る意義」や「進路(特に国籍条項を有する兵庫県、神戸市、小野市の募集のあり方)について」などを個別の研修課題としていた(教育関係判例集14503頁)。実際に、同教諭は、参考文献の収集、ビデオ(「ある手紙の問いかけ」「日本列島と朝鮮半島」)の借用と視聴、「在日」生徒指導経験の豊かな教員への相談、また、担当教科である数学のビデオの借用と視聴もおこなったとされている[54]。もし、I教諭の研修課題が「在日朝鮮人・韓国人子弟の教育」ではなく、数学の教材研究であったとしても、「緊急性の存否」を含むこの判例の論理からは、校長判断が裁量権の逸脱、濫用とされることは考えられない。

なお、神戸地裁での第1審において、原告主張として、「授業に支障のあるとき」とは、「本務としての授業そのものの有無のみを意味し、これにそれ以外の校務を含めることは教員の研修権保障の見地から許されない。しかも研修予定日に授業が予定されている場合にも、それを休みにしてもその単位の成立に影響がないときには授業に支障がないときに該当する。かつ、この解釈は教育公務員であれば、初等教育機関たる小学校の教員たると大学・大学院の教員たるとによって判断に差異をもうけてはならない」[55]と述べている。

これに対して、判例は「当該学校が教員の研究機関としての性格を濃厚に有している大学・大学院等と、それ以外の研究機関としての性格が稀薄で、専ら児童生徒の全人格的教育を目的とする教育機関である初等・中等・高等

学校等においては、右支障の判断において考慮されるべき重点の置き方に差異が存することは当然である」と述べている。筆者は次のように考える。

　第1に、「研修予定日に授業が予定されている場合にも、それを休みにしてもその単位の成立に影響がないときには授業に支障がないときに該当する」という原告主張は教育現場の実態から考えると説得力に欠ける。とりわけ、「単位の成立に影響がないとき」という曖昧な基準を設定しているためにその判断をめぐって紛争が発生することが十分に予想され、また、運用によっては明らかに生徒の学習権を侵害する事態も発生し兼ねない。

　第2に、原告が主張することは学説としては存在し、そして、教科担任制を取らない場合にはこのように解釈しないと自主的校外研修の機会がきわめて限定されてしまうのであるから、筆者もその意義は認める。また、行政研修の場合には「授業に支障のない限り」どころか、授業があっても勤務として参加するのが当然のようになっていることから考えると、自主研修との取扱いの落差は余りにも大きく、十分に検討されるべき学説ではある。

　第3には、教特法の立法趣旨および初等・中等教員における研究保障があまりにも軽視されている現状に鑑みて、筆者が第1に指摘した点を留保するならば、原告主張は大いに強調されるべきことである。これに対して、「右支障の判断において考慮されるべき重点の置き方に差異が存することは当然」と判例が述べていることが、まったくの誤りだとは思わないが、次の3点についての考察を欠いた不十分な判示であると言わざるを得ない。1つは、初等・中等教育における研究と教育の関係をどう捉えるのか、高等教育機関におけるそれとの決定的な違いが存在するのかという点である。2つ目に、教特法研修条項の構成上、初等・中等教育機関の教員研修と高等教育機関のそれとを分けて解釈することが文理上可能なのかということである。3つ目に、前記引用部の判示を肯定するとしても、そこからなぜ定期考査中の試験監督も担当教科の試験もない日における校外自主研修の願い出を承認しないことが校長の裁量権濫用にあたらないのかという問題である。

(3)不承認の告知義務

研修申請に対する不承認の場合の告知義務については次のような判例がある。

2－Ⅰ－C 「また、校長が不承認の処分をするにつき、特にその理由を告知すべきことを要求した規定はないから、不承認の理由を告知しなかったからといって処分が違法であるとはいえない」（川上教諭事件・札幌地裁1971（昭和46）・5・10判決。判例時報651号108頁）

2－Ⅱ－J 「控訴人は、本件不承認措置は合理的理由が告知されなかったから違法であると主張するが、右措置につき理由の告知を必要とすることを定めた条規はなく、右主張は理由がない」（川上教諭事件・札幌高裁1977（昭和52）・2・10判決。判例時報865号103頁、教育関係判例集3131の11頁）

これらの判例に示された告知義務についての見解について、最も問題が含まれていると筆者が考えるのは、2－Ⅰ－Cおよび2－Ⅱ－Jの論理である。すなわち、2－Ⅰ－Cでは「特にその理由を告知すべきことを要求した規定はない」、2－Ⅱ－Jでは「右措置につき理由の告知を必要とすることを定めた条規はなく」と述べ、いずれも告知義務の明文規定がないことを理由としてあげている。拙著『戦後日本教員研修制度成立過程の研究』第4章第2節で述べているように、第20条第2項の立法者意思は、教員にできる限り研修の機会を保障しようとしたものであり、法制定後も1950年代においては、条文どおり、まさに「授業に支障のない限り」は承認されるべきものとして考えられていたことは成立過程研究および法制定後の諸解説書から疑う余地がない。したがって、「授業に支障があるかどうか」の判断のみであるから[56]、その点は誰の目にも明白であり、立法趣旨および法制定後の文部省・行政解釈では不承認の際の告知義務を条文中に規定する必要性はなかったのであると考えられる。このような意味において、2－Ⅰ－C・2－Ⅱ－Jは、研修条項形成の経緯や立法趣旨についての考察を欠いた判示であると言わざるを得ない。

また、承認申請者からの意見聴取または弁明の機会についても、「自宅研修

承認申請に対し不承認措置をするに当たって、申請者に対し予め意見聴取または弁明の機会を与えることを要する旨の手続規定は存せず、右の手続をとらないでした不承認措置が違法となるものではない」[57]というように、告知義務についてと同様の論理が展開されている。この点についても、筆者は、前述の批判を繰り返さざるを得ない。

7. 教職員組合主催の教育研究集会参加のとり扱い

　第20条第2項の「勤務場所を離れて（の）研修」の承認に関わる問題という点では、前項（「6．本属長の承認の法的性質と不承認の相当性」）と同様なのであるが、「研修としての性格と組合活動としての性格」の2面性が共存しているという点で、その解釈において独自の困難さを有するので、本書では別項をおこしたい。

　教研集会への参加をめぐる問題が焦点となった「研修関係裁判」として本章で考察対象としたのは、事件としては4件、判例としては6例である。事件が発生した順に列挙すると、それらは、1968年におこった川上教諭事件（**判例番号2**、1971年札幌地裁判決、1977年札幌高裁判決・確定）、1965年のB教諭事件（**判例番号3**、1973年山口地裁判決・確定）、1969年の厚岸事件（**判例番号6**、1986年札幌地裁判決・確定）、1968年の宿日直教研等事件（**判例番号9**、1990年札幌地裁判決、1998年札幌高裁判決・確定）の4事件・6判例である。これらの裁判は、教職員組合が全面的に支援、もしくは組織の重要課題として取り組んできただけに、あらゆる面で大規模な訴訟となり、教育法学の到達点が法廷で展開され、行政側の解釈とぶつかりあう機会を作り出してきた。その点では、1960年代以降、教育法学説と行政解釈が対立しながら、前者は学問の世界、後者は教育現場の世界におけるものとして、相互交渉の稀薄なまま推移してきた双方の理論が厳しい吟味を受ける重要な場であったと考えられる。

　さて、教研集会が前記のような2面性をもつことは、すべての判例が認めているところであると言えるだろう。2面性を認めた上で、教研集会の「研

修」の側面に着目して教特法第20条第2項が適用されることを明確に判示したものは、3－Dの山口地裁判決のみである。その他については、2－Ⅰ－Dの札幌地裁判決に示されているように、「教特法20条2項の研修といえるか否かはその実体による」という見解である。しかし、「研修といえるか否か」の判断は、2－Ⅱ－Kの札幌高裁判決のように「いずれに着目して判断をするも校長の裁量権の範囲内の問題」とされており、したがって、2－Ⅱ－Lのように「研修性より職員団体のための活動性が重視される」と判断される場合には、研修申請が承認されなくても裁量権の逸脱、濫用には決して当たらないような論理構成になっている。

　文部省・行政解釈においては、しきりに、地公法第55条の二第6項の「職員は、条例で定める場合を除き、給与を受けながら、職員団体のためその業務を行ない、又は活動してはならない」に抵触するとか、あるいは、労働組合法第7条第3号で不当労働行為として禁じられている使用者による組合運営経費の供与にあたるということを根拠に教研集会への参加を出張扱いはもちろんのこと職務専念義務免除とすることすらも拒否してきた。この点について、札幌高裁は2－Ⅱ－Mのように、「教研集会の研修性を認めて職務専念義務免除とする場合は、地方公務員法第55条の二第6項に違反しない」という趣旨を判示しており注目される。重要な点は、「不可避的に伴う右職員団体のための活動は職務専念義務を免除された時間内におけるものとみることが可能である」という箇所である。つまり、人事院規則17-7条第1項に準ずる条例は北海道条例中には存在しないが、同第1項が成立する論理は、「職務専念義務を免除されている時間内における行為である」ことであろう。その論理は、「校長について後記裁量判断のもとに研修参加の相当性を認めてその承認をした場合には」、条例の規定がなくても適用され、「右人事院規則の条項と同旨に解されるのを相当」とするのである。教研集会の2面的性格から成起する教特法第20条第2項と地公法第55条の二第6項の矛盾にまともに向かい合い、丁寧な考察をめぐらした判示であると評価できるのではない

だろうか。

2－Ⅰ－D　「また本件教研集会が教特法20条2項の研修といえるか否かはその実体によると解せられるところ」(川上教諭事件・札幌地裁1971（昭和46）・5・10判決。判例時報651号108頁、教育関係判例集3134頁）

2－Ⅱ－K　「右集会への参加行為が具有する前記二面性は、その一面のみが他の一面に対し顕著に優越しているものでもないのであるから、そのいずれに着目して判断をするも校長の裁量権の範囲内の問題であるというべきであり、右比較考量の判断に裁量権の濫用ないし逸脱があるとまでにわかに認め難く、他に本件不承認措置に無効もしくは取消事由があると認定するに足る証拠はない」(川上教諭事件・札幌高裁1977（昭和52）・2・10判決。判例時報865号104頁、教育関係判例集3131の13頁）

2－Ⅱ－L　「本件不承認措置は授業等への支障があることを理由とするものではなく、本件教研集会参加行為のもつ前記二面性を比較考量した上、右集会においてはその研修性より職員団体のための活動性が重視されるべきものとして裁量判断したものであるということができる。」(川上教諭事件・札幌高裁1977（昭和52）・2・10判決。判例時報865号103～104頁、教育関係判例集3131の13頁）

2－Ⅱ－M　「……控訴人の本件教研集会への参加は、職員団体活動性の面においては右除外事由に当らず、従って右集会への参加を承認することはなるほど地方公務員法の右条項に抵触するかの如くである。しかし、本件教研集会参加の右職員団体のための活動性は研修性と不可分一体のものとしてあるのであり、その研修性を無視できないとすれば、その承認に当り右両面のもつ性格を考慮して承認、不承認を判断すべく、その結果研修の相当性を認めて承認する限りでは、反面において不可避的に伴う右職員団体のための活動は職務専念義務を免除された時間内におけるものとみることが可能である。……給与が支払われることになっても地方公務員法第55条の2第6項違反にはならないというべきである。従って、本件教研集会参加が一面で職員団体のための活動たる性格をもち、これに給与が支払われることになるからといって、これを法律に反するものあるいは当然に承認し得ない行為であるということはできない。従って、本件教研集会参加者が一面で職員団体のための活動たる性格をもち、これに給与が支払われることになるからといって、これを法律に反するものあるいは当然に承認し得ない行為であるということはできない。」(川上教諭事件・札幌高裁1977（昭和52）・2・10判決。判例時報865号102頁、教育関係判例集3131の10頁）

3－D 「日教組の教研集会については、それが一面では組合活動の性質を有することは否定しえないとしても、教育専門職員の集まりとしてその内部で教育上の諸問題の研究討議を行うものである限り、研修に該当するものといわなければならない」(B教諭事件・山口地裁1973（昭和48）・3・29判決、行政事件裁判例集24巻3号283〜284頁）

9－Ⅰ－D 「原告F本人尋問の結果によれば、同原告が第１回合同自主教研釧路集会に参加した当日（昭和43年10月19日）は土曜日で２学期の中間考査が実施される日であったが、同原告の出題する科目はなく、また試験監督の役割の指定も無かったことが認められるのであるから、同人が同日に欠勤したことのみでは、同人に前記授業の支障が存在したと認めることはできず、他に同人に前記授業の支障が存在したことを認めるに足りる証拠はない。

　もっとも、……同人の本件研修参加への意図は、北教組の指令に従った組合活動への参加の意義が大きな部分を占めていたとみなし得る。しかしながら、すでに説示のとおり、同人については、当日、授業に支障が存在したことを認めるに足りないのであるから、同人の参加が組合活動の面を有していたとしても、そのことのみでは教特法20条２項の研修の承認を認めない理由とはなし得ない。したがって、同人に対する研修参加の不承認は校長の裁量権の範囲を逸脱しており、裁量権の濫用として、違法といわなければならない。」(宿日直教研等事件・札幌地裁1990（平成２）・12・26判決。懲戒処分取消請求事件）

9－Ⅱ－E 「同控訴人（F…筆者註）の欠務によって、具体的に授業に支障を生じたものとはいえないが、このような場合にも、なお、同控訴人が自主教研釧路集会に参加することによって、当日に実施される予定であった中間考査やその他の校務の円滑な執行に支障が生じるおそれがなかったとはいえないというべきである（最高裁平成５年11月２日、第３小法廷判決・裁判集民事170号279頁参照）」(宿日直教研等事件・札幌高裁1998（平成10）・7・16、懲戒処分取消請求事件。教育関係判例集2851の115の２頁）

9－Ⅱ－F 「しかし、控訴人A（本章ではF：筆者註）については、同控訴人が自主研修釧路集会に参加することによって、当日に実施される予定であった中間考査やその他の校務の円滑な執行に支障が生じるおそれがないとはいえないにしても、その程度は軽微であったと窺えること、及び同控訴人の参加した研修は、その時期でなければ参加することのできない性質のものであり、その意味において、右の研修を研修予定日の勤務時間内に勤務場所を離れて行うべき必要性があったといい得ること、教研集会に参加することは、職員団体の活動に参加する結果にな

るとの意味合いがあることを否定することはできないにしても、本件において、職員団体の活動そのものに参加することを目的とする場合とは異なること、その他前認定の諸事情を総合すると、同控訴人の職務専念義務免除について承認を与えなかった校長の措置は、裁量権の範囲を逸脱したものと評価するのが相当である」(宿日直教研等事件・札幌高裁1998 (平成10)・7・16、懲戒処分取消請求事件。教育関係判例集2851の116〜117頁)

　これらの裁判において、「本属長の承認＝職務専念義務免除の承認」の適否が焦点となっているが、それがただちに当該教員・教員団体の教特法第20条第2項理解を示すものではない。本来的には、自主的職務研修説の立場に立ちながらも、前述のような情勢から「本属長の承認＝職務専念義務免除の承認」の適否を攻防線としているということである。

　9－Ⅰ－Dの札幌地裁判決については、前述のように、「授業に支障のない限り」の規定を「授業」の意味合いを広げながらも基本的には明文規定に則して解釈したものであるから、教研参加当日、担当する授業のなかったF教諭の行為は「授業に支障がないもの」と見做され、したがって、これに対して職務専念義務免除を承認しなかった校長の行為が裁量権の濫用と判示されているのである。

　控訴審である札幌高裁判決においても、結論は同じであるが、9－Ⅱ－Eにみられるように、F教諭の行為は「当日に実施される予定であった中間考査やその他の校務の円滑な執行に支障が生じるおそれがなかったとはいえない」とされるのである。この判示の根拠として、1993年11月2日の最高裁第3小法廷判決(8－Ⅲ)が示されていることに留意すべきである。**判例番号8**に関わるⅠ教諭事件の場合も、定期考査中の自主研修のための職務専念義務免除が不承認となったものであった。そして、9－Ⅱ－Fのように、「その程度は軽微であったと窺えること」等によりかろうじて救済されるという論理展開となっている。すなわち、1993年の最高裁第3小法廷判決以降、教特法第20条第2項の承認要件はいよいよ狭小に解釈され、授業への実質的な支障

がなくても基本的には学期中は承認され得ない状況を呈してきている。現状は、一部の地域・学校を除いては、長期休業中以外は、教特法第20条第2項の規定を設けた意味がなくなっているに等しいと言わざるを得ない。

なお、教研集会の「研修としての性格と組合活動としての性格」については、2006年2月7日の最高裁第3小法廷判決が「研修としての性格」を明確に判示している。これは、広島県教職員組合の「教育研究集会開催のための学校施設の使用申請に対する不許可処分が問題となった事件で、学校施設の目的外使用の許否の判断がその争点」である。藤原ゆき「学校施設の目的外使用における裁量権の限界」[58]の記述を要約すると経緯は次の通りである。

広島県教職員組合は、1999年11月13日および14日に第49次広島県教育研究集会を開催予定であり、その会場として呉市立の中学校の学校施設の使用を申し込んだが、呉市教育委員会は、右翼団体による妨害活動のおそれなどから、当該中学校や地域に混乱を招き、学校教育に支障をきたすことなどを理由として不許可処分を下した。広島県教組は、この不許可処分を不服として、呉市を相手として損害賠償請求を行ったものである。

第1審の広島地裁判決（2002年3月28日）、第2審の広島高裁判決（2003年9月18日）ともに、教研集会が教師の自主的研修の側面を持つことを重視し、呉市教委が主張する学校教育上の支障が具体的でないことを指摘し、不許可処分は裁量権を逸脱した違法な処分であると判示していた。それを不服として、呉市が上告したのであるが、最高裁第3小法廷は、2006年2月7日に上告を棄却した。藤原ゆきは、次のように判旨を紹介している。

「『本件不許可処分の時点で、本研修会について具体的な妨害の動きがあったことは認められ』ない。『本件集会の予定された日は、休校日である土曜日と日曜日であり、生徒の登校は予定されていなかった』のであるから、『仮に妨害行動がされても、生徒に対する影響は間接的なものにとどまる可能性が高かったということができる』。……『したがって、「本

件中学校及びその周辺の学校や地域に混乱を招き、児童生徒に教育上悪影響を与え、学校教育に支障を来すことが予想されるとの理由で行われた本件不許可処分は、重視すべきでない考慮要素を重視するなど、考慮した事項に対する評価が明らかに合理性を欠いており、他方、当然考慮すべき事項を十分苦慮しておらず、その結果、社会通念に照らし著しく妥当性を欠いたものということができる』。」

　前述したように、この裁判は、教特法第20条第2項の「勤務時間内校外自主研修」の適用に関わるものではない。しかし、本章の課題である「判例でみる研修条項解釈」にも、次の2つの点で、間接的ではあるが重要な関係性を有していると思われる。第1に、教育研究集会の性格を、従前の「研修としての性格と組合活動としての性格」という2面性把握から1歩前進させて、その研修の意義を重視していることである（付記するなら、そのことから学校施設利用の必要性を重視していることも注目される）。第2に、「学校教育施設にふさわしくない混乱が生じることを理由として利用不許可とするには、その具体的なおそれがなければならないとした」ことである。藤原は、「このように、妨害の発生可能性、妨害の結果生じうる支障の程度について、抽象的なおそれでは不十分で具体的な学校教育上の支障が発生するおそれを要求することは、裁量権の濫用を防ぐという点において重要な要求であり、妥当な判断であるといえる」と述べている。この点については、筆者は、藤原の評価以上に重要な判旨であると考える。なぜなら、本節第6項で述べ、また、第5章第1節でも述べるように、兵庫県立高校でのI教諭事件（定期考査時事件）に関わる1993年11月2日の最高裁第3小法廷判決（**判例番号8-Ⅲ**）は、「上告人が本件各研修を行うことにより、各研修予定日に実施される定期考査やその他の校務の円滑な執行に生じるおそれがないとはいえない」と「校務への漠然たる支障の可能性」を勤務時間内校外研修不承認の理由として容認しているからである。2006年2月7日の最高裁第3小法廷判決は、「漠然たるおそれ・

可能性」による教員の研修機会の否認を否定したものと考えられる。

第4節　判例形成と学説・行政解釈の関係性

　前節で考察してきたように、「研修関係裁判」の争点は主として、①教員研修の特殊性と教特法・地公法・国公法・地方教育行政法の優先関係、②初等・中等教育機関の教員と高等教育機関の教員の研修における差異、③研修の義務と権利の法的性質、④校外自主研修の職務性、⑤本属長の承認の法的性質と不承認の相当性、⑥教職員組合主催の教育研究集会の研修性、であった。本節では、「研修関係裁判」の判例が行政解釈や教育法学説とどのような相互関係にあるのかを考察する。ただし、行政解釈、とくに文部省解釈は、教特法成立過程ならびに立法者意思にはいっさい思考をめぐらさないので、教育法学説との相互交渉を自ら断ち切っていると言わざるを得ない。あるいは、教育法学説や教員法制史研究との関係を断絶したことによってのみ行政解釈が存在し得ると言う方がむしろ正確であろう。したがって、相互関係は、行政解釈と判例の間に高度のそれがみられ、教育法学説と判例のあいだに軽度のそれがみられる。教育法学説が判例形成に果たす役割は、判例との相互交渉をどれだけ活発に行うか、その結果として、判例をどれだけ行政解釈の呪縛から脱却させ得るかということにある。行政解釈と教育法学説とは、前述したように、相互関係は極めて稀薄であり、「平行的対立状態」におかれている。この関係をもう少し丁寧に述べるなら、教育法学説から行政解釈に接近しようという努力は、牧柾名や結城忠の学説にあらわれており、本研究もそのことを目的の１つとするものである。しかし、行政解釈が立法者意思を取り入れた場合には、当事者たちは自覚しているかどうかはわからないが、大学院修学休学制度創設のための教特法改正を審議した第147回国会における文部省答弁のような論理矛盾が露呈するのである。「研修３分類説」を改めない限り、この矛盾は解決しない。この問題については、本書の第６章第３節で詳述する。

「研修関係裁判」の最も初期のものであるA教諭事件（**判例番号1**）に関する1969年3月5日の松江地裁判決は、「教育公務員の研修はそれが本人の意思に反して行われた場合は十分な効果が期待できないから、本件研修命令が原告の意思に反しても発せられなければならなかった点につきとくに合理的な理由がない限り本件研修命令は行政目的に妥当する処分理由を欠くものと考える」と判示した。これは教員の研修が本質的に自主的なものであることを示したものであり、教育法学説を踏まえた判示と言える。しかし、判例全体については、教育法学説とは対立する点があり、それについては、佐藤司が「市町村教委の県費負担教職員にたいする研修命令権の存否と範囲」を執筆して検討を加えている[59]。

さて、判例の中で行政解釈やその後の判決への影響の点で、最も顕著なものは、いわゆる川上教諭事件（**判例番号2**）に関する札幌高裁判決（1977年2月10日）であった。教育法学研究者も次々と証人に立ち、この裁判に深く関与した。川上教諭個人の裁判ではなく、北海道教職員組合がその弁護団とともに組織をあげて取り組んだ裁判であった。

また、札幌地裁における第1審判決（1971年5月10日）についても、教育法学は敏感な反応を示した。すなわち、判決直後の1971年9月に創刊された『季刊教育法』第1号（総合労働研究所）において、兼子仁は「教師の自主研修権をめぐる法解釈論争」[60]を執筆し、「職務研修としての自主研修」を主張した。この中で、兼子は川上事件とともに、1970年におこった道立工業高校の鈴木雅子養護教諭事件をとりあげ、次のように、「校外自主研修の承認＝職務専念義務免除の承認」という誤解が広がっていることを憂慮している。

　「この両先生の事件では、いよいよ、現行教育法が『教師の自主研修権』を保障していないかどうか、教組教研は法的に自主研修の場たりえないかどうかが、中心問題となっている。それとともに、校外自主研修を行おうとする手続が、地方公務員法にいう職務専念義務の免除にほかなら

ないと関係者が思いこんでいるらしいことも注目される。教師の自主研修をめぐる法律論議が教育法学界においてまだあまり展開されてきたとは言えない現状では右のような判決になることもむべなるかなとも思われるが、それだけに今後の論議の展開とつっこんだ問題究明が不可欠だと言わなければならない。」[61]

続いて、『季刊教育法』第2号（1971年12月）は「教師の研修権」を特集した。この中で、本多淳亮「自主研修をめぐる慣行とその破棄」[62]が川上教諭事件に関する札幌地裁判決をとりあげている。また、特集とは別に「判例研究」として、小出達夫「組合主催の教研集会参加と賃金カット」[63]が掲載されている。小出の「判例研究」の内容は次のようなものである。①教特法の規定する研修には、任命権者の行う研修と教育公務員の自主研修の両者が含まれていることを認めている。②教育研究集会への参加が研修といえるかどうかは、その実体によると解せられるとしている。③前記①②は組合主催の教研集会に職務専念義務免除すら認めない事例に対しては一定の有効性がある。④しかし、本判決は「研修の実体」の判断を校長の裁量に委ねた点で大幅に後退した判決となった。⑤校長の裁量に「明白な瑕疵」がない限り職務専念義務免除の不承認は適法であるとしたため、教師の自主研修権を否定し得る余地を残した。⑥校長には告知義務がないとしたことは、教師の自主研修の制度的保障を本属長に義務付けている教特法の規定に対し、本属長は、個人的裁量でこの義務を否定し得ることとなる。⑦憲法第26条の「教育を受ける権利」のコロラリーとしての教師の自主的「研究と修養」の権限を校長の個人的裁量に従属させている点で、裁量権の濫用を正当化するものである。このように指摘したあと、小出は、教特法の立法者意思を説き、判決が、「以上の教師の研修権・研究の自由の保障に関する立法者意思に対し、何の考慮もはらっていないし、むしろそれを否定する論理である」[64]と批判している。小出が指摘するとおり、教特法の成立過程および立法者意思に言及しないの

は、行政解釈や判例の特徴である。小出が、「教特法の研修規定が何よりも、教師の自主研修権を制度的に保障したものであることは、立法者意思およびその後の文部省筋の解説書からも明らかである」[65]と指摘しているように、立法者意思を考慮するならば、1964年に完全転換した後の文部省解釈（「研修3分類説」）は成立し得ない。さらに、小出は、「立法者意思は、自主研修をまさに教師の職務そのものであるとおさえて」おり、「それ故、『職務専念義務の免除』として研修の機会保障が考えられること自体おかしいし、ましてや年休による研修などは考える余地すらない」という。そして、「研修の義務免措置は、研修を職務とみなすところからくる諸問題（公務災害保障、出張旅費支弁）の便宜的回避からくる便法にすぎない」と言い切っている。

大づかみに言うと、1977年の川上教諭事件・札幌高裁判決までは、教育法学説と判例の相互関係はある程度存在したと言える。川上事件では、次のような教育法学者たちが証人として法廷に立った。札幌地裁では、鈴木英一（北海道大学助教授）と永井憲一（立正大学教授）が証言を行った。鈴木は、戦後教育改革の意義・内容、教特法の研修規定の意味、行政研修の問題点、教組教研の実績について述べ、永井は、教師の研修権の法的根拠、教特法の解釈、教組教研の研修該当性について述べた。また、札幌高裁では堀尾輝久（東京大学助教授）が、教師の研修権の憲法、教基法体制のもとにおける位置づけ・内容について、兼子仁（東京都立大学教授）が教特法第20条の解釈、組合教研の研修的性格について、青木宗也（法政大学教授）が研修の職務性、教組教研参加と地公法55条の二第6項との関係についてそれぞれ証言した[66]。

このような教育法学からの判例批判や法廷での証言が裁判官に学習の機会を与え、札幌高裁の次の判示を生み出したものと考えられる。

> 「控訴人は地方公務員としての身分を有するものであるが、同時に教員であり、教員は、窮極的には対象者の人格的完成を目的として対象者に対し具体的影響力を及ぼす実践的作用を担う者であることから、これ

にふさわしい能力識見を有する人格者であることが要請され、職務の遂行においても、このための研鑽においても、それなりの自主性及び責任の重要性が十分に認識されなければならず、その身分は公務員であっても、他の一般公務員に比しその職責が特殊性を有することは明らかである（教特法第１条参照）。すなわち、教育基本法第１条、第２条によれば、国の定めた教育の目的は『人格の完成をめざし、平和的な国家及び社会の形成者として、真理と正義を愛し、個人の価値をたっとび、勤労と責任を重んじ、自主的精神に充ちた心身ともに健康な国民の育成を期』するところにあり、その目的を達成するための方針として『学問の自由を尊重し、実際生活に即し、自発的精神を養い、自他の敬愛と協力によって、文化の創造と発展に貢献するように努めなければならない』ものとしているのであって、教師たるものが右方針に従いその目的を達成する教育を施すためには極めて高度な知的能力を要請されることはいうまでもなく、教育の本質が教師と教育対象者間の精神的交流を基盤として行われる全人格的なものであることに鑑み、教育対象者に与える教師の全人格的影響には多大且つ深刻なものがあるといわなければならない。……従って、教師にとって研究修養は、自己完成目的に志向された手段であるとともに、教師たる資格を具備するための必要不可欠の要件ともいわなければならず、その自由と自主性は尊重されなければならない。」[67]

前記引用で省略したところに、「教師は単なる専門的職務の従事者たるにとどまらず、いわゆる聖職者としての敬意を表されるべきものといわなければならない」という表現があるが[68]、全体としての教職の本質を記したものであり、教師の「研究修養……の自由と自主性は尊重されなければならない」と明言している。これは論理必然的に、勤務時間内の校外自主研修についてもその機会をできるだけ付与していくことになるはずであるが、判例はその

ようには展開しない。すなわち、その直後に、「論理転換の仕掛け」が用意されるのである。この点については、すでに本章第3節で述べた。

また、教研集会への参加行為の性質について、「一面において自主的研修を行うものであると同時に、これと不可分一体のものとして他面職員団体のための活動を行うものである」と判示している。札幌地裁判決では、「本件教研集会が教特法20条2項の研修といえるか否かはその実体によると解せられる」[69]としながら、「教育研究活動と組合活動を一体的に発展させることがうたわれ、第20分科会の研究テーマの中には、職員団体の活動と目されるものがかなり存在することが窺われる」から、校長の不承認措置に明白な瑕疵があるとは言えないと判示したことから考えると、一歩前進ではある。

このように、札幌地裁判決に対する判例批判、札幌高裁での証言などが、前記の札幌高裁の判決を生み出した。裁判官の学習成果が現れていると言える。しかし、奇異に思えるのは、札幌高裁判決が、小学校教員の「研修」と日常的業務としての「勤務」との関係を考察する際に、依然として憲法第23条から出発して、小学校教員の自主的研修を「勤務として保障されているものではないことはいうまでもない」と判示していることである。すなわち、証人として法廷にも立った堀尾輝久に代表される憲法第26条の系としての「教員の研究の自由」論についての考察を避けていることである。第26条について判例は次のように述べ、憲法第26条の教育を受ける権利を保障することから導かれる「教員の研究の自由」という控訴人および堀尾証人の証言に立ち入った検討を加えることを避けている。

> 「また憲法第26条、教育基本法第2条、第10条も、これらはいずれも教育に関する理念規定ないし行政主体に対する教育行政上の配慮義務を定めた規定であるにとどまり、これらの諸規定が教育公務員の自主的研修参加の一般的自由を具体的に保障するのみならず、これを勤務たる職務とした根拠規定であるとは到底認められない。」[70]

この点については、1998年7月16日の宿日直教研等事件（**判例番号9**）に関する札幌高裁判決の方がやや根拠を明示していると言える。

「㈠教師の研修権は憲法で保障された権利ではない。
⑴憲法23条によって保障されるのは、大学における学問の自由であると解される。学問と教育が密接に関係するものであっても、学問の自由と教育の自由は別個の概念であり、同条の学問の自由に下級教育機関の教育の自由までも含まれ、さらに教育の自由から教師の自主研修権が派生するということはできない。
⑵憲法26条1項は、教育の機会均等についての規定であり、国民の教育を受ける権利を実現するために積極的措置を講ずることを国に義務付けることを趣旨としているのであって、同条項が、教師の自主研修権の根拠規定になるものとは到底解されない。教師にとって研修は職業倫理上要求されるものであって、法律上の義務として要求されるものではなく、法律上の権利として保障されているものではない。」[71]

川上教諭事件に関して1977年2月10日に札幌高裁判決が出された後、1977年6月発行の『季刊教育法』第24号では、門田見昌明「組合教研の研修性と職務専念義務免の承認権」が同判例を検討している。門田見はこの判例研究において、結論を導くために判決が展開しているポイントを、①自主的研修は勤務ではない、②教研集会参加は自主研修である、③承認・不承認の反面解釈的羈束裁量権を校長に付与、④広範な自由裁量権を校長に付与、の4点にわたって指摘し、①、③、④について、教育法学説の立場からの批判を加えている。とくに、③、④については次のように述べている。

「右のような解釈は、教師の自主研修権を著しく制限し又は否定する見解といわねばならない。所属長である校長に反面解釈的羈束裁量権と極めて広範な自由裁量権を付与したものと解することは、教育・研修の

自由の法理からして指導助言を越えて指揮監督を認めることであり、内的事項に法的拘束力をもった包括的支配権を認めることに他ならない。教特法19条１項にいう『研究と修養』が教師の職業倫理としての本来の意味における自己義務であることを判決は述べ、かつ同条２項の行政による配慮義務を説きつつ、他方20条２項の承認を右のように解することは、判決の論理矛盾というべきであろう。さきにも引用したように、研修を『受容的な、与えられる義務的研修に限定してこれを解すべきでなく、教育に携わる者としての自覚に基づく自主的、自発的な研究修養を包摂するものといわなければならず』と考えるのであれば、20条１項はむしろ『研修の機会が保障されなければならない』と読みかえる事が可能であり妥当であろう。それを20条２項の解釈にあたって先の如く解することは、教師の研修権に対して管理権をことさらに優越させようという判断であり、教育基本法10条の本旨にそむき、教育の自由、研究の自由の条理解釈上も肯定しえないところである。」[72]

また、札幌高裁判決からやや時間が経過しているが、1979年３月発行の『季刊教育法』第31号において、弁護士の尾山宏が「教員研修と教員組合活動」と題する論文を発表している。この論文は、札幌高裁判決の積極的側面とされた、教育研究集会の性格に関する２面性の把握、いわゆる「併有説」を吟味し、さらに教研集会の性格についての考察を深めたものである。1978年に刊行された兼子仁『教育法〔新版〕』（有斐閣）においても、札幌高裁判決を踏まえた論述が行われている。一方、行政解釈の側でも、1982年12月発行の『季刊教育法』第46号において、当時、文部省地方課長であった野崎弘が「研修の制度的しくみ」という一文を掲載し、その中で、校外自主研修に対する校長の承認要件に関して、反面解釈的羈束行為説と授業以外の職務内容についての細かい判示を含む札幌高裁判決を文部省の見解として採用している。

このように、当時は、判決に対して、教育法学説が判例批判を行い、それ

が次の判例に若干の影響を与えるという関係が存在した。しかし、きわめて残念なことに、それは川上事件の札幌高裁判決に対する判例研究・判例批判のあと、長年にわたり「休止」状態となっている。『季刊教育法』が取り扱うテーマは、校内暴力、いじめ、体罰、校則、学校事故など、教員と管理職・教育行政当局との対立ではなく、学校（教員・管理職）と生徒・保護者の間に生じた紛争の教育法的検討にその重点を移した。判例研究の対象も同様である。

実は、筆者がこれまでに考察対象とした「研修関係裁判」のうち、最高裁まで争われたのは6件あり、これらの最高裁判決は、いずれも、川上教諭事件に関する札幌高裁判決以後である。そのうち、2件は部落差別に関わる事件と主任制反対闘争に関わる事件であり、いずれも研修命令の適否に関する判例[73]であるが、あとの4件[74]は校外自主研修の承認に関するものである。しかし、川上教諭事件ほどには、教育関係者はもとより、教育法学研究者でもその裁判の存在は知られていない。

また、宿日直教研等事件に関する1990年12月26日の札幌地裁判決（**判例番号9－Ⅰ**）および1998年7月16日の札幌高裁判決（**判例番号9－Ⅱ**）は、教研集会への参加について重要な判示をおこなっているが、これらの裁判もあまり知られていない。この事件は、北海道教職員組合に所属する高校教員が、人事院勧告完全実施を要求する一斉休暇闘争への参加、宿日直拒否、教研集会への職務専念義務免除の承認がないままの参加等の行為を行ったことに対して、北海道教育委員会が懲戒処分を行った事件である。とくに、教研集会への参加に関係するのは5人の教員であるが、同判決は、この5人のうち、当日、担当授業のなかったF教諭に対する校長の研修参加の不承認を、「裁量権の範囲を逸脱しており、裁量権の濫用として、違法といわなければならない」と判示している。これは、川上教諭事件の札幌高裁判決（1977年）を前進させる重要判例である。にもかかわらず、学界および教育界における認知度は低い。これは、本章第1節でも述べたように、1980年代以降の「研修関係裁判」

に関する教育法学の関与の後退や判例研究の停滞状況が影響している。教育裁判の争点が前述のように移動し、そして、それは子どもの権利を守る点できわめて重要な意味を有していたとは言え、「研修関係裁判」から教育法学研究者あるいは教育法ジャーナリズムの関心が結果的に遠のいたことは、教職員組合の研修機会保障要求運動の衰退や相対的な無関心とあいまって、教員の自主的な研修行為を極力制度保障の枠外に置く法解釈と運用実態をつくり出すことを間接的に助長したといわざるを得ない。

〔註〕
(1) 国民教育研究所編『季刊国民教育』第11号、労働旬報社、1971年、85〜93頁。
(2) 『立正大学文学部論叢』第70号、1981年9月、111〜131頁。
(3) 労働旬報社、1984年、478〜479頁。
(4) 新日本法規出版、1977年。
(5) 教育開発研究所、1985年。
(6) エイデル研究所、1985年、85〜94頁。
(7) 『別冊労働法律旬報』第708号、労働旬報社、1969年6月25日、6〜20頁。
(8) 『判例時報』第584号、判例時報社、1970年4月1日、144〜147頁。『判例評論』第134号、1970年4月1日、30〜33頁。
(9) 『季刊教育法』第1号、総合労働研究所、1971年10月、53〜61頁。
(10) 同前書、第2号、1971年12月、114〜121頁。
(11) 小林直樹・兼子仁編『教育判例百選〈第二版〉』〈別冊ジュリスト第64号〉有斐閣、1979年、220〜211頁。
(12) 前掲『季刊教育法』第1号、122〜130頁。
(13) 『日本教育法学会年報』第1号、有斐閣、1972年、64〜68頁。
(14) 前掲『教育判例百選〈第二版〉』218〜219頁。
(15) 東京大学出版会、1973年、271〜277頁。
(16) 前掲『季刊教育法』第24号、1977年7月、102〜107頁。
(17) 同前書、第31号、1979年12月、34〜42頁。
(18) 『教職研修』No.167、教育開発研究所、1986年7月、108〜111頁。
(19) 前掲『判例時報』第1385号、1991年8月1日、206〜210頁。前掲『判例評論』第390号、1991年8月1日、60〜64頁。

⑳　同前『判例時報』、第1555号、1996年4月1日、189〜195頁。同前『判例評論』第446号、1996年4月1日、35〜40頁。
㉑　青木宗也・兼子仁ら編『戦後日本教育判例大系』労働旬報社、1984年、30〜43頁など参照。
㉒　しかし、控訴人らの主張としては、「原判決は、教員の研修は教育の本質に根ざすと述べるが、この本質理解は『教員と児童生徒との人格的な触れ合いにあり、単なる知識技術の伝達にとどまらないもの』といった極めて皮相でかつ誤解に基づくものになっている」（宿日直教研等事件・札幌高裁1998（平成10）・7・16判決、懲戒処分取消請求事件。文部省地方課法令研究会編『教育関係判例集』第一法規出版、2851の87頁）と批判している。
㉓　前掲『判例時報』第1386号、1991年8月11日、85頁。
㉔　たとえば、兼子仁「第3章研修」有倉編『教育法』日本評論社、1972年、370頁、など参照。
㉕　たとえば地方公務員法第39条第1項および第3項。
㉖　有倉遼吉「教育公務員特例法」有倉遼吉・天城勲『教育関係法〔Ⅱ〕』日本評論新社、1958年、544頁、および兼子仁・前掲「第3章研修」370頁、参照。英訳文については、拙稿「教免法と教特法の変遷と教員養成・研修制度」『日本教育法学会年報』第40号、有斐閣、2011年、69頁、または、「「学び続ける教員像」への期待と危惧」『日本教師教育学会年報』第22号、2013年9月、43〜44頁、参照。
㉗　堀尾輝久『現代教育の思想と構造』岩波書店、1971年、331〜333頁、同『教育の自由と権利』青木書店、1975年、130〜146頁参照。
㉘　『判例タイムズ』第554号、判例タイムズ社、1985年7月1日、292頁。
㉙　同前書、292〜293頁。
㉚　前掲『判例時報』第1518号、1995年4月1日、127〜128頁。
㉛　有倉遼吉編『新版教育法』〈別冊法学セミナーno.33・基本法コンメンタール〉日本評論社、1977年、390頁。
㉜　永井憲一編『教育関係法』〈別冊法学セミナーno.115・基本法コンメンタール〉日本評論社、1992年、278頁。
㉝　有倉遼吉・天城勲、前掲『教育関係法〔Ⅱ〕』541〜542頁。
㉞　川上教諭事件・札幌高裁1977・2・10判決。前掲『教育関係判例集』3131の5頁。
㉟　同前。
㊱　D教諭事件・山形地裁1984・8・27判決。前掲『教育関係判例集』3139頁。
㊲　B教諭事件・山口地裁1973・3・29判決。浪本勝年『教師と教育改革』89〜90頁、

最高裁判所事務総局編『行政事件裁判例集』法曹会、24巻3号283～284頁。
㊳ 結城忠「第9章教員研修をめぐる法律問題」牧昌見編『教員研修の総合的研究』ぎょうせい、1982年、303～304頁。
㊴ N教諭事件・名古屋地裁1996・9・4判決、損害賠償請求事件。前掲『教育関係判例集』3123の4頁。
㊵ 人事院規則10-3第1条参照。
㊶ Q教頭事件・東京高裁1989・8・21判決（確定）、不利益処分取消等請求控訴事件。前掲『判例時報』第1336号、1990年3月21日、91～92頁、前掲『教育関係判例集』3125の36頁。本書の【表Ⅱ】「主な『研修関係裁判』一覧」には記載していない。
㊷ C校長事件・東京地裁1980・1・29判決、不利益処分取消等請求事件。同前『判例時報』第971号、1980年9月21日、118～119頁、同前『教育関係判例集』3123の83頁。
㊸ 高橋恒三『教師の権利と義務』第一法規出版、1966年、163頁。
㊹ 金田一京助ら編『新明解国語辞典〈第四版〉』三省堂、1989年、618頁、では「職務上の責任」と記されている。
㊺ 控訴審での控訴人の主張では、「原判決は、授業を受ける利益と研修をうける利益を対立するものとしてとらえ、その調和を論じているが、このことは、原判決が教育の本質と教師の研修の意義を理解していないことを示している」（宿日直教研等事件・札幌高裁1998・7・16判決。前掲『教育関係判例集』2851の95頁）と批判している。
㊻ 青木宏治「第3章研修」永井憲一編『教育関係法』〈別冊法学セミナーno.115・基本法コンメンタール〉日本評論社、1992年、280頁。
㊼ 語句解釈に詳細を極めている有倉遼吉・天城勲編『教育関係法〔Ⅱ〕』においても第20条2項中「授業に支障がない限り」には何ら解説がなされていない。当時は、解説する必要がないほど自明のことであったと言える。おそらく、有倉の問題意識にものぼらなかったことであろう。
㊽ 宿日直教研等事件の被控訴人である北海道教育委員会は、「本属長の承認については、原判決のように限定して解釈すべきではなく、……幅広い裁量権があると解すべきである」（札幌高裁1998・7・16判決、懲戒処分取消請求事件。前掲『教育関係判例集』2851の102頁）と批判している。
㊾ たとえば、宮地茂は『新教育法令読本』（日本教育振興会、1950年、127頁）において、「この場合校長は正当な理由がない限りそれを承認すべきであって、みだりに研修の機会を拒むべきではない」と記している。また、立法者意思の片鱗を反映した最後のものとしては、安達健二が『改訂版校長の職務と責任』（第一公報社、1961年、

322頁）に「授業に支障のない限り、できるだけ教員の希望にそうようにすることがのぞましいというのが、本条の本意であろうが、必ずその希望に応ずる義務があるとはいえないと思う」と記している。
⑸⓪　川上教諭事件・札幌高裁1977・2・10判決。前掲『教育関係判例集』3131の12頁。
⑸⑴　前掲『季刊教育法』第46号、1982年12月。
⑸⑵　幼稚園・小学校教員の場合には従前からそうであったことについては検討が必要であると考える。
⑸⑶　I教諭は1986年度の1学期中間考査、同期末考査、2学期中間考査中において各1日ずつ研修願を提出しており、その2回目すなわち1学期期末考査の際の研修申請。
⑸⑷　「上告理由」前掲『教育関係判例集』14494頁。
⑸⑸　同前書、3151の5頁。
⑸⑹　担当する授業があれば普通は校外研修を申請しないであろう。
⑸⑺　H教諭事件・横浜地裁1992・11・24判決〈確定〉、損害賠償請求事件。『教育関係判例集』3119の9頁。
⑸⑻　藤原ゆき「学校施設の目的外使用における裁量権の限界─広島県教研集会会場使用不許可事件」」『季刊教育法』第152号、エイデル研究所、2007年3月、74〜79頁。なお、本判決については、前掲『判例時報』第1936号、2006年9月21日、63頁、前掲『判例タイムズ』第1213号、2006年9月1日、106頁などを参照されたい。
⑸⑼　前掲『季刊教育法』第2号、114〜121頁。
⑹⓪　同前書、第1号、53〜61頁。
⑹⑴　兼子仁「教師の自主研修権をめぐる法解釈論争」『季刊教育法』第1号、55頁。
⑹⑵　前掲『季刊教育法』第2号、41〜52頁。
⑹⑶　同前書、122〜129頁。
⑹⑷　小出達夫「組合主催の教研集会参加と賃金カット」『季刊教育法』第2号、128頁。
⑹⑸　同前。
⑹⑹　北海道教職員組合・北教組弁護団編『北教組裁判審理闘争史』北海道教職員組合、1987年、504〜505頁。
⑹⑺　前掲『判例時報』第865号、1977年12月1日、99〜100頁。
⑹⑻　同前書、99頁。
⑹⑼　同前書、第651号、1972年1月21日。
⑺⓪　同前書、第865号、99頁。
⑺⑴　文部省地方課法令研究会編『教育関係判例集』第2巻、第一法規出版、2851の101

⑺2 門田見昌明「組合教研の研修性と職務専念義務免の承認権」『季刊教育法』第24号、総合労働研究所、1977年7月、106〜107頁。
⑺3 前者については、大阪地裁、1979（昭和54）年10月30日判決（判例時報963号111頁）、大阪高裁、1980（昭和55）年12月16日判決（労働判例484号18頁）、最高裁第3小法廷、1986（昭和61）年10月16日判決（労働判例484号11頁。判例地方自治36号15頁）を参照されたい。後者については、広島地裁、1986（昭和61）年11月19日判決（行政事件裁判例集37巻10・11号1336頁、労働判例492号52頁）、広島高裁、1990（平成2）年9月13日判決（行政事件裁判例集41巻9号1456頁。労働判例572号85頁）、最高裁第2小法廷、1991（平成3）年4月26日判決（最高裁判所裁判集民事162号785頁。労働判例587号6頁）を参照されたい。いずれも本書ではとりあげていない。
⑺4 本章第2節の【表Ⅱ】「主な『研修関係裁判』一覧」の判例番号7、8、10、12。

第5章　教員研修に関わる教育法学説の検討課題

　本書では、これまでに第2章において行政解釈、第3章において教育法学説、第4章において判例に焦点を当てて、教育公務員特例法研修条項の解釈を考察してきた。

　教員研修の根拠法である教特法については、21世紀に入ってから、大学院修学休業や10年経験者研修制度の創設に関連した改正が相次ぎ、さらに、国立大学法人法の施行に伴う大規模改正が2003年に行われ（2004年4月1日施行）、同法はその様相を一変させた。制定以来、第3章第19・20条に規定されてきた研修条項は第4章第21・22条となった（本章では、以下、基本的に旧条項名で表示する）。1990年代末からの3次にわたる教育職員養成審議会（以下、教養審）答申は、「自主的・主体的研修の奨励・支援」の方針を打ち出し、それは、2006年7月11日付中央教育審議会答申「今後の教員養成・免許制度の在り方について」においても継承されている。しかし、90年代以降に出された教員研修に関わる判決の多くは研修条項の存在意義を否定しかねないものである。また、2002年度からの完全学校5日制実施に伴う2つの文部科学省通知を契機に、長期休業中を中心とした「勤務時間内校外自主研修」は実態としてその機会を狭められた。

　本章では、「勤務時間内校外自主研修」を対象として、まず、1990年代以降の判例動向を把握し、次に、行政解釈と運用の実態を考察し、その上で、自主的研修機会拡大に寄与する教育法学説形成のための検討課題を考察するものである。

第1節　1990年代以降の「研修関係裁判」

1．裁判の特徴

　1990年代以降の「研修関係裁判」の諸判例中、とくに、校外研修に関わる北海道立高校における事件[1]と兵庫県立高校における事件[2]を中心に検討する。なお、本章で記載する事件名は、筆者による呼称である。以下、前者を「宿日直教研等事件」、後者を「定期考査時事件」とする。90年代以降の「研修関係裁判」の特徴として次の3点があげられる。

　第1に、教員の校外研修（教育研究集会参加ではない）申請の際の不承認をめぐる訴訟が多くなり、組合活動としての側面を考慮する必要のない判決が増加した。

　第2に、定期考査時事件における最高裁第3小法廷判決（1993年11月2日）は、「学説の多数説との対立が長年存在してきたこれらの論点について……一応の決着をつけた意義は大きい」[3]と評価され、研修関係判決の「画期」とみなされている。「本件によって、最高裁も下級審裁判例の大勢を支持する見解を採ることが明らかになった意義は小さくないものと思われる」[4]と述べられるようにその影響力は大きい。

　第3に、前記の第3小法廷判決を「画期」として、研修条項の存在意義を実質的に否定しかねない判決が登場しており、「自主的職務研修説」との乖離が極大化している。

2．1980年代からの変化

　「研修関係裁判」として、80年代まで大きな影響力をもっていたのは、川上教諭事件（教研参加事件）札幌高裁判決（1977年2月10日）[5]である。同判決を基準に、90年代以降の判決が継承している点は何か、変化している点は何か、を考察したい。

(1) 川上教諭事件（教研参加事件）札幌高裁判決の継承
①「研修権」の否認

「『第19条第1項は、無限定の倫理的義務』であるから『職務の遂行として』義務付けているのではない、したがって、第20条は研修権を保障したものではない」という論理構成である。宿日直教研等事件・札幌高裁判決（1998年7月16日。第4章【表Ⅱ】の判例番号9-Ⅱ）は、「教特法19条及び20条も、右各規定の具体化として、教師に対して自主研修権を具体的に保障したものと解することはできない。教特法19条1項は、教育の重要性、教師の職責の特殊性から、教師がその職責を遂行するために研修に努めるべき職業倫理的義務を負うことを規定したものであって（同条項の文言が時間及び場所を超えた無限定な義務とされていることもこれを裏付けるというべきである）」[6]と判示している。

②「勤務時間内校外自主研修」は「職務専念義務免除」扱い

教育法学の通説（以下、教育法学説[7]）では、「職務」として位置付けているが、判例ではすべて、本属長の承認により職務専念義務が免除されるという解釈である。

(2) 川上教諭事件（教研参加事件）札幌高裁判決からの変化

大きく変化したことは、研修を承認する際の本属長の裁量権を極大化している点である。この点については、1993年11月2日の最高裁第3小法廷判決を境に様相が異なるので、90年代初頭と93年11月以降とで区分して考えてみよう。

①1990年代初頭

この時期は、2つの異なる方向での判決が存在していた。すなわち、「授業に支障がない限り」の「授業」の解釈について、川上教諭事件（教研参加事件）

札幌高裁判決を継承した判決とそれとは異なり教育法学説に接近する判決とが存在した。

前者は定期考査時事件・神戸地裁判決（1990年11月16日）であり、「単に予定された授業時間の有無のみでなく、授業に関連する教育課程の編成、生活指導等の教育的措置、学校運営上の校務分担に伴う各種の業務等について、……総合的に判断しなければならないと解すべきである」[8]というものである。後者は宿日直教研等事件・札幌地裁判決（1990年12月26日）である。教特法第20条（現第22条、以下同じ）第2項の「授業」の意味について、もっとも緻密な考察を行った判例であるので、やや長いが引用する。

「授業に支障が生じるのは、まず、当該研修期間内に当該教員の授業が予定されている場合である。……次いで、当該研修期間内に当該教員の授業そのものは予定されていないが、当該教員の研修参加による欠務が、当該教員の授業実施のための準備のほか、当該教員の授業と密接に関連する教育課程の編成や指導計画の作成等への参画に差し支えを来し、又は欠務ないし当該研修への参加そのものが当該教員と児童生徒との人格的な触れ合いに影響を及ぼすなど、実質的にみて児童生徒の授業を受ける利益を損なうことになる場合にも、教特法20条2項の授業に支障を来たす場合に当たると解するのが相当であり、……このような場合が予測されるときは、本属長は、同項の承認に際して、児童生徒側の授業をうける利益と研修による利益との利益考量の上に立つ総合的判断が求められるものであり、その限りにおいて、研修の主催母体や内容等の研修の実態、その態様および性格、教育公務員としての身分に伴う参加の相当性等の事情を考慮できることとなる。しかしながら、以上に該当しないときは、仮に、研修への参加により授業以外の校務運営に影響を及ぼす……等の事態が想定されるとしても、特段の事由のない限り、同法第20条2項の承認を拒絶することは許されないと解するのが相当であ

る。」⁽⁹⁾

　この判例では、「授業に支障がある」のは、㈠当該教員の授業が予定されている、㈡当該教員の授業実施のための準備に支障がある、㈢当該教員の授業と密接に関連する教育課程の編成や指導計画の作成等への参画に支障がある、㈣欠務ないし当該研修への参加そのものが児童生徒との人格的な触れ合いに影響を及ぼす、という4つの場合である。この判例の特徴は、第1に教特法第20条第2項の「授業」を厳密かつ限定的に解釈していることである。㈡～㈣は「実質的にみて児童生徒の授業をうける利益を損なうことになる場合」とされる。ただし、㈣が具体的にどのような事態を想定するのか把握しがたい。第2に、前記㈠～㈣以外は、たとえ「校務運営に影響を及ぼ」す場合にも「同法第20条2項の承認を拒絶することは許されない」と覊束行為であることを明確にしている。第3に㈡～㈣に該当する場合も、直ちに不承認とするのではなく、「児童生徒が授業を受ける利益」と「研修による利益」を比較考量して総合的に判断するとしている⁽¹⁰⁾。

②1993年11月以降

　定期考査時事件は、最高裁で審理され、1993年11月2日、第3小法廷判決が出された。同判決は、教育法学説との乖離を拡大することにより、90年代初頭に現れた教育法学説への接近に対して強い制動をかけた。宿日直教研等事件・札幌高裁判決（1998年7月16日）にもその影響は明確に現れている。

　第1の変化は、定期考査時事件・第3小法廷判決が、「本件各研修を各研修予定日の勤務時間内に勤務場所を離れて行うべき特別の必要性があったとも認め難い」⁽¹¹⁾と判示したことである。「特別の必要性」とは、第1審の神戸地裁判決において「夏期休暇等の非授業日の到来を待てないような緊急性の存するものであったことは認めることはできない」⁽¹²⁾として登場した「緊急性」をも包含するものである。

第2に、宿日直教研等事件・札幌高裁判決では、札幌地裁判決の「授業」に関する緻密な考察は消失し、川上教諭事件（教研参加事件）・札幌高裁判決をほぼ踏襲して、「本属長は……授業のみではなく、他の学年、学級との関連を考慮した教育課程の編成、これに基づく諸計画の立案、学級運営、課外での児童生徒の生活指導、学校運営上の校務分担等に伴う各種業務があることはいうまでもなく、授業以外のこれら校務運営上の支障を無視して職務専念義務を免除し得ないことも明らかである」[13]と判示している。「授業以外のこれら校務運営上の支障」というように、「授業」と「その他の教育活動」・「校務」との関係の吟味を欠落させた曖昧な解釈がなされ、札幌地裁判決から大きく後退した。

　第3に、定期考査時事件・最高裁第3小法廷判決において、「上告人が本件各研修を行うことにより、各研修予定日に実施される定期考査やその他の校務の円滑な執行に支障が生じるおそれがないとはいえない」[14]というように、「校務への漠然たる支障の可能性」が不承認の理由として挙げられていることである。さらに、宿日直等事件・札幌高裁判決も、「校務の円滑な執行に支障を来たすおそれがなかったとはいえないというべきである」[15]とし、第3小法廷判決に敏感に反応している。これを不承認理由として容認することは、学期中における「勤務時間内校外自主研修」機会を実質的に否認するに等しい。

　第4に、宿日直教研等事件・札幌地裁判決では、教育法学説の覊束行為説を継承していたが、札幌高裁判決では「授業に支障があると認められる限りは、研修参加の承認を許さないものとしているものと解される」[16]と判示した。これは、門田見昌明が「反面解釈的覊束裁量権」[17]と呼んだ川上教諭事件（教研参加事件）札幌高裁判決の「教特法第20条第2項は、……授業に支障がある限りは研修参加の承認を許さないものとして本属長の承認権を覊束しているものと解される」[18]との判旨への後退である。

　このように、90年代初頭には教育法学説に接近する判例が登場したが、

1993年の最高裁第3小法廷判決以来、本属長の裁量権は「研修を承認しない方向」において極大化し、学説との乖離を拡大しているのである。

第2節　教員研修政策の特徴と文部科学省の研修条項解釈

90年代以降の教員研修政策の特徴として次の5点を挙げることができる。

第1に、初任者研修制度（1989年度開始）と10年経験者研修制度（2003年度開始）[19]の2つの法定研修を中心に行政研修の一層の強化・体系化が進行した。

第2に、これらに関わる教特法改正は、第19・20条（現第21・22条、以下同じ）とは異質の「任命権者が研修主体」であるという原理を研修条項に持ち込んだ。

第3に、これらの法定研修をはじめとした行政研修の画一化、魅力の少なさ、「受け身の立場」での受講、教員の負担が大きいこと、などの問題が教養審第3次答申「養成と採用・研修との連携の円滑化について」（1999年12月10日）において指摘されるほど深刻になってきた。

第4に、その改革の方向として「得意分野づくりや個性の伸長」や「選択制の導入、参加型の研修の導入」等、従来の画一的行政研修の転換を図っている。

第5に、60年代以来の政策を変化させて「自主的・主体的研修活動の奨励・支援」を強調しているが、「奨励・支援」される「自主的・主体的研修活動」とは基本的に勤務時間外に行われるそれであり、「勤務時間内校外自主研修」ではなさそうである。

第6に、行政研修・自己研修とも教員評価の対象とし、評価に対応した研修をさせ処遇にも反映させるという人事管理政策としての性格を強めている。

近年の「自主的・主体的研修活動の奨励・支援」方針の特質は、佐藤幹男が指摘するように「自己責任としての研修」の推進であると考えられる[20]。ゆえに、この「奨励・支援」方針は「勤務時間内校外自主研修」を奨励・支

援する方向には働き難いであろう。

　文部科学省が「勤務時間内校外自主研修」についての方針を明示したものが、2002年3月4日の「完全学校週5日制の実施について」（文部科学事務次官通知。以下、「3月4日付通知」）と同年7月4日の「夏季休業期間等における公立学校の教育職員の勤務管理について」（文部科学省初等中等教育局初等中等教育企画課長通知。以下、「7月4日付通知」）である。両通知、特に後者は、「勤務時間内校外自主研修」の中心的機会であった長期休業中の様相を大きく変えた。すなわち、両通知に加えて文部科学省がおこなった「夏季休業期間中における公立学校の教育職員の勤務管理等の取組み状況について」の調査・公表が、教育委員会や管理職に強い圧力を与え、職務専念義務免除の適用条件を厳しく制約した結果、自主的研修機会の取得が著しく減少した。「7月4日付通知」を中心にその特徴を挙げておこう。

　第1に、教員研修とは本来関係のない「まとめ取り方式」（指定休）の消滅（労働条件の変化）に伴う通知が、教特法研修条項解釈とその適用を中心的内容としている。

　第2に、1964年以来の文部省（文部科学省）解釈ではあるが、教特法第20条第2項に基づく研修を、説明抜きに「職専免研修」と断定している。

　第3に、「3月4日付通知」は「（各学校及び教育委員会においては）教員の自主的・主体的研修を奨励・支援するよう努めること」[21]と述べているが、「7月4日付通知」では「教育センター等における自主的研修の支援」以外に具体的記述はない。

　第4に、「7月4日付通知」の「二-㈠」は、教特法第20条第2項の「授業に支障がない限り」には言及することなく、本属長（所属長）に無限定の裁量権を付与している。

　第5に、「7月4日付通知」の「二-㈡」は、研修内容を担当教科・生徒指導など、直接的に教育活動への反映が明示されるものに限定する傾向をさらに促進し、幅広い領域の研究や原理的・歴史的研究、長期的視野のもとでの

研究を排除する恐れが強い。

　第6に、「7月4日付通知」の「二-㈤」の「『自宅研修』との名称を用いている場合には、……『承認研修』等に見直すことも考えられること」は、「勤務時間内校外自主研修」が教特法形成期から校外での実習・見学や図書館・博物館等での研修を基本としていることから適切な方針である。

　この通知の内容を支えているのが、定期考査時事件・最高裁第3小法廷判決（1993年11月2日）を「画期」とする判例動向、すなわち極力「勤務時間内校外自主研修」を認めない法解釈である。

第3節　教育法学説検討の視点

　このような判例および行政解釈の現状の中で、教育法学として検討すべき課題はいかなるものであろうか。すでに見たように、判例は教育法学説との乖離を拡大してきている。その要因として、教育法学説に内在する弱点はなかったのだろうか。本節ではその点を検討し、教特法の立法趣旨に則りながら、かつ教育現場の実態に適合した学説を構築するためにはいかなる修正が必要なのかを考えたい。

　教育法学説検討の視点は、第1に、「勤務時間内校外自主研修」機会の保障と学校の円滑な運営を統一的に捉えることであり、第2に、教員の研修活動が学習権の主体者である生徒とその保護者に支持されることである。

　筆者は、基本的に、教育法学説を継承する立場であり、とくに次の3点を重視している。第1に、第20条第2項は「勤務時間内校外自主研修」の保障規定であることである。第2に、「勤務時間内校外自主研修」は教員の職務であることである。第3に、本属長の承認が覊束行為であり、したがって「支障がない限り」は承認しなければならないことである。このように、「職務としての『勤務時間内校外自主研修』」という学説を堅持することが基本である。

　そして、実践的課題として決して譲ることができないのは、教特法はそもそも「教員擁護の規定」[22]であり、教特法第20条が教員にできうる限り研修の

便宜を図るために設けられた条項であることである。

1. 「授業に支障のない限り」の解釈

　明文上は、まぎれもなく「授業に支障のない限り」であり、教育法学説は、「校長は、『授業に支障のない限り』、教師の校外研修の申出を承認する義務を負っていると解すべきである。そして、この承認行為については、客観的に授業への支障の有無を判断するものであって、その他、研修の内容、場所、主催者などを考慮して裁量的に行うことは許されない」[23]という。第20条の文理上は適切な解釈である。

　検討課題の第1は、同条が「教員が申し出たものについては、すべて研修の内実を伴うこと」を前提としていることである。教育法学説もその点は同様である。しかし、現実には「年休」として処理すべきものが混在することもありうる。この問題を視野に入れた学説の修正が必要ではないか。基本的には教員の申請を信頼するほかないが、「研修の内実を伴うこと」を確認する行為を是認すべきである。さもなくば、教育現場の実態に適合し、教員はもちろんのこと、自主的研修を奨励しようとする管理職や教育行政担当者にも支持される研修条項解釈となり得ないのではないだろうか。

　第2に、「研修の内実を伴う」としても、当該日に担当授業がなければ校園長（以下、校長）は必ず承認しなければならないのだろうか。教員の職務として「授業」が中核であることは広く合意を得られるが、授業以外の生徒指導等をより低位の教育活動と固定的にとらえることはできない。授業を中核としながらも、日々の職務の中ではどちらが重要かは固定的ではなく、最優先課題は変化するものである。

　第3に、「授業に支障」の意味である。前述のように、「授業そのもの」ではないがあくまでも「授業」という文言にこだわった宿日直教研等事件・札幌地裁判決（1990年）は、筆者の考えと近接している。しかし、次の2点において問題が残る。その一つは、同判決によると、生徒指導等の教育活動は「授

業に支障」の対象とはしていないように考えられることである。もう一つは、校務に明白な支障があっても（たとえば重要議題を扱う職員会議があっても）、校長は承認しなければならないことである。しかし、直接的な教育活動ではなく、校務に属する職務であっても授業・生徒指導などの教育活動と密接に結び付いている場合には、「研修の利益」との比較考量の上、校長が研修申請を承認しないことが適切な場合もあり得るだろう。したがって、筆者は、教育条理に則って、「授業に支障のない限り」を「授業その他の教育活動および校務に明白な支障がない限り」と解釈することが適切であると考える。

　従来から「勤務時間内校外自主研修」の機会を保障する立場を堅持してきた教育委員会においても、管見の限り「授業に支障のない限り」を教育法学説どおりに適用しているところは皆無であり、「教科指導、生徒指導、その他の学校の円滑な運営に支障がない限り」等の解釈のもとに運用している。教育法学説は、教育活動の複雑化・高度化や学校運営の実態に必ずしも適合していなかったと言えるのではないだろうか。

2．校長の裁量権

　前項「1」で述べた筆者の見解に立つならば、「授業その他の教育活動および校務への明白な支障」の有無に限って検討し、支障がない限りは承認しなければならない。「授業」についての解釈の拡大に対応する限りで、本属長の裁量範囲は拡大する。しかし、できるだけ研修機会を保障するのが法の目的であるから、「研修の内容、場所、主催者などを考慮して裁量的に行うことは許されない」[24]のである。ここで教育法学説が「研修の内容」と言うのは、研修としての内実の有無ではなく、研修内容の教育政策に対する距離、批判性、対抗性を意味していると考えられる。

　また、羈束行為であるから、承認しない場合には「明白な支障」を明確に示す義務がある。「支障が生じるおそれがないとはいえない」[25]等を理由に不承認とすることは、教特法第20条（現第22条）第2項の存在意義を否定するも

のと言わねばならない。

3. 計画書・報告書の提出

　教特法には、研修計画書・報告書に関する規定は皆無である。このことを根拠に計画書・報告書提出の法的根拠を否定する見解が存在する。また、教育法学説は、「校長が事前に研修参加する研究会の内容あるいは参加する教師の報告・発言内容の提出を求めることは、憲法21条の禁止する検閲にあたるというべきである」[26]と考えるので、当然に、計画書・報告書（とくに計画書）の提出を否定することになっている。

　たしかに、「教師の報告・発言内容の提出を求めること」は明白な「検閲」である。しかし、「校長が事前に研修参加する研究会の内容」を把握することは、それが「研修」に該当することを確認するための必要最小限の事項であるから、これをもって憲法第21条の「検閲」であると言えるのだろうか。実際には当該研究会の開催要項・プログラム等の提出により研修性を確認することになるだろう。それを「検閲」と言うのは無理がある。疑いなく「検閲」に該当するのは、研修性が確認されるにもかかわらず、主催者や研修内容が教育政策と対抗関係にあること等により不承認とする場合である。

　また、校長は所属教員の監督権者（学校教育法第37条第4項）であるから、その研修活動の概要を把握することは決して不当な行為ではない。したがって、その様式・分量等の問題は措くとして、校長が計画書および報告書の提出を求めることは容認されると考える。実態としては、住民からの開示請求や2002年7月4日付文部科学省通知「二-㈣」を受けて計画書・報告書の提出が徹底されつつある。しかし、計画書・報告書が研修時間に比して過大な分量になることは避けねばならない。必ずしも毎回、計画書・報告書を書かねばならないのではなく、月間あるいは週間単位に提出するなど、各学校の状況に適合しかつ研修の実をあげ学習権保障に還元できるように、管理職と教員とが協議して合理的方法・様式を考案することが求められている。

さらに、教員研修が児童・生徒の学習権保障を目的としたものであり、研修の義務は学習権の主体者である児童・生徒と第一義的教育権者である保護者に対して向けられたものであることを考えるならば[27]、教員の側から研修計画・研修成果を児童・生徒と保護者に積極的に公開することが検討されてよいのではないか。たとえば、年間研修テーマを学校新聞や学校だより等を通じて公表し、研修内容・成果を学校誌・紀要等を通じて発表することは、それほど困難なことではない。教員の中には、研修成果はおのずと教育実践の中で生かされるという予定調和論的見解が存在する。しかし、「研修即成果の顕現」という即効的・直線的なもののみではなく、原理的・探究的課題ゆえにその成果が直ちに顕現しないこともあり、そして、それも重要な研修課題であるからこそ、児童・生徒と保護者に研修内容を開いていく必要があると考える。

　以上、教育法学説の検討課題について考察してきた。しかし、教特法研修条項の解釈と運用において譲ることができないのは、同条項が教員にできうる限り研修の便宜を図るために設けられた条項であることである。この点を承認するか否かが「勤務時間内校外自主研修」問題の最大の争点である。「研修権」の存在は是認しなくても、この点を認める判例や行政解釈は多い。注目されるのは、定期考査時事件最高裁第３小法廷判決以降も、「同法20条１項は、……教育公務員が自ずから積極的に研修を行おうとする場合にできる限りの便宜が図られるべきことを謳っている」[28]というように、立法趣旨を継承した判決が出されていることである。また、都道府県・政令指定都市教育委員会においては、現在でもこの立場を堅持する法解釈が存在する。「研修権」や「自主的職務研修説」については見解が異なっても、同条が教員にできうる限り研修の便宜を図るために設けられた条項であることは、今日でも広く合意を形成することができる。学校現場における教員の研修機会保障要求や法廷での弁論・陳述を支える教育法学説の緻密化が求められている。

〔註〕
(1) 第4章【表Ⅱ】の「判例番号9」。
　第1審：札幌地裁昭55（行ウ）6・7号、懲戒処分取消請求事件、1990（平2）・12・26判決。
　控訴審：札幌高裁平3（行コ）1・2号、1998（平10）・7・16判決。
(2) 第4章【表Ⅱ】の「判例番号8」。
　第1審：神戸地裁昭62（行ウ）7号、賃金等請求事件、1990（平2）・11・16判決。
　控訴審：大阪高裁平2（行コ）63号、1991（平3）・12・5判決。
　上告審：最高裁平4（行ツ）56号、1993（平5）・11・2第3小法廷判決。
(3) 柳屋孝安「県立高等学校長が教育公務員特例法20条2項に基づく研修の承認を与えなかった措置に裁量権の逸脱・乱用はないとされた事例」『判例評論』第446号、判例時報社、1996年4月1日、39頁。
(4) 「解説」『判例時報』第1518号、判例時報社、1995年4月1日、126頁。
(5) 第4章【表Ⅱ】の「判例番号2―Ⅱ」。『判例時報』865号、1977年12月1日、97〜104頁。
(6) 文部省地方課法令研究会編『教育関係判例集』第一法規出版、2851の108頁。
(7) 本章では、青木宏治「第3章研修」（『基本法コンメンタール・教育関係法』日本評論社、1992年、278〜282頁）における論述を教育法学の通説として措定する。
(8) 前掲『教育関係判例集』3151の5頁。
(9) 同前書、2851の67〜68頁。『労働判例』578号、産業労働調査所、1991年4月15日、49〜50頁。
(10) しかし、原告4名のうち「授業」があった3名についての判旨は意外に粗い。
(11) 前掲『判例時報』第1518号、126頁。
(12) 前掲『教育関係判例集』3151の7頁。
(13) 同前書、2851の109頁。
(14) 前掲『判例時報』第1518号、126頁。
(15) 前掲『教育関係判例集』2851の115の2頁。
(16) 同前書、2851の109頁。
(17) 門田見昌明「組合教研の研修性と職務専念義務の承認権」『季刊教育法』第24号、総合労働研究所、1977年7月、106頁。
(18) 前掲『判例時報』第865号、103頁。
(19) 教特法改正により、2017年度からは「中堅教諭等資質向上研修」（第24条）に変化した。

⑳ 佐藤幹男「研修政策の新たな展開―自己責任としての研修―」日本教師教育学会編『日本教師教育学会年報』第14号、学事出版、2005年9月、13～18頁。
㉑ 「完全学校週5日制の実施について」文部科学事務次官通知、2002年3月4日。
㉒ たとえば、拙著『戦後日本教員研修制度成立過程の研究』風間書房、2005年、282～284頁および287～288頁を参照されたい。
㉓ 青木宏治、前掲「第3章研修」280頁。
㉔ 同前。
㉕ 前掲『判例時報』第1518号、126頁。
㉖ 青木宏治、前掲「第3章研修」279～280頁。
㉗ 結城忠「第9章教員研修をめぐる法律問題」牧昌見編『教員研修の総合的研究』ぎょうせい、1982年、303～304頁。
㉘ 名古屋地裁平4（ワ）318号、損害賠償請求事件、1996（平8）・9・4判決。前掲『教育関係判例集』3123の3頁。同判決は、本書第4章で考察した「研修関係裁判」には含まれていない。

第6章　自主研修法制の実態と課題

第1節　「勤務時間内校外自主研修」の逼塞状況

1.　教育職員養成審議会の「自主的・主体的研修の奨励・支援」方針

(1)研修統制・行政研修強化の半世紀

　1956年に地方教育行政法が公布・施行され、公選制教育委員会から任命制教育委員会制度に移行した後、しだいに統制的側面が強化されてくる。1960年以降の半世紀にわたる研修政策は、行政研修の体系化・肥大化の歴史であると言える。そして、自主研修の補完的役割として位置づけられていた行政研修がしだいに教員研修の主流となっていく。学校長等海外派遣などを嚆矢に、文部省は小中教育課程研究集会[1]を開催し、また、70年代になると中堅教員研修講座や新規採用教員研修、教職経験者研修、校長等中央研修会、教員海外派遣事業などの行政研修を拡大していった。そして、1988年の教特法改正により初任者研修制度が法制化され、1990年代には様々な行政研修が網の目のように張り巡らされるようになった。一方、自主的研修活動は抑圧され研修機会は狭められていった。

(2)個性豊かな教員像と自主的・主体的研修の奨励・支援

　教員統制としての研修政策に微妙な変化が生じるのは、90年代後半の3次にわたる教育職員養成審議会（以下、教養審）答申であった。そもそも教員の自主性・自発性に依拠しない行政研修は、内在的な矛盾・困難を抱えている。それが画一的になり教員が受身になるのは、体系化・肥大化してきた行政研修の多くが自由闊達な議論を保障せず、また、教員の自発性と関係なく一律

に強制することによる、半ば必然的な結果であった。諸答申は、自主研修を教員研修の主軸とする立場からは不十分であり、勤務時間内の研修保障がいかになされるのかについても不明であったが、長期にわたる研修統制の歴史から考えると期待を抱かせる内容であった。

教養審第1次答申「新たな時代に向けた教員養成の改善方策について」(1997年7月28日) は、「教員に求められる資質能力」の1つに「得意分野を持つ個性豊かな教員の必要性」を挙げた。そして、教員研修に関して従来の政府関係文書にはない3つの認識を示した。第1に、「教員一人一人の資質能力は決して固定的なものではなく、変化し、成長が可能」であり、第2に、「教員としての力量の向上は、日々の教育実践や教員自身の研鑽により図られるのが基本」であり、第3に、「画一的な教員像を求めることは避け……積極的に各人の得意分野づくりや個性の伸長を図ること」が「学校に活力をもたらし、学校の教育力を高めることに資する」という視点である。

次いで、教養審第2次答申「修士課程を積極的に活用した教員養成の在り方について」(1998年10月29日) は、大学院修士課程を活用した現職研修機会の提供を答申し、2000年の教特法改正により大学院修学休業制度が法制化され[2]2001年度から実施された。

無給である点に重大な問題を有するが、海外留学も含めて長期研修を渇望する教員には福音であった。なお、同答申は「修士課程への長期在学を容易にするための条件整備」として、「校務分掌、勤務時間の割振り等について適切に配慮するとともに、現職教員の勤務校における授業時数の軽減等のための非常勤講師の活用などを進める必要がある」と踏み込んだ指摘をおこなっている。

さらに、教養審第3次答申「養成と採用・研修との連携の円滑化について」(1999年12月10日) は、初任者研修が「全般的に研修内容が画一化」し「受講者にとって魅力の少ないものになっている傾向がある」と率直に認め、教職経験者研修についても「教員が受け身の立場で受講するものが多」く「内容・

方法が画一化され、各教員自身……のニーズに応じた研修の機会が少ない」ことを指摘した。そして、改革の方向として「積極的に各人の得意分野づくりや個性の伸長を図る」、「個々の教員の自発的・主体的な研修意欲に基づいた研修を奨励し、そのための支援体制の整備を図る」、「選択制の導入、参加型の研修の導入等を基本的な視点として見直しを図る」ことを提言している。また、「各教員が自己の生涯にわたる研修に関するビジョンを確立し、これに基づいて、毎年度当初に年間研修計画を立案する」、「教育センターを中心に勤務時間外の研修機会の提供、研修に関する情報提供、指導者の派遣等により教員の自主的・主体的研修活動を奨励・支援するよう努める」ことを提言した。

　このように、20世紀末に至って、半世紀にわたる行政研修の画一性を改め教員の自主性・主体性を重視することが研修政策上の重要課題として認識されるようになってきた。

(3)中央教育審議会答申での後退と継承

　21世紀初頭は、小泉・安倍政権による教育基本法改変を教育政策の根幹にすえながら、激しい学校・教師・教職員組合批判が組織された時代である。したがって、教養審答申が提示した多様で豊かな教師像、自主的主体的研修重視策は後退を余儀なくされたが、それでも、2005年10月26日付の中教審答申「新しい時代の義務教育を創造する」では、「研修については、校内研修や任命権者等が実施する研修といった体系的な研修と教師の主体性を重視した自己研修の双方の充実が必要である」と述べている。さらに、2006年7月11日付の答申「今後の教員養成・免許制度の在り方について」でも、「今後は、各教育委員会が実施する研修や校内研修に加えて、教員の自主性・主体性を重視した自己研修が一層重要である。各学校や各教育委員会においては、大学や、民間も含めた教育研究団体等における教員の研修活動を奨励・支援するとともに、教員の自己研修への取組を適切に評価し、処遇に反映していく

ことが必要である」と、教員評価制度と連動させる意図を表明しながらも、「自主性・主体性を重視した自己研修」の重要性を明記している。

2．「勤務時間内校外自主研修」の逼塞状況

(1) 2002年7月の文部科学省通知

ところが、21世紀に入ってから、「夏休みなどの長期休業中に特段用事がなくても出校しなければならないようになった。これまでは、民間の教育研究団体の研究大会に参加したり、各種の講演会に参加して研修していたが困難になっている。自宅での研修はほとんど認めてもらえない」という教員の声が聞かれるようになった。

その契機は、2002年3月4日と7月4日の文部科学省通知である。前者は「完全学校週5日制の実施について」と題する文部科学事務次官通知であり、後者は「夏季休業期間等における公立学校の教育職員の勤務管理について」と題する初等中等教育企画課長通知である。ここでは特に重要だと思われる後者について考察しよう。

この通知では、都道府県・指定都市教育委員会に対して、「本長期休業期間を活用して」諸研修・教育活動を行い、「教職員の資質向上や教育活動の一層の充実等に努めること」と述べ、そのあと次のように指導している。

「二 教育公務員特例法（昭和24年法律第1号）第20条第2項に基づく研修（以下「職専免研修」という。）について、以下の点に留意しつつ、その適正な運用に努めること。

（一）職専免研修は、職務に専念する義務の特例として設けられているものであるが、当然のことながら、教員に『権利』を付与するものではなく、職専免研修を承認するか否かは、所属長たる校長が、その権限と責任において、適切に判断して行うものであること。

（二）職専免研修の承認を行うに当たっては、当然のことながら、自宅

での休養や自己の用務等の研修の実態を伴わないものはもとより、職務と全く関係のないようなものや職務への反映が認められないもの等、その内容・実施態様からして不適当と考えられるものについて承認を与えることは適当ではないこと。

　㈢　また、職専免研修を特に自宅で行う場合には、保護者や地域住民等の誤解を招くことのないよう、研修内容の把握・確認を徹底することはもとより、自宅で研修を行う必要性の有無等について適正に判断すること。

　㈣　このため、事前の研修計画書及び研修後の報告書の提出等により研修内容の把握・確認の徹底に努めること。なお、計画書や報告書の様式等については、保護者や地域住民等の理解を十分得られるものとなるよう努めること。

　㈤　なお、職専免研修について、『自宅研修』との名称を用いている場合には、職専免研修が、あたかも自宅で行うことを通例や原則とするか如き誤解が生じないよう、その名称を『承認研修』等に見直すことも考えられること。」

　この通知は、教特法第20条（現第22条、以下同じ）に基づく研修を「職務」ではなく「職専免研修（職務専念義務免除による研修）」とし、また、研修の権利性を否定していること、さらに、研修の内容を狭く限定していることは、教育法学の通説（自主的職務研修説）と異なっているが、研修と年休との混同を是正することが主旨だとすると、首肯できる点もある。しかし、教育委員会→学校管理職というルートで、実際に教員への指示が行われる段階になると、「是正」を超えて極端に統制的性格を発揮し、学校現場では「職務専念義務免除削減競争」とでも言うべき事態が展開された。この点は、本通知の本文末尾に記載された「なお、夏季休業期間終了後に、左記事項の取り組み状況について調査を実施したいと考えておりますので、念のため、申し添えます」

という文言が教育委員会や管理職に強い圧力を与えたと思われる。実際に、文部科学省は調査結果を2002年12月発行の『教育委員会月報』（第54巻第9号、第一法規出版、90〜103頁）において公表した。

(2) 長期休業中の「職専免研修」取得状況の変化

　前述の通知を契機に全国の学校現場では次の事態が進行した。①長期休業中の行政研修・校内研修、学校行事、会議などが増加し、出校しなければならない仕組みが強化されている。②勤務場所を離れた研修を申請する場合に、「なぜ学校ではできないのか」について明確に説明しなければならないことや研修計画書・報告書の提出、記載の詳細化という教育委員会・管理職からの要求が、教員に心理的圧迫感を与えている。したがって、研修申請件数自体が大きく減少し、研究会への参加を断念したり自宅研修を放棄したり、あるいは研修を行う場合も年休を取得するケースが増えている。③管理職は教員の「研修」（研究と修養、study and self-improvement）を従来以上に限定的に解釈するようになり、研修申請に対する承認行為がきわめて消極的になっている。

　研修を「職務」として位置づけるか否かの問題もあるが、筆者が見るところ、問題の実践的核心は、教育委員会や管理職が、教特法の趣旨に則り教員の自主的研修をできる限り保障しようという立場にたっているのか、それとも、できるだけ認めずにともかく出校させようとしているのか、という点にある。もし、後者の立場であれば、教特法の存在意義を否定するものである。もちろん、長期休業中は勤務を要する日であるから、教員が出校して補充学習を実施したり校内研修会を開催することは何ら問題ないが、出校させることが自己目的化したり、貴重な研修機会を奪っているとしたら、本末転倒である。

　一方、教員の側にも、申請手続きを忌避して研修申請を自粛する（年休を取得する等）などの弱さがあったことは否めない。

文部科学省は前述のように、「夏季休業期間中における公立学校の教育職員の勤務管理等の取組み状況について」の全国調査を実施し公表した[3]。これには、2002年度夏季休業中の各都道府県・政令指定都市の職専免研修の取得状況が校種別に示され、また、計画書・報告書の様式・分量の調査結果も掲載されている。たとえば、神奈川県は全学校種平均3.4日、埼玉県は2.4日である。両県の校種別の取得日数は、次のとおりである。

　　神奈川県…小学校3.5日、中学校1.9日、高校3.9日、盲・聾・養護学校4.5日
　　埼玉県　…小学校0.8日、中学校1.1日、高校5.6日、盲・聾・養護学校7.2日

　校種別では、全体として小学校と中学校での取得日数が少なく、埼玉県の小学校では1日を切り、中学校でも1日強でしかない。ところが、その後の神奈川・埼玉県立高校の年間取得日数の推移を見ると、【表Ⅲ】のように高校教員においても激減していることがわかる[4]。

【表Ⅲ】 「職専免研修」取得日数

	2002年度	2003年度	2004年度	2005年度	2006年度
神奈川県立高校教員	4.3日	1.7日	0.7日	0.4日	
埼玉県立高校教員	(5.6)	5.3日(3.0)	4.7日(2.7)	3.9日(2.4)	1.2日(0.7)

　それでは、前述の90年代末から21世紀にかけての教養審・中教審答申の「自主的・主体的研修の奨励・支援」重視の提言と2002年度以降の「職専免研修」激減の実態とはどのように関わっているのであろうか。

3．「自主的・主体的研修の奨励・支援」の実態─2006・2007年度調査から─

　このような問題意識から、「教員の自主的・主体的研修の奨励・支援についての調査」を2006年度に都道府県・政令指定都市教育委員会を対象に実施し、2007年度には中核市・候補市等教育委員会を対象に実施した[5]。2006年度調査の対象は47県・17市であり、そのうち回答は31県・13市、合計44県市であった（回収率68.8％）。また、2007年度調査の対象は35中核市、15候補市、8県庁所在市であり、そのうち回答は21中核市、3候補市、4県庁所在市であった

（回収率48.3％）。

　調査からすでに10年が経過し、その間には、教職大学院制度の創設や「学び続ける教員像」の提起（2012年8月中教審答申）などの変化があるが、「教員の自主的・主体的研修の奨励・支援」の実態という点では、本質的には共通しているものと思われる。

2006年度および2007年度調査から次のことが確認できる。

1）予算の厳しい制約のもとであるが、多種多様な研修機会が教育委員会によって用意され、希望により参加できる取り組みが行われている。すなわち、行政研修会（大学との連携講座等も含めて）への自主的・主体的参加が促進されている。その多くは長期休業中(勤務時間内)であり、一部は課業期間中の勤務時間外である。

2）法定研修においても、選択研修や大学との連携により、画一的研修から脱皮し教員の研修意欲を喚起するための努力が行われている。「強制的」研修の枠内での「自主的・主体的」研修「奨励・支援」の取り組みである。

3）自主的・主体的研修（個人研究、民間教育研究団体の研究大会や学会への参加、大学等の公開講座への参加、外国への短期留学や研修旅行、等々）に対する奨励・支援策が積極的に実施されていることは読み取れない。

4）前記1）～3）から考えると、教養審答申後に展開されている「自主的・主体的研修の奨励・支援」の施策は教特法研修条項の立法趣旨である「研修の自由保障」とは次の2点において齟齬があるように思われる。

　(i)行政研修会における議論の自由が保障されているか（とくに教育政策に対する検討が保障されているか）。保障されていなければ、決められたことをいかに効率よく教えるのかに限定された狭い枠の中に教員の研修活動を閉じ込めていく恐れがある。それは、専門職としての教員にふさわしい研修とは考えにくい。

(ⅱ)行政研修会以外の民間教育研究団体や学会、講演会等への参加による自主的・主体的研修が保障されているか。2002年7月4日付通知「二－(二)」の後半部「職務と全く関係のないようなものや職務への反映が認められないもの等、その内容・実施態様からして不適当と考えられるものについて承認を与えることは適当ではないこと」は、承認に関する裁量権を持つとされる校長が研修活動をきわめて狭く解釈する傾向を促進した。とくに、即効性を期待しにくい「長期的・探究的」課題や担当教科・生徒指導と直結しない課題の場合は、より承認され難くなった。

5）大学院修学休業制度（教特法第26条～第28条。当初、第20条の三～第20条の六）や自己啓発等休業制度（地公法第26条の五）、条例に基づく長期研修休職制度の活用により、希望者が国内外の大学院で研究する機会は拡大している。しかし、休業給付金の支給や給与の部分支給などにより無給状態を改善する取り組みや長期研修諸制度間に存在する矛盾（研修の自由、職務性の公認、機会均等性、に関わる）についての指摘、課題意識は見られない。

6）「自主的に」大学院で研修する教員に対する支援措置（校務分掌の軽減、授業担当時数軽減、時間割編成上の配慮など）は教育委員会回答には見られない。ただし、各学校において措置されているか否かは不明である。

7）研修（研究と修養）のうち、修養にあたる活動についての奨励支援は施策の対象外におかれている。教師に求められる資質として「人間力」や「人間性」を強調しながら、その形成のための条件整備は行われていない。

第2節　長期派遣研修の実態と課題

本節において、長期派遣研修の実態を把握する際の主たる素材は、第1に、筆者が、2000年7月～11月にかけて、全国59都道府県・指定都市教育委員会

に対して2次にわたって実施した「教員の長期研修制度についての調査」[6]の結果であり、第2に、大学院修学休業制度に関わる教特法改正のための国会審議(2000年3月～4月)である。その際、教特法研修条項の立法者意思[7]と教育法学説の到達点を教育法的検討の軸とする。

いずれも今日からすでに17年前の調査および国会審議であり、その間に2008年度からは教職大学院が創設され、3度の中教審答申[8]を経て、いよいよ教職大学院の増設政策が強化されている[9]。そのことによる変化と共に、自治体財政の逼迫により大学院への長期派遣者の枠が狭められている。さらに、定員充足のために、いわゆる「教員免許状取得プログラム」を設けている大学院も増加している。

決して、長期派遣研修の実態が根本的に変化したのではないが、本節における「長期研修制度の実態」は、前述の様に、2000年に実施した調査や国会審議によるものであり、以来17年後となる現在の実態とは異なる点が含まれていることには留意して頂きたい。したがって、文部科学省による「大学院等派遣研修実施状況調査結果(平成24年度、平成25年度、平成26年度、平成27年度)」を本書と併せて参照されたい。

なお、本節では「都・道・府・県」を区別せずに「県」と一括して表記することがある。

1. 教育行政当局の研修法制認識

第1次調査の結果から判断する限りでは、長期研修法制についての地方教育行政当局の認識は、教育法学説の観点からも行政解釈の観点からも決して十分であるとは言えない。第1次調査において、新教育大学[10]大学院以外の大学院へ教員を派遣している県に、「この長期研修制度の根拠になる法令・条例・規則は何ですか」とたずねたところ、教特法をあげている県市は19県5市(24/38＝63.2％)であった。このうち法律としては教特法のみをあげたところは17県5市である(22/38＝57.9％)。残りの2県は「地方公務員法・教特

法・地方教育行政法」という回答であった。これらの県において、3つの法律の中で教特法がどのように位置づけられているのか、その優先関係の如何はこの調査では不明である。少なくとも教特法が地公法および地方教育行政法に優先するという把握はされていないように思われる。

一方、教特法をあげなかったところは14県（14/38＝36.8％）あり、その内容は次のようなものである。前記質問項目を正確に把握した上での回答だとするならば、「長期研修制度の根拠になる法令・条例・規則」として、教特法が位置づけられていないことは、長期研修制度だけではなく研修行政全般に影響を与えかねない問題である。

・地方教育行政法と「派遣要綱」…1県
・規則または「派遣要綱」と大学院設置基準14条…1県
・規則または「派遣要綱」のみ…6県
・大学院設置基準14条のみ…6県

2．研修の自由

(1)研修機関

第1次調査において、「新教育大学大学院への派遣と同様に、現職・現給保障による大学院での長期研修制度がほかにありますか」とたずねたところ、「ある」が34県5市（88.6％）、「ない」が1県4市（11.4％）であった。

このことから次のことが指摘できる。第1に、新教育大学大学院以外での長期研修制度が存在しない1県4市では、現職・現給保障での長期研修の機会を得ようとすれば、研究課題を新教育大学大学院の教員構成（専門領域、学説）に適合するべく変更せざるを得ない場合があることである。

第2に、新教育大学大学院以外にも派遣制度が存在する34県5市の中でも、2年間完全に現職・現給保障で長期研修ができるのは、6県1市からの地元大学（主として国公立、一部私立）大学院への派遣のみである[11]。さらに、このうち1市は教育委員会の「指名推薦」により派遣されるので、一般教員には

閉ざされている。

　したがって、純粋に自己の研究課題から大学院を選ぶのではなく、諸条件の整備状況から、教員が新教育大学大学院を志願する水路に向かう傾斜が形成されていると言える。このようにして致し方なく設定された研究課題であっても、その後の努力により優れた研究成果を結実させる場合があることを否定はしないが、総体としては問題意識の欠如や研究意欲が乏しいなどの問題を生ずる要因になっているものと考えられる。

　第3に、新教育大学大学院以外の大学院への派遣の場合も、1県を除いてはすべて派遣先が特定されている。これら以外の大学院で研修する場合は、派遣（教特法第22条第3項適用）という形態は不可能である。前述の文部科学省「大学院等派遣研修実施状況調査結果（平成26年度）」によると、教員が希望する大学院等に派遣しているのは2県2市（回答は46県18市）のみであった。43県市（32県11市、67.2％）では、「教育委員会が指定する大学院等の中から、原則として派遣者が希望する大学院等へ派遣する」ということである。

(2)研修内容

(i)第1次調査において、新教育大学大学院以外の大学院へ派遣する際に、「研究対象・領域について制約がありますか（担当教科に密接な関係を有する領域および生徒指導に限る、など）」と尋ねた。

　「制約」の意味理解についてばらつきが見られたが、質問の意味での制約を設けているのは、3県1市（4/39…10.3％）であった。

　制約の実例としては、「担当教科に関係のある領域」（1県1市）、「自分の現在の指導課題」（1県）、「本県の教育的課題を研究領域に盛り込む」（1県）である。

(ii)前述の問に対しては「制約なし」と回答した県市でも、一部の例外を除いては派遣先は「教育学研究科」や「学校教育関係」、すなわち教育学系大学院に限定されている。

例えば、社会科の教員が文学研究科において歴史学を研究することは現行の派遣制度では想定されていない。教員研修の本質上、教科教育の土台となる諸科学の学問的力量形成は重要な課題であると考えられるが、現状では、これが「制約」と受けとめられていないところに、より問題性を感じる。

(iii)第1次調査においては、学部等への内地留学（代替教員が配置されるもの）について尋ねたが、「留学先や研究テーマ等について制約がありますか」という質問に対する回答は次のようであった。

《留学先》
・制約あり　17県3市（55.6％）　・どちらとも言えない　5県2市（19.4％）
・制約なし　7県1市（22.3％）　・その他　　　　　　　1県（2.8％）

《研究テーマ》
・制約あり　12県2市（41.2％）　・どちらとも言えない6県　（17.6％）
・制約なし　10県4市（41.2％）

地域差は存在するが、留学先・研究テーマ双方の制約から考えて、内地留学の研究領域は、障害児教育、産業教育、カウンセリングにほぼ限定されていると言える。とくに、代替教員が配置され1年間現場から離れて研修することが保障される場合は、そうである。

大学院への派遣の場合以上に、「公立義務教育諸学校の学級編制及び教職員定数の標準に関する法律」第15条および「同施行令」第5条、さらに「公立高等学校の設置、適正配置及び教職員定数の標準等に関する法律」第22条の二（現「公立高等学校の適正配置及び教職員定数の標準等に関する法律」第22条）および「同施行令」第5条（現「公立高等学校の適正配置及び教職員定数の標準等に関する法律施行令」第2条）に基づく「研修等定数」の措置がなされるか否かにより、内地留学の条件が規定されている場合が多いと思われる。

「研修等定数」の措置がされない場合には、県費・市費単独負担で行わざるを得ないか、あるいは、代替教員なしに「留学」とは名ばかりの制度に転落する。すなわち、週1日程度授業のない日を作って大学にいく日に充てると

いう研修形態である。この場合、授業空き日（研修日）を作るために 2 〜 3 時間程度授業担当時間は軽減されるが、その軽減分は非常勤講師の配当がなく、同僚の負担増となることが多い。なお、2004年には、地方公務員法が改正され、第26条の二に「修学部分休業」が規定された。

(3)研修の自主性・主体性

　大学院・学部において研修を行う（「受ける」のではなく）のであるから、本質的に自主的・自律的な行為であり、研修主体が教員自身であることは自明のことであると思われる。しかし、日本教育大学協会第一常置委員会の「大学院修士課程の運営の実態に関する調査報告書」（調査は、1997年 6 〜 7 月実施）の次のような記述から考えると、現職教員の研修の主体性について全く問題なしとはできない。現職教員および教育行政担当者としては大学側の批判にも十分に耳を傾けるべきであると考える。

　　「大学側の求める院生像とのギャップは、まず①派遣教員の大学院教育に対する姿勢について意識されている。具体的には、『面接の際、推薦即入学許可の姿勢が見られ』たり、『入学志望の動機や意欲について問題がある』とされたり、『大学院での講義の受講が「研修」の中心だと思いがちなこと』、すなわちこれまでの自らの教育実践を客観化し、考察・分析し、研究するという主体的姿勢が稀薄であることである。だから『自分の研究テーマが鮮明でなく、最初から教官の指導を当てにしている』というのである。」（日本教育大学協会『会報』第76号、1998年 6 月、64頁）

　　「専修免許状取得のみが大学院進学の目的だと考えている院生の存在については、全体の1/3が『そういうケースがあると聞いている』と答え、また実際に単位を取得すると論文を作成しないで退学してしまう院生もいるとのことであった。もしも少しでもそういった院生の存在が確かだとすれば、教育学研究科の目的をどう考えるのかの問題とも絡んで今後検討が必要になると考える。」（同前、45頁）

また、前述のように、新教育大学大学院への派遣や学部への内地留学の場合に、公募をしていない県が少数ではあるが存在する。これらの県においては、研修の機会均等、さらに、自主性・主体性の確保のためにも公募に切り替えることが求められている。

3. 研修の機会均等性

(1)研修の機会
①長期研修機会の稀少さと機会不均等

第1に、長期研修の機会は稀少である。筆者の調査によると、回答のあった44県市の校長・教頭を除く本務教員数(小・中・高・盲・聾・養護学校教員)607,837人[12]に対する大学院への派遣者(現職・現給保障)総数1217人の比率は0.20％となる。これを「大学院長期研修派遣率」とよぶことにする。これに内地留学者[13]のうち1年間派遣の120人を加えた比率を「長期研修派遣率」とよぶことにする。派遣期間を1年間に限定している9県5市をとりだして(120名)大学院への派遣者数に加えて計算すると、「長期研修派遣率」は0.22％となる。実際には、1年間派遣されている者の人数はもっと多いので、それがたとえば、300名だとすると0.25％となる。なお、文部省(当時)調べによる全国統計(教養審第2次答申・参考資料)をもとに計算すると、1994年度の「大学院長期研修派遣率」は0.18％、「大学(大学院・学部)への長期研修派遣率」は0.22％であり、教員500人に1人くらいの率である。

第2に、長期研修機会は地域間(都道府県間)格差が非常に大きい。「長期研修派遣率」が最も高いのは徳島県で1.42％、最も低いのは北海道で0.05％である。北海道の教員は、徳島県の教員に比べて1/28(3.5％)ほどしか長期研修に派遣される機会に恵まれていないということである。徳島県の次に高いのは山梨県(0.86％)、香川県(0.83％)などである。

第3に、校種間格差である。教養審第2次答申(1998年10月)の参考資料(1-(4)-資料2)によると、公立幼稚園教員の学部・大学院への長期研修派遣は皆

無である。教特法の対象でありながら、幼稚園教員の研修活動を保障するしくみは長期研修に限らず極めて貧しい状況にある。一方では、行政研修や各種会議が少数の幼稚園教員に洪水のように押し寄せている。こうした中で、日本教育大学協会第一常置委員会の調査（1999年3～4月実施）からは、幼稚園教員の長期研修に対する渇望のようなものが読み取れる[14]。本節では立ち入った検討はしないが、幼稚園教員の研修保障が重要なそして喫緊の問題として存在することを指摘しておく。

②海外留学は退職

第1次調査において、「海外留学・海外派遣について」尋ねた。2000年8月の時点では、自主的な海外留学の場合には未だに24県5市が退職を余儀なくさせられる。これは、回答総数の29/44＝65.9％であり、本項目回答数の29/35＝82.9％である。3県1市が休職（無給2県1市、70％支給1県）、「その他」2県、「無記入」6県3市であった。また、自主的な海外留学の取扱いを規定した規則・規定が存在するのは2県、存在しないのは27県6市（75.0％）である。

2000年当時、教育界における「国際化」の声はすでに喧しく、また、一般社会の中でも海外留学が増大していたにもかかわらず、自主的な海外研修に対する保障・支援措置は驚くほど乏しかった。青年海外協力隊への参加も含めて、当時、多くの場合は退職して海外留学をせざるを得なかった。多数の都道府県の条例には、休職による海外留学を可能にすると思われる条項が存在していたが、ほとんど活用できていないのが実情であった[15]。

(2)派遣希望者の募集

第1次調査において、新教育大学大学院と内地留学（大学院以外）の派遣希望者を公募しているか尋ねた。回答結果によると、新教育大学大学院について派遣者を公募しない県が1県、2001年度には1つ増えて2県となった[16]。

内地留学生（学部等）の派遣についても8県3市が公募していない。これは、大学院等への長期派遣研修が教員統制策となりかねないだけでなく研修の機会均等理念、さらには新教育大学設置を審議した1978年の第84回国会における政府答弁の趣旨[17]にも著しく反するものである。

(3)入学金・授業料・日当等の支給

次の表は、第1次調査において、新教育大学大学院への派遣者に対する諸経費の負担・支給区分を尋ねた結果である。回答は35県9市であった。

【表Ⅳ】 諸経費の負担・支給区分（新教育大学大学院への派遣者）

	入学金	授業料	交通費	書籍代	宿舎費	日当
教育委員会	3県	3県	25県5市		15県4市	17県2市
本人	24県5市	24県5市	5県	23県4市	12県1市	

調査結果では、日当を支給しているのは17県2市であるが、他の18県7市については、無記入であった。旅費規定に定められているものなので、日当を支給している県市は実際にはもっと多いものと考えられる。

いずれにせよ、新教育大学への派遣研修の場合は、恵まれた経済的（さらに時間的）条件のもとに研修を行うことが可能である。これは、教員の研修条件整備という観点からは、喜ばしいことではあるが、圧倒的多数の教員の貧困な研修条件と比べたときに、研修条件の充実という肯定的側面よりも、研修機会・条件の不均等性（あるいは不公正さ）の拡大という否定的側面を重視せざるを得ない。とりわけ、少数ではあるが3県は交通費、日当以外に入学金及び授業料までも教育委員会が負担している。このような「破格の厚遇」を受けることは当該教員のその後の立場、行動に特定の傾向をつくりだすことに繋がるのではないだろうか[18]。

長期派遣研修の場合、教育委員会と本人との適正な負担区分の検討が必要である。

4. 研修の職務性

ここでは、「14条特例」[19]をめぐる職務性の問題について言及したい。新教育大学以外の大学院への派遣については、「14条特例」を活用することが多くなっている。第1次調査の「新教育大学以外の大学院への派遣と異なる点があれば、お書き下さい」に対する回答から次のようなことが判明した。

それは、1年目は職務としての長期研修（教特法第20条第3項）、2年目は職務専念義務免除による研修（教特法第20条第2項）と位置づけている県が2県あることである。研修内容・指導教官はおそらく同じであるはずなのに、1年目は、職務であり2年目は職務ではないということは、理論的にどのように説明し得るのだろうか。

さらに、1年目は職務専念義務免除で勤務校を離れて大学院で研修するが、2年目に勤務校に戻った際には、たとえ大学院に通学する場合でも職務専念義務免除にすらならず、基本的には年次有給休暇を使うところが2県ある。当然、後者の方が研修条件としては劣悪ではあるが、1年目も2年目も職務としては位置づけていないという点で論理的には整合性がある。しかし、この場合、大学院への「派遣」と言えるのだろうか。また、回答からは、2年目の取扱いが不明なところがあり、したがって、前述のような県市は他にも幾つか存在するのではないかと思われる。

5. 研修条件の整備義務

(1)研修条件整備と機会均等性の対立

これまで見てきたように、現行の長期研修制度はすべての教員に開かれているとは言い難い。したがって、この枠の中では、研修条件を整備すればするほど機会の不均等（不公正）を拡大する。さらに、後述するように、職務性についての評価の矛盾を激化させている。研修政策の根本的転換が必要である。

(2)「14条特例」についての教育行政当局の認識

第2次調査において、「14条特例」を活用した研修形態について「この制度について、貴教育委員会・教育庁としてどのような課題・問題点があるとお考えでしょうか。また、その解決のためにどのような対策を講じておられますか、あるいは今後講じられるご予定でしょうか」とたずねた。

「14条特例」による長期研修の増加（27県3市、30/44＝68.2％）は、前述のように研修機会の拡大という側面とともに、一方では、当該教員に重い負担を強いていることはおおむね認識されている[20]。

派遣先・研修機関が多様化することは全体としては望ましいことであるが、実質的に大学院への派遣期間は2年間から1年間に短縮されつつある。2年目は、学校で通常の勤務をしながら土・日や夏休みを利用して大学院に通い修士論文を作成するという厳しい条件のもとにおかれることになる。このことの教育活動への影響、そして本人の健康や論文の水準等の問題について十分な検討が望まれる。都道府県や指定都市教育委員会のなかには、学校長に対して2年目の教員の負担軽減を文書依頼するなどの措置をとっているところもあるが[21]、実際に、校務分掌や授業担当時間についての配慮がどの程度行われているかについては判明していない。参考までに、日本教育大学協会第一常置委員会「大学院修士課程の運営の実態に関する調査」（1997年6～7月実施）によると次のような結果が出ている。

問10－2 修士論文の作成を控えた2年目の履修に関して、院生の職場では勤務態勢に何らかの配慮がなされていますか。

項　　目	大学数	％
1　全体として職場で配慮がなされているようだ	17	36.2
2　配慮されている職場もあるが、されていない職場もあるようだ	22	46.8
3　全体として配慮がなされていないようだ	8	17.0

問10－3 2年目の指導態勢について教育委員会ないし勤務校との間で話し合いの場をもっていますか。

項目	大学数	%
1 話し合いの場をもっている	20	40.8
2 話し合いの場をもっていないが、今後は設けたい	9	18.4
3 話し合いの場をもっていない	20	40.8

(日本教育大学協会『会報』第76号、1998年6月、67頁)

さらに、教育行政当局には大学側の負担増に対する配慮がまったくといってよいほど見られない。派遣される現職教員への気遣いはある程度あるのだが、「14条特例」の適用による大学教員の過重負担についてあまりにも無関心と言わざるを得ない。

この日本教育大学協会の調査では、大学をとりまく厳しい情勢などから、「14条特例」の適用に「望ましい」32.7%（18大学）、「やむを得ない」49.1%（27大学）、「もっと慎重であるべきである」14.1%（8大学）というように、80%以上の大学が肯定的な回答をよせている。しかし、次の記述は、現職教員も教育行政当局も重く受けとめる必要がある。

「……この制度が、院生の負担の下に施行され、研究者養成の場としての大学院に異質の構成員を持ち込んだことから必然的に生まれる学力問題など何一つ解決された訳ではなく、問題は依然として残っていることは肝に銘ずべき問題である。」(同前『会報』69頁)

第3節　大学院修学休業制度の創設とその教育法的検討

1. 大学院修学休業制度の創設と課題

(1)大学院修学休業制度の適用状況

制度発足の初年度にあたる2001年度の適用者数は127名（うち海外10名）である（2001年4月2日現在の文部科学省調査。一部、都道府県・政令指定都市独自の長期研修制度による人数も含む）。2000年12月1日現在の希望者は182名（うち海外34名）であったが、大学院に合格して実際に制度を適用された人数は大幅

に減少している。

　文科省調査によると、2014年4月1日現在、183名（うち海外の大学27名）の教員が同制度の適用を受けている[22]。校種別では、小学校55名、中学校54名、高校57名、特別支援学校17名であり、男女別では、男性62名、女性121名である。年齢別にみると、5歳ごとに区分した各年代に分散しているが、もっとも多い年代は30代後半と40代前半である。2001年度からの通算休業者数は、1893名である。休業者数が最も多数であったのは、制度発足後3年目の2003年度であり、378名であった[23]。これは、教特法改正の国会審議での文部省（当時）の見込み[24]を大きく下回っている。

(2) 積極的側面
① 自主性・自発性の重視

　第147回国会における文部大臣や政務次官の答弁の中では、教員研修における自主性・自発性の重要性が大変強調されている。

　もちろん、「大学院修学休業制度」創設のための法改正議論であるから、自主性・自発性の強調に傾く点はあるとしても、国会の場における文部省見解の表明として記憶しておく必要があるのではないだろうか。片言隻句にとらわれることを戒めながら、しかし、国会における文部大臣ならびに政務次官の発言として重視したい。学校において、具体的な研修問題を考える際にも活用できるものと思われる。また、職務研修＝命令研修に固執しながら、従来の職務研修を「型にはまったもの」と言い、今後は、選択性を持たせていく方針が述べられている。これは、従来の強制的・画一的な行政研修の行き詰まりを公認したものである。そして、研究の自由を保障するのではなく、あくまで「選択性」という一定の枠の中での「自己責任性」を取り入れようとしたものである。

　　「今までの職務研修から自発的な研修へと、研修のあり方がそういう

ふうにさらに深まるということで今回の改正が求められるわけであります。そういう意味で、教員の資質、能力の向上が求められるということで期待をいたしておるところでございます。」[25]

「文部省としても……今後、教員の自主的、主体的な研修活動を奨励、支援していくと同時に、職務研修についても、今までのように型にはまったものじゃなくて、もっと選択性、幅の広い選択を持たせて、みずからの意思によっていろいろな研修が選べるような形もとっていく必要があろうか、こう考えておりますので、これからそういう教員研修の機会が確保できるようにしっかり対応を考えてまいりたい、このように思っておるところでございます。」[26]

また、田名部匡省委員は、「意欲のある人が頑張るという仕組みをやっていないものですから、今も研修制度はあるといっても、余り意欲があって行くわけでなくて、行けと言うから行くぐらいのことでは、必要性は認めますよ、しかし、行った結果どういう効果が出て、どういう評価をされるかということだって恐らくやっていないんだろうと思うんです」[27]と発言している。派遣研修の実態に対する一つの批判的見解であろう。

②教特法の研修原理の再確認
(ア)「授業に支障のない限り」の解釈の再転換

山元勉委員の質問に対する河村建夫文部政務次官の答弁は、教特法第20条第2項「授業に支障のない限り、本属長の承認を受けて、勤務場所を離れて研修を行うことができる」の解釈に関して重要な内容を含んでいる。すなわち、文部省の見解が河村政務次官の答弁通りであるならば、「授業に支障のない限り」についての文部省解釈に再転換が起こっていることになる。第2章で詳述したように、1960年代以降[28]、文部省は第20条第2項の「勤務場所を離れて(の)研修」を極めて限定的に解釈してきた[29]。立法時から1950年代の「勤

務場所を離れて（の）研修をできるだけ認める」姿勢から「できるだけ認めない」姿勢に転換したのである。第147回国会での河村政務次官の答弁は、そこに限っては、立法者意思に戻っていると言えなくもない。しかし、第147回国会ではこの答弁について、どの委員も言及しないままに審議が終り、研修条項解釈議論に発展させることができなかった。

> 「御指摘のように、教員の公務員としてのあり方と、いわゆる一般の公務員のあり方というのは、私はやはり、教員の持っている職能の特殊性からいって、少し違わなければいかぬというふうに思っておるわけでございます。
>
> 委員も御指摘のように、教育公務員特例法においても、職責を遂行するために絶えず研究と修養に努めなければいかぬ、こう言っておるわけでございます。そして、教員においては、研修を受ける機会も与えられなければいかぬし、さらに、支障のない限りは、承認を得て勤務場所を離れてでも研修をやらなければいかぬ、行うことができるというふうにうたっておるわけでございます。」[30]

(イ)研修の自由・機会均等性の拡大

大学院修学休業制度の適用については、研究機関・研究テーマの制約がない。すなわち、「専修免許状取得可能」が唯一の条件であり、そのことにより研究機関は修士課程・専攻科に限定されているが、従来のように特定の新教育大学大学院や国公立の教育系大学の大学院には限定されていない。また、研究テーマは自由である。したがって、この制度を使ってたとえば文学研究科で研究することも可能である。経済的保障はないが、研修の自由（規制緩和）は拡大したと考えて良いだろう。

また、研究機関が広がったことにより現在の研修機会の地域的不均衡（長期研修派遣率の格差…〈最高〉徳島1.42％、〈最低〉北海道0.05％）が少しは改善され

る要因にはなるだろう。

　次は、山元勉委員の質問と、それに対する中曽根弘文文部大臣の答弁である。

　　「そういう機会を多くつくることと、もう一つは、研修をしたいという人が公平にチャンスが受けられるという保障ですね。……地理的によって、近くに大学院がある人とない人とでは大変公平を欠くといいますか、チャンスの公平さを欠くわけですけれども、そういう公平さの保障ということでの努力はどういうふうに配慮されているんですか。私は、それはやはり、たとえ離島の教員であろうと、大学院のない地域であろうと、きちっと保障されなければいけないと思うんですが、例えば公平ということでいうと、地域的な公平さを欠く、そのことへの配慮があるのか。その他、公平さについて配慮したという点はこの中にあるわけですか。いかがですか。」[31]

　　「……そのためには公平性というものが大変大事でありますが、この制度は、すべての都道府県に設置されております国立の教員養成系の大学院のほか、専修免許取得のためのふさわしい教育内容が確保されている限りにおきましては、すべての大学院をその対象としているところです。」[32]

　「公平性」は大学院修学休業制度のみにおいて重要なのではない。文部大臣が「公平性というものが大変大事」であると言うのなら、現行の研修制度、とくに長期派遣研修制度の「公平性」確保、あるいは長期派遣研修制度による研修と大学院修学休業制度による研修との「公平性」確保のための真剣な検討が文部科学省や地方教育行政当局に求められている。

　つぎに、この制度により、従来ほとんど退職せざるを得なかった自主的な海外留学[33]が、教員としての身分を失わずに可能になった点は、希望者に道を開くものとして評価されてよいだろう。国会審議でも、中国留学を断念し

た高校教員の例が紹介されている[34]。

　海外の大学での修学休業者数は2003年度～2005年度は、各年度80名弱であり、2010年度以降は、自己啓発等休業者も含めて30名内外となっている。

(3)問題点
①研修の自由（研修機会）の制約
　第1に、専修免許状取得目的に関連しない場合にはこの制度はまったく適用されない。すなわち、すでに修士課程を修了した教員が、さらに研究能力を獲得するために博士課程に進学する場合や、新たに学部教育から受けようとする場合、あるいは、専門的技術の修得のために専門学校に入学する場合には適用されない。第2には、無給であることにより、特別の経済的条件がないと普通は休業することはできず、研修意欲とは別に、経済的条件により研修機会に大きな差異があることである。

②「研修3分類説」の矛盾
　衆議院文教委員会では、石井郁子委員が「研修ということの服務上の取り扱いについて……調査室からいただいた資料によりますと、3つありまして、職務命令に基づく研修（職務研修）、2つ目には、勤務時間中の職務専念義務が免除され、給与を受けつつ自主的に行う研修（職専免研修）、それから3つ目に、勤務時間外に自主的に行う研修（自主研修）と……いうふうになっています。今回の研修というのは、この3つのどれに当たるというふうに考えていいのでしょうか」と質問したところ、矢野重典政府参考人（教育助成局長）は「先ほどおっしゃいました範疇ですと、最初の自主研修というふうに理解しております」と答えた。「最初の自主研修」という表現は誤りなのですぐに石井委員が「最初のというか、3つ目の自主研修ですね、この順序でいうと」と訂正した。そして続けて「いずれも、この研修というのは、教特法の19条に基づく研修というふうに考えていいのですか。……この19条に基づく研修

だというふうに考えていいですね」と念を押し、これに対して矢野政府参考人は「結構でございます」と答弁している[35]。すなわち、矢野政府参考人の答弁では、大学院修学休業制度は「勤務時間外に自主的に行う研修（自主研修）」ということである。しかし、大学院修学休業は基本的に勤務時間内に行うものであるから、矢野政府参考人の答弁は明白な誤りであって、大学院修学休業制度は、従来の文部省の「研修3分類説」では説明できない。「第4類」として、「職務専念義務を免除され（休業し）、無給で行う研修」というものを付加する必要がある。そうすると、文部省は、「研修3分類説」[36]から「研修4分類説」に転換したのだろうか。この点について、国会ではまったく言及されないままに終わっている。

③研修条件整備義務遂行の遅滞

教特法第19条第2項は、任命権者に研修条件の整備義務を課したものと考えられる。この視点から、大学院修学休業制度をみると、きわめて問題性を含んでいる。

第1に、給与支給がまったくない、すなわち無給であるという問題である。これについては、質疑をおこなった10人の委員[37]のうち9人がその改善を強く要求した。この他、退職手当に関わる休業期間の取扱い、共済組合掛金問題等々、条件整備は身分保障を除いては何もない。中曽根文部大臣は、「休業者に対する経済的支援につきましては、この休業制度の活用状況を勘案しながら、委員がおっしゃったような点も十分に考慮しながら対応していきたいと思っております」[38]と答えている。制度の利用者が少ない場合は、支援措置を考えることもあるという意味であろう。より明確には、河村政務次官が次のように答弁している。

「今後、希望者が予想より非常に少なかったとか、それから、いろいろなことを考えてみて、そういうことも含めていかないと今の教員の資質

向上が成り立っていかないということであれば、今後の課題としては当然頭の中に置いていかなければいけない問題だと考えておりますので、御指摘があることは十分踏まえた上で、今後の動向を見てということになるのではないかと思います。」[39]

　一見もっともらしい答弁であるが、ここには「安上がりの教員研修システムづくり」[40]の本音が現れている。とりわけ、この制度が教養審第2次答申「修士課程を積極的に活用した教員養成の在り方について」を教特法を改正して制度化したものであり、既存の長期派遣研修制度とともに、教員の長期研修機会保障の大きな柱となるはずのものだけに、諸般の事情を考慮するとしても、条件整備の遂行レベルはいかにも貧困であると言わざるを得ない。答申の構想に比してあまりにも矮小な制度である。

　第2に、現行奨学金制度の不備とそれについての政府文部省の問題意識が欠如していることである。すなわち、無給であるなら、せめて日本育英会（当時。現日本学生支援機構）奨学金の内容改善を行うべきだが、全然措置されていない。すなわち、貸与額の引上げ（生活費に見合う額）と貸与の年齢制限[41]の引上げもしくは撤廃が必要である[42]。現行制度（2000年の第147回国会時）は、大学院修学休業制度を適用される44歳までの教員なら育英会奨学金を受給することはできるが、45歳に達していると出願すらできない仕組みになっている。この貸与額の引上げについては、本岡昭次委員が次のように具体的な金額を示して要求している[43]。

　　「……日本育英会の奨学資金制度の中に、この大学院の、無給で現場から勉強する人たちの生活費を込めた奨学資金制度というものを新たにつくってあげることができれば、いわゆる条件整備として一ついい配慮ということになるのではないか……」
　　「今の日本育英会の奨学資金制度が、いわゆる学資と教育に必要なお金、若干の生活費も加味されているような感じもしますけれども、今おっ

しゃったように8万、10万、13万、ちょっとそれは、単身ならいざ知らず、家族を抱えてのそういう状況ではやはり少ないのではないか。もう少し20万、30万という単位のものを……検討して、奨学資金の枠の拡大ということについても積極的にこの際働きかけていくべきではないかと思いますが、最後にその点をお聞きして終わります。」

また、質疑・答弁のなかで、公立学校共済の貸付金の話が繰り返し登場するが、これは従来の制度そのままであり[44]、無給で大学院に修学する教員を支援するための措置は、何もとられていない。大学院に限らず自己の研修目的の場合には、無利子にすべきである。

さらに、授業料減免についても、委員会審議で指摘されているが、特別な措置は何も考えられていない。無給であれば減免になるかというと、必ずしもそうではないだろう。たとえば、配偶者の収入が基準を上回っている場合には、たとえ本人が無給であっても減免にはならないものと考えられる。この点は、大学院修学休業の場合に限らず、「生涯学習の時代」とは言うものの中高年者に対する奨学制度・修学支援制度は大変立ち遅れている。

第3に、受入れ側である大学院の条件整備が課題としてあげられていないことである。

日本教育大学協会第一常置委員会「大学院修士課程の運営の実態に関する調査報告書」[45]によると、大学院設置基準第14条はほとんどの国立教育系大学院において適用され（49大学、85.9％）、夜間開講（29大学）、時間延長（3大学）、夏休み等の利用（41大学）など主として大学教員の過重労働により進められており、研究・教育条件の整備は遅滞している。国会審議でも、教員の研修条件整備、送り出す学校の条件整備（代替教員）は議論されたが、受け入れる大学院の条件整備については、ただの一言も言及されなかった。たしかに、大学院修学休業の場合は、無給ではあるが3年間まで休業が認められているから、第14条特例の場合とは異なるだろう。しかし、今後「専修免許状

取得」のみが目的の現職教員が大学院に大量に在籍するようになれば[46]、研究の水準低下や変質といったことが危惧されるが、この点については、国会審議ではまったく言及されなかった。

2. 大学院修学休業制度の教育法的検討

(1)大学院修学休業制度の性格

大学院修学休業制度の性格を分析することが必要だと考えられる。すなわち、この制度の本質が、研修制度なのか休業制度なのかということである。この点を、立法形式と制度内容の2つの側面から検討してみたが、実に把握し難い。

まず、立法形式上はどのようになっているか見てみよう。研修制度ではなく休業制度として位置づけていると思われるのは、前述のように、第20条の三～六（第20条の六を除いて、現第26条～28条に該当）は「第3章研修」ではなく、「第4章大学院修学休業」として独立した章を構成していることである。文部科学省の見解[47]も、「研修制度ではなく休業制度であるから第3章ではなく第4章とした」ということであった。

しかし、制度内容面では、その目的が、現職教員研修、資質向上、条文上は「専修免許状取得」であることは明白である。国会での審議においても、次のように、研修制度として取り扱われている。

衆議院文教委員会において、渡辺博道委員の、「先ほども申しましたように、現在、……いろいろな形で研修制度が行われております。このたびの教育公務員特例法の改正におきまして、大学院修学に伴う休業制度というものが新たに設けられたわけでありますが、従来の研修制度とこの新たに設けられる休業制度とのかかわりについて、まずお伺いしたいと思います」という質問に対して、河村政務次官は、「……今回新たに設けようとしているこの法案に基づきます研修制度というのは、制度といいますか、むしろ教員側の方からみずから自発的に勉強していく、こういうものをさらに進めようというもの

でございまして、これが特例法の形で改正によって出てくるわけでございます」と答えている[48]。明らかに「研修制度」であると位置づけた上での答弁である。

また、先にも引用したように、衆議院文教委員会における石井郁子委員の、「いずれも、この研修というのは、教特法の19条に基づく研修というふうに考えていいのですか。つまり、教特法の19条というのは、『教育公務員は、その職責を遂行するために、絶えず研究と修養に努めなければならない。』と。職責遂行上、こういう研修が必要だという規定ですね。そのほかもあるわけですけれども、この19条に基づく研修だというふうに考えていいですね」という質問に対して、矢野政府参考人は、「結構でございます」と答えており[49]、このことからも研修制度として位置づけられていると受けとめざるを得ない。「19条に基づく研修」であるならば、「第4章大学院修学休業」の教特法改正案と矛盾している。

さて、問題は、制度的位置づけの混乱あるいは矛盾が何に起因するのかということである。この要因を次に考えてみたい。

(2)研修の自主性と職務性の対立的把握

混乱あるいは矛盾の根源は、文部科学省が研修の自主性と職務性を対立させていることであると考えられる。第147回国会における文部省（当時）の答弁に基づきながら、その論理の矛盾を明らかにしよう。

①職務性の同一性

第1に、文部省の説明によると、大学院修学休業制度による研修に期待される効果と職務研修（長期派遣研修）に期待される効果とは何ら異なるところがないと言わざるを得ない。すなわち、その職務性においては何ら異なるところがみられない。第147回国会での目的についての政府答弁を挙げておこう。

「……この休業制度を利用することによってさらに、修士課程修了を基礎とした上で臨床心理士の資格を取る、私の地元の山口大学ではそういうことを専門にやっておりますが、そうした高度なカウンセリングに関するような技術とかそういうことは、今教育現場におきますいじめとか不登校等の生徒指導上に極めて期待をされるし、また有効であるというふうに考えられております。

それから、理工系の場合においても、今、最先端の理論、技術を教授することが求められておりますし、子供の科学的関心を高める魅力ある授業をやっていただく、理科の授業は楽しいといわれる授業をやっていただくという期待がそこにあるわけでございます。

また、自分の専門だけじゃなくて、非常に広い範囲の学際的な領域を学んでもらわなきゃいかぬというようなことで、福祉とか環境とか、こういう大きな、新しく地球的規模で出てきたような問題についても視野を広げていただいて、その教育に生かしていただくということを期待しておるわけでございまして、この休業制度によって学んできていただいて、教員の先生方も自信を持って教壇に立っていただく、そしてリーダーシップを発揮していただくということを大いに期待いたしておる、その点がメリットだというふうに考えております。」[50]

政府答弁においては、大学院修学休業制度の目的は、決して教員個人が教養を深め、最新の知識を獲得し、また、研究能力を高めることにとどまらず、学校教育における教科・領域の指導や生徒指導、そして、学校運営に寄与すること、すなわち、大学院における修学が職務遂行の改善に貢献することが制度創設の目的として強調されているのである。

それでは、新教育大学への派遣目的について、その設置を審議した1978年の第84回国会においてどのように述べられていたか見ておこう。大学院修学休業制度による学修に期待される効果が職務研修（長期派遣研修）に期待され

るそれと基本的に変わりがないことがわかる。

　「……この大学院はそれぞれの先生方が専門職としてのみずからの資質、能力を向上させようという、そういう努力を、それを助長するということを目的として研さんの場を提供するということになるんだろうと思います。そして、この大学院を卒業された方は、もちろん現職、現給のままで長期にわたって研さんをされるわけでありますから、再び教育現場に戻って指導的な役割を果たしていただきたい、それはいろいろな面で指導的な役割りを果たしていただきたいということを念願いたしますけれども、いわゆる校長、あるいは教頭、そういった限定された幹部の養成のための機関というようには、もとより考えていないわけでございます。」[51]

②職務研修における自発性の否定

　第2に、「あくまで本人の自発的な意思に基づくもの」[52]ということで、職務研修ではなく自主研修であるという。その際に、現行の長期派遣研修と大学院修学休業制度の本質的差異を強調するために、現行の長期派遣研修には教員の自主性、自発性がないかのように描き出している。しかし、それは、実態とは異なる。現行長期派遣研修の場合も、公募をしないわずかの県市[53]を除く多くの都道府県・指定都市においては、派遣を希望する教員自身が研修計画を立案し、教育委員会に申請しているのが普通である。確かに、申請しても全員が派遣されるわけではなく、選考がおこなわれるが、動機における自主性・主体性は、派遣研修の場合と大学院修学休業の場合と異なるところはないはずである。先にも言及したが、1978年の「国立学校設置法の一部を改正する法律案」（新教育大学設置）審議の際にも、文部省高官は次のように明言している。

　「大学院で勉強をするという場合に、本人の積極的な勉学の意欲とい

第6章　自主研修法制の実態と課題　329

うものをまず一番大事に考えなければいけないという点は、私たちもそのように考えているわけでございます。しかし、実際にそれぞれの市町村なりあるいは県において、大学院—この教員大学院への派遣を含めて、教員の研修については全体の計画が立てられていくわけでございます。そういうぜんたいの研修計画というものとの関連で、どれだけの先生方をどのような形で現職のまま、現給のままで大学院に送り出すことができるかということについては、これは事の性質上、御本人の希望だけでは決し兼ねることがあるわけでございます。」[54]

「先ほど来御議論のございますように、教員大学の大学院というのは、もちろん大学として全国から希望者を求めて、それについて適切な選抜を実施して入学者を決めるわけでございます。その場合に、基本となる考え方は、大学において勉学をしたいという本人の積極的な意欲というものを尊重するところに、大学の側からすればあるわけでございますが、御指摘のように希望者が非常に多数にわたる場合、あるいは特定の市町村なり、あるいは特定の専門領域に偏る場合等、いろいろな事態が具体的には出てまいるであろうと思います。そういうときには、やはりそれぞれの学校、あるいは市町村における状況というものを十分に御判断の上で、本人の意欲というものを尊重するという観点に立った同意の運用というものが望まれるわけでございます。」[55]

このように、新教育大学への派遣においても、本人の希望や積極的な勉学の意欲に基づくものであることが強調されていたのである。もし、派遣研修が自主的・主体的でないとしたら、そのこと自体が不正常なことであり、ただちに改善されるべきことである。ゆえに、第147回国会で展開された次のような、「本人の自発的な意思に基づくもの」であるから、すなわち自主研修だから職務研修ではないという文部省の論理は成立しない。

「従来から……教員を3教育大学を初めとする大学の大学院等に派遣

をしてきたところでございますけれども、これは職務研修の一環として、研修を受ける者、また内容あるいは派遣先等の決定も含めまして、任命権者である教育委員会等が、教育行政上必要との判断に基づいて行われてきたものでございます。一方、……この休業制度は、あくまで本人の自発的な意思に基づくものであります。学習の内容とかあるいは就学先、そういうことにつきましては本人の意思により決定できるものであるわけでございまして、この制度を大いに活用していただきたい。……」[56]

「現在実施されております職務研修は、これは任命権者が、研修を受ける者、また研修の内容、派遣先等の決定も含め、教育行政上必要との判断に基づいて行われるものでございます。これに対しまして今回創設する制度は、まさに本人の自発的な意思に基づいて学習内容、修学先等を決定するものでございまして、この点で両者の性質が異なるものでございます。」[57]

③職務性の否定＝無給
(ア)「職務ではない故に無給」論の誤り

第3に、したがって「職務ではない故に無給である」という論理、である。河村政務次官の「あくまでも教員の自発的な意思に基づいてやっていただく、しかも休業の間はノーワーク・ノーペイという原則は守っていただかなきゃならぬ」[58]という発言に代表されるように、文部省は、「ノーワーク・ノーペイの原則」を言うが、ここには問題が2点ある。

一つは、教員の自主的な研修行為が「ノーワーク」と言えるのかという問題である。すなわち、前述のように、大学院修学休業による研修活動に期待されていることは、教育活動への還元、生徒の学習権保障という点において、現行長期派遣研修に期待されていることと本質的な差異はないのである。したがって、その研修活動はきわめて濃厚な職務性を有するものである。この

点について、文部省自体が、国会審議で石井郁子委員の質問に対して、次のように明確に答弁していることを確認しておきたい。先にも引用しているが、再掲しておこう。「職責遂行のため」の研修であることは明白であり、少なくとも、文部省のように簡単に「ノーワーク」と断定できるものではない。

> 「……いずれも、この研修というのは、教特法の19条に基づく研修というふうに考えていいのですか。つまり、教特法の19条というのは『教育公務員は、その職責を遂行するために、絶えず研究と修養に努めなければならない。』と。職責遂行上、こういう研修が必要だという規定ですね。……」「結構でございます。」[59]

もう一つは、たとえ「ノーワーク」だとしても、必ずしも「ノーペイの原則」は貫かれていないことである。たしかに、育児休業の場合にも無給[60]ではあるが、雇用保険から給料日額の67％相当額（2014年４月以降）が育児休業手当金として支給される。これがいわゆる育児休業給である。同様に、介護休業の場合にも給料日額の一部相当額が支給されている。

また、休業[61]とほぼ類似した取扱いがなされる休職[62]の場合にも、多くの場合は何らかの生活保障のための部分的給与もしくは手当が支給されているのが普通である。地方公務員の場合、都道府県・指定都市により給与支給の在り方は異なるが、東京都の場合であると次の【表Ⅴ】のようになっている[63]。

このように、現行制度を見ても、「一切経済的保障なしの完全な無給」というのは、専従休職や懲戒処分である停職[64]の水準に相当するものであり、「職責遂行のために行う」教員の研修が「自主的・自発的」ということだけで、このような過酷な条件におとしめられるのは不合理極まりない。国会審議においても、山元勉、石井郁子、仲道俊哉の各委員が現行制度のもとでの休業保障・休職給の存在を指摘している。少なくとも、生活保障の観点から、あるいは部分的に職務性を認める観点から、経済的支援措置の具体化は将来的課題ではなくて喫緊の課題であると考えられる。また、学説としても、教特

【表Ⅴ】 休職と給与（東京都）

A.	病気休職（地公法第28条第2項1号）	満1年までは給料、扶養手当、地域手当、住居手当の100分の80 ・「職員の分限に関する条例」（分限条例）第4条第1項 ・「学校職員の給与に関する条例」第22条第1項2号
B.	結核休職（教特法第14条）	給料、初任給調整手当、扶養手当、地域手当、住居手当、へき地手当及び義務教育等教員特別手当の100分の100 ・「分限条例」第22条第1項1号 ・「給与条例」第22条第1項
C.	起訴休職（地公法第28条第2項2号）	給料、扶養手当、地域手当、住居手当の100分の60 ・「分限条例」第4条第3項 ・「給与条例」第22条第1項3号
D.	学校等での学術に関する調査、研究または指導に従事する場合	給料、扶養手当、住居手当、寒冷地手当、地域手当の100分の70 ・「分限条例」第4条第4項 ・職員の休職の事由等に関する規則第2条1号・第3条・第4条1号
E.	外国の政府等に招かれて業務に従事する場合	給料、扶養手当、住居手当、寒冷地手当、地域手当の100分の70 ・「分限条例」第4条第4項 ・職員の休職の事由等に関する規則第2条2号・第3条・第4条1号
F.	水難・火災等で生死不明・所在不明になった場合	給料、扶養手当、住居手当、寒冷地手当、地域手当の100分の70（公務上の災害による場合は100分の100） ・「分限条例」第4条第4項 ・「職員の休職の事由等に関する規則」第2条3号・第3条・第4条12号
G.	D～Fに準ずると人事委員会が認める場合	給料、扶養手当、住居手当、寒冷地手当、調整手当の100分の70（「規則」第4条2号を除く） ・「分限条例」第4条第4項 ・「職員の休職の事由等に関する規則」第2条4号・第3条・第4条1号
H.	専従休職（地公法第55条の二第3項・4項）給与を支給しない	・「地公法」第55条の二第3項・第5項　附則20

法第20条第3項に関する解釈として次のように記されている。ここで述べられているのは、「休業」ではなくて「休職」であるが、この両者については第147回国会の審議でも厳密な区別なしに使われており、休職について適用されている事項は休業についても準用され得るのではないだろうか。なお、教特法第20条第3項の「現職のままで」の解釈については、筆者は、ただちに「現職現給保障」と解するのではなく、教員身分法案要綱案以来の研修条項形成過程からの考察が必要であると考えている。

> 「『現職のままで』との意味するところが、『教育公務員たる身分を保有したままで』との意味であるか、『現に受けている給与を受けつつ』という意味であるかは問題である。前者であるとすれば、休職にし、現に受けている給与よりも少ない休職給を支給することが許されることとなる。休職にされた職員も、職員としての身分を保有する者であるからである。」[65]

> 「停職処分は懲戒処分として行われるものであり、その期間はだいたい短期間であって、その間は具体的な職務には従事しえず、しかも停職期間中は給与が支給されない。これに対して、休職は、具体的な職務に従事しない点は停職と同じであるが、おおむねその期間は長期にわたり、一定の場合には一定の給与が支払われる点において、懲戒処分としての停職とは異なる。」[66]

⑷ 条例による府県独自の「長期研修休職」制度

　これまで考察してきたように、現行の長期派遣研修制度は、その研究の自由保障の観点からみると量的にも質的にも極めて貧弱な実態にあると言わねばならない。もちろん、筆者は、希望するすべての教員が一定勤務年数（7～10年）で現職・現給保障による1～3年間の研修機会を得ることができる長期研修制度の実現を期待するものである。しかし、長期的にその実現を志

向しながら、一方では、現行法制のもとで、財政負担のあまり大きくない方法で長期研修機会を飛躍的に拡大する方策を探求してきた。その過程で把握したのが、人事院規則11―4（職員の身分保障）第3条第1項1号と、これに準じて都道府県・政令指定都市が独自に条例で規定している「研究休職」である。それは、「学校、研究所その他これらに準ずる公共的施設においてその職員の職務に関連があると認められる学術に関する事項の調査研究または指導に従事する場合、休職とする事ができる」という趣旨の規定である。多くの都道府県・政令指定都市では、「職員の分限・懲戒に関する条例」の中の休職に関する条項中にこの趣旨の規定が存在する。また、「休職の事由に関する条例」中に規定している場合もある。さらに、この種の規定が存在しない場合もある。

　筆者の都道府県・政令指定都市教育委員会対象の調査（2000年7月～11月実施）では、「条例中にこのような規定がありますか」という問いに対して、次のような結果であった。

　　　◇ある……21県6市（62.8％）　　◇ない……13県3市（37.2％）

　すなわち、3分の2の都道府県・政令指定都市の条例には「研究休職」規定が存在し、3分の1には存在しないと言える。

　また、この「研究休職」のばあいは、無給とは限らない。「職員の給与に関する条例」等で、無給から全額支給まで各自治体により様々に規定されている。筆者の調査では、「給与の70/100以内」と規定している場合が圧倒的に多い。ただし、実際の支給額は、条例ではなく規則によりさらに制約を加えていることがある。さらに、寄せられた回答から判断すると、教育行政担当者にも、「研究休職」に関する条例の存在は、極めて不十分にしか認識されていないことがわかる。せっかく活用できる規定があっても、教職員組合を中心とした教員の研修保障要求運動がないところでは、死文と化してしまうのである。

　むしろ、1950年代～1960年代にこの「研究休職」の規定は活用されていた

ものと思われる。木田宏『教育行政法』(良書普及会、1957年、328～330頁)、有倉遼吉「教育公務員特例法」有倉・天城勲『教育関係法〔Ⅱ〕』(日本評論新社、1958年、546～547頁)や高橋恒三『教師の権利と義務』(第一法規出版、1966年、212頁)などにおいて言及されている。

条例による府県独自の「長期研修休職」制度の具体的事例としては、兵庫県教育委員会から神戸大学大学院への長期研修休職制度による「派遣」をあげることができる[67]。

④待遇上の差異の過大

第4に、その職務性の同一性、あるいはいささかの「差異」に比して、待遇上の差異が余りにも大きいことである。

これまでに検討してきたように、現行長期派遣研修と大学院修学休業制度による研修とでは、その職務性については同じであると考えられる。もし、まったく同一ではないとしても、大学院修学休業制度による研修活動が教特法第19条に基づいた「職責遂行のため」であることは文部省も公認しており[68]、まったく職務性がないとは文部省も考えていない。これは、論理的にも、常識的にも承服し難いほどの差別的待遇と言わざるを得ない。とりわけ、この2つの研修形態の教員が同一大学院で机を並べて研修活動を行うという具体的な場面を想定すれば[69]、研修の自主性と職務性を対立させてとらえてきた1960年代以来の文部省の論理がもはや破綻していることが明白である。これは、極論ではなくて、現実にこれに類似した状況は多くの大学院においてすでに一般化しているのである。

> 「……一方では、派遣という制度で大学院に行く。しかし、その方々は給与もある。それから出張扱いで、いろいろな交通費もあるし、手当もある。これは都道府県によってもかなり差は、違いは出てくるかも知れませんけれども、いずれにしてもそういう条件だということ。

しかし一方は、自主研修という名のもとに、非常に待遇上はそういう条件の保障がないという点で、ちょっと余りにも差が開き過ぎているのじゃないかということが一つあるのですね。私は、研修という点でいうと、研修の重要性というのは教特法の19条にあるとおりでありますから、やはりその点での条件の保障ということは大事だということが前提にあるのです。」(70)

　「……強調していますように一方は派遣の研修制度として、一方は自主研修という名の元にいくということで。しかし、余りにも待遇が違い過ぎますよ。……これは私はやはり大学の中に、受け入れる方にもそうだけれども、行く側にも、学校の現場にも、いろいろな矛盾を生むのじゃないかと。教員間の矛盾も、学校の中の矛盾も生じますよ。こういう点、いかがですか。」(71)

3．教育行政の役割

　研修、すなわち研究と修養は本質的に自主的・自律的な営みであるという立法時および1950年代の文部省の研修条項解釈に立ち戻り、教員の研修活動を基本的に職務として位置づけることでしか、この矛盾を解決する方向性は見出だし得ないものと考えられる。

　そして、文部科学省および地方教育行政当局は、教員の職務としての研修条件整備に努力するとともに、むしろ、教員研修、とくに長期研修による教員の力量形成がどのように教育活動に反映されているのか、生徒の学習権保障や学校運営・学校づくりに反映されているのか、あるいは反映しようとしてきたのかということを、生徒と保護者、教員集団に「明示」するしくみ・方法を考究し提案することに力を入れることが重要であろう。もちろん、その過程においては、教職員団体や大学側とも研究・協議を重ねることが必要であるし、あくまでも提案であって教員や各学校への画一的な押しつけはなじまない。また、研修成果の「明示」と言っても、教員の力量形成の内実が

簡単に示せるものではない。その実体を一挙に示すことは不可能であり、日々の教育活動の中で長期間にわたって徐々に具体的行為として還元されていくものであろう。しかし、そのことは、教員が長期研修の成果を「明示」しようとする責務を免れることを是認するものではない。研修成果が明示しにくいものであるからこそ、現行の派遣制度においても、研修報告・論文もしくは論文要旨などを教師の側から教育委員会に対して、さらに児童生徒・保護者に対して研修内容を積極的に開示しなければ、児童生徒・保護者の理解は得られない。研修報告書を提出することは大抵の場合義務づけられているが、児童生徒・保護者や教員集団に対する報告ということは、提言としてはあっても実践的には聞いたことがない。教育委員会や校長に提出することを否定はしないが、児童生徒・保護者という最も重要な提出先・報告先が欠落していると思われる。

　すなわち、教育行政当局は、研修機会の付与において幅広く職務性を公認するとともに、教員に対しては研修成果の児童生徒・保護者に対する「明示」責任を強調し、その方法等についての助言を行うことが重要な仕事であるだろう。文部科学省や地方教育行政機関の研修政策は、「研修機会は広く保障し、研修成果の『明示』を厳しく」という方向に転換を図ることが求められている。

　筆者は、本来、研修成果の「明示」のしくみは、教員集団が自主的・自律的に創出することを期待している者である。しかし、教員の研修活動が予定調和的に児童生徒の学習権保障に結果するという楽観的立場に立つことができないし、教員集団の自律性についても決して楽観的な見解は持っていない。このような点から、教員に豊かな研修条件[72]を保障すると同時に、研修成果「明示」のしくみ・方法についての考究・提案および助言は、教育行政の教育条件整備機能として位置づけられるものであると考えている。

第4節　大学院での長期研修が教員の力量形成に与える影響

　本節では、大学院での長期研修が教員の力量形成や教育観・子ども観にどのような変化を生起させているのかを考察する。この課題については、筆者は、科学研究費補助金（基盤研究（C））[73]を受けて、2010年度と2011年度の2度にわたって調査を行い、その結果から考察をおこなってきた。

　2010年度は、「自主的・主体的な長期研修機会の保障等に関する現職教員の意識調査」（以下、2010年度調査）と題して、政令指定都市・中核市立諸学校教員を対象に、2011年1月～2月にかけて実施した[74]。

　2011年度は、「大学院での長期研修が教員の力量形成・教育観等に与える影響に関する調査」（以下、2011年度調査）と題して、現職教員として和歌山大学大学院または他大学大学院（12大学院）で研修し、すでに大学院を修了者した者を対象に、2011年11月～2012年1月にかけて実施した[75]。

　2010年度調査においても、回答者のうち、長期研修経験者全員（117名）が「よかった」（たいへんよかった：89%、どちらかといえばよかった：11%）と回答している。そして、長期研修を希望・決意した動機・理由や長期研修がその後の教育実践、子ども観・教育観、教師としての仕事や生き方に与えた影響についての回答も記述されている。ただし、2010年度調査の設問項目は多岐にわたり、長期研修の効果に焦点化していないので、回答者が詳細に記述することが困難であった。また、長期研修経験者117名のうち、大学院での長期研修経験者は64名であり、回答した経験者の55%であった。したがって、現職教員として、大学院で研修することの意義を把握するうえでは、対象が拡散していた。

　そこで、2011年度に、現職教員として大学院での長期研修を経験した者に対象を限定し、かつ、大学院での研修の効果に焦点化した調査を実施した。調査の目的は、第1に、大学院での長期研修が教員の教育観・子ども観等の変容、力量形成に与える影響を把握すること、第2に、現職教員にとって学

位論文執筆がどのような意義を有している（あるいは有していない）と認識されているのかを把握することであった。

　本節では、主に、2011年度調査結果を中心に、2010年度調査での考察も活用しながら、論述する。2011年度調査の概要は次のとおりである。

1. 調査対象・方法・質問内容

　2011年11月～2012年1月に、370名の方々（和歌山大学大学院教育学研究科修了者226名、他12大学大学院修了者144名）に調査用紙を郵送し回答を依頼した。和歌山大学については、1995年3月修了者（第1期生）から2011年3月修了者（第17期生）のうち現職教員修学者全員（住所が判明している者）を対象とし、他大学については、日本教師教育学会内外の知人の協力を得て依頼した[76]。

　調査依頼に対して160名（和歌山大学関係70名、他大学関係90名）から回答を得た。ただし、退職後の入学者が3名存在した（和歌山大学大学院）ので、調査対象に合致した回答者は、157名（和歌山大学67名、他大学90名）である。回収率は、42.8％（和歌山大学関係30.0％、他大学関係62.5％）である。

　質問に対する回答は、基礎的項目以外は、選択肢を設けずに自由記述とした。調査用紙の質問項目は、大要、次のようなものであった。

　⑴長期研修の形態はどのようなものでしたか。
　⑵長期研修をおこなった大学院はどこでしたか。
　⑶勤務校園を離れて長期研修に専念した期間（学校に勤務しながら研修した期間は含みません）
　⑷長期研修を開始した時の年齢、勤務年数、在籍校種
　⑸大学院で長期研修をしようとお考えになった動機や目的をお聞かせください。
　⑹大学院での長期研修を実現するまでの困難やご苦労がありましたらお聞かせください。
　⑺研修領域・課題は何でしたか。
　　①該当する研修領域に○を付けてください。
　　②よろしければ修士論文等の題目をお聞かせ下さい。
　⑻大学院での長期研修をおこなってよかったとお考えですか。

⑼前記⑻で、「c」「d」「e」「f」のいずれかに○を付けた方はその理由をお聞かせください。
⑽大学院での長期研修は、修了後のあなたの教育実践、子ども観・教育観、教師としての仕事や生き方にどのような影響を与えているとお考えですか。難しいお願いですが、できるだけ大学院での学習・研究活動と教育活動・教育観などとの具体的な結びつきをお示しいただくとありがたいです。
⑾大学院修了要件として学位論文を必須としていること（教職大学院以外）についてお尋ねします。
　①学位論文を必須としていることについてどうお考えですか。
　②その理由をお聞かせ下さい。
⑿現職教員の大学院での長期研修をさらに充実したもの（専門職としての力量形成と児童生徒の学習権保障への寄与）にするためには、教育委員会や大学、勤務校、あるいは研修主体である教員において、どのような改革・改善をおこなうことが必要であるとお考えですか。

2．調査結果からの考察

本節では、前記の質問項目のうち、とくに、⑸、⑻、⑽、⑾、⑿について、考察する。

1）長期研修をおこなってよかったか。（問⑻）

「大学院における長期研修」はそれを経験した人たちから、研修形態・大学院の如何を問わず、高い評価を得ている。「長期研修をおこなってよかったか」という問いに対しては、「よかった」が97.5％（「たいへん」152名、87.2％。「どちらかといえば」16名、10.3％）に達している。「どちらともいえない」（4名）はあるが、「よくなかった」は皆無である。また、「よかった」の中の圧倒的多数は、「たいへんよかった」（136名。回答数の87.2％）と回答している。また、このうち教職大学院修了者19名についても、「よかった」94.7％（「たいへん」68.4％、「どちらかといえば」26.3％）であり、やや低いとはいえ、高い満足度を示している。もちろん、回答した人たちは「大学院における長期研修」に対

して肯定的評価を有している傾向はあるだろうし、また、和歌山大学大学院修了者以外については、大学教員等の紹介により修了者に対して調査を依頼したので、とくに満足度が高い回答が寄せられたということは考えられる。しかし、和歌山大学大学院修了者67名の回答についても、「よかった」が97.0％（たいへん87.9％、どちらかといえば9.1％）であるから、大学院での長期研修に対する満足度の高さはおおむね普遍性を持つものと考えられる。

　少数ではあるが、4名が「よかった」と回答していない（「どちらともいえない」）。その理由として、「研究したい内容が『それでは修論にならない』と言われ、自分で調べるだけになってしまった。それだけの時間を確保できたのは良かったが、修論の下書きを失くされたりトラブルが多かった」（女性　研修時・高校教諭（調査時：同じ））ことや、「学びのメリットは大きいが、学費、後補充等の保障が全くない」（男性　研修時・中学校教諭（調査時：同じ）教職大学院）ことが記述されている。前者の回答は、詳細は不明であるが、現職教員に対する研究指導・支援の在り方に関わる問題であるように思われ、後者の回答は、政策的に推進されている教職大学院においても、勤務しながらかつ学費を自己負担して学修しなければならないという制度上の問題を示している。

2）長期研修を行う動機・目的は何であったか。(問(5))

　長期研修の動機・目的については、教育現場での教科指導や生徒指導の実践を通して直面した問題を学問的・理論的に検証したい（経験主義的な教育活動を理論的な裏づけのあるものにしたい）、あるいは、教科・生徒指導における力量不足に気づき専門的力量の向上をめざしたことをあげている回答が多い。「学びなおしの場」を求めた教員もいる。研究だけではなく、それとあわせて教員としての在り方を振り返ってみたいと考えた教員もいる。

　これらは、現職教員としての日々の実践の中で直面した課題が問題意識の基盤であるが、それは、本節に掲載しているように、決してhow to的な対処

方法を求めているのではなく、学問的理論的根拠に基づく原理的究明を志しているのが特徴である。回答からは、教職生活の6年から10年くらいで実践上の課題に直面し、その理論的探究を求めている教員の存在が把握できる。

　また、「以前から、子育てが落ち着いたら学び直したいと考えていたので」、「出産、転勤のタイミング等（育休明けすぐで、転勤してすぐに申し出ることに申し訳ないと思っていた）で、決心がのびのびになっていたが」、「子どもが小さく共働きで機会をのがしていたが、子どもも大きくなり、もう1度英語を勉強したいと思った」、「この辺で立ち止まって考えたい、学びたいと思うようになって、3人の子ども達がまもなく相次いで大学進学を控えていましたので、その前のこの時期に学び直しをしようと考えました」と記述されているように、研修制度を考えるに際しては、日本社会において女性教員が抱える特別な困難（それは男性教員の問題でもあるが）を考慮すべきである。

　さらに、教師生活における深刻な危機的事態の中で、それを打開するために大学院での研修を希望した人たちが存在する。そして、これらの人の多くが、大学院での研修により教師として「復活・再生」していることが注目される。ここでは、そのうちの一人の回答を紹介する。

　　★現場で職員、保護者を巻き込むクラス替え事件を起こしました。現場の、あまりにも立場の弱い子どもを無視した姿勢に絶望し、教師を辞めようと思い詰めたのですが、生活の糧に困ることに気づき、それならいっそ学び直そうと考え大学院に来ました。教師としての自分に足りないものは何か、どのような力をつけなければいけないかをじっくり見つめ学ぼうと考えました。（女性　研修時・小学校教諭（調査時：同じ）1年間専念）

3）大学院での長期研修は、あなたの教育実践や教育観等、教師としてのあり方・生き方にどのような影響を与えていると考えるか。（問(10)）

　2011年度調査の核心部にあたる設問である。「問(10)」に対する回答は、「○○ができるようになった」というようなもの（「構造化された知識・技術」）から学校観・教職観・子ども観・指導観・教育研究観、さらには、人生観・世界

観というべきものまで多様な記述がされている。これらは相互に関連しあっており、回答を分類することは大変むつかしいが、筆者は、次の(i)〜(ix)の9項目に分類した[77]。

なお、回答者のひとまとまりの記述を無理に区分することは、回答の真意を損なう恐れもある。そのことをとくに恐れる場合には、「(ix)総合的な教育・研究力量が向上した」という項目に分類した。

それぞれの回答は、大学院における長期研修の有効性を示すものではあるが、視点を変えて考えると、現在の初等中等教育の教員が置かれている問題点を示しているとも言える。

(i) 視野が広がり、多様で多角的、原理的・総合的な考察ができるようになった。
(ii) 学校教育や自己の教育実践を対象化して検討・考察し、科学的・理論的に位置づけることができるようになった。
(iii) 研究方法、学問の探求方法を獲得することにより、教育事象を論理的・学問的・研究的に考察することができるようになり、その後の教育・研究活動の基盤となっている。
(iv) 学校観・教職観が変化した。
(v) 子ども観・保護者観・指導観が変化した。
(vi) 教師として、人間として変化した。
(vii) 教科・領域指導、生活指導に関する専門的知識が拡大し技術が向上した。
(viii) 学校づくり・学校経営に積極的に取り組むようになった。
(ix) 総合的な教育・研究力量が向上した。

回答から把握できる特徴は、第1に、大学院における長期研修が、その後の教育活動に大きな影響を与えていることである。教師生活において、「研究的実践者」として歩み始める大きな契機となっているといえる。この点は、2010年度調査からも明らかであったが、2011年度調査により、さらに明確になった。

第2に、回答者の多くが指摘していることは、決して、直ぐに役に立つことではなく、経験主義的な狭い思考から脱皮し、幅広い視野や理論的・学問的思考形態を獲得しつつあることである。

第3に、教科・生活指導上の知識・技術の獲得による力量形成はもとより、子ども観・保護者観・教職観など教育観の転換が生起していることである。
　第4に、学校現場から離れて学問的探究を行うことにより、自己の教育実践や学校教育を対象化して考察する条件が生まれることを明確に示している。
　第5に、意図したわけではないが、多様な院生・大学教員との交流が大学院在籍中の学習・研究活動だけではなく、その後も、広い視野を持ち続け、継続的に教育研究活動を進めていく上で、有形無形に寄与していることである。
　ここでは、先ほど「(2)長期研修を行う動機・目的は何であったか」において紹介した教員の「問(10)」に対する回答を掲載する。
　★院での学びは大変貴重なものになりました。教師としてはもとより人間としての幅を大きくしていただきました。以下に簡単にまとめてみます。
　1．価値観の変換
　　それまでの私は、一つの価値観で同僚を見ていました。子どもに熱心に向かわない教師を全く認めていなかったといえます。でも、○○先生に出会い、院教研で私のトラウマとなっていたクラス替え事件について発表し、私の周りの親しい教師仲間とは全く違う視点からの意見をいただく中で、目から鱗が落ちました。「いろんな人（教師）がいたっていいじゃないか」「トラブルが成長のもと」。ここから私の、同僚をそして人を見る目が180度変わりました。様々な違いを受け入れ、認められるようになったのです。また、「トラブル」を大切にする教育観へと迷わず進むこともできました。
　2．小学校現場では出会えない様々な人との出会いと視野の広がり
　　現場にいると、どうしても接する人は決まってきます。子どもたちと同僚と保護者が中心です。「明日をどうしよう」というような、狭い世界のなかで教育活動をしがちです。でも、院での学びで出会う方々は多種多様。そして考え方も多種多様。このとき出会った方々とは今でもつながりがあります。小学校の狭い世界におぼれそうになりかけても、ときどきはっと外の世界に気づくことができます。少しでも広い視野を持って子どもたちに接することができると、接し方も自ずと変わってきます。（ちなみに前述とあまり関係はないですが、○

○先生には無料で陶芸教室を開いてもらいました。また個人的に○○先生にお願いし、ボランティア学生数名に助けてもらったこともありました。音楽の○○教室に頼んで、現場にはないCDをお借りしたこともありました。大学とのつながりをときどき有効に使わせていただいています。)

3．社会教育的視点

　社会教育的視点をもって親に接しています。学校も子どもを育てるだけではなく、親を育てる場として存在しなければならないと考えるようになりました。どのような場で、どのようなことができるのか、細々とではありますが考えながら進んできました。学級にソファを置き、保護者だけでなくおじいちゃんやおばあちゃんもいつでも教室に来てもらえるような取り組みもしました。来てもらった方々には、座っているだけでなく子どもたちと関わってもらうようにしました。大好評でした。親の学びともなったようです。

　今は小学校とは何だろうと、学校の存在意義について考えることが多いです。学校のあり方そのものの問い直しが私のなかで始まっています。そこから考えると、数年先に起こる○○中学校区の学校統合に大きな疑問を感じています。

4）学位論文を必須としていること（教職大学院以外）について。（問(11)）

①学位論文を必須としていることについてどう考えるか。（問(11)-①）

　教職大学院修了者以外の回答は、「よい」が84.6％（たいへんよい52.2％、どちらかといえばよい32.4％）である。また、研修条件に恵まれない人たち82名（1年間のみの派遣あるいはすべて勤務しながらの研修）の中では、「よい」は77.8％（63/81。1名は無回答）であり、さらに、すべて勤務しながら修士課程を修了した7名（教職大学院修了者以外。「問(11)-①」に無回答の1名を除く）の中では、「よい」は100％（たいへん5名、どちらかといえば2名）である。後者は、条件が悪くても大学院での修学を希望する研修意欲の強さを反映しているものであろう。

　現職教員にとって、とくに、勤務しながら修学している教員にとって、修士論文は極めて厳しい環境下での執筆を余儀なくされるが、それでも、修士論文執筆に当事者は高い意義を見出していることが注目される。

教職大学院修了者でこの設問に回答した人が12名いたが、その内容は、「たいへんよい」3名、「どちらかといえばよい」3名、「どちらともいえない」5名、「全然よくない」1名、である。修士論文を課さない教職大学院修了者においても論文執筆への支持が存在している。

　②その理由。(問(11)-②)

「たいへんよい」と回答した理由をたずねてみると、次のようであった。

★現在の学部教育においては、卒業論文の位置付けが低下しつつあり、これが教員の力量低下（論理的思考力や課題解決能力）と無縁ではないと考えます。何事においても経験不足な大学生には、how to 的な教育も必要であり、学部生に従来のような卒業研究・論文を期待することは無理であると思います。そこで、一定の教職を積んだ者に、自らが直面している課題について研究させ、それを論文としてまとめさせることは、本人の能力開発のみならず、教育学が机上の空論や薄っぺらい実践学に終始しないためにも大きな意義はあると考えます。（男性、研修時・高校教諭（調査時：高校校長）1年間専念）

★大学院は、「明日の授業」や「仕事」にすぐ役立つことのみを習得するのではなく、「研究（自分のための学び）」に身を置くことのできる期間であることが望ましい。（女性、研修時・小学校教諭（調査時：同じ）1年間専念）

★講義を受けたりゼミで発表したりするだけでは、自分の研究課題とは必ずしも結びつきません。大学院への入学を志した時の自分の内にある課題に2年間向き合いひとつの形に仕上げることはその後の教師人生に必ず役に立つと思います。（男性、研修時・小学校教諭（調査時：退職）1年間専念）

★現職の教員は特に、自身の実践におぼれる傾向にある。それを振り返って省察することが大学院で学ぶ意義であるとすれば、研究的に成立する論文の作成を課すほうがよい。（男性、研修時・高校教諭（調査時：教育委員会主査）2年間専念）

★論文を書くためには、多くの文献を読まなければならない。論文の書き方を学ばなければならない。論理的に記述しなければならないなど、現場ではほとんどそんな機会はないことを学ぶことができる。本校では現在理数科の生徒に英語でプレゼンをさせたりアブストラクトを書かせたりしているので、自分が大学院で論文を英語で書いたということが、自信につながっている。（女性、研修時・高校教諭（調査時：同じ）2年間専念）

★大学院に入学する目的・動機に対するまとめ、もしくは、2年間で学習した集大成

であると思います。問題意識を持って研究し、予測した結果と論理的に考察することで、次の課題を見つけるモチベーションに繋がると考えるので、学位論文の必須は当然だと思います。(女性、研修時・小学校教諭（調査時：同じ）１年間専念)

★「事実と論理の社会的主張だ」とご指導いただいたのですが、全くその通りで、私のような、現役で実態のみで勝負している者にとっては、たくさんの論文を読み、また論議を重ね、教育の論理というものを学習できたことは有意義でした。(女性、研修時・小学校教諭（調査時：同じ）１年間専念)

★論文を書く中で、一番大切なのは、研究の目的だと思いました。この研究は何のためにどうすることなのかを明確に示した上で、教育実践を考えることだと思います。書くことで、実践の本質が見えてくるからです。教育の技術等は、大学院ではなく、現場で身につけていくもの。論文は必須です。(女性、研修時・小学校教諭（調査時：中学校教諭）１年間専念)

また、次のように、論文執筆の意義についての考えが変化していった経緯を記述している回答も注目される。

★初めは論文は必要ないと思っていた。現場中心に考えていたからである。しかし論文を書くことで、現場中心にプラスαとしての自分の思いが少しずつ整理されていき、それがまた、自分のやりがいにもつながっていった」(男性、研修時・高校教諭（調査時：同じ）２年間専念)

とくに、大学院での研修に専念する期間が皆無であり勤務しながら修学していた教員が、「大学院の質を落としてはならないと考えている。ストレート・マスターの方々とともに修士論文で苦しみ、そこに自分の成長があったと思う」(男性　研修時・小学校教諭（調査時：同じ）)と述べていること、「単なるキャリアアップではなく、修計に真剣に取り組むことで、はじめて真の学問に触れることができ、そのことが現場の教育の質を高めることにつながるから」(男性　研修時・高校教諭（調査時：大学准教授）)と記述していることは興味深い。

さらに、１年目は勤務しながら、そして２年目は長期研修休職制度（無給）により修学した教員は、「学位論文を書くことは、自分自身を問い直すことで

ある。私は文系であるが、理系の指導教官の下、論文製作にかかった。お互いに遠慮し合いつつ、妥協を図りながらも、それ相応のものを仕上げた。その過程で、理科系の論の進め方、論の表現の仕方などを学んだ。その方法は、文を書くのに今も大いに役立っている」（男性　研修時・小学校教諭（調査時：退職））と述べている。

一方、少数ではあるが、「どちらかといえばよくない」と「全然よくない」の理由を検討してみると（「どちらともいえない」も含めて）、その理由は3つに大別できるように思われる。第1に、大学院での長期研修に専念できる期間が短いことにより時間的制約が厳しいこと（論文執筆に多大なエネルギーを要し、本来やりたいことができない）、第2に、大学院に修学して何を獲得するかという目的は教員個々で異なるのであるから、学位論文を必須にしないほうがよい、第3に、論文の執筆が必ずしも実践力の向上につながっていない、ということになるだろう。

この調査を通じて、大学院修了要件として学位論文を必須としていることについて、強い支持が存在することがわかった。教職大学院修了者を除いて、それを支持する意見が84.6％（たいへんよい52.2％、どちらかといえばよい32.4％）である。とくに、研修条件に恵まれない人たち82名（「1年間のみの派遣」および「勤務しながら」の研修）の中でも「よい」が77.8％（63／81）存在している。最も研修条件が劣悪だと思われるすべて勤務しながら修士課程を修了した7名（無回答の1名を除く）の中では、「よい」は100％（とても5名、どちらかといえば2名）である。長期研修をおこなった現職教員が、その体験を通して、修士論文執筆を長期研修を充実したものとするための重要な条件として捉え、また、教育活動における研究的能力の重要性を強く認識しているものと考えられる。

5）大学院での現職教員長期研修拡充のために改善すべきことは何か。（問(12)）
調査結果から次の7つのことが言える。

第1に、長期研修に専念できる体制（教職員定数増大による研修代替教員の確保、職場のゆとり、給与・研修費保障、機会均等性、派遣枠の拡大、一定勤務年数での研修機会付与）を構築することである。

第2に、派遣研修を改善することである。具体的には、大学院での長期研修2年目を研究に専念できる体制をつくること、派遣者公募の教員への通知の徹底や選考の公平性・透明性の実現、研修機関・研修課題の自由を拡大すること、である。

第3に、学校現場にける管理職や同僚が研修の意義について理解し、研修中の教員を支援する体制をつくることである。

第4に、現在、無給で実施されている大学院修学休業、自己啓発等休業、長期研修休職制度を改善すること、すなわち、給与・賞与の全額支給あるいは部分的に支給するように改善することである。

第5に、研修修了後に研修成果を生かせるような人事配置、校務分掌上の配慮を行うこと、研修成果の発表の場を教育行政や学校として公的に設けることにより、成果を共有していくことである。

第6に、大学・大学院に対する改善要求である。具体的には、初等中等教育現場の実態を把握した上での授業や研究指導、現場に還元できる研修内容、長期研修修了後の学校現場との連携、継続的研究指導体制の構築などである。

第7に、大学院で研修する教員の意識の向上や主体性の強化（研究課題の明確化など）など教員自身の水準向上に対する要求と大学での基礎的研究と学校現場の実践を統合する研究を中心にするべきだという要求である。

6）現職教員の長期研修要求

大学院での長期研修の主体である現職教員の要求はどうなのだろうか。筆者の調査では、現職教員の長期研修要求は決して小さくはない。むしろ、相当程度に強いと言える。

2011年度調査は、大学院での長期研修経験者対象であったので、2010年度

調査(政令指定都市・中核市立諸学校教員対象調査)の結果に基づいて考察しておこう。

2010年度調査において、現職教員としての長期研修経験のない教員に対して「現職現給保障で長期研修できる制度ができたとしたら、活用しますか。(Ⅱ-(1))」と尋ねたところ、「活用したい」は76%(ぜひ31%、できれば45%)であり、「活用したくない」は15%(全然3%、あまり12%)であった。

8割弱の教員が「活用したい」と答えている。属性別の特徴としては、年代別にみたときに、30代(30～39歳)が86%(ぜひ36%、できれば50%)であり、40代の75%(ぜひ35%、できれば40%)、50代の73%(ぜひ24%、できれば49%)に比して高いが、むしろ、年代にかかわりなく「活用したい」という回答が高率であることに留意したい。注目すべきことは、校種別に見たときに、幼稚園教員の80%(15名中12名)が「活用したい」(ぜひ7%、できれば73%)と答えていることである。ちなみに、小学校教員では76%(ぜひ41%、できれば35%)、中学校教員では72%(ぜひ29%、できれば43%)である。

長期研修経験者117名中、幼稚園教員は1名だけであり、回答の記述部分にも幼稚園教員の研修制度の貧困、長期研修機会の乏しいことが記されている。しかし、教育実践上の課題は、初等中等教育と同様に日々生起している。その反映として、長期研修に対する希望が強いのではないだろうか[78]。

また、「給与は70～80%程度の支給で長期研修できる制度ができたとしたら、活用しますか。(Ⅱ-(2))」と尋ねたところ、「活用したい」48%(ぜひ10%、できれば38%)、「活用したくない」43%(全然15%、あまり28%)であった。

給与が全額支給ではなく部分支給(70～80%)になれば、希望者が激減するのは当然である。しかし、様々な事情から、現行の無給での研修(大学院修学休業、自己啓発等休業、長期研修休職)を行わざるを得なかった人たちにとっては、給与の7～8割が支給されることは画期的なことであると受けとめられるのではないか。現行制度は無給でなおかつ公立学校共済組合の掛け金を負担しなければならないのである。年代別では、30代で「活用したい」が57%

（ぜひ14％、できれば43％）である。40代では46％（ぜひ13％、できれば33％）、50代では48％（ぜひ6％、できれば42％）である。ここでも注目されるのは、幼稚園教員の希望が強いことである。「活用したい」が73％（ぜひ20％、できれば53％）も存在する。小学校教員は49％（ぜひ21％、できれば28％）、中学校教員は34％（ぜひ0％、できれば34％）である。

このように、現職教員の長期研修要求は決して弱くなく、給与が部分支給（70～80％程度）であっても、半分近くの希望が寄せられている[79]。したがって、同僚教員の無理解や否定的認識の主たる要因は、教育課題が複雑化する中で、教育条件整備の貧困さ（学級編制の標準や教職員定数など）による過重な勤務実態や長期研修制度がすべての教員に開かれていないことにあると思われる。希望する者すべてが長期研修機会を得られるようになれば大きく変わるだろう。

3．考察のまとめ

第1に、「現職教員の大学院での長期研修をさらに充実したもの（専門職としての力量形成と児童生徒の学習権保障への寄与の促進）」にするためには、筆者がかねてより提案する「一定勤務年数での長期研修機会附与制度」を軸とした研修制度を創設することが重要であることをさらに確信した。改善すべき課題について、回答者の意見は多岐にわたっているが、その中心は長期研修機会の附与における公平性・平等性・透明性の実現であり（研修の機会均等性）、2年間（少なくとも2年目は校務の大幅軽減）現職現給保障により研修に専念できる環境の実現であり（職務性の公認）、そして、自らの追究したい課題に基づく研究と研究機関選択の自由（研修の自由性）を保障することであると考えられる（「教員研修の3つの原理」）。大学や勤務校、教員において改革すべき課題についても多様な提言が記述されている。

第2に、2011年度調査を通じて、現職教員で大学院での長期研修を行った人たちの体験・意見が、これまで十分に集約・蓄積され共通の財産とされて

こなかったことを痛感している。大学院での長期研修において何がどのように教員の力量形成、教育観の変容に寄与し、それが児童生徒の学習権保障や発達保障にどのように貢献してきたのかを、明示することはきわめて難しい。本調査も、回答者の主観に過ぎないといわれれば、それに反論することは困難である。しかし、長期研修経験者が各学校においてはまだ少数派であり、自己の体験（主観）を職場で交流し発信することが容易ではない現状を認識するならば、筆者は主観の集積作業とその社会的発信は意義があると考えている。教師たちが長期研修で体験したこと、学んだことを職場でもっと語れるようにしたい。それが、長期研修修了者の教育実践のありようとともに、管理職や同僚の長期研修に対する認識を変えていくことにもつながるのではないだろうか。筆者は、調査に対する回答者の記述の多くに、大学院での長期研修が教師生活において甚大な影響を与えたにもかかわらず、そのことを周囲に伝えきれない、あるいは理解されない「もどかしい思い」がこめられていることを感じたのである。

〔註〕
(1) いわゆる文部教研。第1回は1962年12月に開催された。
(2) 当初は、第4章大学院修学休業、第20条の三〜第20条の六。このうち、第20条の三〜五は、それぞれ、現第5章大学院修学休業の第26条〜第28条となっている。
(3) 文部科学省『教育委員会月報』第54巻第9号、第一法規出版、2002年12月、90〜103頁。
(4) 「読売新聞」2007年8月31日付朝刊の記事に基づいて、筆者が埼玉県・神奈川県教育委員会に対して質問し、文書回答を得たものから作成。なお、（　）内の数値は夏季休業中の取得日数である。
(5) 日本学術振興会科学研究費補助金基盤研究（C）「教員の自主的主体的研修を奨励・支援するための具体的施策に関する調査研究」（2007〜2009年度。課題番号：19530732）。
(6) 2000年7月〜11月実施、1次調査回収率35県9市＝74.6％。2次調査回収率27県4市＝72.1％、総数59に対して52.5％。

⑺　研修の自由、機会均等性、職務性、教育行政の研修条件整備義務の4つから構成されると筆者はとらえている。
⑻　2006年7月11日付「今後の教員養成・免許制度の在り方について」、2012年8月28日付「教職生活の全体を通じた教員の資質能力の総合的な向上方策について」および2015年12月21日付「これからの学校教育を担う教員の資質能力の向上について」。
⑼　2017年度現在で53大学院。国立46、私立7。
⑽　兵庫教育大学、上越教育大学、鳴門教育大学、の3大学。以下同じ。
⑾　1県は情報処理教育については地元私立大学へ2年間派遣。
⑿　文部省『平成11年度学校基本調査報告書（初等中等教育機関、専修学校・各種学校）』大蔵省印刷局、1999年、より算出。
⒀　本調査・研究では学部・研究所等大学院以外への派遣を「内地留学」とした。
⒁　日本教育大学協会『会報』第80号、2000年6月、39頁。「在学2年間の給与を行政的に保障してくれる（現行の長期派遣制度）ならば、（大学院で…筆者註）学びたいですか」という問いに対する回答の集計表からは、幼稚園教員の46％が「ぜひそうしたい」、42％が「できればそうしたい」と回答しており、他の校種に比べて突出している。たとえば、小学校教員は「ぜひそうしたい」9％、「できればそうしたい」28％である。ただし、この39頁の表と同書126頁の「アンケートの結果、現職教員の実に86％もの者が在学2年間に給与を行政的に保障してくれる現行の長期派遣制度を利用して大学院で『ぜひ学びたい』または『できれば学びたい』と答えているのを見ても、大学院への期待がいかに大きいかがわかる」という記述には大きな差異があるので、日本教育大学協会事務局に確認したところによると、「126頁の記述は正しい。39頁の表が誤っているのだが、すでに資料が散逸しており、正確な集計を出すことができない」ということであった。なお、大学院修学休業制度を審議した第147回国会においても、同書126頁の記述、すなわち、「86％」という「過大」な比率が、重要な指標とされている。
⒂　2001年度からの大学院修学休業制度の発足（10名が海外の大学院に留学）や2001年度に青年海外協力隊「現職教員特別参加制度」が創設され、2002年度に63名が派遣されたことを契機として、現職教員の海外留学における身分保障は改善されてきている。
⒃　公募しない理由は、大学院修学休業制度との「すみ分け」だということであった。
⒄　たとえば、佐野文一郎政府委員の発言を掲げておこう。「……この大学院はいわゆる教育委員会から推薦を受けてその者を入学させる、受け入れるということではなく、それは、広く全国から希望をして受験をした者について、適切な選抜を行って入

⒄ 学すべき者を決める、そういう一般の大学と同じ入学者の選抜を実施をするわけでございます。」「第84国会参議院文教委員会会議録」第9号、1978年4月27日。
⒅ 「……キングロードかスレイブロードかわかりませんけれども……」小巻敏雄委員、「第84回国会参議院文教委員会会議録」第9号、1978年4月27日。
⒆ 大学院設置基準第14条「教育方法の特例」。
⒇ しかし、3県1市は「とくに問題なし」という回答であった。
㉑ たとえば、ある県では、研修日の時間割変更やもち時間数などの軽減、部活動指導の免除、長期休業期間の日直当番、プール監視当番等の免除、校務分掌の負担軽減等、かなり具体的な要請を地方教育委員会と所属長に対して行っている。
㉒ 2007年5月の地公法改正により創設された自己啓発等休業（第26条の五）適用者を含む人数である。
㉓ その次が2年目の2002年度で348名、3番目が4年目の2004年度で321名である。その後、漸減し、近年は200名内外である。文科省HPの「大学院修学休業制度」において、2016年4月1日現在の休業者からは、大学院修学休業者数が内数として明示されるようになった。それによると、2016年4月1日現在の休業者数は189名（うち海外の大学31名）であるが、そのうち大学院修学休業者数は80名（うち海外の大学6名）である。内訳は次の通りである。（ ）内は大学院修学休業者数。所属校種別では小42名（20）、中53名（25）、高76名（30）、特支18（5）。男女別では、男59名（29）、女130名（51）。年代別では、20代後半が48名（23）、40代前半が35名（14）、30代後半が34名（14）。休業者総数の漸減と自己啓発等休業者の相対的増加が特徴である。
㉔ 「……どれぐらいの人数の方が希望されるか、現時点ではなかなか予測することは難しゅうございますが、千人以上2千人ぐらいまでの方が当初希望していただければというふうに思っているところでございます。」（中曽根国務大臣「第147回国会衆議院文教委員会議録」第10号、9頁、2000年3月31日）
㉕ 河村建夫政務次官「第147回国会衆議院文教委員会議録」第10号、2頁、2000年3月31日。
㉖ 同前、8頁。
㉗ 河村建夫政務次官「第147回国会参議院文教・科学委員会議録」第12号、12頁。
㉘ 通常は、1964年12月18日の大分県教育長あて初等中等教育局長回答が画期とされる。
㉙ 授業に支障がないという前提の上で、さらに、研修内容・主催者等校長が十分に吟味した上で、職務遂行に有効と判断した場合に限って」というように。
㉚ 河村政務次官「第147回国会衆議院文教委員会議録」第10号、5頁。

㉛　山元勉「第147回国会衆議院文教委員会議録」第10号、2000年3月31日、6頁。
㉜　中曽根国務大臣「第147回国会衆議院文教委員会議録」第10号、6頁、2000年3月31日。
㉝　回答総数に対する比率は、29/44＝65.9％。当該項目回答数に対する比率は、29/35＝82.9％。
㉞　「第147回国会参議院文教・科学委員会会議録」第12号、6頁、2000年4月20日。
㉟　「第147回国会衆議院文教委員会議録」第10号、9頁、2000年3月31日。
㊱　一応、1964年12月18日の大分県教育長あて初等中等教育局長回答を画期とする。
㊲　衆議院文教委員会4人、参議院文教・科学委員会6人。
㊳　「第147回国会参議院文教・科学委員会会議録」第12号、6頁、2000年4月20日。
㊴　「第147回国会衆議院文教委員会議録」第10号、6頁、2000年3月31日。
㊵　山口和孝「教育職員養成審議会の描く教師像」『日本の科学者』水曜社、2001年4月号、12頁。
㊶　1994年度に各5歳引き上げた結果、修士課程出願時45歳未満、博士課程50歳未満。
㊷　2004年4月1日に日本学生支援機構が設立された際に、年齢制限は撤廃された。
㊸　「第147回国会参議院文教・科学委員会会議録」第12号、5頁、2000年4月20日。
㊹　国会での大学院修学休業制度創設に関する審議時には、一般貸し付け200万円、教育貸付550万円、いずれも年利2.26％、変動幅2.26～4.26％。2016年5月の時点においても貸付限度は同じで、利率は2.72％（保険料充当金率0.06％を含む）。
㊺　日本教育大学協会第一常置委員会「大学院修士課程の運営の実態に関する調査報告書」（1997年6～7月調査実施）。
㊻　2001年度は、制度の不周知や制度未実施の県市があったことも、申請者・適用者が少ない理由であるが、専修免許取得目的に限定した上に現在の休業条件ではその後も多くはならない。ただし、専修免許状と給与とが直結するようになると様相は変化するだろう。
㊼　2001年4月20日、筆者の質問に対する教職員課企画係の回答。
㊽　「第147回国会衆議院文教委員会議録」第10号、2頁、2000年3月31日。波線は筆者。
㊾　同前。深刻な論理破たんを示している。
㊿　河村政務次官「第147回国会参議院文教・科学委員会会議録」第12号、7頁、2000年4月20日。
㉑　佐野文一郎政府委員（大学局長）「第84回国会参議院文教委員会会議録」1978年。
㉒　中曽根国務大臣「第147回国会衆議院文教委員会議録」第10号、5頁、2000年4月

20日。
⑸ 第1次調査…1県2市、3／44。
⑸ 佐野文一郎政府委員「第84回国会参議院文教委員会会議録」第9号、1978年4月27日。
⑸ 同前。
⑸ 中曽根国務大臣「第147回国会衆議院文教委員会議録」第10号、5頁、2000年3月31日。
⑸ 矢野政府参考人「第147回国会参議院文教・科学委員会会議録」第12号、11頁、2000年4月20日。
⑸ 「第147回国会参議院文教・科学委員会会議録」第12号、2頁。
⑸ 石井郁子委員・矢野政府参考人「第147回国会衆議院文教委員会議録」第10号、9頁、2000年3月31日。
⑹ 「地方公務員の育児休業等に関する法律」第4条第2項。
⑹ 「国家公務員又は地方公務員としての身分を保有するが、職務に従事しない」…教特法第20条の四第1項（現在は、教特法第27条1項…「地方公務員としての身分を保有するが、職務に従事しない」）、「職を保有するが、職務に従事しない」…地方公務員の育児休業等に関する法律第4条第1項。
⑹ 停職の場合、「派遣法第2条第1項の規定による派遣の場合及び育児休業法第3条第2項の規定による育児休業の場合を除いて、官職を保有したまま職員を職務に従事させないこと」…人事院規則8-12。
⑹ 窪田眞二・小川友次『平成28年版教育法規便覧』学陽書房、2016年、316〜317頁より作成。なお、第147回国会（2000年）当時とは、法律及び条例改正により異なっているが、「休職」の場合に「専従休職」を除いては給与が全額あるいは部分的に支給されることは今日も同じである。
⑹ 身分と職は保有するが、給与はいっさい支給されない。
⑹ 有倉遼吉・天城勲『教育関係法〔Ⅱ〕』日本評論新社、1958年、546頁。
⑹ 原野翹「第28条」青木宗也・室井力編『［新版］地方公務員法』〈別冊法学セミナーno.109・基本法コンメンタール〉日本評論社、1991年、116頁。
⑹ 兵庫県は、「職員の分限並びに分限に関する手続及び効果に関する条例」第2条1号に基づき、1993年度まで神戸大学大学院教育学研究科に県立高校教員を毎年2名、2年間「派遣」していた（休職）。この場合、休職であり職務には就かないが、給与の9割が支給されていた（「公立学校教育職員等の給与に関する条例」第40条5項および「同規則」第50条1号）。通常は7割支給であるが、次に掲げる「公立学校教育

職員等の給与に関する規則」により特例措置が認められていたのであろう。この9割という特例的支給率は、「職員の生活を保障する必要から」（木田宏『教育行政法』良書普及会、1957年、359頁）算定されただけではなく、職務性も加味されたものではないだろうか。いずれにせよ、休職の場合の「ノーワーク・ノーペイ」の原則は、実態として打破されていることを示す有力な一例と言える。

なお、兵庫県から神戸大学大学院への「派遣」は、1994年度からは新教育大学と同様の正式派遣に切り替えられた。そのため、一時この条例の活用が中断していたが、2000年度から再びこれを活用して前述の長期研修休業制度を発足させたのである。

「公立学校教育職員等の給与に関する規則」

第50条　条例第40条第5項の規定に該当する場合の給料、扶養手当、調整手当、住居手当、寒冷地手当、期末手当及び期末特別手当のそれぞれの支給割合は、次のとおりとする。

(1) 職員の分限並びに分限に関する手続及び効果に関する条例（昭和35年兵庫県条例第52号、

(2) 以下「分限条例」という。）第2条第1号の規定に該当して休職にされた場合は、100分の70以内（任命権者が特に必要と認め、あらかじめ人事委員会の承認を得た場合は、100分の100以内）

⑻　2000年3月31日、衆議院文教委員会における石井委員の質疑に対する矢野教育助成局長答弁。

⑼　しかも、同じ学校に勤務していたとしたら、より矛盾が明白になる。このような事態が発生する可能性は十分にある。

⑽　石井委員「第147回国会衆議院文教委員会議録」第10号、10頁、2000年3月31日。

⑾　同前。

⑿　長期研修の面では、「一定勤務年数で希望する者に対して2〜3年間の現職現給保障による研修機会の付与」、まずは研修期間1年間の保障。

⒀　2010年度及び2011年度の調査研究は、科学研究費補助金（2010〜12年度、基盤研究(C)）「教員養成・研修制度改革に関する総合的研究」（課題番号：22530861）の一環である。

⒁　2010年度調査の対象と方法は次のとおりである。

政令市（19市）の幼1園、小8、中8、高2、特支1校、および中核市（40市）の幼1園、小3、中3、高1、特支1校（各市とも在籍児童生徒数の最も多い校園から順に対象校を選定した。幼、高、特支学校は、市立校園が存在するところのみ）の教員1名（長期研修経験のある教員。該当教員がいない場合には研究・研修

担当教員。校園長を通じて依頼)。質問紙は675校園(675名)に送付し、206名から回答を得た(回収率:30.5％)。回答者の概要を記載する。

【校種】　幼:17名　小:71名　中:84名　高:20名　特:12名　不明:2名
【長期研修】経験者:117名　未経験者:89名
【職名】　管理職:38名　主幹・指導等:15名　教諭等:151名　不明:2名
【年代】　～29歳:2名　30～39歳:28名　40～49歳:98名　50～60歳:75名

(75) 2011年度調査の回答者の概要は次のとおりである。
【性別】　男　113名、女　44名　　計157名
【現在の勤務校種等】小学校　39名、中学校　28名、高校　54名、特別支援学校　5名、教育委員会事務局　15名、大学　8名、その他　1名、退職　3名　　計153名
【現在の職名】校長　15名、副校長・教頭　9名、教諭　101名、講師等　3名、教育長等　2名、指導主事・社会教育主事等　10名、大学教員　8名、スクールカウンセラー　1名　計150名

(76)　筆者は、2008年度から2014年度まで和歌山大学教育学部に勤務した。和歌山大学大学院修了者以外の調査については、多くの知人の協力を得たが、とくに新井保幸先生(当時、筑波大学教授。現在、筑波大学名誉教授)には多大なご支援をいただいた。ここに記して謝意を表する。

(77)　分類に際しては、岩永定他9名「現職教員の教育観とその変容可能性に関する調査研究―鳴門教育大学大学院の修了生調査を通じて―」(『鳴門教育大学研究紀要』(教育科学編)第10巻、1995年3月、64頁)および「現職教員の教育観とその変容可能性に関する調査研究(第3報)―大学院修了生、在学院生、一般教員の意識の比較を中心に―」(『鳴門教育大学研究紀要』(教育科学編)第12巻、1997年3月、85頁)を参考にした。

(78)　日本教育大学協会第一常置委員会が、1999年3月～4月にかけて実施した「教育系大学院の在り方に関する調査」でも幼稚園教員の長期研修希望は強い、という結果が出ている(『教育系大学院の在り方に関する調査報告書』2000年3月)。日本教育大学協会編『会報』第80号、同、2000年6月、27～132頁、参照。

(79)　ただし、2010年度調査の回答者は長期研修未経験の研修担当教員であることは、全体的傾向よりは研修要求が強い可能性がある。

終章　自主研修法制の改革構想

　本章では、第1章から第6章までにおいて考察した戦後日本の教員自主研修法制の展開と課題、とくに直接的には第6章で考察した「自主研修法制の実態と課題」を踏まえて筆者が考える改革構想を提示することにする。

　財政的負担なしに今すぐできることは、長期休業中の教員の研修活動を積極的に奨励することである。法制的に言うと、教特法第22条第2項「教員は、授業に支障のない限り、本属長の承認を受けて、勤務場所を離れて研修を行うことができる」を、立法趣旨どおりに自主的研修機会を保障するために活用することである。夏休みを中心とした長期休業中は、必要な業務以外はできるだけ豊かな自主研修の時間として活用することが望まれる。もちろん、自由な議論の保障を前提として、行政研修会への参加や校内研修会も含めた研修機会を持つことも重要であろう。

　根本的には課業期間中の研修機会の確保が求められている。苅谷剛彦らが2004年に実施した調査によると、「忙しすぎて授業準備に時間が割けない」と回答している教員が、小学校で77.5％、中学校で82％に達していた[1]。また、文部科学省が2006年に実施し2007年5月に公表した『教員勤務実態調査報告書』においても、研修どころか、より直接的な授業準備ですら、残業や持ち帰り仕事により辛うじて行っている実態が明らかになっていた。「授業準備の時間を」は全国津々浦々の教員の悲痛な願いであった。それに応えるためには、少人数学級の推進にとどまらない教職員定数の大幅な改善が必要である。教育関係三法案（学校教育法改正案、地方教育行政法改正案、教育職員免許法・教育公務員特例法改正案）を審議した衆議院教育再生に関する特別委員会が2007年5月10日に開催した「福岡県における意見聴取」の際に、野中秀典福岡県中学校長会会長は「一点目が教員が生徒に直接向き合う時間の確保、二

つ目が資質向上のための研修時間の確保、三つ目が質の高い授業を行うための準備時間の確保」を実現するために教職員定数の改善を訴えていた。

　以後、10年以上が経過するが、学級編成や教職員定数上のめぼしい改善は2011年度の小学校1年生の35人への切り下げのみといっても過言ではない。文部科学省が2016年度に実施した勤務実態調査（小・中学校教員対象）の「集計（速報値）について」（2017年4月28日発表）によると、2006年度調査と比較して、いずれの職種でも勤務時間が増加しており、教諭の学校内勤務時間は、1日当たり、小学校平日43分、土日49分、中学校平日32分、土日1時間49分の増加である。1週間当たりの学校内総勤務時間は、小学校教諭については2006年度調査の53時間16分から57時間25分へ、中学校教諭の場合には58時間6分から63時間18分へと大幅に増加している。叱咤激励や使命感の鼓舞で今日の教育課題に立ち向かうことはすでに限界を超えているのである。とくに、教育活動の充実のために必須である教員の研究活動と修養活動、すなわち研修活動を勤務時間内に保障することに向けて改善していくことが求められている。

　しかし、本章では、前述の長期休業中および課業期間中の「勤務時間内校外自主研修」機会の保障については詳述しないことにする。その理由は、長期休業中については、教特法の立法趣旨および現在の公立学校における教員の勤務実態から考えても、「勤務時間内校外自主研修」機会の保障は当然のことであり、かつ、これは現在の教育条件のもとでも十分に実現可能なことであるからである。ひとえに教育行政当局と管理職の見識に関わる問題である。すなわち、教員の自主的研修を支援しようとするのか否かである。また、課業期間中の「勤務時間内校外自主研修」についても、教特法の立法趣旨からは当然であるが、とくに、学級担任が基本的にすべての教科・科目、領域の授業を担当する小学校においては、前述の様に教職員定数の抜本的増加（「公立義務教育諸学校の学級編制及び教職員定数の標準に関する法律」の抜本的改正）が必須課題であり、また、そのことは、程度の差こそあれ、中学校や高等学

校においても同様である。したがって、この点についても本章では詳述することは避け、第3節「自主研修法制を支える基礎的教育条件の改善」において、簡潔に述べることにする。

本章で、筆者が提示する改革構想は、第1に、「一定勤務年数での長期研修機会附与制度」の創設であり（第1節）、第2に、教特法の研修関連規定の改正私案である（第2節）。とくに、前者については、現実的課題として認識されがたいので、教特法成立過程にさかのぼり、当時から同様の構想が存在したことから論述したい。また、教特法施行後も、類似した構想が存在したことについても言及したい。

第1節 「一定勤務年数での長期研修機会附与制度」の創設

1. 教特法成立過程における長期研修制度構想の特徴

(1) 長期研修制度の萌芽的構想

長期研修制度構想の萌芽的形態としては、早くも1946年8月の「アメリカ教育使節団報告書に基づく教育対策」（文部省師範教育課）の「第4章2、教師の再教育」中に次の構想が記されている。

「一、教師に長期の研究期間賦与

□[2]年毎に1回、半年乃至1年間の研究期間を附与し、各種の研究をなさしめて質の向上を図る。各種の研究機関、教育研究所等を利用。（此の為に学校教職員の定員を増加せねばならぬ。）

一、大学の開放か師範大学新設か

＜略＞[3]。」

この構想で注目されることは、次の5点である。第1に、一定勤務年数によるすべての教員を対象としている。第2に、長期研修の機会は、教師生活を通じて何回か附与される。第3に、大学における研究機会を開こうとして

いる。第4に、教職員の定員増加の必要性を明記している。第5に、『アメリカ教育使節団報告書』を超えている可能性がある。すなわち、同報告書は、「研究及び旅行のための休暇」(leaves for study and travel) を勧告しているが、「教育対策」は「休暇」ではなく「職務」として位置づけていると思われる。

なお、この構想の源流としては、国内外の2つの系譜が考えられる。1つは、戦前・戦中の日本における長期研修構想であり[4]、もう1つは、中華民国やアメリカなど諸外国の制度である[5]。

(2)「教員身分法案要綱案」の長期研修規定

教育刷新委員会第6特別委員会（主査：渡辺銕蔵）は、1946年12月17日の第3回会議において、「(8)教員の研究の自由その他勤務について特に考慮する必要はないか」[6]について集中的な議論をおこなった[7]。そして、同年12月26日の第6特別委員会第6回会議において長期研修制度構想が法案要綱案として明確な形態で登場した。それは、田中二郎に指導される調査局審議課が作成し[8]、同日の第6回会議の冒頭に文部省から報告された「教員身分法案要綱案」[9]（「1946.12.26」案）である。同案では、「研究及び教育の自由」と「再教育又は研修」という条項を設けている。本章では前者の系譜を「研究・教育の自由」条項、後者のそれを「再教育・研修」条項とよぶ。先行研究ですでに把握されているが、再掲する。

> 「12、研究及び教育の自由　教員の研究の自由はこれを尊重し、何人もこれを制約してはならないこと。但し教育に当っては教育の目的に照らし各級の学校により法令その他学校の定める制約の存することは認めねばならないこと。
>
> 13、再教育又は研修　教員は一定の期間その勤務に従事したときは、現職現俸給のま、再教育若しくは研究のため、学校その他の研究機関に入り又は研究のため留学もしくは視察をする機会が与えられなければな

らないこと。」[10]

　「再教育・研修」条項に関する同案の特徴は、第1に、一定勤務年数によりすべての教員に長期研修機会を附与すること、第2に、「現職現俸給」を保障すること、第3に、「研究の自由」を一般的自由ではなく「職務上の自由」として保障することである。このように、研修条項形成の出発点においては、「一定勤務年数によりすべての教員に現職現俸給保障による長期研修機会を附与する」という積極的な構想が立てられていたのである。「教員身分法案要綱案」(「1947.4.15」案)も同旨であり、この段階の規定は「長期研修保障規定」と呼ぶのにふさわしいものであった。しかし、制度実施のために必要な教員数や予算措置に関する検討資料の存在は把握されていない。

(3)「学校教員法要綱案」の長期研修規定

　「再教育・研修」条項は、「1947.4.15」案から「教員身分法(学校教員法)要綱案」(「1947.4.28」案)にかけて大きく変化する。その変化の内容は、「政令の定めるところにより、再教育又は研修の機会が与えられること」とした点である。この変化は2つの意味を持っていると考えられる。それは、第1に、長期研修機会を附与する際の要件を政令で具体的に規定することにより財政的制約の中で実施可能な制度にすること、第2に、長期研修のみに関する規定ではなくなったことである。

　この後の諸要綱案は、文言の変化はあるが、「政令の定めるところにより」という点では「学校教員法要綱案」(「1947.6.5」案)に至るまで同一である。なお、CIE(民間情報教育局)教育課から、教員身分法に私学教員を含むことに強い反対を受けた文部省であるが、1947年5月から6月にかけては私学教員をも包摂すべく学校教員法としての構想を維持してきた[11]。一方では、6月以降、国家公務員法をそのまま教員に適用すべきだという強い圧力がGHQ／GS(民政局)からかけられる。

この「1947.6.5」案段階での政令案が次に示す【資料A】である。この文書は、「1947.6.5」案に対応する政令案であるが、作成時期は6月下旬から7月上旬であると考えられる[12]。
やや長くなるが引用する。

【資料A】「国立、公立学校教員の研修等に関する件」
「第1条　教員の任用について権限を有する者は、5年以上継続勤務した教員が一定の期間一定の場所において教員として必要な研修を行うことを請求したときはその学校の教育上支障がないと認めるときは半年以内に限り之を許可することができること。但し研修の期間及び場所を変更して許可することができること。

　前項の請求をしようとする教員は研修の目的、期間、場所その他の研修に関して必要な事項を詳細に記載した計画書を提出しなければならないこと。

　＜略＞
第2条　教員の任用について権限を有する者は成績優秀な教員に対してその職務に関係ある事項を研究させるため長期にわたり執務を休んで国の内外に派遣することができること。但しその教員の意に反しておこなってはならないこと。

　前項の研究に関する事項、場所、期間その他必要な事項はその教員の任用について権限を有する者がこれを指定すること。

　第1項の規定する教員の研究に必要な研究費及び旅費についてはその教員の任用について権限を有する者が之を支給すること。
第3条　教員の任用について権限を有する者は教員審査委員会の審査の結果に基きその他必要があると認めたときはその教員に対して再教育を受けさせることができること。」

この文書の特徴は7点ある。

第1に、一定勤務年数による長期研修機会（第1条）と、「成績優秀な教員」を対象とする派遣研究（第2条）との2つの制度を構想していることである。

　第2に、前者の場合は「半年以内」に限定しているが、後者の場合には「長期にわたり」という表現であり期間を限定していない。当時すでに始まっていた内地留学の長期化（1年化）傾向に対応できる規定であった。

　第3に、「5年以上継続勤務した教員」の研修期間中の服務上の取扱いは明確ではない。一方、「成績優秀な教員」の場合には「勤務」として扱われるものと考えられる。「執務を休んで」と表現されているが、おそらく、それは「授業を中心とした教育活動から離れて」という意味であり、「勤務」として扱われるのであろう。そのことは「研究費及び旅費」が支給されることからも裏づけられる。

　第4に、「5年以上継続勤務した教員」の給与支給については明記していない。ただし、「成績優秀な教員」には「研究費及び旅費」を支給すると規定しているので、この点が「一般教員」の場合との差異であるとすると、「一般教員」に附与される半年以内の研修期間中は俸給の全額が支給されるものと考えられる。

　第5に、「5年以上継続勤務した教員」の場合は「研修」であり、「成績優秀な教員」の場合には「研究」としており、「研修」と「研究」の概念を区別しているように思われる。しかし、「研修」を「受ける」のではなく「行う」としており、本人の「請求」に基づくこととも合わせて「研修」の自主性・主体性は尊重されている。

　第6に、「5年以上継続勤務した教員」の場合には、詳細な計画書の提出が必要であり、任命権者が期間・場所の変更権を有している。しかし、研修目的・課題についての変更権は明記されていない。

　第7に、「成績優秀な教員」を派遣する場合には、「研究に関する事項、場所、期間」等は任命権者が指定するが、派遣は「その教員の意に反しておこなってはならない」ことを明記し、自主性を尊重している。

(4)「国立、公立学校教員法要綱案」の長期研修規定

　文部省は、7月に入ってから、ついに私学教員を除外して「国立、公立学校教員法」構想に転換した。この段階における最初の法案が「国立、公立学校教員法要綱案」(「1947.7.14」案)である。

　同案では、「再教育・研修」条項(第17条)の内容は、表記は若干異なるが「1947.4.28」案以降のものと同旨と考えてよい。ところが、その後、8月から9月にかけて、法案の内容は大きく変化する[13]。そして、「国立、公立学校教員法要綱案」(「1947.9.8」案)では「再教育・研修」条項は「研修の義務」とされ、また、「研究・教育の自由」条項は消失した。したがって、同案は、「国立、公立学校教員法要綱案」が国家公務員法原理にもっとも包摂されたものであるが、研修が「政令の定めるところ」によることは変わりがなかった。

　「1947.7.14」案に対応する政令案であると考えられるのが、次の【資料B】である。

【資料B】「国立、公立学校教員の研修等に関する件」[14]
「第1条　＜略＞[15]
　第2条　教員の任用について権限を有する者は、7年間継続勤務した教員が教員として必要な研修又は再教育のために執務を休むことを請求したときはその学校の教育上支障がないと認めるときは半年以内之を許可することができること。

　　前項の期間が30日を超える者には俸給の半額以内を減じて支給することができること。第1項の請求をしようとする教員は研修又は再教育のための計画書を提出しなければならないこと。

　　＜略＞
　第3条　＜略＞[16]
　第4条　＜略＞[17]。」

　先の【資料A】と比較した場合に、【資料B】の最大の特徴は、「研修又は再

教育」期間中の給与支給について規定していることである。すなわち、「7年間継続勤務した教員」の「研修又は再教育」期間は、30日までは俸給を全額支給するが、それを超えると「俸給の半額以内を減じて支給することができる」と規定している。

第2に、「研修又は再教育」期間の服務上の取扱いについては、「執務を休むことを請求」という文言があるが、前述の【資料A】第2条の「執務を休んで」と同様に「休職」とは捉えにくい。職務性を認めながらも通常の勤務とは区別した扱いを構想しているように思われる。

第3に、「5年継続勤務」から「7年継続勤務」に変更されている。財政的制約を考慮して、実現しやすい内容に修正したものと考えられる。

(5)「教育公務員法要綱案」の長期研修規定

「1947.9.8」案の後、「教育公務員法要綱案」(「1947.12.27」案)が作成される。同案の研修条項(第4章第30条～33条)は、教特法研修条項の直接的原型であり、12月30日には法案要綱案の最初の英訳版がCIEに提出され、以後、文部省とCIEとの間で厳しい交渉が展開される[18]。さらに、「1947.9.8」案や労働協約との関係からも同案は研修条項成立過程の上で重要であるが、本書では長期研修規定に限定して考察する。

「教育公務員法要綱案」(「1947.12.27」案)

「第33条(長期の研修)

　文部大臣又は都道府県若しくは教育委員会は、勤務成績の優秀な教員又は輔導主事に対してその職務に関係のある事項を研修させるため、長期にわたり執務を休んで国の内外に派遣することができること。

　前項の研修の場所、期間その他研修に関し必要な事項は、研修を命じた者がこれを指定すること。」[19]

この要綱案においてとくに注目されることは、前掲【資料B】の第3条が

「1947.12.27」案第33条とされたことにより、「一定勤務年数」での長期研修が消失し、「勤務成績の優秀な教員又は輔導主事」に限られたことである。褒賞的性格が強くなり「機会均等性」が損なわれている。この点は、1948年3月5・9日付及び5月10・24日付の「教育公務員法要綱案」[20]においても同様である。

(6) 「教育公務員の任免等に関する法律案」及び「教育公務員特例法案」の長期研修規定

最初の「教育公務員の任免等に関する法律案」(「1948.6.5」案)では「勤務成績の優秀な者」に限定している。しかし、1948年6月29日に第2回国会に提出された「教育公務員の任免等に関する法律案」(以下、「任免等に関する法律案」)では、「1947.12.27」案以来の「勤務成績の優秀な」という文言は消失し、「文部大臣又は教育委員会の定めるところにより、現職のままで、長期にわたる研修を受けることができる」[21]とされている。さらに、同年12月の第4回国会に提出され成立した教特法案でも、内容的には「第2回国会提出法案」と同一である。1947年12月末から1948年6月上旬までの諸案とは異なり、少なくとも法案の明文上は「機会均等性」を否定していないことは注目されてよい。すなわち、教育委員会の方針によっては、褒賞的性格を薄め、より多くの教員が長期研修機会を得る制度としての発展可能性を内包するものであった[22]。そのことは、教特法公布・施行直後に公刊された解説書が、第20条第3項の「所轄庁の定めるところにより」の内容として、「例えば勤務成績の良好な者、或は何年以上勤務した者とか、或は特に研修を希望する者というように、研修を受けることができる者の要件の外……」[23]と述べていることからも裏づけられる。また、1949年4月15日付の栃木県教育委員会から文部省に対する「教育公務員が上級学校へ進学する場合、教育公務員特例法第20条により現職(従って現給)のまゝ勉学することができるか」という疑義に対して、調査局長名で、本人の申し出による長期研修であっても「所轄庁の

定めるところにより」第20条第3項を適用し得るという趣旨を含む回答を行っている[24]。また、同解説書は、「現職のままで」が「現職現俸給のままで」の意であることを明言している[25]が、研修条項の形成過程から考えると、「現職のままで」と「現職現俸給のままで」とが同じ意味とは解し難い[26]。

(7) 長期研修制度構想の原理

以上の考察から、教特法研修条項成立過程における長期研修制度構想には次の3つの原理が存在したことが把握できる。

第1に、「自由性」の原理である。本書で言う「自由性」は、「動機における自主性・主体性」、「研究課題・内容の自由」、「研究機関の自由」の3つの要素から構成されている。なお、「自由性」の原理はそれだけでは教員の「研究の自由」を保障するものではない。後述の2つの原理と結合することにより「研究の自由」が保障されるのである。「一定勤務年数での長期研修」は、本人の「請求」が前提であり、また、原則的には、研究課題・機関は本人の計画が尊重される。派遣研修の場合にも、本人の「意に反して行ってはならない」。ただし、研究課題・機関についての制約は前者の場合よりは厳しいものと考えられる。

第2に、「職務性公認」の原理である。「命令研修」＝「職務研修」とするのではなく、詳細な計画書により「職責遂行のため」の研修と認められるものは基本的に「職務性」を公認している。なお、「職務性」を裏打ちするのが研修費支給規定である。研修条項成立過程のほぼ全般にわたって研修費支給規定が存在したが（「1947.8.19」案〜「1947.9.8」案を除き）、「1948.6.5」案で消失し、以後欠落したまま教特法が成立した[27]。しかし、第4回国会では文部省は研修費支給の必要性を認め改善を約束しているのである。

第3に、「機会均等性」の原理である。明文上の「優秀な教員」規定は、「1948.6.5」案より後の「任免等に関する法律案」の段階で消失した。一方、「一定勤務年数での長期研修機会の附与」規定も「1947.12.27」案以降は消失した

が、研修条項成立過程において文部省が精力的に構想していたことが【資料A】・【資料B】から確認できる。

このように、研修条項成立過程における長期研修制度の諸構想から把握できる「自由性」・「職務性公認」・「機会均等性」の3つの原理（以下、「3つの原理」と総称）は、それから半世紀以上経過した今日の長期研修制度を原理的に整理し改革構想を構築する上で重要な視座を与えるものである。

2．現行長期研修制度の課題

21世紀初頭の現在、大学院等における長期研修の形態は次のように分類することができる。

≪大学院等における長期研修の形態≫
1．長期派遣研修…①新構想教育大学大学院への派遣研修、②その他の大学院等への派遣研修、③「14条特例」を適用した大学院への「派遣」研修（「勤務」あるいは「職務専念義務免除」）
2．休業・休職による長期研修…①大学院修学休業制度（教特法に基づく）、②自己啓発等休業制度（地公法に基づく）[28]あるいは長期研修休職制度（都道府県・政令指定都市の条例に基づく）
3．「自主的」な長期研修…①支援措置がある場合、②支援措置がない場合

先の「3つの原理」に基いて現行の長期研修制度を分析すると、概ね次の【表Ⅵ】のようになる。ここから現行制度においては、第1に、「3つの原理」を兼ね備えた制度は存在しないこと、第2に、それぞれの原理の関係は、「自由性」と「職務性公認」の対立、「機会均等性」と「職務性公認」の対立が顕著であることがわかる。したがって、現行長期研修制度の課題は、「職務性公認」の原理と「自由性」・「機会均等性」の原理をいかに統合するかにあるのである。

【表Ⅵ】「３つの原理」から見た現行長期研修制度

	自由性	職務性公認	機会均等性
１．長期派遣研修	△	◎	×
２-①大学院修学休業制度	○	×	○
２-②自己啓発等休業制度	◎	×	○
３．「自主的」な長期研修	◎	×	△

　長期派遣研修について、「自由性」を△にしたのは、大学院受験にあたっては教育委員会の「同意」を必要とし、また、派遣先が限定されるので、指導教員、研究対象・方法等に制約が生ずるからである。しかも博士後期課程は対象外である。

　大学院修学休業制度と自己啓発等休業制度・長期研修休職制度に関して「自由性」において前者を○、後者を◎としているのは、前者は専修免許状取得を目的としており、大学院修士課程（博士前期課程）や専攻科に限定されているからである。それに対して、後者は、研究機関の制約は一切存在しない。

　「職務性公認」については、長期派遣研修以外の諸制度には「職務性がない」のではなく、「職務として公認されていない」のである。

　「機会均等性」については、大学院修学休業制度、自己啓発等休業制度・長期研修休職制度および「自主的」な長期研修の場合には、基本的には本人の希望により長期研修が可能であるが、次の点において「機会均等性」が保障されているとは言えない。なぜなら、大学院修学休業制度、自己啓発等休業制度・長期研修休職制度は無給であるために、それに堪え得る経済的条件が必要とされ、すべての希望する教員が利用できる制度ではないからである。さらに、「自主的」な長期研修の場合は、通常の勤務を続けながら長期研修を行うのであるから、大学院における多様な修学形態が広がっているとは言え、夜間定時制高校での勤務等、修学を可能にする勤務条件の確保が必要である。

3. 教特法施行後の長期研修制度構想

(1)長期研修制度構想の停滞

　教特法施行後、「3つの原理」に基づく「一定勤務年数での長期研修機会附与制度」構想は豊かな発展をみたとは言い難い。そもそも、「研究日」などの日常的な研修保障要求に比して、長期研修制度要求はおしなべて低調であった。その中で、同法施行に先立つ科学教育研究室制度や長期研究生制度を軸とする内地留学制度の創設・運営にあたって、千葉県・高知県・新潟県など教職員組合が教員の要求を結集して深く関与した事例があり注目されるが[29]、全体としては教育行政主導で創設・展開されてきた。また、全国組織の長期研修要求については、1957年度以降1961年度までは日教組運動方針に「内地留学制度の拡充」として掲げられたが、1962年度には消失し、その後、1970年代になっても運動方針の中に位置づけられなかった[30]。その要因としては、研修主体である教員の長期研修要求が未成熟であり研修要求の中心は日常的な「勤務場所以外での研修」保障であったこと、また、1960年頃を画期とする文部省の研修統制政策の展開[31]は、教職員組合をして教特法研修条項の積極的意義に注目させる契機とはなったが、統制政策に抵抗し既得の研修条件を維持することにその主たるエネルギーを傾注したことが考えられる。とりわけ、1971年の中教審答申以降の新教育大学構想は、教職員組合の長期研修制度要求を鈍らせる要因となったものと思われる。

　しかし、「3つの原理」に基づく長期研修制度構想がまったく継承されなかったわけではない。たとえば、日教組教育制度検討委員会（梅根悟会長）は、1972年に第2次報告『日本の教育をどう改めるべきか』を発表し、その中で「研究の機会と条件はすべての教師に平等にあたえられ、たとえば6年の勤務に対して1年の研究の機会を有給で保障するなどの措置がすべての教師にとられなければならない。その場合の研究は、大学・研究所のような研究機関での研究を原則とする。研究は教師の権利であり、義務であるから、すべ

ての教師にその機会が平等に保障されなければならない」[32]と提言した。また、1983年に、日教組第2次教育制度検討委員会（大田堯会長）は「一定年数の教職経験者のすべてに自由な長期研修を可能にする条件を整える」[33]ことを提言した。これら日教組の2つの検討委員会報告書は、明確に「3つの原理」に基づく長期研修制度構想を提言したのであるが、本書の第1章で述べているように具体的な運動方針とはならなかった。なお、三輪定宜は、1991年に「長期研修休暇」制度の創設を提案した[34]。

(2)中・長期的改革構想

制度改革の方向性としては、短期的には、現行諸制度の改善や「自主的」研修に対する支援措置の実施が必要である。しかし、これらの措置は、前項「2」で考察した問題点を根本的に克服するものではない。筆者は、次の4つの理由から、「一定勤務年数での長期研修機会附与制度」が、「3つの原理」を実現するもっとも現実的・合理的な制度であると考えている。

第1に、筆者が長期研修制度を構想する場合の前提は、「長期の有給休暇制度」（sabbatical leave）ではなく、「職務」として位置づけることである。これは、教特法第21条第1項が明示するように、教員の研修は「職責遂行のため」に不可欠のものだからである。

第2に、「職務性」を公認したうえで、「自由性」・「機会均等性」をともに実現するためには、「機会均等性」を担保する合理的・客観的な条件が必要であり、それは、「一定勤務年数」しかないだろう。

第3に、「一定勤務年数」による制約と「自由性」原理とはいかなる関係におかれるのであろうか。前述のように、本章における「自由性」とは、「動機の自主性・主体性」・「研修内容の自由」・「研修機関の自由」の3つの要素を含む概念である。すなわち、「研修時機（期）の自由」を含んでいないので、形式論理上は、「一定勤務年数」による制約が「自由性」を損なうことはないと言える。さらに、研修行為の本質から考察すると、「自由性」とは児童・生

徒の学習権保障のためのそれであるから、円滑な教育活動を維持するための「一定勤務年数」の制約は、「自由性」を侵害するものではない。ただし、「一定勤務年数」に適合しない長期研修要求についての取り扱いのしくみや保障措置は別途必要である。

　第4に、この「一定勤務年数での長期研修機会附与制度」の下では、財政支出は当然増大するが、しかし、それは長期的に予測可能な額であり、計画的に制度を展開することが可能である。

4．「一定勤務年数での長期研修機会附与制度」の創設

　筆者は、戦後教員研修制度成立過程研究から抽出した3つの研修原理（自由性、職務性の公認、機会均等性）に則る研修制度として、一定期間の勤務年数を経た時点で希望する教員に長期研修機会を与える制度（「一定勤務年数での長期研修機会附与制度」）を創設することを提言してきた。戦後教育改革期から今日まで、いまだ教育関係者の大きな注目を浴びるには至っていないが、同制度構想の歴史は、前述のように70年に及ぶ。

　筆者の長期研修制度改革研究は、財政的問題についての考察が不十分であるという弱点は自覚しているが、『日本教師教育学会年報』第16号（2007年9月）の「〈特集〉教員制度の改革と教師教育のゆくえ」に寄稿した「免許更新制と現職教育改革」（25〜32頁）において、「今日の我が国の政策動向からはきわめて困難ではあるが、今後、GDP比公財政支出学校教育費をOECD諸国のせめて平均レベルに少しでも近づけようという状況が生まれるならば、『一定勤務年数長期研修制』は十分実現可能な構想である」（31頁）と述べている。そして、「注(18)」として「代替教員を3万人配置するとすれば、一人700万円/年として2,100億円/年である」と記している。これは研修期間が1年間の場合であるから、2年間派遣する場合には、4,200億円/年となる。粗雑に過ぎる試算ではあるが、この制度構想を文部科学省や教職員団体、学会等で集団的・組織的・科学的に検討してほしいと願うものである[35]。

(1)「一定勤務年数での長期研修機会附与制度」構想骨子

　次の「(2)制度創設に関する教育関係者の意見」で述べる2005年度以来の調査研究の結果、現在、考えている制度構想の骨子は次のような内容である。

1）「一定勤務年数」の具体的年数は、教育実践上の課題が明確になる「7〜10年」が適当であろう。当面は、「10年」を目指す。また、本人の教育計画あるいは円滑な学校運営の観点から、「一定勤務年数」を機械的に適用するのではなく1〜3年の幅を設けることが必要である。

2）本人の希望が前提であるから、「一定勤務年数」に達しても長期研修は強制されない。

3）研修期間については、1〜2年とする。当面は1年でもやむをえない。ただし、期間経過後も支援措置を設けることが必要である。具体的には、大学院修学休業制度や自己啓発等休業（地方公務員法第26条の五）などの有給化（部分的支給も含む）、授業担当時間軽減、校務分掌上の配慮、等が考えられる。

4）研修機関・課題は自由である。研修機関は、教員養成系大学の大学院や教職大学院に限定されない。研究課題は、担当教科や生徒指導などに直結するものに限らない。しかし、「職務性公認」に値する研修計画・報告が必要である。また、研修成果が予定調和的に学習権保障に結びつくという観点ではなく、児童・生徒・保護者・教員・住民等への研修報告と成果の公開を行う[36]。

5）1〜2年の制約された期間において、充実した研修を行うために、大学と教育委員会が共同で「長期研修支援委員会」（仮称）を設置し、研修計画の立案段階から相談に乗り、研究課題・研究方法および研究機関等について助言を行う。

6）服務形態は、「職責を遂行するために」（教特法第21条第1項）行う「研修」の本来的性格から考えると「勤務扱い」とすべきであるが、当面、「職務専念義務免除」や「有給研修休暇」とすることもあり得る。

7）「研修」は本来的に「勤務」「職務」であるから、給与は、全額支給が基本である。ただし、過渡的段階としては、通常の「職務」に対する研修活動の比重を吟味することにより、給与の部分的支給（70〜80％）を行うことも考えられる。

8）代替教員については、正規教員を基本とする。後記11）に記すように、公立義務教育諸学校の学級編制及び教職員定数の標準に関する法律（以下、義務教育標準法）および公立高等学校の適正配置及び教職員定数の標準等に関する法律（以下、高校標準法）を抜本的に改正することにより、長期研修を行う教員を代替できるだけの教員配当を基礎定数に含める。このことは、課業中の勤務時間内の研修活動を保障することにもつながる。この措置により、長期研修終了後も現任校に戻ることが出来るし、また、異動することもできる。

9）教員の希望により、「長期社会体験研修」に類する研修内容も含まれてよい。

10）本制度を中軸として、自主的・主体的研修を奨励・支援する多様な制度が存在することが望ましい。大学院修学休業制度や自己啓発等休業制度などが存在してもよいが、無給ではなく一定の休業・休職給の支給が必要である。

11）本制度実現のためには、教特法に条文を新設するとともに、義務教育標準法・高校標準法の抜本的改正（学級編制標準改正だけでなく教職員定数標準改正、たとえば義務教育標準法の場合、学級数に「乗ずる数」を大きくする。日常的研修保障を含め基礎定数化する）が必要である。そのためには、GDP比公財政教育支出（全教育段階では3.8％。2011年度）をOECD諸国平均（全教育段階では5.6％、2011年）に近づけることが肝要である。

12）進んだ段階では、2次・3次の一定勤務年数での研修機会附与が目標となる。

13）本制度の適用を希望しない教員は、「一定勤務年数」後に、現行の中堅

教諭等資質向上研修制度を改善して創設する自主性・主体性を尊重した制度(大学・教育研究団体等や教育行政当局が開催する講座・講演会、学会・研究会への参加・発表など)により研修を行う。
14) 国立私立学校教員にも本制度を適用するために、国からの支援策や国公私を包含する研修保障法制創設が必要である。

(2)制度創設に関する教育関係者の意見

　筆者は、「一定勤務年数での長期研修機会附与制度」構想(前述の1)～14)の骨子の素案に当たるもの)について、2006年度(立命館大学学術研究助成)、2007年度(科学研究費補助金・基盤研究(C)「教員の自主的主体的研修を奨励・支援するための具体的施策に関する調査」)、2008年度(同前)の3年間にわたって3つの調査を行った。

　2006年度調査は、47都道府県(以下、県)および15政令指定都市(以下、市)教育委員会(事務局、以下同じ)を対象として、2006年10月から12月にかけて質問紙による郵送方式での調査をおこなった。回収状況は、31県・11市であった(合計42県市。回収率67.7％)。回答集計は、2007年2月に、回答があった42県市教育委員会に送付し報告した(県市名は記号化)。なお、2007年4月に新たな政令指定都市が2市(新潟市、浜松市)出現したので、追加調査をおこない2市ともに回答を得た。したがって、47県・17市のうち31県・13市から回答を得たことになる(合計44県市。回収率68.8％)。同調査では、自主的主体的研修奨励支援策の具体的形態と成果・課題の把握(以下、「A調査」)、「一定勤務年数での長期研修機会附与制度」についての見解把握(以下、「B調査」)を目的とした郵送方式による調査を実施した。

　2007年度調査は、35中核市及び15候補市教育委員会(2007年度)、そして、中核市・候補市とも存在しない8県(山形、山梨、茨城、福井、鳥取、島根、徳島、沖縄)については、県庁所在都市(山形、甲府、水戸、福井、鳥取、松江、徳島、那覇市)教育委員会を対象とし、2006年度調査と概ね同じ内容(質問項目Ⅳを追

加)で2007年8月～9月にかけて実施した。中核市等の教育委員会は都道府県・政令市教育委員会よりも学校現場に近い位置にあり、各学校での具体的な研修奨励支援の取り組みが把握されているのではないかと期待したのである。また、長期研修については中核市・候補市等の権限外と考えられるが、授業時間や校務分掌の軽減措置や市独自の奨励・支援策が記述されることを期待して、2006年度調査と同じ質問項目を残した。回答は、28市から寄せられた（21中核市・3候補市・4県庁所在市。回収率48.3％）。回答集計は、2008年1月に、回答があった28市教育委員会に送付し報告した（市名は記号化）。

同制度の創設については、2006・2007年度の調査結果を総計すると、「よい」28県市に対して「よくない」24県市であり、賛否が拮抗している。何よりも、財政的にも教育指導上も困難を有している学校教育に日々関わっている教育行政担当者に、この制度について問うことの難しさが回答に表れている。また、筆者の提示する構想が十分に把握されないままの回答も存在するが、調査を通じて財政的課題のほかに克服すべき重要な課題が明確になってきた。それは、第1に、長期研修による成果・効果（教育力量の向上）についての教育行政担当者の疑念を克服すること、第2に、教特法研修条項の立法趣旨についての教育行政担当者の理解を深めること、第3に、長期研修による学校教育力の低下をきたさない教員代替措置をいかに構築できるか、である。

そして、2008年度には、受け入れ側の中心機関である大学・大学院関係者と研修主体である現職教員の見解を把握することに努めた。大学・大学院関係者としては、日本教育大学協会評議員（160名）と全国私立大学教職課程研究連絡協議会役員（50名）対象調査を実施した（2008年11月～2009年1月。回答111名、回収率52.9％）。一方、現職教員対象調査は、政令市・中核市立諸学校園の研究・研修担当教員（271名）を対象に抽出調査を実施した（2009年1～2月。回答91名、回収率33.6％）。「一定勤務年数での長期研修機会附与制度」創設については、大学教員および幼児教育・初等中等教育教員（以下、現職教員）の8割以上が支持をしている。

「一定勤務年数での長期研修機会附与制度」の創設を支持しない理由として挙げられたことから考えられることは、半世紀にわたる研修統制政策がもたらした研修観の歪みの深刻さである。それは、現職教員における研究的力量の必要性にかかわる認識の問題でもある。また、筆者の構想は、教職員定数の抜本的改善を前提にしているのであるが、その点を理解してもらうことが困難であった。「日々多忙であり、また、正規職員が少なく、参加は難しい。そこでの研修が本当に役立つものかどうか疑問である」という回答には、現状から離れて考えることの困難さと、研究的力量と教育実践力との関係についての疑念が現れている。

また、大学教員の回答には、その適否は措くとして、派遣研修に対する批判がこめられているように思われる。たとえば、「大学院に進学するには、待遇など、それなりの『覚悟』で来て欲しいものです」、「企業で失敗している。やりたいことがはっきりしないうちはダメ。逆にテーマが明確で価値があるならチャンスを与えるべき。『一定』がひっかかる」などの回答がそれである。

また、「一定勤務年数での長期研修機会附与制度」の「構想の骨子」において、「(イ)本人の希望が前提であるから、『一定勤務年数』に達しても、強制されるものではない」、「(エ)研修期間・課題は自由である。しかし、『職務性公認』に値する研修計画と研修報告が必要である。研修計画については、大学教員等を中心とする『長期研修支援委員会』（仮称）を設置し、研修計画の立案段階から相談に乗り、助言を行う」、また、研修成果が予定調和的に学習権保障に結びつくという観点ではなく、児童・生徒・保護者・教員・住民等への研修報告と成果の公開を行う」と筆者が記していることが回答者に理解されていなかったのであろう。

大学教員からの、「現行の制度において、本当に教員が10数年に１度、長期研修で大学院に行きたいと思っているかその辺が全く不明確です」という指摘については、現職教員対象調査の結果がそれに対する回答となっているだろう。この調査では、「現在、『一定勤務年数での長期研修機会附与制度』（現

職現給保障）が存在すると仮定してお答えください」として、「①ご自分は長期研修機会を活用したいと思われますか」とたずねた。これに対する回答は、長期研修機会を活用したい教員が68％（ぜひ活用したい、できれば活用したい）存在し、とくに、「ぜひ活用したい」が32％である。また、「③給与支給が70％程度だとしたら」という問いに対しても56％の教員が活用したいと回答している。「ぜひ活用したい」は13％である。現職教員の長期研修要求は、少なくない比率で存在すると言える。

　制度創設に際して最大の課題である財政問題については、調査実施後、複雑な状況が続いている。事態の好転ととらえる面では、近年、わが国の対GDP比公財政教育支出がOECD諸国中最低水準であること（全教育段階で2011年3.8％）、OECD加盟諸国平均（2011年5.6％）に引き上げる課題が文部科学省からも強調され、新聞・テレビでも取り上げられ、国民的認識になりつつあることである。たとえば、公財政教育支出をGDP比の5％に引き上げるだけでも、国と地方公共団体の教育予算が6兆円程度増加する。OECD平均の5.6％に引き上げるならば、約9兆円の増額となる。しかし、自民党から民主党、そして、再び自民党と政権が交代する中で、若干の変動があるがほぼ一貫して財務省からは教育予算削減の厳しい主張が行われ、とくに、それは2012年末の第2次安倍政権発足後、顕著になっている。

第2節　教育公務員特例法改正の提言

1. 教特法に内在する矛盾

(1)制定時から内在する矛盾と課題

①「研修」概念の混乱

　教特法第22条の条文には、「研修を受ける」（第1項・3項）と「研修を行う」（第2項）の2通りの表現があり、これは研修の主体のありように関わる問題である。この点は、有倉遼吉が早い時期にすでに指摘していた[37]。筆者は、

研修条項成立過程研究において、有倉の時代には把握することができなかった文書（GHQ/CIE文書、国立公文書館所蔵文書）にもあたり、「受ける」と「行う」をいかなる意味で使い分けているのか考察したが明確な理由は把握できかねた。ただ、次の２つのことは確認できる。第１に、法案・法律の英訳文（GHQ/CIEに提出）を調査した結果、「研修」の英訳は'study'、'learning'、'training and education'、など変遷の後、'study and self-improvement'に確定した。第２に、教特法第20条（現第22条）第１項の英訳文は、"Educational public service personnel shall be given opportunities for study and self-improvement."（"CIE BULLETIN" 22 December 1948）であり、「研修を受ける」のではなく、「研修の（を行う）機会を与えられる（受ける）」のであり、したがって、研修の主体は教育公務員である。有倉が指摘した通り、「研修を受ける」ことはあり得ない。筆者は、様々な機会にこの点を指摘してきた。条文上の混乱が、教員研修の展開に与えた影響は決して小さくなかったと考えている。

②研修費支給規定の欠如

研修費支給規定は、教特法成立過程での諸法案や政令案に存在していたが、1948年６月以降、法案から消失した。しかし、第４回国会では研修費支給規定欠如の問題が議論の争点となり、衆議院文部委員たちは修正案に研修費支給規定を盛り込もうとしたが、CIEルーミスの反対により断念した。しかし、文部大臣や調査局長がその必要性を認め、今後の改善を約束して法案への支持を取り付けている。当時は、研修費を支給する必要性が立法に携わった者の中で共有されていたと言える。その後、都道府県・市町村段階では、研修費支給を獲得したところがあるが（研修手当、または福利厚生の一環として）、法制上、研修費は位置づけられることなく今日に至っている。

③私学教員・事務職員問題

今日、私立学校教員の研修条件は学校により大きな格差が存在する。教特法成立過程において、当初は、教員身分法案として官公私立すべての教員を対象としていたが、私学の自由を損なうというCIEの反対により私学教員を対象から外し国立公立学校教員法案とした経緯がある。現行法を改正して、私立（国立も）学校教員に同法を準用する旨の規定を置くか、あるいは、新しく教職員研修法などという法律を制定するかが考えられる。また、事務職員については、教特法案を審議した第4回国会の衆議院・参議院文部委員会においても教育公務員に含めるべきだという意見があった。その後、日本教育法学会創立総会の第1分科会「教育権と研修権」でも議論され、兼子仁は教育公務員として位置づける見解を表明している[38]。以来、40年近くが経過した。この間、事務職員の研究活動は活発に展開され、教師や保護者も交えた全国的な教育研究集会でも多くの事務職員が発表し出版物も公刊されている[39]。就学援助・奨学金制度の保護者・児童生徒への丁寧な説明や私費負担の軽減、学校予算の民主的編成・執行を進めていく上で、事務職員が果たす役割が大きいことは、各地の取り組み明らかにしている。事務職員を教育公務員とすることについて機は熟しているように思われる。さらに、栄養職員や技術職員などの学校職員、社会教育主事以外の公民館長などの社会教育関係職員をどう位置づけるかという課題もある。

(2)改正により生起した矛盾
①「教員擁護の規定」から「教員統制の規定」へ

「教員擁護の規定」として発足した教特法が最初に異質の条項を抱えたのは、1954年の「公立学校の教育公務員の政治的行為の制限」条項（現第18条）の新設であった。研修条項については、1988年の法改正（初任者研修）、そして2002年の法改正（10年経験者研修[40]）により、「任命権者が実施する研修」が法定され、第19・20条（現第21・22条）とは明らかに異なる原理に基づく条項

が教特法の中に混在することになった。そして、研修制度の運用上は、法定研修その他の行政研修が中心となり、自主研修がいよいよ逼塞していく事態が進行した。さらに、2007年改正により「指導改善研修」条項（第25条の二、第25条の三）が設けられ[41]、第25条の三では、教特法の中についに免職規定を登場させることになった。

②長期派遣研修と大学院修学休業の矛盾

教特法の長期研修規定は、「任命権者の定めるところにより」具体的な運用が行われてきた。派遣者募集や選考過程において、機会均等性や公平さを欠く点が存在し、人事管理的側面が含まれていたことは否定できない。このように法制定時以来存在した問題点に加えて、第6章第3節で詳述したように、2001年度から実施された大学院修学休業制度等は、国内外における長期研修機会を拡大する一方で、原理的混乱を増大するものである。第1に、無給であることによる経済的打撃とそのことによる機会の不均等（制度を利用できない教員の存在）の問題である。第2に、学校教育と何らかの形で関係する研究を行いながら、現給を保障される派遣研修の教員との絶大な待遇上の格差である。派遣研修の教員と大学院修学休業の教員の研究課題や研究内容・成果を比べて、前者が後者に比して職務性顕著と言える確証はまったくない。「自由性」「職務性の公認」「機会均等性」という研修の3つの原理を統一的に実現する制度に変革する必要がある。

2．「教育公務員特例法研修関係規定改正私案」

本章第1節で述べた「一定勤務年数での長期研修機会附与制度」の創設および本節の前項「1」で考察した教特法に内在する矛盾を克服するための教特法研修関係規定に関する「改正私案」を提示する。なお、二重下線部はその直後に記載している文言に改正するという意味であり、また、枠で囲ったものは新設の条文である。なお、2016年11月に教特法が一部改正された。「校

長及び教員としての資質の向上に関する指標」や「協議会」、それらを含んだ「教員研修計画」について規定した第22条の二～第22条の五については、筆者の研究がまだ不十分であるので、改正私案の提示を控えることにする。

第1章　総則
（定義）
第2条　この法律において「教育公務員」とは、地方公務員のうち、学校（学校教育法（昭和22年法律第26号）第1条に規定する学校及び就学前の子どもに関する教育、保育等の総合的な提供の推進に関する法律（平成18年法律第77号）第2条第7項に規定する幼保連携型認定こども園（以下「幼保連携型認定こども園」という。）をいう。以下同じ。）であつて地方公共団体が設置するもの（以下「公立学校」という。）の学長、校長（園長を含む。以下同じ。）、<u>教員</u>及び部局長並びに教育委員会の専門的教育職員をいう。
　　　　　　　　　　教員、事務職員

第4章　研修
（研修）
第21条　教育公務員は、その職責を遂行するために、絶えず研究と修養に努めなければならない。
②教育公務員の任命権者は、教育公務員の研修について、それに要する施設、研修を奨励するための方途その他研修に関する計画を樹立し、その実施に努めなければならない。

（研修の機会）
第22条　教育公務員には、<u>研修を受ける機会</u>が与えられなければならない。
　　　　　　　　　　研修を行う
②教員は、<u>授業に支障のない限り</u>、本属長の承認を受けて、勤務場所を離れ
　　　授業その他の教育活動ならびに校務に支障のない限り
　て研修を行うことができる。

終章　自主研修法制の改革構想　385

> ③前項に規定する研修を行うときは、これを勤務とみなすものとする。

　　　　　　　（教育公務員法要綱案第14条、1948年3月5日および3月9日）
③教育公務員は、任命権者の定めるところにより、現職のままで、長期にわ
④　　　　　　　　　　　　10年間継続勤務した場合には、現職のままで
たる研修を受けることができる。
　　　　　　行う
(or　④任命権者は、10年間継続勤務した教育公務員には、本人の申請に基
づき、現職のままで長期にわたる研修を行う機会を与えなければならな
い。)

> ⑤教育公務員には、研修のために必要な研修費が考慮され、その支給の方途
> が講じられなければならない。

　　　　　　　　　　　　　　（教育公務員法要綱案第22条、1948年5月24日）
（初任者研修）
第23条　公立の小学校等の教諭等の任命権者は、当該教諭等（臨時的に任用
　　された者その他の政令で定める者を除く。）に対して、その採用（現に教諭
　　等の職以外の職に任命されている者を教諭等の職に任命する場合を含む。
　　附則第5条第1項において同じ。）の日から1年間の教諭又は保育教諭の
　　職務の遂行に必要な事項に関する実践的な研修（以下「初任者研修」とい
　　う。）を実施しなければならない。
　　　　　　　　　　行う機会を与えなければならない
②任命権者は、初任者研修を受ける者（次項において「初任者」という。）の
　　　　　　　　　　　　　行う
　　所属する学校の副校長、教頭、主幹教諭（養護又は栄養の指導及び管理を
　　つかさどる主幹教諭を除く。）、指導教諭、教諭、主幹保育教諭、指導保育
　　教諭、保育教諭又は講師のうちから、指導教員を命じるものとする。
③指導教員は、初任者に対して教諭又は保育教諭の職務の遂行に必要な事項
　　について指導及び助言を行うものとする。

（中堅教諭等資質向上研修）

第24条　公立の小学校等の教諭等（臨時的に任用された者その他の政令で定める者を除く。以下この項において同じ。）の任命権者は、当該教諭等に対して、個々の能力、適性等に応じて、公立の小学校等における教育に関し相当の経験を有し、その教育活動その他の学校運営の円滑かつ効果的な実施において中核的な役割を果たすことが期待される中堅教諭等としての職務を遂行する上で必要とされる資質の向上を図るために必要な事項に関する研修（以下「中堅教諭等資質向上研修」という。）を実施しなければならない。　　　　　　　　　　　　　　**行う機会を与えなければならない**

②任命権者は、中堅教諭等資質向上研修を実施するに当たり、中堅教諭等資質向上研修を受ける者の能力、適性等について評価を行い、その結果に基づき、当該者ごとに中堅教諭等資質向上研修に関する計画書を作成しなければならない。

⇩

②中堅教諭等資質向上研修を行う教諭等は、能力、適性等に関する自己評価に基づき研修計画書を作成し、任命権者に提出しなければならない。

③中堅教諭等資質向上研修は、第22条4項に規定する長期研修により代替することができる。

第7章　教育公務員に準ずる者に関する特例

（国立学校並びに私立学校の教員及び事務職員に対するこの法律の準用）
第30条の二　国立学校並びに私立学校の教員及び事務職員には、政令の定めるところにより、この法律の規定を準用する。

第3節　自主研修法制を支える基礎的教育条件の改善

　本書では、これまでに、「序章　問題の所在と研究目的・構成」、「第1章　教職員組合の研修保障要求運動とその特質」、「第2章　研修条項に関する行政解釈の変遷」、「第3章　教育法学説にみる研修条項解釈」、「第4章　判例にみる研修条項解釈」、「第5章　教員研修に関わる教育法学説の検討課題」、「第6章　自主研修法制の実態と課題」、そして、終章である本章では「自主研修法制の改革構想」と題して考察を重ねてきた。いずれも、教員の自主的研修機会をどのように拡大し、それを児童生徒の学習する権利保障、さらに言えば、「子どもの最善の利益」への接近に、どのように結合させていくかという観点からの考察であった。そして、教員の自主研修と円滑な学校組織運営の統合をも意識してきた。

　しかし、教員の自主的研修機会の拡大は、教育条件全体の整備なしには、抜本的な改善は困難である。しかしながら、中央教育審議会答申や文部科学省および教育委員会が示す研修政策においては、研修条件整備の観点は総体として乏しく、教員の心がけやさらなる努力にひたすら依拠する類のものが多い。これでは教員の自主的研修機会の拡大を全国的に図ることは困難である。したがって、本書の末尾に、自主研修法制を支える基礎的教育条件の改善について論述して、結びとしたい。

1.　教員の勤務・研修条件の抜本的改善

　これまで、教員自主研修法制の変遷を概観しながら、その初志への回帰、すなわち、半世紀にわたる教員統制策としての研修政策の転換を明確にすることの重要性を述べてきた。そのことと平行して、今日喫緊の改革課題は、第1に、勤務時間内に教材研究を初めとした研修を行う時間を確保することである。そのためには、学級編制標準の切りさげ（35人以下学級の法制化）にとどまるのではなく、公立義務教育諸学校の場合には、義務教育標準法第7条

および第11条の「学級数に乗ずる数」を大きくして専科教員の確保や教員の授業担当時間・校務負担を減少させることである。2006年度文科省委託調査『教員勤務実態調査報告書』や2016年度に文科省が実施した「勤務実態調査（平成28年度）の集計（速報値）」、近年刊行された『いま、先生は』[42]等の書籍、鳥居建仁さんの過労被災事件訴訟や木村百合子さん自死事件訴訟等々の公務災害認定訴訟とその判決、さらに、蓄積されてきた教師のバーンアウト研究において、現在の教師が置かれている過酷な勤務実態や教育活動におけるゆとりの欠如が教師の困難の主たる要因であることが指摘されている。勤務時間を超えて学校であるいは家庭で授業準備やもう少し中・長期的な課題での研修を行うことを、今の段階で一切根絶することは筆者としても現実的課題としては挙げがたい。しかし、はじめから教材研究や研修時間が勤務時間外でしかできないような実態は放置できない。勤務時間（公立学校の場合には7時間45分）内にたとえ1時間でも教材研究を含めた研修時間を確保するためには、教員定数をどのように改善する必要があるのかということが真剣に検討されねばならない。

　この点の改善なくして2012年中教審答申が掲げる「学び続ける教員像」形成が困難なことは、教育関係者なら自明のことである。同答申案に対する全国公立学校教頭会の意見書は「初任者を支え育成する現職教員に研修の時間と場をどう確保し、学び続ける教員が育つ環境をどう整備していくかということも大きな観点である」と述べたあと「研修時間の確保が絶対条件である」と明言している。また、日本教育大学協会の意見書は「有為な若者にとって教職が魅力ある職業とならなければ、教員の資質能力の向上も絵に描いた餅に終わらざるをえない」と指摘し、さらに、日本教師教育学会山﨑準二会長（当時）名での意見書も「さらに踏み込んだ改善課題の提起と、それを真に実効あるものとするためにも必要な教員の適正配置等を可能とするような財政的支援についての表明もまた求められる」と指摘している。

　残念ながらこれらの意見は2012年答申には反映されなかった。政府におい

て文科省がおかれた厳しい立場は理解できるが、「学び続ける教員像」を「絵に描いた餅に終わら」さないためには、教員の自主的研修の奨励・支援という教特法の立法趣旨に立脚することを堅持しながら行政解釈と学説の一致点を模索する努力とともに、研修主体である教員および教員団体の不断の努力が求められているのであるが、それらのことにとどまらず、教員の勤務・研修条件の抜本的整備が必要なのである。

2. 非正規教員問題の飛躍的改善

第2に、非正規教員問題の飛躍的改善が必要である。今や公立小・中学校教員定数の6.9％（2010年度）を占める非正規教員[43]を減少させることである。義務教育標準法で算定される教員定数のうち、正規教員の率は今や全国平均で93.1％でしかない。非正規教員の急増も自然現象ではなく、21世紀に入ってからの諸制度の改悪[44]とそのもとでの道府県の独自措置を軸とした少人数学級の推進・拡大、などがその要因である。この点についても、前述の山﨑準二会長名での意見書は「教員定数を正規採用教員によって充足することなど、こうした現状の改善も、教員の資質能力の向上方策を審議する際に欠かすことのできない課題であると考える」と指摘している。「欠かすことのできない課題である」にもかかわらずまったく言及されていない点に、答申が掲げる「学び続ける教員像」の危うさが象徴されているよう思われる。

3. おわりに

もちろん、2012年答申が条件整備についてなんら言及していないのではない。「8．学校が魅力ある職場となるための支援」において、「これまで述べてきた教員の資質能力向上方策とともに、教職や学校が魅力ある職業、職場となるようにすることが重要である。そのため、修士レベル化に伴う教員の給与等の処遇の在り方について検討するとともに、教職員配置、学校の施設、設備等引き続き教育条件の整備を進める」と述べている。しかし、「学び続け

る教員像」の理念に比して、その条件整備についてはあまりにも遠慮深い記述である。2012年答申から5年が経過したが、この間、「教員の勤務・研修条件」や「非正規教員問題」について、あるいは「教職や学校が魅力ある職業」となるための施策が何か打ち出されたとは残念ながら思われないのである。

　一方では、教員団体や筆者を含めた教育関係者には、2012年答申の弱点を論じることに終始するのではなく、「学び続ける教員像」という積極的提言を最大限に活用し（自主的研修機会保障要求と研修条件整備要求）、半世紀にわたる研修政策を転換させていく自前の努力が求められていることを自戒をこめて強調したい。

　今日、教育課題が高度化し、また複雑化し、多くの教員がこれまで培ってきた経験や手法では日々の教育の仕事をある程度の自己達成感をもって進めることができないことは周知の事実である。また、教育行政当局も、従来の行政研修について、高度化・複雑化した教育課題に対応し得る研修効果を期待できないことを自覚しつつあるように思われる。その点で、21世紀初頭の今日は、自主研修制度拡充の好機である。今こそ、教員の多様な研修要求をとくに教職員組合が結集して、長期のそして日常的な研修の機会の確保を継続的に要求し続けていくことが大切である。また、教育行政当局が自ら積極的に、あるいは教員の要求を受けて研修条件の整備を進めていくことが求められている。

　自主研修法制拡充のためになすべき課題は多いが、最も初歩的・基本的で重要なことは、教特法研修条項が、教員の自主的研修機会を保障するための規定（行政研修を排除するものではない）であることを再確認することと、それに基づく研修条項の運用が必須課題であることである。これを最重要事項としながら、筆者は、本書の第5章と第6章および終章において、教育法学説の再検討・修正を含む主に3つの改革課題を指摘した。

　第1に、教員の質を学識・意欲ともに飛躍的に向上させる確実な方法は、一定勤務年数（7〜10年くらい）で希望する者に1〜3年間の長期研修の機会

を保障すること、すなわち、「一定勤務年数での長期研修機会附与制度」の創設である。これは、「自由性」、「職務性の公認」、「機会均等性」の研修の３つの原理を統一的に実現する研修制度である。

　第２に、教員の研修成果を生徒の学習権保障に向けてより確実に還元させるためのしくみを創出することである。学習権の主体者であり、教育権の主体者である児童・生徒、そして、保護者の教員研修に対する理解と支持こそが、教員統制策としての行政研修の網を自主的・主体的研修行為が突き破っていく最大の原動力であると考える。

　第３に、教育法的には、２つの課題がある。１つは、教特法第22条第２項の「授業に支障のない限り」の解釈や計画書・報告書の法的位置付けをはじめとして、教育法学説の精緻化を図ることである。その際に重視することは、学習権保障性の明示方法構築に加えて学校組織運営を重視する観点からの再解釈の取り組みである。もう１つは、原理的混乱・矛盾が著しい教特法研修条項および研修関連規定を共通原理のもとに再構成・改正することである。

　これらの研修条件の整備は、もとより教育行政機関の任務であり、そのための改革提言は研究者の課題でもあるが、もっとも中心的に考究し課題解決に向けて取り組む主体は、研修主体である教員およびその要求実現組織としての教職員組合等の教員団体であると考えている。

　しかし、実態として教員および教職員組合・教員団体の研修保障要求運動は、全国的に活発であるとは言えない。大学院修学休業制度は、本書第６章第３節で考察したように、現職教員の大学院での修学機会を拡大したと共に様々な原理的・実践的問題を内包した制度であるが、教職員組合内部においては、ほとんど議論された形跡が見られない。これは、たいへん憂慮されることである。自らを「専門職」として位置付けるならば、その研究の自由の保障や研修条件の改善は、極めて重大な問題である。そして、いかに優れた理念のもとに立法化され、あるいは制度化されても、その理念や法律、制度を自己の要求実現のために活用できるか否かは、その法律や制度形成・維持・

改変に教員がいかに主体的に関わったかに強く規定されることは、拙著『戦後日本教員研修制度成立過程の研究』(風間書房、2005年) および本書第1章において明らかにしてきたことである。たとえば、大学院修学休業制度が「無給」であるから教員の長期研修要求を満足させないと言うのであれば、制度の改正あるいは新制度の創設を目指した運動が教員の側から起こされるべきであろう。新教育大学大学院および教職大学院、その他の大学院や学部への派遣制度あるいは研修費支給についても改善要求が出されてしかるべきであろう。

教育行政の側が恩恵的に与える研修機会を待っていては、教特法研修条項の立法者意思を具現化することができないし、今日的課題に応える自主研修法制を実現することは不可能である。教員がおかれている多忙で困難な教育活動の現況が研修要求の高揚を妨げている一要因であることは容易に想像されるが、筆者はあえて「それ故にこそ」、そして「専門職としての誇りあらばこそ」と考える。

本書が、戦後日本の教員自主研修法制に関する教員、教育行政関係者、教職員組合の指導者、研究者、などの認識を深め、関心を高めることにより、研修保障要求の形成と要求運動の高揚、自主研修法制の改善、そして、児童生徒の学習権保障に貢献する自主研修の活性化に幾ばくかの寄与ができることを願って、結びとしたい。

〔註〕
(1) 「小中学校教員の『勤務実態と意識』アンケート調査結果」『総合教育技術』2004年6月号、小学館、59頁。
(2) 山田昇は『戦後日本教員養成史研究』(風間書房、1993年、17頁) で「十」としている。
(3) 文部省師範教育課「アメリカ教育使節団報告書に基づく教育対策」『戦後教育資料』V-3 (国立教育政策研究所所蔵) 所収。
(4) 1938年12月の教育審議会答申中の「師範学校ニ関スル要綱」(文部省教育調査部編

『教育審議会要覧』1942年、24頁）および佐藤幹男『近代日本教員現職研修史研究』風間書房、1999年、376～383頁、参照。
⑸　1942年11月17日頒発中華民国「教育部奨励中等学校教員休暇進修弁法」『時事通信・内外教育版』第41号、1947年7月23日付（渡部宗助編『時事通信・内外教育版』第1巻、大空社、1988年、490頁）参照。また、牛渡淳「アメリカにおける教員研修の歴史的動向」前掲『教員研修の総合的研究』352～353頁、『現代米国教員研修改革の研究』風間書房、2002年、47頁、参照。
⑹　『田中二郎氏旧蔵教育関係文書』Ⅰ-93またはⅠ-171（国立教育政策研究所所蔵）参照。
⑺　日本近代教育史研究会編『教育刷新委員会・教育刷新審議会会議録』第8巻、岩波書店、1997年、463～464頁。
⑻　田中二郎については、鈴木英一「戦後教育改革と田中二郎先生」『法律時報』第54巻第4号、1982年、38～42頁、参照。立案作業については、西村巌「文部省時代の憶い出㈡」『占領教育史研究』第2号、明星大学占領教育史研究センター、1985年、53～69頁、および高橋寛人「＜インタビュー＞宮地茂氏に聞く―教育公務員特例法制定時のこと」『戦後教育史研究紀要』第12号、明星大学戦後教育史研究センター、1998年2月、186～192頁、参照。
⑼　『辻田力文書』第5巻（国立教育政策研究所所蔵）所収。省議での修正を書き込んだものである。
⑽　同前。
⑾　羽田「戦後教育改革と教育・研究の自由」『教育学研究』第54巻第4号、1987年12月、25～26頁、参照。
⑿　昭和59年度文部省移管公文書『教育公務員特例法』第6冊（国立公文書館所蔵）中に政令案と思われる「国立公立学校教員の給与等に関する件」と題する2つの文書があり、各々「二二、六、二七」、「二二、七、四」と記されている。いずれもその第2条には「学校教員法第23条の規定による研究費を受けることができること」という文言が記されており、「1947.6.5」案に対応する政令案であることを示している。【資料A】は、この2つの文書の間に所収されている。
⒀　変遷過程の分析は、前掲・羽田「戦後教育改革と教育・研究の自由」25～28頁、参照。
⒁　前掲『田中二郎氏旧蔵教育関係文書』Ⅰ-70。
⒂　第1条は、教員が1年間に「10日間研修のための自由日を与えられること」を規定している。労働協約で取り決められた「自由研究日」の法的根拠を整備しようとい

う意図が見える。
(16) 【資料A】の第2条と同じ。
(17) 【資料A】の第3条と同じ。
(18) 「教員身分法に関するCIEトレーナー氏及びルーミス博士の意見」『辻田力文書』第5巻所収、および"Legislation", CIE Records, Box No.5137, (C)00409, "Educators' Public Service Law", CIE Records, Box No. 5360, (A)03026.
(19) 前掲『戦後教育資料』Ⅲ-39及び前掲『教育公務員特例法』第6冊所収。
(20) 前掲『教育公務員特例法』第2冊所収。
(21) 「第2回国会衆議院文教委員会議録」第23号、6頁。
(22) 発展可能性を現実化する上では、教職員組合に期待される役割りは大きかった。
(23) 文部省内教育法令研究会編『教育公務員特例法―解説と資料―』時事通信社、1949年、130頁。ただし、「優秀な教員に対する一種の褒賞的な規定」と述べており必ずしも整合的ではない。
(24) 「5月14日起案、5月31日決済」であるが回答日は不明、前掲『教育公務員特例法』第4冊所収。なお、宮地茂『新教育法令読本』日本教育振興会、1950年、では、「特定の者に限定されるべきもの」(127頁)と述べている。また、海外留学の際に第20条第3項(現第22条第3項)を適用できるのかについては、関口隆克監修・教育法令研究会編『改正教育公務員特例法詳解』港出版合作社、1951年、131頁、では「休職」としての取扱いの可能性を示している。この点は、安達健二『改訂版 校長の職務と責任』第一公報社、1961年、323頁、にも継承されている。
(25) 前掲『教育公務員特例法―解説と資料―』130頁、参照。
(26) 有倉遼吉は、「教育公務員特例法」(有倉・天城勲『教育関係法〔Ⅱ〕』日本評論新社、1958年、375～627頁)において、「現職のままで」を「現職現給のままで」と解釈しているが(546頁)、直ちには同意できない。また、教特法案の英訳版では、"retaining their current positions"と記され、「現職現給のままで」と解するのは困難である。"The Draft for the Law for the Special Regulations concerning Educational Public Service", CIE Records, (C)02061.
(27) たとえば、「1947.7.14」案では、その第21条で、大学教員は俸給の10分の2、その他の学校の教員は俸給の10分の1、と規定している。「1948.6.5」案で消失した主たる要因は、1948年6月1日付大蔵次官から文部次官宛「教育公務員法要綱案について」において「国家公務員法の精神からも、報酬は俸給表によるべき」であると強硬に反対したことであると考えられる。前掲『教育公務員特例法』第1冊所収。また、第4回国会での修正案提出については、「第4回国会衆議院文部委員会議録」第

終章　自主研修法制の改革構想　　395

3号（3頁）及び"Amendement of Opposed by Standing Committee for Education to the Bill for Special Regulations concerning Educational Public Service", GS Records, Box No. 2204, (A)01812, など参照。さらに、修正案挫折後の議論は、同前会議録第4号、4頁、参照。なお、筆者は、研修費支給規定の形成とその消失については拙著『戦後日本教員研修制度成立過程の研究』（風間書房、2005年）の第2章第2節、第4回国会での修正案提出については同書の第4章第2節で論述している。

㉘　地方公務員法第26条の五。2007年施行。

㉙　千教組組合史編纂委員会編『千教組組合史』千葉県教職員組合、1973年、157〜158頁、新潟県教職員組合編『新潟県教職員組合史』第1巻、1958年、460〜462頁、高知県教育史編集委員会編『戦後高知県教育史』高知県教育委員会、1972年、611頁、参照。この他、労働協約で内地留学を規定しているのは、青森、山形、神奈川、山梨、香川、鹿児島などである。

㉚　日教組は、1952年10月17日の「日本文教政策の大綱」（第1次草案）で、「現行内地留学制度の拡充」を掲げたが、運動方針に明記されるのは1957年度が最初である。『日教組教育新聞』第190・308・357・408・454・634号など参照。

㉛　文部省初等中等教育局「教職員研修の強化」『文部時報』第1004号、1961年4月、53頁、伊藤武「教育研究団体の動向」『文部時報』第1019号、1962年7月号、59頁・61頁、今村武俊「教育研究団体の助成について」『文部時報』第1027号、1963年3月、59頁、など参照。

㉜　教育制度検討委員会・梅根悟編『日本の教育をどう改めるべきか』勁草書房、1972年、128〜129頁。

㉝　第2次教育制度検討委員会・大田堯編『現代日本の教育を考える』勁草書房、1983年、162頁。

㉞　三輪定宣は、「10数年に1度くらいの割合で、9か月程度の有給の長期研修休暇」制度を創設することを提案している。『教育学研究』第58巻第1号、1991年3月、11〜12頁、参照。

㉟　管見の限り、組織的・集団的に検討・研究されることは未だなかったと認識している。「大学院における長期研修の拡大と条件整備」については、土屋基規『戦後日本教員養成の歴史的研究』（風間書房、2017年）の第四部第2章第4節「現職研修制度の改革課題」において言及されているので参照されたい。

㊱　牧柾名「研修の目的性・集団性・開放性」『季刊教育法』第46号、総合労働研究所、1982年12月、51〜52頁、参照。

㊲　有倉、前掲「教育公務員特例法」544頁。

⑶⑻　討論：教育権と研修権『日本教育法学会年報』第1号、有斐閣、1972年3月、88頁。
⑶⑼　藤本典裕・全国学校事務職員制度研究会編『学校から見える子どもの貧困』大月書店、2009年、や全国学校事務職員制度研究会編『学校のお金と子ども』草土文化、2010年、さらに、同『元気が出る就学援助の本』かもがわ出版、2012年、など。
⑷⑽　2016年11月の教特法改正により「中堅教諭等資質向上研修」。
⑷⑾　2016年11月の教特法改正により第25条および第25条の二。
⑷⑿　朝日新聞教育チーム『いま、先生は』岩波書店、2011年。
⑷⒀　「非常勤講師等」については常勤教員の勤務時間で換算した比率。文科省「学級編制・教職員定数改善に関する基礎資料集」。
⑷⒁　たとえば、2001年の義務教育標準法第17条、高校標準法第23条改正（「定数崩し」の合法化）、総額裁量制導入（2004年）や義務教育費国庫負担制度の改変（2006年）、行政改革推進法の公布（2006年）（とくに、公立学校教職員数の純減を法定した第55条3項）による第8次定数改善計画（2006～2010年度）の凍結と2017年度に至るまで定数改善計画が存在しない異常事態の継続などである。

参考文献一覧

1．著書
・文教研究同人会編『教育公務員特例法解説』文治書院、1949年。
・文部省内教育法令研究会編『教育公務員特例法―解説と資料―』時事通信社、1949年。
・井手成三『詳解教育公務員特例法』労働文化社、1949年。
・下條進一郎『教育公務員特例法の解説』法文社、1949年。
・田中喜一郎『現職教育論』新制教育研究会、1949年。
・相良惟一『教育行政法』誠文堂新光社、1949年。
・教師養成研究会編『学校管理』学芸図書、1950年。
・宮地茂『新教育法令読本』日本教育振興会、1950年。
・関口隆克監修・文部省内教育法令研究会編『改正教育公務員特例法逐条解説』学陽書房、1951年。
・関口隆克監修・文部省内教育法令研究会編『改正教育公務員特例法詳解』港出版合作社、1951年。
・宮地茂『新教育制度入門』大蔵財務協会、1953年。
・武田一郎監修・教育実務研究会編『教育実務提要―校長編―』第一公報社、1953年。
・渋谷徳雄『実務のための教育行政学』学陽書房、1954年。
・波多江明ほか『学校運営辞典』日本出版、1955年。
・佐野政雄編『現場の学校管理』東洋館出版社、1955年。
・木田宏『教育行政法』良書普及会、1957年。
・有倉遼吉・天城勲『教育関係法〔Ⅱ〕』〈法律学体系28Ⅱ・コンメンタール篇〉日本評論新社、1958年。
・大森晃『学校管理の基礎知識』明治図書出版、1960年。
・安達健二『改訂版校長の職務と責任』第一公報社、1961年。
・安達健二編『学校管理』学陽書房、1961年。
・伊藤和衛『学校管理〈校長・教頭の職務〉』高陵社書店、1961年。
・教育経営研究会編『学校経営の実践』世界書院、1962年。
・西村勝巳編『校長の任務』学陽書房、1963年。
・伊藤和衛・佐々木渡『教育法規精解』明治図書出版、1963年。

- 佐野政雄編『学校管理の基本問題』東洋館出版社、1963年。
- 兼子仁『教育法』〈法律学全集第16巻〉有斐閣、1963年。
- 今村武俊『教育行政の基礎知識と法律問題』第一法規出版、1964年。
- 高橋恒三『教師の権利と義務』第一法規出版、1966年。
- 現職教育研究会編『教育法規の基礎知識』明治図書出版、1966年。
- 伊藤和衛編『教育法規と学校』〈教育管理職のための教育行政講座・第三巻〉明治図書出版、1967年。
- 文部省地方課法令研究会編『新学校管理読本』第一法規出版、1969年。
- 堀尾輝久『現代教育の思想と構造』岩波書店、1971年。
- 有倉遼吉編『教育法』〈別冊法学セミナー12・基本法コンメンタール〉日本評論社、1972年12月。
- 教育制度検討委員会・梅根悟編『日本の教育をどう改めるべきか』勁草書房、1972年。
- 教育制度検討委員会・梅根悟編『日本の教育改革を求めて』勁草書房、1974年。
- 有倉遼吉教授還暦記念論文集刊行委員会編『教育法学の課題』総合労働研究所、1974年。
- 永井憲一『教育法学の目的と任務』勁草書房、1974年。
- 尾山宏・中央法律事務所「教育公務員特例法」星野安三郎・山住正巳・尾山宏編『教育法』〈口語六法全書・第24巻教育法〉自由国民社、1974年、575〜651頁。
- 堀尾輝久『教育の自由と権利』青木書店、1975年。
- 兼子仁『教育権の理論』勁草書房、1976年。
- 有倉遼吉編『新版教育法』〈別冊法学セミナーno.33・基本法コンメンタール〉日本評論社、1977年。
- 兼子仁・佐藤司『判例からみた教育法』新日本法規出版、1977年。
- 青木宗也・室井力編『地方公務員法』〈別冊法学セミナーno.37・基本法コンメンタール〉日本評論社、1978年。
- 兼子仁『教育法〔新版〕』有斐閣、1978年。
- 星野安三郎・望月宗明・海老原治善編『資料戦後教育労働運動史〈1945-69年〉』労働教育センター、1979年。
- 星野・望月・海老原編『資料戦後教育労働運動史〈1970-78年〉』労働教育センター、1979年。
- 日本教育行政学会編『教員研修の諸問題』〈日本教育行政学会年報第7号〉教育開発研究所、1981年。
- 田中二郎『日本の司法と行政―戦後改革の諸相―』有斐閣、1982年。

・牧昌見編『教員研修の総合的研究』ぎょうせい、1982年。
・第二次教育制度検討委員会・大田堯編『現代日本の教育を考える』勁草書房、1983年。
・地方公務員関係研究会編『解釈通覧地方公務員関係法』総合労働研究所、1984年。
・青木宗也ほか編『戦後日本教育判例大系』第1巻、労働旬報社、1984年。
・浪本勝年『教師と教育改革』エイデル研究所、1985年。
・森部英生『教育法規の重要判例』教育開発研究所、1985年。
・鹿児島重治『逐条地方公務員法』(第三次改訂版)学陽書房、1986年。
・木田宏監修『証言戦後の文教政策』第一法規出版、1987年。
・神田修『教師の研修権』三省堂、1988年。
・渡部宗助編『時事通信・内外教育版』第一巻・二巻・三巻・四巻、大空社、1988年。
・青木宗也・室井力編『[新版]地方公務員法』〈別冊法学セミナーno.109・基本法コンメンタール〉日本評論社、1991年。
・浪本勝年『現代の教師と学校教育』北樹出版、1991年。
・永井憲一編『教育関係法』〈別冊法学セミナーno.115・基本法コンメンタール〉日本評論社、1992年。
・日本教育法学会編『教育法学辞典』学陽書房、1993年。
・山田昇『戦後日本教員養成史研究』風間書房、1993年。
・土屋基規『近代日本教育労働運動史研究』労働旬報社、1995年。
・日本近代教育史研究会編『教育刷新委員会・教育刷新審議会会議録』第1巻、岩波書店、1995年。
・日本近代教育史研究会編『教育刷新委員会・教育刷新審議会会議録』第2巻、岩波書店、1997年。
・日本近代教育史研究会編『教育刷新委員会・教育刷新審議会会議録』第8巻、岩波書店、1997年。
・牧柾名『牧柾名教育学著作集』第2巻〈教育権と歴史の理論・下〉エムティ出版、1998年。
・佐藤幹男『近代日本教員現職研修史研究』風間書房、1999年。
・牛渡淳『現代米国教員研修改革の研究』風間書房、2002年。
・結城忠『教育の自治・分権と学校法制』東信堂、2005年。
・久保富三夫『戦後日本教員研修制度成立過程の研究』風間書房、2005年。
・久保富三夫・兵庫民主教育研究所編『よくわかる教員研修Q&A』学文社、2006年。
・藤本典裕・全国学校事務職員制度研究会編『学校から見える子どもの貧困』大月書店、2009年。

- 全国学校事務職員制度研究会編『学校のお金と子ども』草土文化、2010年。
- 朝日新聞教育チーム『いま、先生は』岩波書店、2011年。
- 佐藤幹男『戦後教育改革期における現職研修の成立過程』学術出版社、2013年。
- 窪田眞二・小川友次『平成28年版教育法規便覧』学陽書房、2016年。
- 土屋基規『戦後日本教員養成の歴史的研究』風間書房、2017年。

2．論文

- 相良惟一「教育公務員特例法の意義」『時事通信・内外教育版』第137号、時事通信社、1948年12月、1〜2頁および5頁。
- 金本東治郎「教育公務員特例法解説」『新しい教育と文化』日本教職員組合、1949年、44〜51頁。
- 小川太郎「教師の研究活動」『岩波講座・教育』第8巻、岩波書店、1952年、115〜150頁。
- 「昭和30年度教育委員会事務局職員研修会質疑応答集」（担当…地方課波多江事務官）『教育委員会月報』第60号、第一法規出版、1955年8月、24〜26頁。
- 高石邦男「教職員の勤務時間」『学校経営』第5巻第5号、第一法規出版、1960年5月、56〜61頁。
- 文部省初等中等教育局「教職員研修の強化」（財務課林部一二）『文部時報』第1004号、帝国地方行政学会、1961年4月、48〜54頁。
- 「1．研修について」〈都道府県教育委員会事務局職員人事担当者研修講座・演習問題から〉『教育委員会月報』第134号、1961年10月、48〜51頁。
- 伊藤武「教育研究団体の動向」『文部時報』第1019号、1962年7月、56〜62頁。
- 大森晃「教師の勤務時間（三）」『学校運営研究』第7号、明治図書出版、1962年10月、114〜118頁。
- 実方亀寿「教師の研修（一）」『学校運営研究』第8号、1962年11月、112〜116頁。
- 実方亀寿「教師の研修（二）」『学校運営研究』第9号、1962年12月、112〜117頁。
- 今村武俊「教育研究団体の助成について」『文部時報』第1027号、1963年3月、57〜61頁。
- 本山政雄「教師の研修と教育行政」『学校運営研究』第19号、1963年10月、73〜79頁。
- 近藤修博「勤務と研修」同前書、27〜32頁。
- 沢田道也「公立学校教員と研修」『学校経営』第8巻第10号、1963年10月、40〜44頁。
- 佐々木渡「教職員の管理〈一〉教職員の服務と研修」『学校運営研究』第20号、1963

年11月、118〜124頁。
・大森晃「有給休暇」『学校運営研究』第21号、1963年12月、111〜117頁。
・「『研修』に関する行政実例」『教育委員会月報』第162号、1964年2月、73〜76頁。
・吉本二郎「教師の研修と学校経営」『学校経営』第11巻第5号、1966年5月、43〜44頁。
・井内慶次郎「昭和43年度の文教予算の概要」『学校経営』第13巻第3号、1968年3月、13〜19頁。
・市川昭午「教職の専門性をめぐる論争点」『学校運営研究』第81号、1968年9月、68〜75頁。
・小林信郎「教育研究団体とその動向（3）社会科教育」『学校経営』第14巻第3号、1969年3月、93〜97頁。
・「質疑応答」『学校経営』第14巻第4号、1969年4月、106〜107頁。
・松本健男「公務員である教員に対する研修命令と不利益処分」『別冊労働法律旬報』第708号、労働旬報社、1969年6月25日。
・西井竜生「市町村教育委員会は勤務場所勤務内容等の変更を伴う研修命令を発することができるか」『判例時報』第584号、判例時報社、1970年4月1日、144〜147頁。
・小原孜郎「職務研修と自主研修」『学校経営』第15巻第5号、1970年5月、55〜61頁。
・「質疑応答」『学校経営』第15巻第10号、1970年10月、98〜99頁。
・兼子仁「教師の自主研修権をめぐる法解釈論争」『季刊教育法』第1号、総合労働研究所、1971年10月、53〜64頁。
・浪本勝年「教師の自主研修をめぐる論調—『教育委員会月報』を中心に—」国民教育研究所編『季刊国民教育』第9号（1971年夏季号）労働旬報社、1971年10月、135〜143頁。
・堀尾輝久「教師にとって研修とは何か」『季刊教育法』第2号、総合労働研究所、1971年12月、4〜21頁。
・兼子仁「教師に対する行政研修の教育法的評価」同前書、34〜40頁。
・本多淳亮「自主研修をめぐる慣行とその破棄」同前書、41〜52頁。
・佐藤司「市町村教委の県費負担教職員に対する研修命令権の存否と範囲」同前書、114〜121頁。
・小出達夫「組合主催の教研集会参加と賃金カット」同前書、122〜130頁。
・浪本勝年「教師の自主研修権の現状—閉塞状況と判例の検討—」『季刊国民教育』第11号（1971年冬季号）労働旬報社、1972年3月、85〜93頁。
・小島喜孝「教員政策の展開と教職・研修論」同前書、94〜130頁。

- 五十嵐義三「教育裁判における教師の研修権―北海道・川上事件を中心に―」『日本教育法学会年報』第1号、有斐閣、1972年3月、64～68頁。
- 鈴木英一「教育基本法体制における教師の研修権」同前書、69～73頁。
- 神田修「研修組織をめぐる国と地方の役割分担―教師研修の制度的条件と行政研修―」『現代教育科学』第180号、明治図書出版、1972年10月、46～51頁。
- 青木宗也「教育労働と勤務時間」『季刊教育法』第10号、総合労働研究所、1973年12月、175～180頁。
- 室井力「学習指導要領と教員の研修権について」『日本教育法学会年報』第3号、有斐閣、1974年2月、64～68頁。
- 神田修「教育基本法と教育公務員特例法―『教員』基本法制の意義と課題」『季刊教育法』第23号、総合労働研究所、1977年4月、57～64頁。
- 門田見昌明「組合教研の研修性と職務専念義務免の承認権―川上宏先生事件　札幌高裁昭52・2・10判」『季刊教育法』第24号、総合労働研究所、1977年7月、102～107頁。
- 高石邦男「教職員の教育活動と組合活動」『季刊教育法』第31号、総合労働研究所、1979年4月、24～33頁。
- 尾山宏「教員研修と教員組合活動」同前書、34～42頁。
- 羽田貴史「教育公務員特例法の成立過程（そのⅠ）」『福島大学教育学部論集』第32号の3、1980年12月、37～48頁。
- 浪本勝年「教員研修をめぐる政策と判例の動向」『立正大学文学部論叢』第70号、1981年9月、111～131頁。
- 鈴木英一「戦後教育改革と田中二郎先生」『法律時報』第54巻第4号、日本評論社、1982年2月、38～42頁。
- 下村哲夫「研修と教師の立場」『季刊教育法』第45号、総合労働研究所、1982年10月、26～33頁。
- 羽田貴史「教育公務員特例法の成立過程（そのⅡ）」『福島大学教育学部論集』第34号、1982年12月、21～31頁。
- 神田修「教師研修の今日的再編と課題」『季刊教育法』第46号、総合労働研究所、1983年1月、6～14頁。
- 牧柾名「研修の目的性・集団性・開放性」同前書、44～53頁。
- 伊ケ崎暁生・浪本勝年「戦後研修行政の展開と課題」『季刊国民教育』第56号、1983年4月、49～65頁。
- 羽田貴史「教育公務員特例法の成立過程（そのⅢ）」『福島大学教育学部論集』第37号、

1985年2月、29～41頁。
- 西村巖「文部省時代の憶い出（その二）」『占領教育史研究』第2号、明星大学占領教育史研究センター、1985年7月、53～69頁。
- 下村哲夫「官製研修出席拒否」『教職研修』No.167、教育開発研究所、1986年7月、108～111頁。
- 羽田貴史「戦後教育改革と教育・研究の自由」『教育学研究』第54巻第4号、1987年12月、22～32頁。
- 若月雅裕「全道教研への参加にみる研修権保障の容態」北海道教職員弁護団・北海道教職員組合法制部『教育裁判証言集』〈現場証言編〉1990年1月、234～245頁。
- 秋山義昭「職務専念義務の免除が地方公務員法46条に基づく措置要求の対象になるとされた事例」『判例時報』第1385号、判例時報社、1991年8月1日、206～210頁。
- 原野翹「第28条」青木宗也・室井力編『［新版］地方公務員法』〈別冊法学セミナーno.109・基本法コンメンタール〉日本評論社、1991年、116頁。
- 久保富三夫「占領教育文書からみた教育公務員特例法成立過程」神戸大学教育学研究科教育過程論・計画論研究室『研究論叢』創刊号、1993年10月、44～56頁。
- 久保富三夫「教育公務員特例法研修条項の成立過程と立法者意思」『日本教育法学会年報』第24号、有斐閣、1995年3月、180～181頁。
- 岩永定ら「現職教員の教育観とその変容可能性に関する調査研究―鳴門教育大学大学院の修了生調査を通じて―」『鳴門教育大学研究紀要』（教育科学編）第10巻、1995年3月、64頁および「現職教員の教育観とその変容可能性に関する調査研究（第3報）―大学院修了生、在学院生、一般教員の意識の比較を中心に―」『鳴門教育大学研究紀要』（教育科学編）第12巻、1997年3月、85頁。
- 柳屋孝安「県立高等学校長が教育公務員特例法20条2項に基づく研修の承認を与えなかった措置に裁量権の逸脱・濫用はないとされた事例」『判例時報』1555号、判例時報社、1996年4月1日、189～194頁。
- 久保富三夫「教育刷新委員会第6特別委員会における研究の自由保障の構想」『日本教育史研究』第15号、1996年8月、1～27頁。
- 高橋寛人「〈インタビュー〉宮地茂氏に聞く―教育公務員特例法制定時のこと」『戦後教育史研究紀要』第12号、明星大学戦後教育史研究センター、1998年2月、186～192頁。
- 高橋寛人「教育公務員特例法案をめぐるCIEとGS（民政局）およびLS（法務局）の対応―1948年7月から12月における教特法の立案過程―」『横浜市立大学論叢・人文科学系列』第49巻第1号、1998年3月、19～50頁。

- 山口和孝「教育職員養成審議会の描く教師像」『日本の科学者』第36巻第3号、水曜社、2001年3月、106～110頁。
- 苅谷剛彦ほか「小中学校教員の『勤務実態と意識』アンケート調査結果」『総合教育技術』小学館、2004年6月、56～59頁。
- 久保富三夫「教育公務員特例法成立過程における長期研修制度構想の原理から見る制度改革の展望」『教育学研究』第71巻第4号、日本教育学会、2004年12月、68～79頁。
- 佐藤幹男「研修政策の新たな展開―自己責任としての研修―」日本教師教育学会編『日本教師教育学会年報』第14号、学事出版、2005年9月、13～18頁。
- 藤原ゆき「学校施設の目的外使用における裁量権の限界―広島県教研集会会場使用不許可事件―」『季刊教育法』第152号、エイデル研究所、2007年3月、74～79頁。
- 久保富三夫「教員研修に関わる教育法学説の検討課題―90年代以降の判例・行政解釈等からの考察―」『日本教育法学会年報』第36号、有斐閣、2007年3月、189～198頁。
- 久保富三夫「免許更新制と現職研修改革」『日本教師教育学会年報』第16号、学事出版、2007年9月、25～32頁。
- 久保富三夫「逼塞する教員研修と制度改革の展望」『和歌山大学生涯学習教育研究センター年報』第8号、2010年3月、19～27頁。
- 久保富三夫「教免法と教特法の変遷と教員養成・研修制度」『日本教育学会年報』第40号、有斐閣、2011年3月、67～75頁。
- 久保富三夫「『学び続ける教員像』への期待と危惧―自主的・主体的研修活性化のための必須課題」『日本教師教育学会年報』第22号、学事出版、2013年9月、40～49頁。
- 久保富三夫「『勤務時間内校外自主研修』の制度的保障の歴史と課題（そのⅠ）―神戸市立高等学校における「研修日」獲得運動からの考察―」『研究論叢』第22号、神戸大学教育学会、2016年6月、45～56頁。
- 久保富三夫「『勤務時間内校外自主研修』の制度的保障の歴史と課題（そのⅡ）―神戸市立高等学校における「研修日」の意義と課題―」『研究論叢』第23号、神戸大学教育学会、2017年6月、17～29頁。

3．雑誌・判例集・答申・通知・報告書
- 『季刊教育法』第1号〈特集・教師の権利と教育法〉総合労働研究所、1971年10月、3～82頁。
- 『季刊教育法』第2号〈特集・教師の教育権〉総合労働研究所、1971年12月、4～83頁。

- 『現代教育科学』第180号〈特集・研修制度をいかに確立するか〉明治図書出版、1972年10月、5～95頁。
- 『季刊教育法』第23号〈特集・教育基本法30年〉総合労働研究所、1977年4月、3～146頁。
- 『季刊教育法』第44号〈特集・教師の「資質」とは何か〉総合労働研究所、1982年7月、6～61頁。
- 『季刊教育法』第46号〈特集・教師の研修問題〉総合労働研究所、1983年1月、6～62頁。
- 『別冊労働法律旬報』No.708、労働旬報社、1969年6月25日。
- 『判例時報』第574号、判例時報社、1969年12月21日。
  同前書、584号（1970年4月1日）、651号（1972年1月21日）、755号（1974年11月21日）、865号（1977年12月1日）、963号（1980年7月1日）、971号（1980年9月21日）、1336号（1990年3月21日）、1371号（1991年3月11日）、1385号（1991年8月1日）、1386号（1991年8月11日）、1404号（1992年2月11日）、1518号（1995年4月1日）、1555号（1996年4月1日）、1936号（2006年9月21日）。
- 『判例評論』第134号、判例時報社、1970年4月1日。
- 同前書、390号（1991年8月1日）、446号（1993年4月1日）。
- 『判例タイムズ』第252号、判例タイムズ社、1970年11月15日。
  同前書、554号（1985年7月1日）、607号（1986年9月18日）、722号（1990年5月15日）、741号（1991年1月1日）、870号（1995年4月15日）、1213号（2006年9月1日）。
- 文部省地方課法令研究会編『教育関係判例集』第一法規出版、1971年。
- 最高裁判所事務総局編纂『行政事件裁判例集』第24巻3号、法曹会、1973年12月。
  同前書、第37巻10・11号（1987年7月）、第41巻9号（1991年6月）。
- 法務省総務局編『教育判例総覧』ぎょうせい、1974年。
- 『労働判例』第484号、産業労働調査所、1987年1月1日。
  同前書、492号（1987年5月15日）、578号（1991年4月15日）、587号（1991年9月15日）、604号（1992年6月15日）、609号（1992年9月15日）、612号（1992年11月1日）、613号（1992年11月15日）、656号（1994年11月1日）、666号（1995年4月15日）、687号（1996年4月1日）。
- 兼子仁・佐藤司編『教育裁判判例集Ⅱ』東京大学出版会、1973年。
- 小林直樹・兼子仁編『教育判例百選〈第二版〉』〈別冊ジュリスト第64号〉有斐閣、1979年。
- 青木宗也ほか編『戦後日本教育判例大系』第1巻、労働旬報社、1984年。

- 森部英生『教育法規の重要判例』教育開発研究所、1985年。
- 土屋基規『現職教員の研修体制の整備に関する実践的施策についての研究』(昭和60、61年度科学研究費補助金〈一般研究C〉研究成果報告書) 1987年3月。
- 日本教育大学協会研究集会昭和61年度実行委員会編集委員会編『日本教育大学協会研究集会発表要旨』日本教育大学協会、1987年3月。
- 日本教育大学協会第一常置委員会「教員養成大学・学部における大学院の在り方について」(1990年3月)『会報』第60号、日本教育大学協会、1990年6月、27～50頁。
- 教育職員養成審議会第1次答申「新たな時代に向けた教員養成の改善方策について」1997年7月28日。
- 日本教育大学協会第一常置委員会「大学院修士課程の運営の実態に関する調査報告書」『会報』第76号、1998年6月、41～102頁。
- 教養審第2次答申「修士課程を積極的に活用した教員養成の在り方について」1998年10月29日。
- 日本教師教育学会事務局編『98.10.29教養審第2次答申及関連資料』日本教師教育学会、1998年11月4日。
- 教養審第3次答申「養成と採用・研修との連携の円滑化について」1999年12月10日。
- 日本教育大学協会第一常置委員会「今後における大学院の在り方に関する調査報告書」『会報』第80号、2000年6月、27～132頁。
- 文部科学省初等中等教育企画課長通知「夏季休業期間等における公立学校の教育職員の勤務管理について」2002年7月4日。
- 「夏季休業期間中における公立学校の教育職員の勤務管理等の取組み状況について」『教育委員会月報』第54巻第9号、第一法規出版、2002年12月、90～103頁。
- 中教審答申「新しい時代の義務教育を創造する」2005年10月26日。
- 中教審答申「今後の教員養成・免許制度の在り方について」2006年7月11日。
- 中教審答申「教職生活の全体を通じた教員の資質能力の総合的な向上方策について」2012年8月28日。
- 『日本教師教育学会年報』第22号、学事出版、2013年9月。
- 中教審答申「これからの学校教育を担う教員の資質能力の向上について ～学び合い、高め合う教員育成コミュニティの構築に向けて～」2015年12月21日。

4．戦後教育改革関係資料・国会議事録

- 『辻田力文書』国立教育政策研究所所蔵。
- 『戦後教育資料』国立教育政策研究所所蔵。

・"CIE Records"および"GS Records"国立国会図書館および名古屋大学教育学部図書館所蔵。
・"Trainor Papers"国立国会図書館所蔵。
・『田中二郎氏旧蔵教育関係文書』国立教育政策研究所所蔵。
・文部省昭和59年度移管公文書『教育公務員特例法』第一～第六冊、国立公文書館所蔵。
・古野博明ら『田中二郎氏旧蔵教育関係文書目録』北海道教育大学旭川校学校教育講座旭川教室、1998年3月。
・『第2回国会衆議院文教委員会議録』国立国会図書館所蔵。
・『第3回国会衆議院会議録』国立国会図書館所蔵。
・『第4回国会衆議院文部委員会録』国立国会図書館所蔵。
・『第4回国会参議院文部委員会会録』国立国会図書館所蔵。
・「第84回国会参議院文教委員会会議録」第9号、1978年4月27日。
・「第112回国会衆議院文教委員会議録」第8号、1988年4月22日。
・「第112回国会衆議院文教委員会議録」第9号、1988年4月27日。
・「第147回国会衆議院文教委員会議録」第10号、2000年3月31日。
・「第147回国会参議院文教・科学委員会会議録」第12号、2000年4月20日。

5．教職員組合関係書籍および資料
・日本教職員組合『日教組教育新聞縮刷版』第1～6巻、労働旬報社、1969年、所収。
　・『教育新報』第148号、教育新報社、1949年3月1日。
　・『教育新聞』第9号、日教組、1949年6月16日。同、第100号、1951年1月1日。
　・『日教組教育新聞』第190号（1952年10月24日）、308号（1955年4月15日）、357号（1956年4月20日）、408号（1957年5月17日）、454号（1958年5月14日）、625号（1962年4月13日）、634号（1962年6月22日）、672号（1963年4月26日）、712号（1964年4月14日）、752号（1965年4月13日）、804号（1966年5月10日）、852号（1967年5月2日）、899号（1968年4月9日）、955号（1969年5月27日）、1002号（1970年5月12日）、1043号（1971年3月16日）、号外（1971年6月14日）、1058号（1971年7月6日）、1060号（1971年7月20日）、号外（1972年5月25日）、号外（1973年6月11日）、1197号（1974年6月11日）、1200号（1974年7月2日）、1242号（1975年6月3日）、1285号（1976年5月4日）、1336号（1977年6月7日）、1381号（1978年5月16日）、1384号（1978年6月6日）、1429号（1979年5月31日）。

・兵庫県高等学校教職員組合『第28回定期大会議案書』1963年。
　同『第29回定期大会議案書』1964年。同『第32回定期大会議案書』1966年。
　同『第34回定期大会議案書』1967年。同『第35回臨時大会議案書』1967年。
　同『第36回定期大会議案書』1968年。同『第38回定期大会議案書』1968年。
　同『第40回定期大会議案書』1970年。
・「校外研修日獲得状況」兵庫県高等学校教職員組合所蔵。
・神戸市立高等学校教職員組合『第2回定期大会議案書』1961年。
　同『第5回定期大会議案書』1964年。同『第7回定期大会議案書』1966年。
　同『第8回定期大会議案書』1967年。同『第9回定期大会議案書』1968年。
　同『第10回定期大会議案書』1969年。同『第11回定期大会議案書』1970年。
　同『第13回定期大会議案書』1973年。同『第23回定期大会議案書』1982年。
・北海道教職員組合編『北海道教職員組合組合史』同、1956年。
・東京都高等学校教職員組合編『都高教組十年史』同、1956年。
・千葉県教職員組合編『千葉県教職員組合史』、1957年。
・日本教職員組合編『日教組十年史』同、1957年。
・福岡県高等学校教職員組合編『福高教組十年史』同、1957年。
・東京都教職員組合編『都教組十年史』同、1958年。
・新潟県教職員組合編『新潟県教職員組合史』第1巻、同、1958年。
・兵庫県教職員組合編『兵教組十年史』同、1960年。
・北海道教職員組合編『北教組史』第二集、同、1964年。
・都高教組二十年史編纂委員会編『都高教組二十年史』東京都高等学校教職員組合、1966年。
・25周年運動史編集委員会編『沖縄県高教組25周年運動史』沖縄県高等学校障害児学校教職員組合、1966年。
・横浜市立高等学校教職員組合編『浜高教二十年史』同、1967年。
・日本教職員組合編『日教組二十年史』労働旬報社、1967年。
・都教組20年史編纂委員会編『都教組20年史』東京都教職員組合、1968年。
・山形県高等学校教職員組合編『山形高教組二十年のあゆみ』同、1968年。
・福岡県高等学校教職員組合編『福岡県高教組二〇年のあゆみ』労働旬報社、1970年。
・千教組組合史編纂委員会『千教組組合史』千葉県教職員組合、1973年。
・神戸市立高等学校教職員組合編『1973年度神戸市高白書』同、1973年。
・埼玉県高教組二十年史編集委員会編『埼玉高教二十年史』地歴社、1975年。
・浜高教30年史編集委員会編『浜高教三十年史』横浜市立高等学校教職員組合、1976

年。
・兵庫高教組25年史編集委員会編『私たちの歩んだ25年』兵庫高教組、1977年。
・兵庫県教職員組合編『兵教組三十年史』同、1977年。
・北教組十勝支部編『北教組十勝支部史』第1巻〈地区協時代〉同、1978年。
・福岡県高等学校教職員組合編『福岡県高教組三〇年のあゆみ』労働旬報社、1978年。
・北教組十勝支部編『北教組十勝支部史』第2巻、同、1980年。
・兵高教組三十年史編集委員会編『兵高教組三十年史』兵庫高教組、1982年。
・神奈川県高等学校教職員組合編『神高教三十年史』同、1982年。
・福岡県教職員組合編『福岡県教組30年史』葦書房、1982年。
・組合史編集委員会編『山形県教職員組合四十年史』山形県教職員組合、1987年。
・高知県教組四十年史編纂委員会『高知県教組四十年史』高知県教職員組合、1987年。
・組合史編集委員会編『山形県教職員組合四十年史』山形県教職員組合、1987年。
・北海道教職員組合・北教組弁護団『北教組裁判審理闘争史』北海道教職員組合、1987年。
・神戸市立高等学校教職員組合編『あすをめざして』同、1989年。
・大阪教職員組合編『大教組運動史』第1巻、同、1990年。
・神奈川県教職員組合編『神教組四十年史』同、1990年。
・千教組組合史編纂委員会編『千教組四十年史』千葉教育企画、1992年。
・東京都高等学校教職員組合編『研修日剥奪阻止闘争』〈資料集〉1993年3月。
・日本教職員組合編『日教組五十年資料集』同、1997年。
・東京都教職員組合編『都教組50年のあゆみ』同、1998年。
・神奈川県高等学校教職員組合編『神高教50年史』労働教育センター、2000年。

あ と が き

I

「遅すぎた」と「よくぞ刊行できた」。本書刊行に当たっての思いである。

「遅すぎた」とは、前著『戦後日本教員研修制度成立過程の研究』（風間書房、2005年）から13年が経過したからである。2002年3月に神戸大学から博士（学術）の学位を授与された「戦後日本教員研修制度の成立と展開」からは16年である。この間に、教員研修をめぐる環境は激変した。初任者研修に加えて、新たな法定研修として10年経験者研修が2003年度より実施され、2007年には免職を伴う指導改善研修が法定された。一方では、2002年度からの完全学校5日制の実施を契機に、長期休業中などを中心とした「勤務時間内校外自主研修」が従前にもまして厳しく制約されることになった。教員研修に直接関わる中教審答申も3つ出された。「今後の教員養成・免許制度の在り方について」（2006年7月11日）、「教職生活の全体を通じた教員の資質能力の総合的な向上方策について」（2012年8月28日）、「これからの学校教育を担う教員の資質能力の向上について」（2015年12月21日）である。それらの答申は直ちに政策化され、法令改正を経て、教職大学院の創設と拡充（従前の教育学研究科修士課程の縮小）、教員免許更新制、教員資質向上指標の策定と協議会設置、10年経験者研修の中堅教諭等資質向上研修への改変などが実施されている。

もとより、自らの研究成果が政策に反映されることなど安易に期待しているわけではないが、刊行が遅くなったことにより、政策形成に反映する時機そのものを逸し続けたことが悔やまれる。刊行の遅れは、本書の論述についても困難を生起させた。博士学位論文での2000年から2001年における実態に基づく考察とその後の変化をいかにつないで論述するのか苦しんだ。統計情報を幾度も書き換えねばならなかった。結局、本文中に記したように時代

的・時期的制約を前提として読んでいただくしかない。

「よくぞ刊行できた」とは、和歌山大学勤務（2008〜2014年度）の半ば以降には、本書刊行の目標は私の中でほぼ消えていたからである。それには、2つの理由があったように思う。1つは、前述した政策の急速な進展とあわせてその方向性である。「自由性」「機会均等性」「職務性の公認」、の「3つの原理」に基づく専門職としての教員の自主研修機会を拡充させようとする私の願いとは逆に、教員研修を教育政策の枠内での技術的研修に閉じ込める事態が進展しているように私には受け止められた。そう思うと、自らの研究が現実変革に一向に寄与できないことについて無力感に襲われたのであった。

もう一つは、研究者としての経歴は修士課程修了（1994年3月）から数えても、いまだに24年に過ぎないが、物理的年齢においては、「仕事の終い方」を考えても不思議ではない。しかも、日常的にやるべき仕事は公的私的に山積している。公刊するには科学研究費研究成果公開促進費に応募して採択されねばならず、それだけでも時間・労力・精神力を要する。そのしんどさを考えると、刊行を目指す気持ちはしだいに失せていった。和歌山での仕事の充実や小規模特認校研究に手ごたえを感じていたこともあるだろう。

挑戦する気持ちになったのは、2015年3月末か4月初め、定年退職のまさに直前か直後である。拙くても「研究の跡」を後世に残したいと思うようになった。いつか役に立つ時代が来るかもしれない。その気持ちの変化を後押ししてくれ、継続させてくれたのが、和歌山大学の元同僚や大学院修了者などで始めた小さな「研究会」での研究刺激であった。隔月程度の開催であるが、3年近く地道に続けてきた「研究会」は、専門分野が異なる者同士の報告を聴きあい、気楽に語り合う雰囲気が好きで、私の研究意欲を維持することに大きな支えとなっている。とくに、2016年春、最初の研究成果公開促進費申請が不採択になったあと意気阻喪していたが、再び応募することができたのも「研究会」のおかげである。「研究会」に集う皆様に心から御礼申し上げたい。

Ⅱ

　前著出版時は、立命館大学教職教育推進機構教授としての1年目であり、その後、2008年3月まで勤務した。とくに、「副専攻・教育学」（通年）の授業において、学生たちが4～5名程度でグループを編成して取り組んだ『忘れたくない日本の教師』（05・06・07年度版の3冊の報告集がある）の調査・研究・発表・報告書作成は、一般大学・学部における教職課程の学びとしては充実した内容であったと思っている。

　2008年度から和歌山大学教育学部に65歳の定年退職まで勤めた。わずか7年間なのだが、地方国立大学教育学部に勤めた7年間は、私の人生の中でも特筆すべき時期であった。学部でのゼミとともに大学院生の修士論文指導を通して、通常の授業では得がたい研究的かつ人間的交流を体験できたし、教育学教室を中心に、教育実践総合センター、教育実習委員会を通しての同僚・学生や小・中・特別支援学校等の教職員の皆さんとの交流も貴重な体験であった。担当授業「生涯学習関連法規」や社会教育主事講習を通じて、社会教育の魅力に接したことも大切な学びであった。職務として、和歌山県下各地の学校を訪問することができたこと、そこでの教職員や地域の人たちとの交流は、私の財産である。とくに、「へき地」といわれる地域における小規模校の教育力と課題について、多面的でリアルな把握をすることができるようになったと思う。また、厳しい財政的条件下にある地方小都市における教育行政の実際について学ぶ機会を得た。とくに、紀の川中流の橋本市教育委員会からは、着任以来、小・中学校の「適正」規模・「適正」配置や通学費補助、教育委員会事務の点検・評価等々、今日に至るまで様々な仕事を与えていただき、それは、教育制度・行政研究者としての私の現実認識を鍛えてくれた。まさに「理論と実践の往還」であった。短い期間ではあったが、和歌山家庭裁判所委員や少年院（和泉学園）視察委員なども、和歌山大学教育学部教員であることなしには経験できなかったことである。

　2015年度から2年間勤めた帝塚山学院大学では、小規模私立大学における

教員養成が直面する困難を学ぶとともに、初めて養護教諭養成に関わることができた。学生が主体的に運営する「教職課程シンポジウム」や、2016年度に創設した「教職課程HR」を通じての全学的な教員養成体制づくりは、私にとって学ぶことが多かった。

Ⅲ

　前著出版後、2006年度立命館大学学術研究助成を受けて実施した「教員の自主的・主体的研修の奨励・支援についての調査」、日本学術振興会の科学研究費補助金を受けて実施した二つの基盤研究（C）、「教員の自主的主体的研修を奨励・支援するための具体的施策に関する調査研究」（2007～2009年度）と「教員養成・研修制度改革に関する総合的研究」（2010～2012年度）に取り組んできた。これらの研究成果は主に日本教師教育学会研究大会において、第16回研究大会から第22回研究大会まで7回にわたって連続発表した。しかし、調査と学会発表を行うことに精いっぱいで、その繰り返しに終始して、論文化できないままに10年以上が経過したのであった。

　★第16回研究大会（2006年度）自由研究発表　2006年9月23日　山梨大学
　　「『一定勤務年数での長期研修機会の付与』制度創設の条件に関する研究～長期研修制度に関する教職員組合の要求を中心に～」
　★第17回研究大会（2007年度）自由研究発表　2007年9月29日　鳴門教育大学
　　「教員の自主的・主体的研修の奨励・支援についての具体的施策に関する研究～都道府県・政令指定都市教育委員会に対する調査から～」
　★第18回研究大会（2008年度）自由研究発表　2008年9月15日　工学院大学
　　「教員の自主的・主体的研修の奨励・支援についての具体的施策に関する研究～都道府県・政令指定都市教育委員会及び中核市教育委員会に対する調査から～」
　★第19回研究大会（2009年度）自由研究発表　2009年10月3日　弘前大学
　　「教員の自主的・主体的研修の奨励・支援についての具体的施策に関する研究～『一定勤務年数での長期研修機会の付与制度』創設に関わる諸課題～」
　★第20回研究大会（2010年度）自由研究発表　2010年9月24日　日本大学

「『一定勤務年数での長期研修機会付与制度』創設を軸とした教員研修制度改革の課題」
★第21回研究大会（2011年度）自由研究発表　2011年9月18日　福井大学
「現職教員の長期研修と力量形成、および長期研修要求に関する研究〜『自主的・主体的な長期研修機会の保障等に関する現職教員の意識調査』」
★第22回大会自由研究発表　2012年9月9日　東洋大学
「『大学院での長期研修が教員の力量形成・教育観等に与える影響』に関する考察〜現職長期研修経験者対象調査から〜」

　本書第6章「自主研修法制の実態と課題」と終章「自主研修法制の改革構想」の各章の一部は、前述の一連の学会発表を論文化したものである。各種の調査に協力していただいた全国の教員（研修主任や長期研修経験者）や研修行政担当者、大学教員の皆さんへの責任を幾分は果たせたとやや安堵している。本書が多くの現職教員、学校管理職、教育行政担当者、教職員組合指導者、研究者などに読まれて、専門職に相応しい自主研修を活性化させることに、あるいは自主研修法制の抜本的改革をめざしての組織的・集団的な研究・検討の素材として、少しでも寄与できることを願っている。

Ⅳ

　本書の刊行までには多くの方のご指導、ご支援を受けてきたが、まず、1991年度の大学院修士課程入学以来、27年間にわたってご指導いただいている土屋基規先生（神戸大学名誉教授）に心から感謝しなければならない。2002年3月に神戸大学大学院総合人間科学研究科博士後期課程を修了した後も、折に触れて研究上のご指導を仰いできた。また、様々な学びや発表・執筆の場を与えていただいた。とくに、学会創立40年を迎えた日本教育法学会定期総会（2010年5月）では第1分科会「教育法制の変遷と教育法学」において報告（「教免法と教特法の変遷と教員養成・研修制度―教育法学の成果と課題」）の機会を与えて下さり、それは、本書終章の骨格にもなっている。また、「教育のつどい」（教育研究全国集会）の第21分科会「教育条件確立の運動」の共同

研究者（三輪定宜先生の後任）として私を推薦してくださったのも先生である。神戸大学を定年退職後は、近畿大学生物理工学部、宝塚医療大学に勤務され、「完全退職」後も、日本教育法学会定期総会で研究発表をされている。2017年度の第47回定期総会では、第２分科会「教職の専門性と教職員法制の新局面」において「教員養成改革と教員免許・研修法制の新局面」と題する報告をされ、その中で私の前著の紹介もしてくださった。日本教師教育学会においても長年にわたり理事をお務めになり、理事会では、大局的見地からのご発言にいつもハッとさせられている。さらに、2017年９月には、大著『戦後日本教員養成の歴史的研究』を風間書房から刊行された。いつまでも衰えない先生の研究意欲には常に圧倒されている。40歳を過ぎて先生に師事できたことは、まことに幸運というほかない。

　今も神戸大学教育学会や院生の皆さんとの交流を通じてもお世話になっているのが船寄俊雄先生（神戸大学大学院人間発達環境学研究科教授）である。前著の「あとがき」にも記したが、『神戸大学教育学部五十年史』の編集作業を通じて、私を教育史研究の入り口に導いてくださった方である。兵庫民主教育研究所教師論委員会での研究成果として『よくわかる教員研修Q＆A』（学文社、2006年）を刊行できたのも先生のお力が大きい。本書刊行と関わっては、博士論文口頭試問の際に、「『展開』が書けていない」と指摘されたことを記しておく。「本書は展開が書けているのか」と問われると、自信はない。16年間の研究の事実としてみていただくほかはない。私が博士課程在籍時にも、船寄研究室の書庫は、『帝国教育』『教育週報』などの復刻版がずらりと並んでいた。タイムトラベル感があって、この書庫に入るのが楽しみであった。それから16年、先生は、院生が貴重史料を活用できるように努力を続けてこられた。そのことが、的確な研究指導とともに、多くの研究者が育っている要因ではないだろうかと思っている。

　長くご無沙汰を続けているが、神戸大学大学院在学時を中心に、平原春好先生と三上和夫先生から受けた学恩にも深く感謝している。

あとがき

　本書は、独立行政法人日本学術振興会平成29年度科学研究費助成事業（科学研究費補助金）（研究成果公開促進費「学術図書」課題番号：17HP5208）の助成を受けて公刊することができた。公費の援助をいただいたことに感謝したい。また、帝塚山学院大学において、2015年秋、2016年秋の２度にわたって科学研究費申請のお世話をしてくださった総務課長（当時）の野口豊文氏に感謝する。立命館大学研究部衣笠リサーチオフィスには着任早々にお世話になった。本書を末川博先生ゆかりの立命館大学教員として刊行できたことを嬉しく思う。

　前著に続いて刊行を引き受けてくださった株式会社風間書房社長の風間敬子氏、そして編集作業に携わっていただいた斉藤宗親氏には、このたびも大変お世話になった。厚く感謝申し上げる。

　このほか、この機会にご芳名をあげて謝意を表しなければならない方々は少なくないが、失礼をお赦しいただきたい。

　最後に、私事にわたり恐縮であるが、教育・研究・社会的活動にいつも慌ただしくかつゆとりなく、自宅にいてもパソコンか書物に向き合っているだけの私を辛抱強く支援してくれた妻と、何かと心配をかけてきた来春91歳になる母に、この場を借りて感謝したい。

　2017年11月

久保　富三夫

事項索引

【あ行】

朝日新聞教育チーム　396
『あすをめざして』　85
「新しい時代の義務教育を創造する」（中教審答申）　299
厚岸事件　209, 212, 245, 259
厚岸町　212
『アメリカ教育使節団報告書』　362
「アメリカ教育使節団報告書に基づく教育対策」　361, 392
「アメリカにおける教員研修の歴史的動向」　393
「新たな時代に向けた教員養成の改善方策について」（教養審第1次答申）　298
育児休業　331
　　　——手当金　331
池田市　52
一定勤務年数長期研修制　374
一定勤務年数での長期研修機会附与制度　9, 351, 361, 372, 373, 374, 375, 377, 378, 379, 383, 391
一定勤務年数での（による）長期研修構想（機会）　53, 99, 365
一般行政からの自律性・独立性　151
一般法　146
茨木市　52
『いま、先生は』　388, 396
『岩波講座現代法』　203
In Service Training　122
「＜インタビュー＞宮地茂氏に聞く―教育公務員特例法制定時のこと」　136, 393
宇部市立中学校　206, 211
栄養職員　382
大分県教育長あて文部省初中局長回答　170
大阪教職員組合（大教組）　52, 84
大阪教組郡部衛星都市教組協議会　52
大阪高裁　213, 279, 294
大阪地裁　279
岡山県教職員組合真庭支部　141
『沖縄県高教組二十五周年運動史』　53, 83
沖縄県高等学校教職員組合（高教組）　53, 55

【か行】

海外研修（旅行）　49, 254, 312
海外（に）留学　120, 298, 320
海外（外国）旅行承認申請（書）　211, 227
『解釈通覧　地方公務員関係法』　136
開示請求　292
『改正教育公務員特例法詳解』　99, 394
『改正教育公務員特例法逐条解説』　94, 95, 98, 99, 139, 146, 202
外地留学　135
『改訂版校長の職務と責任』　100, 101, 105, 106, 108, 109, 112, 136, 277, 394
科学教育研究室制度　372
科学研究費補助金　338, 377

夏期学校給食学習会　214, 224
「夏季休業期間中における公立学校の教育職員の勤務管理等の取組み状況について」　288, 303
学位論文（執筆）　338, 340, 345, 348
学習権保障（性）　6, 28, 33, 40, 71, 74, 75, 292, 391
学習指導要領（講習会）　123, 205, 231
「学習指導要領と教員の研修権について」　204
学内委員会　173
学問（・研究）の自由　28, 167, 177
　　「――」の系　227
学問的・探究的な課題　256
学問の自由　91, 178, 194, 227
学級数に「乗ずる数」　376
「学級編制・教職員定数改善に関する基礎資料集」（文科省）　396
『学校運営研究』　8, 104, 124, 126, 127, 130
『学校運営辞典』　95, 97, 124
学校栄養職員　224, 225
『学校から見える子どもの貧困』　396
『学校管理』　95, 100, 102, 106, 139
『学校管理〈校長・教頭の職務〉』　125, 126
『学校管理の基礎知識』　125, 126, 127
『学校管理の基本問題』　132, 135
学校教育活動の組織化過程と教授・学習過程　192
学校教育法
　　――第28条（旧）　196, 197
　　――第37条第4項　292
　　――第41条（旧）　228, 229
　　――第52条（旧）　227
　　――第58条第5項（旧）　228
　　――第59条（旧）　228
学校教員法要綱案（「1947.6.5」案）　363, 364
『学校経営』　8, 113, 116, 118, 119
『学校経営の実践』　109, 125, 126, 127, 128
「学校施設の目的外使用における裁量権の限界」　264, 278
学校事務職員　224
学校「正常化」運動　68
学校組織運営を重視する観点　391
学校長等海外派遣　297
学校内（総）勤務時間　360
学校の円滑な運営　289
『学校のお金と子ども』　396
家庭研修　26, 47
門真町　52
神奈川県教育委員会　352
川上（教諭）事件　24, 207, 209, 219, 226, 232, 233, 240, 245, 247, 248, 250, 258, 259, 261, 267, 268, 269, 272, 274, 278, 282, 283, 286
官製教育（研究）団体（組織）　17, 28, 30, 37, 77, 141
官製研修　32, 39
　　――（究）会　37, 68
　　――反対闘争　37
「官製研修出席拒否」　209
「完全学校5日制の実施について」（文部科学事務次官通知）　288, 295
官報告示　140, 205
「機会均等性」（の原理）　9, 87, 311, 319,

事項索引　421

353,369,370,371,373,374,383,391
『季刊教育法』　8,83,85,141,142,143,
　158,162,166,172,178,189,200,202,
　203,210,252,267,268,272,273,274,
　275,278,279
『季刊国民教育』　202,275
技術家庭講習会　209
技術職員　382
起訴休職　332
覊束（行為性）　175,244,251,
覊束（き束）行為（説）　171,172,188,200,
　244,251,285,289,290,291
基礎的教育条件の改善　387
既得権益擁護論的観点　194
義務教育費国庫負担制度　396
義務教育標準法第7条　387
義務教育標準法第17条　396
義務性　181
　　──は子どもに向けられている
　　　238
　　──をかなり濃厚に帯びた権利
　　　181
義務的側面　71
義務に拘束された権利　181,184
休業給付金　305
休職給　109
休職事由　121
休職の事由に関する条例　334
『教育』　204
『教育委員会月報』　8,97,107,137,202,
　302,352
教育科学研究会　204
教育課程国家基準　156
教育課程全国発表大会　17

教育課程の自主編成　103
教育課程編成権　192
『教育関係判例集』　8,210,211,213,214,
　215,216,217,218,219,220,221,226,
　232,233,234,236,237,240,241,242,
　245,248,249,250,252,253,254,256,
　258,261,262,263,276,277,278,294,
　295
『教育関係法』（別冊法学セミナーno.115）
　8,143,152,162,175,204,277
『教育関係法〔Ⅱ〕』　8,140,145,147,150,
　152,153,156,171,203,276,277,335,
　356,394
『教育学研究』　9,135,393,395
教育基本法（旧法）
　　──第1条　219,220,222,223,233,
　　　243
　　──第2条　91,167,199,220,222,
　　　223,226,233
　　──第6条　152
　　──第6条2項　219,243
　　──第10条　148,152,226,273
　　──第10条第1項　166,167,198
　　──第10条第2項　162,183,203
「教育基本法と教育公務員特例法──『教
　員』基本法制の意義と課題」　143
教育技術の適切な駆使をともなう芸術的
　創造過程　179
『教育行政の基礎知識と法律問題』　103
教育行政の条件整備義務　88,95
『教育行政法』（木田宏）　335
『教育行政法』（相良惟一）　91,139
教育経営研究会　109,125,127,128
教育（・）研究の自由　91,178

『教育権裁判証言集』〈現場証言編〉 209
『教育権の理論』 189
教育（・）訓練 87,88,100,109,116,
129,130,137,138,150,154,155,180
教育訓練即ち研修 87,88
教育研究（活動） 148,169,220
教育研究（教研）集会 13,15,17,47,49,
50,75,76,77,78,80,118,141,171,206,
212
教育研究全国集会 79,141,208
教育研究所 74
教育研究団体 103,104,205
「教育研究団体の助成について」 395
「教育研究団体の動向」 103,395
教育研究と人間的修養 157,159,223
『教育権裁判証言集』 83
教育権の独立 166
『教育権の理論』 144
教育公務員 88,94,114
　　　——の職務と責任の特殊性 92
教育公務員特例法（教特法） 2,13,21,
22,34,42,43,46,51,52,66,68,69,92,
94,113,114,139,150,221,224,276,
319,325
　　　——研修関係規定改正私案 383
　　　——研修関連規定 6
　　　——研修原理の優先性 221
　　　——研修条項 3,4,5,6,10,13,15,
22,41,73,74,90,121,129,139,
181,209,257,367,378,390
　　　——研修条項（の）成立過程（研究）
144,150,266,268,361,367,370,
381
　　　——研修条項（の）解釈 13,19,140,

165,177,181,205,206,209,269,
281,288,290,336
　　　——研修条項の立法者意思 306,
392
　　　——に内在する矛盾 380
　　　——第1条 219
　　　——第1条第1項 166
　　　——第2条第2項 119
　　　——第19（現21）条 148,152,153,
221,225,232,233,236,321,326,
331,336
　　　——第20（現22）条 153,181,221,
225,232,236,245,301,380
　　　——第19条（および）第20条 41,42,
48,49,114,205,218,219,236,283
　　　——第19条第1項 94,100,114,
115,122,125,146,149,153,155,
157,162,181,184,185,201,220,
223,232,233,234,239,240,241,
242,273,283
　　　——第19条第2項 94,105,122,
135,154,156,160,162,183,220,
233,234,235,239,322
　　　——第20条第1項 94,153,156,
159,161,185,220,225,233,237,
239,273
　　　——第20条第2項 9,15,22,71,73,
94,96,98,106,107,111,113,117,
118,119,124,127,133,134,153,
155,164,166,169,185,186,197,
200,212,221,224,237,239,241,
242,245,246,247,248,249,251,
252,258,260,201,262,263,264,
265,271,273,284,285,288,289,

事項索引　423

291,300,318,359,381,391
　　──第20条第3項　99,120,121,
　　153,156,239,308,331,333,369
　　──第20条の二（現23条）　143
　　──第20条の規定による研修の場合
　　は当然勤務とみるべきであること
　　127
「教育公務員特例法」（『教育関係法〔Ⅱ〕』）
　　137,140,145,156,164,171,335,394,
　　395
『教育公務員特例法解説』　88,89,93,
　　119,135,139
『教育公務員特例法─解説と資料─』　8,
　　87,88,90,93,136,139,204,394
「教育公務員特例法成立過程における長
　　期研修制度構想の原理から見る制度改
　　革の展望」　9
「教育公務員特例法について」　14
「教育公務員特例法の意義」　92
『教育公務員特例法の解説』　88,139
教育公務員特例法（の）立法（成立）過程
　　（の研究）　10,180,181
「教育公務員に対する研修命令が違法と
　　された事例」　208
教育公務員の任免等に関する法律案
　　368
教育公務員法要綱案（「1947.12.27」案）
　　74,367
「教育公務員法要綱案について」　394
「教育裁判における教師の研修権─北海
　　道・川上事件を中心に─」　208
『教育裁判判例集Ⅱ』　208,210
教育刷新委員会　150
　　──第6特別委員会　362

『教育刷新委員会・教育刷新審議会会議
　　録』　393
「教育職員に対し時間外勤務を命ずる場
　　合に関する規程」　41
教育職員養成審議会（教養審）　4,281,
　　287,297
　　　　──第1次答申　298
　　　　──第2次答申　298,311,323
　　　　──第3次答申　298
　　　　──建議　40
「教育職員養成審議会の描く教師像」
　　355
教育審議会答申　392
『教育審議会要覧』　393
『教育新聞』　14,79
『教育新報』　14,79
教育実践に即した研究　115
教育実務研究会　121,123,202
『教育実務提要─校長編─』　122,123,
　　202
教育条理　149,174
　　──的根拠　157
教育ということがら自体が,教師に1つ
　　の学問研究を要請する　178
教育の科学性と人間性　223
教育の自由　34,59,177
『教育の自由と権利』　191,204,276
教育の条件整備と指導助言行政　156
『教育判例総覧』　210,214,215
『教育判例百選〈第二版〉』　275
『教育評論』　85
『教育法』　8,140,147,152,155,156,158,
　　159,165,171,173,203
『教育法』（別冊法学セミナー12）　136,

141,142,143,148,149,162,165,171, 172,173,203,204,276
教育法学　177,207,275
教育法学研究者　207,267
『教育法学辞典』　144
教育法学説(の通説)　5,8,139,140,144, 166,167,174,179,180,183,184,186, 188,189,225,235,238,246,251,259, 266,267,272,273,281,284,285,289, 290,291,293,306,390
教育法学説の精緻化　391
『教育法学の課題』　142,144,149,160, 189,196,204
『教育法学の目的と任務』　144,189
『教育法規精解』　129,130,131,135
『教育法規と学校』　133
『教育法規の基礎知識』　130,131,133
『教育法規の重要判例』　208
『教育法〔新版〕』　8,142,149,168,169
教育法令研究会　99,394
「教育労働と勤務時間」　200
「教育を受ける権利」の系　227
教員海外派遣事業　297
『教員勤務実態調査報告書』　359,388
教員組合全国連盟　74
教員研修政策　287
「教員研修と教員組合活動」　208,273
「教員研修に関わる教育法学説の検討課題—90年代以降の判例・行政解釈等からの考察—」　8
教員研修の自主的本質　240
『教員研修の総合的研究』　83,180,203, 277,295,393
教員研修の特殊性　221

「教員研修の3つの原理」　351,372,373
「教員研修をめぐる政策と判例の動向」　208
教員統制政策への対抗・抵抗　40
教員統制の規定　382
「教員にとって研修とは何か」　207
「教員に求められる資質能力」　298
「教員の夏季休業日における服務について」(文部省初等教育局長回答)　137
教員の研修権に羈束された法規裁量　187
「教員の研修時間の取り扱いについて」(京都府立医科大学長あて文部省調査局長の回答)　134
「教員の研修をめぐる財政問題」　141
「教員の採用および研修について」(文部省初等中等教育局長通知)　143
「教員の資質能力向上について」(中教審答申)　142
「教員の自主的・主体的研修の奨励・支援についての調査」　9,303
「教員の自主的主体的研修を奨励・支援するための具体的施策に関する調査研究」　7,9,352,377
『教員(師)の地位に関する勧告』　40,66, 67,113,114,115
「教員の長期研修制度についての調査」　9,306
「教員の特別な義務」としての「研修義務」　182
「教員の身分待遇及び職能団体に関すること」　150
教員評価制度　300
教員身分法(案)　150

事項索引　425

教員身分法案要綱案（「1946.12.26」案）　136,362
　　　――（「1947.4.15」案）　363
教員身分法（学校教員法）要綱案（「1947.4.28」案）　363
教員免許状取得プログラム　306
教員擁護の（を保護する）規定　6,8,120,289,382
「教員養成・研修制度改革に関する総合的研究」　7,357
教科指導,生徒指導,その他の学校の円滑な運営に支障がない限り　291
教科書裁判　141
教師たる資格を具備するための必要不可欠の要件　219,222,270
『教師と教育改革』　208,276
「教師に対する行政研修の教育法的評価」　141,158,162,203
「教師にとって研修とは何か」　141,178
「教師による時間内校外研修」　208
教師の教育上の自由　182
「教師の勤務時間（三）」　127
教師の研究の自由　227
「教師の研修（一）」　124,125,126,127
「教師の研修（二）」　126
教師の研修権　178,273
「教師の研修権」　141,268
「教師の研修権」（『教育法学辞典』）　144
『教師の研修権』　143,151,162,175,202
教師の研修権の法的根拠　269
「教師の研修と教育行政」　104
「教師の研修の自主性の主張」　157,172
「教師の研修問題」　252
「教師の研修をめぐる法制的課題」　142,144,149,160,189
『教師の権利と義務』　335
教師の自己の人格に統合―インテグレート―された特性・知識・技能をその人格に統合しようとする,すぐれて自主的・積極的な関心・態度　157
教師の自主研修権　267,268,272
「教師の自主研修権の現状―閉塞状況と判例の検討―」　202,208
「教師の自主研修権をめぐる法解釈論争」　141,142,158,162,166,167,172,174,203,208,267,278
「教師の地位と教育政策―現代日本教員法制論ノート―」　143
教師のバーンアウト研究　388
教師養成研究会　95,139
教職員組合　13,17,171,206,372,390,391
　　　――主催の教育研究集会への参加　259
　　　――対策　161
　　　――の研修機会保障要求運動　275
「教職員研修の強化」　395
『教職員人事関係裁判例集』　210
教職員定数　359
「教職員の管理〈一〉教職員の服務と研修」　132
「教職員の勤務時間」　104,136
「教職員の研修」　144
「教職員の人事管理」（安達健二）　136
「教職員の人事管理」（木田宏）　102,106
「教職員の労働時間と賃金の在り方」　200,204

教職経験者研修　297
『教職研修』　275
「教職生活の全体を通じた教員の資質能力の総合的な向上方策について」（中教審答申）　1,353
教職大学院（制度）　304,306,345,346,348,371
教職の専門性　178
教職の特殊性と研修　180
強制研修　183
強制的に研修を命ずる（させる）　102,123
行政解釈　5,8,121,139,141,164,179,180,185,189,196,259,266,269,281,289
行政研修（会）　19,142,154,158,159,160,163,170,184,185,193,234,250,287,304,305
　　　──の自主研修に対する補充性　158,162
　　　──の体系化・肥大化　297
　　　──の問題点　269
　　　──命令　185
　　　──命令の適法性　183
「行政研修の実態と問題点」　141
『行政事件裁判例集』　210,211,236,241,244,262,279
「行政実例」　111
教組教研の研修該当性　269
教組教研の実績　269
「教組主催の教研集会参加と賃金カット」　208
教特法,地公法・国公法,地方教育行政法の優先関係　218

京都府立医科大学（学長）　128,134
「教免法と教特法の変遷と教員養成・研修制度」　9,137,203,276
緊急性（の存否）　256,285
『近代日本教員現職研修史研究』　393
勤務時間　26,27,105
勤務時間（の）管理　41,42
勤務時間外に自主的に行う自主研修　170
勤務時間内研修　175
「勤務時間内校外自主研修」　4,5,9,43,71,73,92,104,111,116,123,124,126,131,164,185,206,207,242,255,265,270,281,283,286,287,288,289,291,293,297,300,360
　　　──承認についての校長の裁量性　87
　　　──の職務性　87
「『勤務時間内校外自主研修』の制度的保障の歴史と課題（そのⅠ）」　85
「『勤務時間内校外自主研修』の制度的保障の歴史と課題（そのⅡ）」　85
勤務時間内の校外自主研修活動の職務性　241
「勤務実態調査（平成28年度）の集計（速報値）」　388
「勤務と研修との関係」　130
勤務とみなす　385
勤務能率　151
　　　──の発揮及び増進（のために）　93,94,100,146,148,149,150,202,223
勤務（の）場所を離れた（て）（ての）研修　22,26,108,112,117,119,164

事項索引　427

──の職務性　87
「組合教研の研修性と職務専念義務免の承認権─川上宏先生事件　札幌高裁昭52・2・10判」　208,272,279,294
組合教研の研修的性格　269
組合史編集委員会　83
「組合主催の教研集会参加と賃金カット」　268,277
『組合ニュース』　84
呉市教育委員会　264
結核休職　332
検閲　292
『元気が出る就学援助の本』　396
研究委託料　62
研究及び（・）教育の自由　90,91,362,366
研究及び旅行のための休暇　362
研究指定校（方式）　38,160
研究（と）修養　88,90,91,120,149,150,154,155,166,180,234,243,268
研究的実践者（としての教師像）　76,343
研究（修）の自由　35,55,56,59,60,90,111,181,271,307,319,321,353,363
　　──の保障　185,268
　　「──保障」の理念　90,91
　　「──保障」要求　55
研究（修）費　14,15,16,51,52,61,67,75,79,135,385
　　──（の）支給　13,43,51,52,61,74,75,235
『研究論叢』　85
研修　15,87,79,130,198,199
研修及び勤務成績の評定　145

研修関係裁判　4,8,141,205,206,207,208,217,225,226,259,267,274,275,282
研修観の歪み　379
研修該当性　188
「研修」概念の混乱　380
研修が広義の勤務であることに間違いはない　132
研修機会保障要求権　163
研修休暇　25
研修（の）義務　115,125,180,182,184
　　──性　238
研修（・）義務免　80,212
研修計画（書）　72,116,171,173,188,194,292,301,303,379,391
研修権　24,44,51,53,55,56,58,69,80,142,153,183,187,189,192,194,268,283,293
　　──裁判　205
　　──訴訟　205
　　──対策委員会　57,58,60
　　──の教育学的根拠　232
　　──の憲法,教基法体制のもとにおける位置づけ・内容　269
　　──の本質と目的性　190
「研修権に対する労働法的側面からの検討」　196,204
「研修3分類説」　42,47,105,109,110,113,116,131,141,165,167,175,205,256,321,322
研修承認についての校長の裁量性　145
研修時間（・日）　20,27,31,47,48,73
研修時間の獲得　30,31
研修事項の研修該当性および職務行為性

187
研修条件整備義務（遂行）　154,230,322,
　353
研修条件整備と機会均等性の対立　314
研修条項　6,13,15
　　――解釈　13,19,140,165,177,181,
　　205,206,209,290
研修性　261
研修請求権　114,115
「研修政策の新たな展開―自己責任とし
　ての研修」　295
「研修組織をめぐる国と地方の役割分担
　―教師研修の制度的条件と行政研修
　―」　142,143,151
研修手当　15,16,17,18,19,21,56,61,
　66,68,79
研修統制策　43
研修等定数　309
研修としての性格と組合活動としての性
　格　264,265
研修図書費　61,64,66,68
研修内容の研修性・緊急性　246,252
研修に努める義務　232
研修による利益　285
研修の機会　155
　　――均等（性）　311,351
研修の（を行う）機会を与えられる（受
　ける）　381
研修の権利・義務関係　180
研修の権利性　88,89,94,95,125,236,
　237,238,301
研修の権利性と義務性（義務性と権利性）
　87,94,101,122,125,130,153,157
研修の高圧的強制は問題　131

「研修」の語義　239
研修の自由性　351
研修の自由保障　304,
研修の成果を公開・公表　195
研修の内実を伴うこと　290
「研修の目的性・集団性・開放性」　85,
　144,189
研修は教員の「本質的職務」　131
研修は勤務時間の一部　133
研修は勤務の一態様　105,123,124,127,
　128,131,132,133
研修は義務であり、権利　125
研修は義務というよりも権利　125,126
研修は自発性の上に立つもの　131
研修は「当然勤務」　126
研修費獲得闘争　52,84
研修費支給規定　369,381
研修（究）日　24,25,26,27,29,31,43,44,
　45,46,47,51,58,61,63,64,67,69,70,
　72,73,119
　　――制度　56,67
　　――（の）設置　44,45,56,58,59,60,
　　64,67,68,69
　　――（の）（を）獲得（かくとく）
　　20,22,29,30,31,32,43,45,57,61,62,
　　69,73,81,85
　　――獲得運動（闘争）　46,47,70,71,
　　72
　　――対策委員会（対策委）　45
　　――会議　61
研修（究）報告（書）　72,171,173,174,
　188,194,292,301,303,337,379,391
研修保障要求運動　40,41,43,56,73,75
研修又は再教育　367

研修命令　102, 130, 160
　　──の正当性　123
　　──の適法性　184, 209
研修旅費　61
研修を受ける　94, 114, 154, 155, 380
　　──機会　153
研修を行う　94, 114, 154, 380, 384, 385, 386
　　──機会　155
研修をする権利（研修権）　180
現職教育　122
現職教育研究会　130, 131, 133
『現職教育論』（新制学校管理叢書第2巻）　122, 137, 138
「現職教員の教育観とその変容可能性に関する調査研究─鳴門教育大学大学院の修了生調査を通じて─」　358
現職教員派遣構想　55
現職（・）現（俸）給（のままで）　363, 394
現職（・）現給保障　99, 307
現職のままで　99, 100, 394
『現代教育科学』　143, 151
『現代教育の思想と構造』　177, 276
「現代における教育と法」　203
『現代日本の教育を考える』　38, 67
『現代米国教員研修改革の研究』　393
『現場の学校管理』　123, 124, 136, 138
憲法（第）23条　166, 226, 227, 271, 272
憲法（第）26条　166, 181, 226, 227, 268, 271, 272
権利性は任命権者を名宛人　238
「県立高等学校長が教育公務員特例法第20条2項に基づく研修の承認を与えなかった措置に裁量権の逸脱・濫用はないとされた事例」　209, 294
校外家庭研修　22, 26
校外研修　65
　　──日　48, 59, 62, 63, 65
「校外研修日獲得状況」　62, 84
校外自主研修　169, 172, 186, 205, 255, 257, 273
　　──権　187
高校標準法第23条　396
校種間格差　311
公選制教育委員会　297
高知県教育委員会　50, 395
高知県教育史編集委員会　395
高知県教職員組合（教組）　50, 51
　　──四十年史編集委員会　83
「高知県教職員組合と高知県教育委員会との確認文書」　49
『高知県教組四十年史』　83
校長・教頭管理職研修　148
校長・指導主事等研修講座　100
校長等中央研修会　297
校長の裁量権（濫用）　257, 262, 274, 283, 288, 291, 305
校長の裁量性　93, 98, 108, 111, 117, 124, 128, 134, 164, 171, 186
校長の承認権　187
　　──の強度　188
校長の自由裁量　171
校長の専決権　173
『校長の任務』　136
高等学校学習指導要領　229
合同自主教研釧路集会　214, 262
神戸市　256

神戸市立高校　47,63
神戸市立高等学校教職員組合（高教組）
　69,70,71,84,85
神戸大学大学院（教育学研究科）　335,
　356
神戸地裁　213,233,234,248,249,254,
　255,256,294
『公務員関係判決速報』　213,215
「公務員である教員に対する研修命令と
　不利益処分」　208
「公務員等労働関係判例集」　215
校務運営委員会　173,176
公務災害の認定　118
公務出張扱い（として扱われ）　118,167
校務掌理権　187
校務への漠然たる支障の可能性　265,
　286
公立学校教育職員等の給与に関する条例
　356,357
公立学校共済組合　322,324,350
公立学校の教育公務員の政治的行為の制
　限　382
公立義務教育諸学校の学級編制及び教職
　員定数の標準に関する法律（義務教育
　標準法）　309,360,376,389
　　　──施行令　309
公立高等学校の設置,適正配置及び教職
　員定数の標準等に関する法律（旧・高
　校標準法）　309
　　　──施行令　309
公立高等学校の適正配置及び教職員定数
　の標準等に関する法律（現・高校標準
　法）　309
国民教育研究所　275

「国民の教育を受ける権利」（憲法第26条）
　178
国立及び公立の義務教育諸学校等の教育
　職員の給与等に関する特別措置法（給
　特法）　41
「国立及び公立の義務教育諸学校等の教
　育職員の給与等に関する特別措置法の
　施行について」　83
国立学校設置法の一部を改正する法律案
　328
国立学校長に対する文部次官通牒　128
国立,公立学校教員の研修等に関する件
　（「1947.6. 5」案政令案）　364
国立,公立学校教員の研修等に関する件
　（「1947.7. 14」案政令案）　366
国立,公立学校教員法要綱案（「1947.7.
　14」案）　366
国立大学法人法　281
国家教育権思想　151
国家公務員法（国公法）　87,88,100,113,
　147,149,150,152,363,
　　　──第73条　129,140,145,146,150,
　　　151,155,180,220
　　　──原理　87,93
　　　──附則第13条但書　147
国公法・地公法原理　139
　　　──と教特法原理の違い（差異）
　　　121,145
　　　──との差異　113,121,122,124,
　　　145,179
国公法・地公法との原理的差異　109
国公法・地公法の特別法である教特法
　180
「子ども・青年の学習権の保障の責任」を

果たすための「教師の研修権」 178
子どもの学習権 184
「子どもの最善の利益」への接近 387
子どもの利益 184
5年以上継続勤務した教員 365
「これからの学校教育を担う教員の資質能力の向上について〜学び合い,高め合う教員育成コミュニティの構築に向けて〜」（中教審答申） 1,353
雇用保険 331
「今後における学校教育の総合的な拡充整備のための基本的施策について」（中教審答申） 40,141
「今後の教員養成・免許制度の在り方について」（中教審答申） 281,353

【さ行】

再教育又は（・）研修 362
『最高裁判所裁判集民事』 214,279
最高裁判所（最高裁） 274
　　――第1小法廷 217,254
　　――第3小法廷 213,214,231,232,254,255,262,263,264,265,279,282,283,285,286,287,293,294
　　――事務総局 277
埼玉県教育委員会 352
在日朝鮮人・韓国人子弟の教育 256
裁量判断権 187,249
堺市 52
桜江町 205,210
　　――教育委員会 205,210
札幌高裁 210,215,219,220,226,232,233,234,235,238,240,242,245,246,247,248,251,253,255,259,260,261,262,267,269,271,272,273,274,276,277,278,282,283,284,285,286,294
札幌地裁 209,210,212,214,219,220,245,249,250,251,258,259,260,261,263,267,269,271,274,285,286,290,294
「3解説書」 139,150
雑務（の）排除 20,23,61,69
参加命令 159
CIE（民間情報教育局）教育課 363,367
GHQ／GS（民政局） 363
GDP比公財政教育支出（支出学校教育費） 374,376,380
時間短縮 24
　　――（時短）闘争 23
時間内校外研修 195,196,198
指揮・監督・命令 161
自己完成目的に志向された手段 219,222,270
自己啓発等休業（制度） 305,349,354,371,375
自己研修 104,105,107,155,156,160,164,299
自己責任としての研修 287
指揮命令（行政） 161
『時事通信・内外教育版』 393
資質能力向上 141
自主研究日（時間） 32,33
自主研修 32,65,72,154,157,158,163,183,199,321,328
　　――が「職務」 223
　　――権 26,27,33,144,153,159,161,166,174,207,209,283
　　――権と職員会議 192

──時間（日）　21,23,25,26,26,27,28,33,141
──と行政研修（の関係）　145,153,156,157,162,182,223
──の行政研修に対する優位（先）性　151,162
──（の）保障　42,51,94,95,205,206
──保障制度　9
──（保障）法制　6,49,297,359,392
──保障法制を支える基礎的教育条件の改善　361
──保障要求　17,18,28,33,40,43
──優位説　193
「自主研修をめぐる慣行とその破棄」　83,268
自主性・主体性　4,6,87,95,101,111,115,125,140,148,237,299,310,311
自主性と職務性（の対立的把握）　240,326
自主的教育研究活動　35,40,81
自主的研修（の）機会（を）保障　5,43,390
自主的研修の機会と時間　20
自主的研修日（時間）　32
──の獲得（かくとく）　31,36,37
自主的・主体的（な）研修　3,4,5,6,101
──の奨励・支援　281,287,297,303,304
「自主的・主体的な長期研修機会の保障等に関する現職教員の意識調査」　338
自主的職務研修（説）　167,169,170,230,282,293,301

自主的・自発的　331
自主的・自律的（な営み）　74,336
自主的な研修時間,研修日　22
自主的に研究と修養に努めるべき努力義務　163,234
自主的・民主的な教育研究体制の確立　36
自主編成　34,35,65
自主編成運動（活動）　30,33,34,36,37,66
自主・民主・公開　38
──の三原則　39
静岡県教組　14
自宅研修（日）　20,22,46,48,57,59,60,105,118,128,134,164,301
──権　24
──制度　116,117
自宅で勤務する　118
「市町村教育委員会は勤務場所勤務内容等の変更を伴う研修命令を発することができるか」　208
「市町村教委の県費負担教職員に対する研修命令権の存否と範囲」　208
実践的核心　302
指導員による訪問指導　217
指導改善研修　383
指導助言（性）　159,161,173,174,176
「指導助言権」の「指揮監督権」からの独立の原理　160
指導助言作用　160
児童生徒が授業を受ける利益　285
児童の教育を掌る　191
自発（主）的（性）　95,107,110,299
──研修　107,110

――・主体的本質　95
――,能動的な研修（参加意思）
　　114,239
「師範学校ニ関スル要綱」　392
支部教研　76
島根大学　205,210
事務職員　382,384,386
　　――の研究活動　38,382
指名推薦　307
社会教育関係職員　382
自由研究日　14,29,74,110,119,393
自由裁量（行為）説（権）　174,239,246,
　　272
「自由性」（の原理）　9,369,370,371,373,
　　374,383,391
自由党　14
「修士課程を積極的に活用した教員養成
　　の在り方について」（教養審第2次答
　　申）　298
10年経験者研修制度　281,287
「14条特例」　314,315
授業以外の校務運営上の支障　187
授業その他の教育活動および校務に明白
　　な支障がない限り　291
授業その他の教育活動ならびに校務に支
　　障のない限り　384
授業に支障の（が）ない限り　71,107,
　　111,164,200,250,252,283,290,291,
　　318
授業への支障　187,246,247,249
授業料減免　324
授業を受ける利益と研修をうける利益
　　277
宿日直教研等事件　214,220,233,237,
　　245,246,247,259,262,263,272,274,
　　276,277,282,283,284,285,286,290
主体的（性）　95,104,153,299,310
出勤簿の処理　108
出張補助費　61
承役的権利　181,184,238
上越教育大学　353
『詳解教育公務員特例法』　8,87,88,89,
　　139
生涯学習の時代　324
小学区制　59
小学校の学習指導要領趣旨徹底　116
条件獲得闘争的　194
条件整備　156
　　――行政・指導助言行政　183
　　――的・指導助言的な性格　161,
　　163
「小中学校教員の『勤務実態と意識』アン
　　ケート調査結果」　392
小中教育課程研究集会　297
承認研修　289,301
昭和59年度文部省移管公文書『教育公務
　　員特例法』　393,394
「昭和30年度教育委員会事務局職員研修
　　会質疑応答集」　97,202
「昭和43年度の文教予算の概要」　116
職員会議　172,173,176
職員研修図書費　64
職員団体活動性　261
職員の教育訓練に関する事項　145,155
職員の分限・懲戒に関する条例　334
職業倫理的義務　283
職責　242
　　――（を）遂行　93,96,100,102,107,

108,125,146,202,243,375
　　──遂行のための不可欠の要素
　　223
「職専免研修」取得日数　303
職務　242,302
職務（としての）研修　102,104,105,107,
　166,167,170,185,317,321,326,327,
　328,329,330
　　──としての自主研修　166,267
　　──と自主研修　113,115
　　──における自発性の否定　328
　　──の必要条件　102
職務行為（性）　186,187,188
職務遂行上の不可欠の要件　180
職務性　92,104,116,119,123,126,131,
　145,164,168,169,185,186,196,197,
　269,314,326,331,335,353,373
　　「──公認」（の原理）　9,369,370,
　　371,375,379,383,391
　　──の公認　351,374
職務専念義務　96,241
　　──の未発生　97
　　──の（を）免除　96,97,105,116,
　　133,212,231,261
職務（に）専念（する）義務に対する特例
　96
職務（に）専念（する）義務の特例に関す
　る条例　220,224
「職務専念義務の免除が地方公務員法第
　46条に基づく措置要求の対象になると
　された事例」　209
職務（に）専念（の）（する）義務（を）
　（が）（の）免除（職専免）（義務免）
　20,43,47,50,78,79,80,96,103,111,

112,114,116,117,118,124,131,167,
174,198,208,210,214,215,221,230,
236,241,242,243,248,249,252,254,
255,260,263,267,268,269,274,283,
288,314,322,375
　　──削減競争　301
　　──条例の規定により服務監督権者
　　の承認を得て自宅で研修を行う
　　118
　　──すなわち年次有給休暇　105
　　──による（職専免）研修　102,105,
　　110,116,117,119,170,196,242,
　　300,301,302,321
職務と責任の特殊性　150,152,243
職務に関連があると認められる学術に関
　する事項の調査,研究又は指導に従事
　する場合　20
職務に専念する義務の免除規則に基づく
　職免　224
職務の遂行　164
職務の特殊性　114
職務命令　50,51,107,166,170,185,205
　　──違反　126
　　──により強制された研修　110
　　──による研修　107
職免条例　133
初等・中等教育機関の教員と高等教育機
　関の教員の研修における差異　225
初等・中等教育機関の教員の研究活動
　227
初等・中等教育における研究と教育の関
　係　257
初任者研修（制度）　143,287,297
白老町立小学校　206

事項索引　435

私立学校（私学）教員　6,73,382,386
市立小学校栄養職員　215
自律性　71
自律的研修規定　114
『資料戦後教育労働運動史』　81,82
『新学校管理読本』　113,114,115,116,120
人格的な触れ合いに影響を及ぼす　250
新規採用教員研修　297
新教育課程研究会への出席強制　129
『新教育制度入門』　99
新教育大学大学院（構想）　75,306,307,308,311,312,313
新教育大学（等）への派遣　240,327,329
『新教育法令読本』　98,99,111,138,139,202,277,394
新構想教育大学　53,55
人事院規則
　　――8-12　356
　　――10-3　154,277
　　――11-4　137,334
　　――17-7　260
新任教員研修会　37
『新版教育法』（別冊法学セミナーno.33）　8,142,143,152,162,176,203,204,276
『[新版]地方公務員法』　356
『新明解国語辞典（第四版）』　277
吹田市　52
数学教育協議会　104
杉本判決　80,141
鈴木（雅子養護教諭）事件　208,267
study and self-improvement　120
聖職者　222
成績優秀な教員　365

青年海外協力隊　312,353
　　――「現職教員特別参加制度」　353
「戦後教育改革と教育・研究の自由」　135,393
「戦後教育改革と田中二郎先生」　393
戦後教育改革の意義・内容　269
『戦後教育史研究紀要』　136,393
『戦後教育資料』　392,394
『戦後高知県教育史』　395
「戦後における教育行政の特質」　83
『戦後日本教育判例大系』第1巻第2章Ⅳ　208,276
『戦後日本教員研修制度成立過程の研究』　4,6,10,13,52,73,87,90,135,137,203,258,295,392,395
「戦後日本教員研修制度の成立と展開」　7
『戦後日本教員養成史研究』　392
『戦後日本教員養成の歴史的研究』　395
全国一斉学力テスト　206
全国学校給食を考える会　215
全国学校事務職員制度研究会　396
「『全国教研』参加を理由とする懲戒免職――鈴木雅子先生事件」　208
全国公立学校教頭会　388
全国私立大学教職課程研究連絡協議会　378
全道（合同）教育研究集会　141,210,214
全日本教員組合協議会　74,119
専修免許状（取得）　319,321,325
専従休職　332
選択研修　304
選択性　317,318
専門職　115,304,328,391

——性 149
　　　——論 116
専門的研究と人間的修養 156,234
専門的職務の従事者 222
『占領教育史研究』 393
総額裁量制 396
総学習総抵抗運動 59
総勤務時間規制方式 201
総勤務時間と授業時間との関係 201
『総合教育技術』 392
創造的・探求過程 198
創造的・探求的ないとなみ 198
即効的・技術的 256

【た行】

第1回教育研究大会 15
大学院修学休業 281,324,326,328,349, 383,352
　　　——制度 8,240,298,305,316,317, 319,320,322,323,325,326,327, 328,355,371,375,376,391,392
「大学院修士課程の運営の実態に関する調査」 315
「大学院修士課程の運営の実態に関する調査報告書」 310,324,355
大学院設置基準「第14条特例」 314,315, 324,354
「大学院長期研修派遣率」 311
大学院での（における）長期研修 339, 340,341,342,343,352
「大学院での長期研修が教員の力量形成・教育観等に与える影響に関する調査」 9,338
大学院での長期研修が教員の力量形成に与える影響 338
「大学院等における長期研修の形態」 370
「大学院等派遣研修実施状況調査結果」 306,308
「大学への長期派遣研修率」 311
「第9章教員研修をめぐる法律問題」 144,180,185,203,277,295
『大教組運動史』第1巻 84
「第3章研修」（兼子仁） 203,204,276
「第3章研修」（青木宏治） 204,277,295
「第2回国会衆議院文教委員会議録」 394
第4回国会 120,381
第4回国会衆議院文部委員会（の委員） 90,381
「第4回国会衆議院文部委員会議録」 152,394
「第4回国会参議院文部委員会会議録」 152
第84回国会 327
「第84回国会参議院文教委員会会議録」 354,355,356
第147回国会 326,329
第147回国会衆議院文教委員会 321, 325,326,357
「第147回国会衆議院文教委員会議録」 354,355,356,357
「第147回国会参議院文教・科学委員会会議録」 354,355,356
第166回国会衆議院教育再生に関する特別委員会 359
高槻市 52
他者の利益をはかる権利 181,238

事項索引　437

橘町立中学校　206, 211
『田中二郎氏旧蔵教育関係文書』　393
短期研修　207
『千教組組合史』　395
『千教組四十年史』　83
千葉県教育委員会　51
千葉県教職員組合（千教組）　51
　　　──組合史編纂委員会　83, 395
千葉県高等学校教職員組合　51
地方教育行政（当局の）解釈　7, 121, 123, 127, 129
地方教育行政の組織及び運営に関する法律（地方教育行政法）　221, 224, 297
　　　──第23条（第）8号　162, 220
　　　──第45条　162
　　　──第48条　162
地方公務員関係研究会　136
地方公務員の育児休業等に関する法律　356
『地方公務員法』　136
地方公務員法（地公法）　68, 87, 93, 113, 114, 146, 149, 150, 152
　　　──原理　87
　　　──第26条の五　375, 395
　　　──第35条　221, 242
　　　──第39条　94, 129, 140, 145, 149, 150, 221, 223, 224, 238, 276
　　　──第39条第2項　221
　　　──第39条第3項　220, 276
　　　──第46条　224
　　　──第55条の二第6項　260, 261, 269
　　　──第57条但書　147
中央教育審議会（中教審）　4, 281, 387

中央教育団体連絡会　17
中核市・候補市等教育委員会　303
中華民国「教育部奨励中等学校教員休暇進修弁法」　393
中教委　54
中堅教員研修講座　297
中堅教諭等資質向上研修　294, 376, 396
懲戒処分　101, 159, 333
　　　──事件　184
懲戒免職処分　206, 208, 209
　　　──取消請求　209
超過勤務の排除　44
超過勤務問題　200
超過労働を排除　18
「長期休業中における研修の取扱い」　47
長期休業中の自宅研修　112
長期研究生制度　372
長期研修　19, 53, 87, 93, 99, 109, 121, 135, 207, 298, 339, 340, 341
　　　──（の）機会（保障）　43, 235, 311, 323, 334
　　　──規定　362
　　　──休職（制度）　305, 333, 335, 347, 349, 371
　　　──経験者　338, 349, 350, 352
　　　──支援委員会（仮称）　375, 379
　　　──制度（構想）　306, 307, 361, 369
　　　──制度（の）要求　15, 16, 372
　　　──派遣率　311
　　　──命令　205, 207
　　　──要求　37, 38, 41, 74, 75, 349
長期社会体験研修　376
長期の有給休暇制度　373
長期派遣研修（制度）　305, 313, 320, 323,

327,328,333,371
調査局審議課　106
『辻田力文書』　136,393,394
Teacher Education in Service　122
Teacher Training in Service　122
定期考査時事件　213,248,249,254,265,
　282,284,285,286,289,293
定数改善計画が存在しない　396
「定数崩し」　396
伝達講習会　17,37,156
道義的義務　88
道徳教育講習会　123,209
東京高裁　277
東京地裁　211,220,235,277
東京都学校給食栄養士協議会　215
東京都教育委員会　51,211
東京都教職員組合（都教組）　51
　　　──20年史編纂委員会　83
東京都職員研修所　130
東京都立教育研究所　125,135,211
当然の勤務とみられる　133
討論・批判の自由　184
『都教組50年のあゆみ』　83
『都教組20年史』　83
得意分野づくり　298
特設「道徳」　140
特別権力関係論　151
特別法　146
　　　──優先の原理（則）　100,139
図書費　61
栃木県教育委員会　368
「都道府県教育委員会事務局職員人事担
　当者研修講座演習問題から」　102,
　106,108,112,137

都道府県・政令指定都市教育委員会
　303
Training　122

【な行】

内地留学（生）（制度）　15,16,19,37,53,
　55,74,135,309,311,313,353,365,395
内部規律　173,176
名古屋高裁　213,216,277
名古屋市人事委員会　212,213,215,216,
　217,224
名古屋地裁　212,213,215,216,217,221,
　224,234,237,238,241,242,249,254,
　295
7年間継続勤務した教員　366,367
鳴門教育大学　353
『鳴門教育大学研究紀要』（教育科学編）
　358
新潟県教員組合　395
『新潟県教職員組合史』　395
西ドイツ　145,182
二十五周年運動史編集委員会　83,84
日本育英会　323
日本学生支援機構　323,355
日本教育大学協会　316,388
　　　──『会報』　353,358
　　　──第一常置委員会　310,312,315,
　　　324,355,358
　　　──評議員　378
日本教育法学会　140,141,143,144
　　　──創立総会　382
『日本教育法学会年報』　7,137,204,
　275,396
日本教師教育学会　3,295,339,388

『日本教師教育学会年報』 7,137,203,
　276,295,374
日本教職員組合（日教組） 13,14,85,
　103,142,204,215,372,395
　　　──（の）教育制度検討委員会（梅
　　　　根悟会長） 38,53,67,75,80,82,
　　　　372,395
　　　──教育制度検討委員会第2次報告
　　　　（書） 38,53,67
　　　──第2次教育制度検討委員会（大
　　　　田堯会長） 373,395
『日教組教育新聞』 7,52,79,80,81,82,
　83,84,395
『日教組五十年資料集』 81,204
『日教組三十年史』 79,80
『日教組十年史』 79
『日教組20年史』 79,85
日本近代教育史研究会 393
日本高等学校教職員組合 142
『日本の科学者』 355
『日本の教育をどう改めるべきか』 82,
　85,372,395
「日本文教政策の基本大綱」 14,395
任意参加の原則 183
人間的修養 148,169,220
任命権者が研修主体 287
任命制教育委員会 123
寝屋川市 52
年次有給休暇 174
能動的形式 153
能率増進計画 100,145,155
ノーワーク・ノーペイの原則 330,331

【は行】

破格の厚遇 313
派遣研修 329,349,383
『浜高教三十年史』 83
反面解釈的覊束裁量権 272,286
判例 5,281,289
　　　──形成と学説・行政解釈の関係性
　　　　266
　　　──の争点別検討 217
『判例からみた教育法』 208
『判例時報』 8,210,211,212,214,215,
　218,219,220,221,226,232,240,241,
　245,247,248,250,254,258,261,275,
　276,277,278,279,294
『判例タイムズ』 8,211,212,214,215,
　236,241,252,253,276,278
『判例地方自治』 211,217,279
『判例評論』 275,276,294
非正規教員問題の飛躍的改善 389
「逼塞する教員研修と制度改革の展望」
　9
批判的な見解の表明 184
病気休職 332
『兵高教組三十年史』 68,85
兵高教組三十年史編集委員会 85
兵庫教育大学 353
兵庫県 256
兵庫県教育委員会 68,335
兵庫県教職員組合（兵庫県教組）神戸支
　部 14
兵庫県高等学校教職員組合（高教組）
　56,67,68,84
兵庫県立高校 265

『兵庫高教組新聞』 61,65,67,68
枚方市 52
開かれた研修権 189,190
広島県教職員組合 264
広島高裁 264,279
広島地裁 264,279
福岡県高等学校教職員組合（高教組）
　45,83
『福岡県高教組三〇年のあゆみ』 83
「福岡県における意見聴取」 359
福岡県立高校 43,141
服務 166
　　──監督権者 188,248
「服務厳正通達」 68
布施市 52
不承認措置 174,259
不承認の告知義務 258,268
「不当な支配」の禁止 167
父母の教育権の信託 179
分会教研 76
文化創造主体 89
文教局 54
文教研究同人会 88,93,119,135,139
平行の対立状態 5,8,157,196,266
『平成28年版教育法規便覧』 356
併有説 273
『別冊労働法律旬報』 210,275
包括的支配権 273
褒章的規定（性格） 93
法定研修 287,304
法的拘束力（性） 205,209
法律行為的行政行為たる「許可」 186
『法律時報』 393
補助金支給 103,205

補助金政策 39
北海道教育委員会 48,212,214,215,
　274,277
「北海道教育委員会と北海道教職員組合
　との協定書」 48
北海道教育大学釧路分校教組 214
北海道教育大学釧路分校学生自治会
　214
北海道教職員組合（北教組） 48,51,209,
　212,214,262,267,274,278
　　　　──厚岸支会立教育研究所 212
　　　　──釧路支部 214
　　　　──弁護団 209,278
　　　　──法制部 83
北海道教職員弁護団 83
北海道人事委員会 202,209,212,214
『北教組裁判審理闘争史』 209,278
『北教組十勝支部史』第2巻 83
本属長 284
　　──の承認 176,248,263
「本務免除」としての「職務専念義務免除」
　197

【ま行】

『牧柾名教育学著作集』 202
松江地裁 205,210,218,267
学び続ける教員像 1,2,4,10,304,388,
　389
「『学び続ける教員像』への期待と危惧」
　137,276
学びなおしの場 341
民間教育（研究）団体 29,30,43,47,104,
　305
民主教育 28,31,33,37,44

事項索引　441

無給　322, 324, 330, 371, 383
命令研修　165, 207, 317
　　　──の根拠　124
「免許更新制と現職教育改革」　374
矛盾または（・）抵触　147
守口市　52
文部科学省初等中等教育企画課長通知　300
文部科学事務次官通知　300
文部教研　17, 77, 352
文部省　142
　　　──解釈（の完全転換）　7, 170, 171
　　　──教育調査部　392
　　　──師範教育課　361, 392
　　　──設置法第5条　156, 162, 183, 203
　　　──設置法第6条　162
　　　──設置法第8条　183
　　　──地方課　98
　　　──地方課法令研究会　113, 114, 115, 276, 278
　　　──調査局（長）　128, 134
　　　──調査局審議課（長）　92, 362
　　　──内教育法令研究会　88, 93, 94, 98, 136, 139, 146, 202, 204, 394
　　　──による自主研修の抑圧　5
「文部省時代の憶い出（二）」　393
文部大臣の法案提案理由の説明　150
『文部時報』　8, 103, 395

【や行】

夜間開講　324
山形県教育委員会　231
山形県教職員組合　47

『山形県教職員組合四十年史』　83
山形地裁　211, 227, 232, 233, 234, 236, 238, 241, 242, 244, 252, 253, 254, 276
山口地裁　211, 236, 237, 241, 246, 259, 260, 262, 276
山口県教育委員会　206, 211
「有給休暇」　130
有給休職　53
有給研修休暇　375
八鹿高校事件　68
「養成と採用・研修との連携の円滑化について」（教養審第3次答申）　287, 298
幼稚園教員　350, 351
幼稚園教員の研修活動　312
幼稚園教員の研修制度の貧困　350
幼稚園教員の研修保障（要求）　73
横浜市　216
横浜市教育委員会　47
横浜市教育課程研究協議会　216
横浜市立高等学校教職員組合（浜高教）　45, 83
　　　──30年史編集委員会　83
横浜地裁　216, 249, 278
予定調和論的見解　293
「4解説書」　139, 202

【ら行】

『立正大学文学部論叢』　143, 275
立法者意思　10, 266, 268, 269
理念的, 職業倫理的意味において規定　233, 235, 236, 238
旅費の支給　168
臨時教育審議会第2次答申　143

『労働関係民事裁判例集』 213
労働基準法（労基法） 68,97
労働協約 393,395
　　──第6条 119
　　──締結交渉 74
『労働経済判例速報』 211
労働契約 198,199
「労働契約と労働者の義務」 196
労働組合法第7条第3号 260
労働時間短縮 23,44
労働条件改善 44,66
『労働判例』 211,212,213,215,216,279,
294
労働法学 177,196
労働力（の）提供義務 196,196
論理転換の仕掛け 271

【わ行】

和歌山大学教育学部 358
『和歌山大学生涯学習教育研究センター年報』 9
和歌山大学大学院（教育学研究科） 338,339,340,358
枠内研究、技術主義研究 77,78

人名索引

【あ行】

青木宏治　152,162,163,169,170,173,
　176,204,277,294,295
青木宗也　196,197,198,200,204,208,
　269,276
秋山義昭　209
安達健二　100,101,105,106,108,109,
　112,136,277,394
天城　勲　8,140,145,150,153,155,159,
　164,165,171,203,276,277,335,356,
　394
新井保幸　358
荒木正三郎　13
荒木万寿男　104
有倉遼吉　8,136,140,141,142,143,145,
　146,147,148,149,150,152,153,155,
　157,159,164,165,168,171,173,200,
　203,204,276,277,335,356,380,381,
　394,395
井内慶次郎　116
五十嵐清止　95,136
五十嵐義三　208
井手成三　87,89,135,139
伊ヶ崎暁生　141
石井郁子　321,331,356,357
伊藤和衛　125,127,129,130,133
伊藤　武　103,395
今村武俊　103,395
岩永　定　358
上野芳太郎　136

牛渡　淳　393
梅根　悟　38,53,67,85,372,395
浦野東洋一　208
海老原治善　81,82
扇谷　尚　136
大島三男　136
大田　堯　373,395
大森　晃　125,126,127,130,133
小川友次　356
荻原博達　137
小野寺邦男　113
小原孜郎　113,114,115
尾山　宏　208,273
小山田勝治　95,136

【か行】

門田見昌明　142,144,149,160,161,189,
　208,272,279,294
兼子　仁　8,136,140,141,142,143,144,
　147,148,149,152,155,156,157,158,
　159,162,163,165,167,168,169,171,
　172,173,174,176,189,197,200,203,
　204,208,210,267,269,273,275,276,
　278,382
苅谷剛彦　359
川上　宏　141,206,210
河村建夫　318,322,325,330,354,355
神田　修　142,143,144,151,152,162,
　170,173,202
木田　宏　102,106,335,357
木村百合子　388

金田一京助　277
窪田眞二　356
玖村敏雄　95,136
小出達夫　208,268,269,278
小林直樹　275
小林信郎　104
小巻敏雄　354
近藤修博　130,133

【さ行】

阪本一郎　136
相良惟一　91,92,100,120,136,138,139
佐口安治　137
佐々木渡　129,132,133,138
佐藤　司　208,210
佐藤幹男　295,393
実方亀寿　124,125,126,127
佐野文一郎　353,355,356
佐野政雄　123,132,135,136,137
沢田慶輔　136
沢田道也　109,110,111,112,118
下條進一郎　88,139
下條康麿　6,7
下村哲夫　138,209
杉本良吉　80
鈴木英一　269,393
鈴木雅子　141,208
関口隆克　94,98,99,394

【た行】

高石邦男　101,104,136,141,159
高瀬壮一郎　13
高野桂一　138
高橋恒三　277,335

高橋寛人　136,393
武田一郎　121,202
田中喜一郎　122,137,138
田中耕太郎　222
田中二郎　106,362,393
田名部匡　318
田村和之　136
辻田　力　7,88,136,181,393,394
土屋基規　395
鳥居建仁　388
トレーナー（Joseph C. Trainor）　394

【な行】

内藤誉三郎　106
中曽根弘文　320,322,354,355,356
仲道俊哉　331
中村安喜雄　133,138
中村梅吉　19
永井憲一　8,143,144,152,162,169,175,
　　　　　189,204,269,276,277
浪本勝年　202,208
西　穣司　82
西井竜生　208
西岡武夫　42,48
西村　巌　393
西村勝巳　136
二関隆美　136
納庄一郎　85
野崎　弘　252,273
野中秀典　359

【は行】

橋本勝三　131,133,138
羽田貴史　90,135,393

波多江明　95,96,97,124
林部一二　130,138
原　実　138
原野　翹　356
東谷敏雄　52
平沢　薫　95,136
藤本典裕　396
藤原ゆき　264,265,278
星野安三郎　81,82
堀尾輝久　163,167,178,191,203,269,276
本多淳亮　83,268

【ま行】

槙枝元文　42,48
牧　柾名　85,144,189,190,191,192,193,194,195,202,395
牧　昌見　144,180,185,203,277,295
松本健男　208
真野宮雄　138
宮地　茂　98,99,106,111,136,139,202,277,393,394
宮之原貞光　34
三輪定宜　395
宗像誠也　157,172

室井　力　182,204
望月宗明　81,82
本岡昭次　323
本山政雄　104
森部英生　208

【や行】

柳屋孝安　209,294
矢野重典　321,322,326,356
山口和孝　355
山﨑準二　3,388,389
山田　昇　392
山元　勉　318,331,355
結城　忠　144,145,163,179,180,182,183,184,185,186,187,188,203,277,295

【ら行】

ルーミス（Arthur K. Loomis）　381,394

【わ行】

若月雅弘　49
渡部宗助　393
渡辺鋳蔵　362

著者略歴

久保富三夫（くぼ　ふみお）

1949年　兵庫県生まれ
1973年　京都大学経済学部卒業後、株式会社神戸製鋼所神戸製鉄所勤務を経て、
1976年　神戸市立高校教諭（兵庫商業高校、神戸商業高校、楠高校）
2004年　立命館大学教職教育推進機構教授
2008年　和歌山大学教育学部教授
2015年　帝塚山学院大学人間科学部教授　　和歌山大学名誉教授
2017年　立命館大学大学院教職研究科教授
1994年　神戸大学大学院教育学研究科修士課程修了。修士（教育学）
2002年　同大学院総合人間科学研究科博士後期課程修了。博士（学術）

主要著書・論文

・『戦後日本教員研修制度成立過程の研究』風間書房、2005年
・「教育公務員特例法成立過程における長期研修制度構想の原理から見る制度改革の展望」『教育学研究』第71巻第4号、日本教育学会、2004年12月、68～79頁）
・「教員研修に関わる教育法学説の検討課題—90年代以降の判例・行政解釈等からの考察—」『日本教育法学会年報』第36号、有斐閣、2007年3月、189～198頁）
・「免許更新制と現職研修改革」『日本教師教育学会年報』第16号、学事出版、2007年9月、25～32頁）
・「「学び続ける教員像」への期待と危惧―自主的・主体的研修活性化のための必須課題」『日本教師教育学会年報』第22号、学事出版、2013年9月、40～49頁）

教員自主研修法制の展開と改革への展望
―― 行政解釈・学説・判例・運動の対立・交錯の歴史からの考察 ――

2017年11月30日　初版第1刷発行

　　　　　　　　　著　者　　久 保 富 三 夫
　　　　　　　　　発行者　　風　間　敬　子
　　　　　発行所　　株式会社　風　間　書　房
　　　　　〒101-0051　東京都千代田区神田神保町1-34
　　　　　　　電話 03(3291)5291　FAX 03(3291)5757
　　　　　　　　　　　　振替 00110-5-1853

　　　　　　　　印刷　藤原印刷　　製本　井上製本所

©2017　Fumio Kubo　　　　　　　　　　NDC分類：370
ISBN978-4-7599-2192-2　　Printed in Japan

[JCOPY]〈（社）出版者著作権管理機構　委託出版物〉
本書の無断複製は、著作権法上での例外を除き禁じられています。複製される場合はそのつど事前に（社）出版者著作権管理機構（電話 03-3513-6969、FAX 03-3513-6979、e-mail: info@jcopy.or.jp）の許諾を得て下さい。